Der Islam und das Christentum

Eine historische und theologische Einführung

Neukirchener

© 2001 Neukirchener Verlag
Verlagsgesellschaft des Erziehungsvereins mbH, Neukirchen-Vluyn
Alle Rechte vorbehalten
Umschlaggestaltung: Hartmut Namislow
Druckvorlage: Volker Hampel
Gesamtherstellung: Breklumer Druckerei Manfred Siegel KG
Printed in Germany
ISBN 3–7887–1820–X

Die Deutsche Bibliothek – CIP-Einheitsaufnahme

Raeder, Siegfried:
Der Islam und das Christentum: eine historische und
theologische Einführung / Siegfried Raeder. –
Neukirchen-Vluyn: Neukirchener, 2001
    ISBN 3–7887–1820–X

Meiner Frau Christa
in Dankbarkeit gewidmet

1982 erschien in der Reihe »Christentum und Islam« als Heft 14 meine Veröffentlichung »Der Islam und seine Welt. Eine historisch und theologisch orientierte Einführung«. Wir leben in einer Zeit rascher Veränderungen. Wer es wagt, auf gegenwärtige Probleme einzugehen, wird allzu schnell von der Wirklichkeit eingeholt. So hat sich seit 1982 auch in der islamischen Welt und dem Verhältnis von Christentum und Islam manches gewandelt. Staatsführungen von einst sind durch neue abgelöst worden, die auch auf dem Gebiet der Religionspolitik nach eigenen Wegen suchen müssen. Gewaltig hat sich die Zahl der Bevölkerung in den islamischen Ländern seit 1982 vermehrt, und die demographische Entwicklung hat politische Folgen.

Wer aber nur die allerletzten Aktualitäten erhaschen will, möge sich auf die täglichen Nachrichten in den öffentlichen Medien beschränken. Mit Bedacht hatte ich in dem früheren Büchlein der Geschichte große Bedeutung beigemessen. Wie man ein menschliches Individuum nicht ohne Kenntnis seines Lebenslaufes verstehen kann, so auch nicht die Völker mit ihren Religionen. Es ist im Großen wie im Kleinen stets »geprägte Form, die lebend sich entwickelt«. Deshalb halte ich die Gesamtkonzeption jener kurzen Darstellung auch heute nicht für verfehlt. Was aber Anlaß zu einer durchgreifenden Neubearbeitung gegeben hat, war die Notwendigkeit, vieles ausführlicher und genauer darzustellen, nicht weniges auf einen neueren Stand zu bringen und manche Erweiterungen hinzuzufügen. So ist es im ganzen ein neues Buch geworden.

Wem soll es nützen? Die Präsenz des Islams in der abendländischen Welt ist aller Wahrscheinlichkeit nach keine vorübergehende Erscheinung. Die Auseinandersetzung mit dem Islam ist deshalb trotz einer wachsenden Zahl unterschiedlichster Veröffentlichungen noch längst nicht abgeschlossen. Vor allem die Pfarrer werden sich in zunehmendem Maße mit jener Religion und deren Gläubigen beschäftigen müssen. Darüber hinaus wäre zu wünschen, daß möglichst viele, die nicht zur Zunft der Theologen gehören, sich

so gut, wie sie nur können, mit dem Islam beschäftigen. Denn die
Begegnung mit ihm geschieht in allen Bereichen der Gesellschaft,
von den Produktionsbetrieben bis zu den Universitäten, im Zusammenleben von Nachbarn und nicht zuletzt in persönlichen Beziehungen, die nicht selten zu einem Lebensbund führen.
In erster Linie möchte dieses Buch Lesern helfen, die in einer geschichtlich noch immer durch das Christentum geprägten Umwelt
aufgewachsen sind, mögen sie nun Christen sein oder gern sein
wollen oder ein gelockertes Verhältnis zum christlichen Glauben
haben. Persönliche Begegnungen mit Muslimen erwecken in ihnen
nicht nur die Frage, was der Islam eigentlich sei, sondern auch,
wie er sich zum Christentum verhalte. Manche haben diese Frage
für sich persönlich durch den Übertritt zum Islam beantwortet,
vielleicht allein aus Liebe zum muslimischen Lebenspartner, vielleicht auch in der Überzeugung, daß der Islam für sie und für die
ganze Welt die bessere Religion sei. In unserer Zivilisation herrscht
uneingeschränkte Glaubensfreiheit. Niemandem darf seine persönliche religiöse Entscheidung zum Nachteil gereichen. Aber die
Möglichkeit besteht doch, daß der Übertritt zum Islam aus einer
Enttäuschung über das Christentum geschehen ist und daß der
Grund der Enttäuschung letztlich ein recht problematisches Verständnis des Christentums ist. So will dieses Buch Menschen helfen, die geneigt sind, vom Christentum zum Islam überzutreten.
Man versteht das Christentum besser angesichts des Islams, und
den Islam besser angesichts des Christentums.
Selten geschieht es umgekehrt, daß Muslime zum Christentum
übertreten. Zumindest in der islamischen Welt gilt dies als schwerste Verfehlung, als Apostasie, die sogar zu tödlichen Folgen führen kann. Dennoch könnte dieses Büchlein auch manchem Muslim nützlich sein. Man sollte nämlich einen Standpunkt auch dann
zur Kenntnis nehmen, wenn man ihn nicht teilt. Der Verfasser
dieser Darstellung weiß sich zum einen der religionswissenschaft-
lichen Methode verpflichtet und als Theologe dem christlichen
Glauben.
Nach muslimischer Anschauung ist dem Propheten Mohammed
die Botschaft des Korans von Gott Wort für Wort eingegeben
worden. Die westliche Religionswissenschaft versucht aber, die
Quellen seiner Verkündigung im Judentum, Christentum und in
der altarabischen Kultur aufzuweisen und die Entwicklung seiner
Verkündigung historisch zu begreifen. Dieselbe Methode wendet
die christliche Theologie auch auf die Bibel an, ohne darin einen
Widerspruch zum Begriff der Offenbarung zu erblicken. Die Synthese von religionsgeschichtlicher Analyse und Offenbarungsglau-
ben dürfte vielen Muslimen unannehmbar erscheinen.

Zum anderen ist diese Darstellung bestimmt von dem Versuch,
den Islam und seine Welt theologisch zu beurteilen. Es geht dabei
nicht im Sinne christlicher Polemik früherer Jahrhunderte darum,
die »Überlegenheit« des Christentums rational zu beweisen, sondern nur durch Vergleich das spezifisch Islamische und das spezifisch Christliche herauszuarbeiten. Dieses Anliegen zieht sich durch
das ganze Buch und wird zum ausdrücklichen Thema in dem Teil:
»Theologisch-systematische Überlegungen zum Verhältnis von
Christentum und Islam«. Der systematischen Betrachtung gehen
aber eine historische Darstellung der Lage der Kirche in der islamischen Welt und eine Beschreibung der sich über mehr als ein Jahrtausend erstreckenden Auseinandersetzungen christlicher Autoren
mit dem Islam voraus. Das Verhältnis von Christentum und Islam
ist keine bloß theoretische Sache, sondern eine Realität in Geschichte und Gegenwart. Deshalb muß eine systematische Betrachtung
ihre historischen Voraussetzungen berücksichtigen.
Schließlich wird in diesem Buch auch die Notwendigkeit der Zusammenarbeit von Muslimen und Christen in gemeinsamer Verantwortung für die Welt betont. Hier dürfen die wesentlichen
Verschiedenheiten des Glaubens kein Hindernis bilden, hier soll
aber auch nicht eine künstlich herbeigeführte Harmonie der Religionen die Bedingung des Zusammenwirkens sein. Allein die praktische Vernunft, die sich nicht als Herrin aufspielt, sondern willig
den Menschen dient, ist hier gefragt. Wie weit wir indes noch von
einem gemeinsamen Verständnis der Menschenrechte und deren
Verwirklichung entfernt sind, wird nicht verschwiegen.
Bei der *Transkription* arabischer Wörter und Namen habe ich in
erster Linie den Lautwert deutscher Buchstaben und ihrer Kombi-
nationen (z.B. sch) berücksichtigt. Was sich auf diese Weise nicht
ausdrücken läßt, wird durch typographische Besonderheiten gekennzeichnet. Die schwer zu beschreibenden emphatischen Kon-
sonanten des Arabischen werden durch einen daruntergesetzten
Punkt gekennzeichnet (z.B. ḍaraba, »schlagen«). Für das empha-
tische k steht der Buchstabe q. Th wird wie das stimmlose englische th ausgesprochen, dh wie das stimmhafte th im Englischen.
Gh ist ein als Reibelaut gesprochenes g. Der hinten in der Kehle
hervorgebrachte Reibelaut wird durch ein hochgestelltes kleines
hochgestelltes ^c angedeutet (z.B. ᶜilm, »Wissen«). Ein vokalischer
Explosionslaut (wie im deutschten Wort »achten«) hat ein vorge-
setztes ' (z.B. qara'a, »rezitieren«). Lange Vokale erhalten einen
darübergesetzten Strich (z.B. qur'ān, »Rezitation«, »Koran«). Betont wird die letzte Silbe, wenn sie lang ist (z.B. qur'ān), sonst die
lange vorletzte (z.B. taschrīᶜa, »Gesetzgebung«) oder schließlich
die drittletzte (qara'a).

Zu danken habe ich meiner Frau, die an der Entstehung dieses
Buches durch Meinungsaustausch teilgenommen und mich beim
Lesen der Korrekturen unterstützt hat. Ihr widme ich dieses Buch.
Sehr verbunden weiß ich mich auch dem Leiter des Neukirchener
Verlags, Herrn Dr. Volker Hampel, der den Text mit großer Sorg-
falt durchgearbeitet und das Layout ansprechend gestaltet hat.

Mössingen, im Juli 2001   Siegfried Raeder

Inhalt

B
Christentum und Islam

I
Die Kirche in der islamischen Welt und in deren Einflußgebieten

A
Der Islam

I

Mohammed und seine Botschaft[1]

1 Die Quellen[2]

1.1 Der Koran

Was wir von Mohammed wissen, beruht auf zwei Quellen: dem *Koran* und der frühen islamischen Tradition. Qur'ān bedeutet eigentlich »Lesung« oder »Rezitation«. Das mit diesem Wort bezeichnete Buch ist die Sammlung der »Rezitationen« Mohammeds, die er mit dem Anspruch vortrug, sie seien ihm Wort für Wort von Gott eingegeben. Unter dem Kalifen ʿUthmān, der von 644 bis 656 regierte, wurden Mohammeds Verkündigungen, die teils schon schriftlich aufgezeichnet, teils im Gedächtnis von Rezitatoren bewahrt worden waren, gesammelt und zusammengestellt. Das Ergebnis dieser Bemühungen ist die bis heute maßgebliche Gestalt des Korans. Alle früheren Aufzeichnungen der inspirierten Reden Mohammeds ließ ʿUthmān vernichten, um der islamischen Gemeinde die Einheitlichkeit ihres heiligen Buches zu gewährleisten. Obwohl die innerislamischen Kämpfe schon bald nach Mohammeds Tod begannen, hat keine der streitenden Parteien die im Auftrage ʿUthmāns hergestellte Ausgabe des Korans als Fälschung zu bezeichnen gewagt. Dies spricht für die historische Zuverlässigkeit dieser Quelle. Der Koranforscher Rudi Paret urteilt:

»Die einzelnen Verkündigungen [Mohammeds] scheinen in durchweg wortgetreuer Überlieferung auf uns gekommen zu sein. Nur in wenigen Fällen haben sich durch nachträgliche Punktierung und Vokalisierung des an sich feststehenden Konsonantentextes gewisse sachliche Varianten eingeschlichen«[3].

1 Siehe hierzu Watt/Welch, Der Islam I; Paret, Mohammed und der Koran. Im folgenden wird der Koran zitiert nach der Übersetzung von Paret, Der Koran; ders., Der Koran. Kommentar und Konkordanz.
2 Siehe Watt/Welch, Islam I, S. 47–51.162–213; Paret, Mohammed, S. 166–170.
3 Ebd., S. 166.

Dennoch ist der Koran als historisches Dokument nicht leicht zu verstehen. Was in diesem Buch gesammelt ist, hat Mohammed in einer Zeitspanne von etwa 22 Jahren verkündet. Die Reihenfolge der Rezitationsstücke im Koran entspricht aber nicht dem zeitlichen Ablauf. Sie richtet sich vielmehr im großen ganzen nach dem Umfang der 114 Suren oder selbständigen Stücke, aus denen der Koran besteht. Abgesehen von der ersten Sure, einem Gebet, das den Koran »eröffnet«, folgen die weiteren mit abnehmendem Umfang, so daß die langen Suren am Anfang und die kürzeren am Schlusse des Buches stehen. Jede von ihnen gliedert sich in āyāt, d.h. »Zeichen« oder Verse, die in den frühen Suren sehr kurz und in den späten meist übermäßig lang sind. Die literarische Form des Korans bezeichnet man als Reimprosa. Die aufeinander folgenden Verse enden mit einer gleichen oder ähnlichen Assonanz. Diese sprachliche Figur, sadsch^c genannt, gebrauchten bereits in vorislamischer Zeit die arabischen Wahrsager. Um dem deutschen Leser einen Eindruck von dem poetischen Charakter des Korans zu vermitteln, sei hier die erste Sure in Hubert Grimmes freier Übertragung wiedergegeben:

»Preis sei Allah, dem die Welt untertan,
Dem König des Gerichts, dem barmherzigen Rahman [d.h. Erbarmer].
Dich beten wir an; dich rufen wir an;
Leite uns auf die gerade Bahn,
Zu wandeln als solche, denen du wohlgetan,
Die dein Zorn verschont und die frei sind von Wahn«[4].

In den späten Suren mit ihren in der Regel langen Versen ist der Endreim zur bloßen Form ohne poetischen Reiz geworden.
In der Entwicklung der sprachlichen Gestalt der koranischen Verkündigungen spiegelt sich der Wandel ihrer Inhalte wieder. Am Anfang ergeht die Botschaft von den Wohltaten des Schöpfers und vom kommenden Endgericht. Dann rücken der Glaube an die Einzigkeit Gottes und die Hinweise auf die Geschichte der früheren Offenbarungen und Strafgerichte Gottes in den Vordergrund. Seit dem einschneidenden Ereignis der Hidschra, d.h. der »Emigration« Mohammeds und seiner kleinen Anhängerschaft von Mekka nach Medina, kommen die Weisungen hinzu, die den Aufbau, die Sicherung und die Ausbreitung der islamischen Gemeinde sowie die Stellung zu Juden und Christen betreffen.
Den ersten und grundlegenden Beitrag zur Erforschung der Chronologie des Korans lieferte Theodor Nöldeke mit seinem 1860 er-

4 Von Glasenapp, Die nichtchristlichen Religionen, S. 180.

schienenen Werk »Geschichte des Qorāns«[5]. Es wurde durch E.
Schwally, G. Bergsträsser und O. Pretzel neu bearbeitet und, auf
den Umfang von drei Bänden erweitert, von 1909 bis 1938 veröffentlicht. Nöldeke verteilte die einzelnen Suren des Korans auf
drei mekkanische Perioden und eine medinische. Seine Analysen,
die in starkem Maße auf stilistischen Beobachtungen beruhen, haben sich in der Forschung in ihren hauptsächlichen Ergebnissen
durchgesetzt. Einen Fortschritt über Nöldeke hinaus bedeutet Richard Bells Versuch, in den einzelnen Suren die kleineren und ursprünglich selbständigen Verkündigungsstücke, die erst später zu-
sammengefügt worden sind, zu bestimmen[6]. So richtig Bells Forderung ist, nach den ursprünglichen Bestandteilen der Suren zu
fragen, so schwierig ist es oft, hier zu mehr als nur hypothetischen
Lösungen zu gelangen. Bell hat die Ergebnisse seiner Bemühungen
in seine Koranübersetzung aufgenommen: The Qur'an. Translated
with a critical re-arrangement of the Surahs (2 Bände, Edinburgh
1937.1939). Régis Blachère hält sich in seiner Koranübersetzung
(Le Coran. Traduction nouvelle, 2 Bände, Paris 1949.1950) an die
von Nöldeke erarbeitete chronologische Reihenfolge.

1.2   Die biographische Tradition

Selbst wenn es gelänge, die zeitliche Abfolge der koranischen
Verkündigungen bis ins einzelne zu bestimmen, stellt sich der historischen Erforschung des Korans ein weiteres Hindernis in den
Weg: Mohammed hat in seinen Worten teils gar nicht, teils nur
andeutungsweise auf bestimmte aktuelle Verhältnisse oder Bege-
benheiten Bezug genommen, weil sie seinen Hörern unmittelbar
bekannt waren. Für den Geschichtsforscher gehören sie aber einer
vergangenen und fremden Welt an. Diesen im Koran fehlenden
historischen und biographischen Rahmen versucht man mit Hilfe
der frühen islamischen *Traditionen* zu rekonstruieren. Die *Überlieferung*, die zweite Quelle unseres Wissens über Mohammed, ist
aber längst nicht so zuverlässig wie die erste, der Koran; denn die
ursprünglich mündlichen Traditionen über Mohammed sind nicht
aus rein historischem Interesse gesammelt und schriftlich festgehalten worden, sondern aus einem religiösen Bedürfnis: Man
wollte möglichst viel über Mohammeds Leben, Tun und Lassen,
Worte und Werke wissen, weil man in seinem Verhalten das rich-
tungweisende Vorbild für die Gemeinde und gleichsam die lebendige Auslegung des Korans erblickte. Daß auf diese Weise

5   Siehe Watt/Welch, Islam I, S. 189–190.
6   Siehe ebd., S. 191.

auch manche Traditionen erfunden worden sind, wird von muslimischen Gelehrten nicht bestritten. Die westlichen Wissenschaftler
urteilen freilich über den Umfang der echten Traditionen in der
Regel zurückhaltender. Zweifellos enthält aber die Masse der
Überlieferungen einen gewissen historischen Kern.
Eine besondere literarische Gattung, die auf der Grundlage älterer
Überlieferungen entstand, ist die »Biographie des Propheten«,
auf arabisch: sīrat an-nabī. Sie beschränkt sich in Auswahl und Zusammenstellung des Stoffes auf das rein Biographische.»Es war
besonders die Berührung mit dem Judentum und Christentum,
welche den Wunsch entstehen ließ, dem Bilde von den Stiftern
dieser beiden Religionen das Bild von dem Stifter des Islam entge-
genzustellen«[7]. Das älteste Werk der biographischen Traditions-
richtung hat Ibn Isḥāq (gest. 768) verfaßt. Aber schon zu seiner
Zeit war die Gestalt Mohammeds von Legenden überwuchert. Ibn
Hischām (gest. 834) hat die Mohammed-Biographie des Ibn Isḥāq
überarbeitet[8]. Biographische Angaben über Mohammed finden
sich ferner in den geschichtlichen Werken von al-Wāqidī (gest.
822), Ibn Saᶜd (gest. 845), und aṭ-Ṭabarī (gest. 922)[9].
Von dieser historisch-biographischen Gattung zu unterscheiden
sind die umfangreichen schriftlichen Sammlungen über Aussprü-
che und Handlungen Mohammeds, die man im engeren Sinne unter dem Namen ḥadīth (wörtlich:»Erzählung«) zusammenfaßt.
Sie geben Auskunft zu rechtlichen, dogmatischen und ähnlichen
Fragen und enthalten nach dem Urteil von W. Montgomery Watt
»beinahe nichts [...], was als biographisches Material gewertet
werden könnte«[10].

2   Die Umwelt Mohammeds[11]

2.1   Ordnungen und Formen des Lebens

Zur Zeit Mohammeds lag Arabien abseits der großen politischen
Auseinandersetzungen. Seine Wüstenregionen schützten es vor
Fremdherrschaft. Im Nordwesten grenzte es an Syrien und Palästina, Gebiete, die ebenso wie Ägypten zum oströmischen Reich
gehörten. Die Syrien-Palästina im Osten vorgelagerte Steppen-

7   Handwörterbuch des Islam, S. 699, Sp. 2 (Artikel SIRA).
8   Ibn-Hischām, Sīrat Muḥammad.
9   Siehe Watt/Welch, Islam I, S. 48–49.
10   Ebd., S. 50.
11   Siehe hierzu ebd., S. 39–47; Paret, Mohammed, S. 12–35.

region wurde von dem arabischen Geschlecht der Ghassaniden beherrscht. Nördlich und nordöstlich der Halbinsel dehnte sich vom Zweistromland über Armenien bis zum Kaspischen Meer und weiter bis an das Hindukuschgebirge und den Persischen Golf das Reich der Sassaniden aus. Südwestlich Arabiens, jenseits des Roten Meeres, lag Äthiopien. Südarabien wurde 525 für kurze Zeit äthiopische Provinz 570 kam es unter persische Herrschaft. Auch die Byzantiner bemühten sich, diese Region unter ihren Einfluß zu bringen.

Eine staatliche Organisation, wie sie die Byzantiner und Perser besaßen, gab es bei den Arabern nicht. Ihr Zusammenleben war durch die *Stammesverbände* bestimmt. Im Stamm und der ihm eingeordneten Sippe fand der einzelne Schutz und Hilfe. Ebenso war er verpflichtet, sich für seine Stammesgenossen mit Leib und Leben einzusetzen. Da die Erwerbstätigkeit der arabischen Beduinen, die mit ihren Herden zu wechselnden Weidegebieten zogen, großenteils auch aus Raubzügen bestand, ließ sich Blutvergießen nicht immer vermeiden. In solchen Fällen waren die Angehörigen des Getöteten verpflichtet, am Mörder oder an einem seiner Anverwandten Blutrache zu nehmen. Dies führte zu endlosen Stammesfehden. Andererseits mußte die Gefahr unabsehbarer Auseinandersetzungen auch die Absicht bestärken, bei Raubüberfällen nach Möglichkeit niemanden zu töten. Ferner galt es als ungeschriebenes Gesetz, daß man bei der Bekämpfung des Gegners die langsam wachsenden und für den Lebensunterhalt unentbehrlichen Dattelpalmen nicht umhauen dürfe. Weiterhin standen unter dem Schutz des Friedens die Heiligtümer. In ihrer nächsten Umgebung durfte kein Menschenblut vergossen, kein Wild gejagt, kein Baum gefällt werden. Eingeschränkt wurde die Kampfeslust auch durch die vier heiligen Monate, während deren in Arabien eine Art Gottesfrieden herrschte und Wallfahrten nach Mekka unternommen wurden. Sie waren mit Messen und Märkten in dieser Stadt verbunden. Schließlich übte der Glaube an die Unverletzlichkeit des Eides eine festigende Wirkung auf die Rechtsverhältnisse unter den Arabern aus. So war das Leben dieses Volkes im Innern der Halbinsel, wenn auch nicht durch staatliche Ordnung, so doch durch verschiedenartige Einrichtungen und Bindungen geregelt.

Die in *Städten* seßhaften Araber betätigten sich teils als Handwerker, teils als Kaufleute, teils, wo günstige Bodenverhältnisse bestanden, als Landwirte. Mekka war ein bedeutendes Handelszentrum. Medina war eine Oase, in der man Datteln und Getreide anbaute. Trotz unterschiedlicher wirtschaftlicher Bedingungen war aber die Stammesverfassung das alle verbindende Element.

2.2   Die religiösen Verhältnisse

Von den Idealen und dem *Lebensgefühl der Araber* erfahren wir etwas durch die Dichter der vorislamischen Zeit. Die Hauptthemen ihrer hochentwickelten Oden sind

»Eigenlob, Preis des Stammes des Dichters, Satire gegen rivalisierende Stämme oder Personen oder Panegyricus auf einen Gönner«[12].

Einer der »dichtenden Räuber«, den man Ta'abbaṭa Scharrā nannte (zu deutsch: »Er hat Unheil unter die Achselhöhle genommen«), beschreibt sein eigenes Idealbild mit den Worten:

»Wenig klagt er über Unglück,
vieles wagt und weithin schweift er;
morgens, abends in der Wüste, ganz allein Gefahren trotzend!
Einsamkeit ist seine Freundin,
folgt er nachts der Sternenstraße.
Windesboten überholt er,
unermüdlich ist sein Renner.
Droht der Schlaf den schweren Lidern,
Kampfbereitschaft hält ihn munter!
Seine Augen seine Wacht!
Für den Augenblick des Ziehens;
fährt die Klinge in den Gegner,
lacht der Tod aus vollem Halse«[13]!

Den Gegenpol zu der heroischen Gesinnung bildete das Bewußtsein der Vergänglichkeit alles Lebens im ewigen Kreislauf der Zeit. Von dem vorislamischen Dichter Ḥātim aṭ-Ṭā'ī sind uns die Verse überliefert:

»Ist die Zeit etwas anderes als das Heute, das Gestern oder das Morgen?
So geht der Zeitlauf unter uns hin und her!
Er bringt über uns eine Nacht, dann ihren folgenden Tag.
Wir sind nicht so, daß wir bleiben, die Zeit aber hört nie auf!
Wir haben eine bestimmte Frist, die nicht vorher zu Ende geht.
Doch ihr folgend, gelangen wir schließlich zu ihr«[14].

Die beiden letzten Verse zeigen, wie mit dem Zeitverständnis der Schicksalsglaube verbunden war.

12   Hamilton/Landau, Arabische Literaturgeschichte, S. 29.
13   Ebd., S. 43.
14   Nagel, Der Koran, S. 149.

Die *bodenständige Religion* der Araber hatte ihre Götter, Geister,
heiligen Gegenstände, Stätten und Zeiten. In Mekka befand sich
das berühmte Wallfahrtsheiligtum der Kaᶜba, in deren östliche
Ecke der »Schwarze Stein« eingelassen war, dem kultische Verehrung erwiesen wurde. Ungeachtet ihrer Vielgötterei glaubten die
Araber an Allāh, zu deutsch: »Gott«, den sie für den höchsten
Gott oder Weltgott hielten, ohne die Existenz anderer göttlicher
Wesen zu leugnen. Die Vorstellung eines obersten Gottes ist auch
anderswo in der Religionsgeschichte nachzuweisen.

Das religiöse Leben im vorislamischen Arabien stand aber auch
unter dem Einfluß des *Judentums* und des *Christentums*. Das
Christentum war in Äthiopien um die Mitte des vierten Jahrhunderts und im Römischen Reich durch Kaiser Theodosius I. gegen
Ende des vierten Jahrhunderts zur Staatsreligion geworden. Im
Großreich der Sassaniden herrschte offiziell die Religion Zarathustras, der, in grauer Vorzeit, zwischen 1000 und 500 v.Chr.,
gelebt hat. Doch gab es auch im Perserreich, vor allem in Mesopotamien, zahlreiche Christen. Von außen her drang das Christentum allmählich in die Randgebiete Arabiens ein. Es handelte sich,
vom Standpunkte der byzantinischen Orthodoxie aus gesehen,
um häretische Richtungen, hauptsächlich um den Nestorianismus
und den Monophysitismus. Beide orientalische Sonderkirchen
lehnten – je auf ihre Weise – die im Jahre 451 durch das Reichs-
konzil von Chalcedon festgesetzte Lehre über Christus ab. Dem
damals beschlossenen Bekenntnis gemäß kommen in Christus die
göttliche und die menschliche Natur »unvermischt und unverwandelt«, aber auch »ungetrennt und ungesondert« »zu einer
Person und einer Hypostase«, d.h. Wirklichkeitsgestalt, zusammen. Diese Formel versuchte festzuhalten, daß die menschliche
und die göttliche Natur trotz ihrer realen Verschiedenheit in der
Person Christi nicht voneinander getrennt, aber auch nicht vermischt werden dürfen; vielmehr kommen ihre Wesenseigentüm-
lichkeiten in Christus zu einer einzigen Wirklichkeitsgestalt zusammen. Dieses Dogma ist auf dem Boden des griechischen Denkens erwachsen. Es hat sich aber in den orientalischen Kirchen
nicht durchgesetzt. Diese bekannten sich größtenteils einerseits
zum Nestorianismus, andererseits zum Monophysitismus. Die
Nestorianer, benannt nach Nestorius, der in der Verbannung um
das Jahr 451 gestorben war, unterschieden zwar streng zwischen
der göttlichen und der menschlichen Natur in Christus, verstanden aber die Einheit der beiden Naturen nicht als eine seinsmäßige, sondern willensmäßige, bewirkt durch die überwältigende
Kraft des göttlichen Wohlgefallens und Willens. Die Monophysiten nahmen den entgegengesetzten Standpunkt ein. Sie lehrten

zwar die Einheit der Person oder Hypostase in Christus, lehnten
aber die scharfe chalcedonensische Unterscheidung der beiden Naturen in Christus ab. Sie differenzierten nicht zwischen den Begriffen Natur und Hypostase und sprachen folglich von der *einen*
Natur und Hypostase Christi. Dies trug ihnen den Ketzernamen
Monophysiten, d.h. Anhänger der Lehre von der einen Natur
Christi, ein. Die Christologie der Nestorianer war von der Ethik
her bestimmt, die der Monophysiten vom sakramentalen Denken,
vom Mysterium, in dem Göttliches und Menschliches, Sichtbares
und Unsichtbares, eins werden. Die Kirche der Nestorianer breitete sich vor allem in Ostsyrien – beiderseits des oberen Tigris –
aus und entfaltete nach Innerasien bis nach China hinein eine rege
Missionstätigkeit. Der Monophysitismus war bei den Westsyrern,
den Palästinensern, den Ägyptern, den Äthiopiern und den Armeniern beheimatet. Wenn Mohammed von den orientalischen
Christen spricht, nennt er sie Naṣārā, wörtlich: »Nazaräer«. Das
Wort kommt aus dem Syrischen. Die byzantinischen Christen
heißen im Koran Rūm, »Romäer«.
Im Koran gibt es keinerlei Anzeichen dafür, daß Mohammed die
lehrmäßigen Unterschieden zwischen dem Nestorianismus, dem
Monophysitismus und der byzantinischen Orthodoxie bekannt
gewesen wären oder daß er ihnen Beachtung geschenkt hätte.
Dagegen erweist sich der arabische Prophet in seinen Erzählungen
über Jesus deutlich von apokrypher Evangelientradition abhängig. Der geistige Einfluß, den ein sektiererisch gewordenes Christentum auf ihn ausübte, war nicht unbedeutend.
Neben den Juden und Christen werden im Koran als weitere Religionsgemeinschaft, die heilige Schriften besitzt, die *Sabier* genannt. Es handelt sich dabei wohl um die Mandäer, eine jüdisch-
christliche Täufersekte. Der Name Mandäer bedeutet »Wissende«
und weist auf den Zusammenhang mit der vielgestaltigen Bewegung der Gnosis (d.h. Erkenntnis) hin.
Das vorislamische arabische Christentum war am stärksten in den
Randgebieten der Halbinsel vertreten, d.h. in der Nähe des syrischen und des mesopotamischen Fruchtlandes und in Südarabien.
Zum Innern des Landes hin nahm der christliche Einfluß ab. Die
geschlossene nestorianische Gemeinde von Nadschrān im Innern
Südarabiens bildete eine Ausnahme. Die Ghassaniden im östlichen
syrisch-palästinischen Grenzgebiet waren monophysitisch. In
Südarabien lebten Monophysiten und Nestorianer. Die Äthiopier
unterstützen hier den Monophysitismus, die Perser als Feinde des
byzantinischen Reiches den Nestorianismus. Da Mekka ein bedeutendes Handelszentrum war, das den größten Teil des Güterver-
kehrs zwischen dem Indischen Ozean und dem Mittelmeer be-

trieb, könnte es auch hier einzelne Christen gegeben haben. Es wird glaubhaft überliefert, daß Waraqa ibn Naufal, ein Vetter von Mohammeds erster Frau Chadīdscha, Christ gewesen sei. Soziologisch bemerkenswert ist, daß das Christentum in der Regel eher unter den Beduinen als unter der seßhaften Bevölkerung Arabiens Anhänger fand. Die geringe Anzahl von Christen lebte weiterhin in ihrem überwiegend heidnischen Stammesgefüge. Sie schlossen sich nicht mit anderen arabischen Christen außerhalb des eigenen Stammes enger zusammen. Eine Ausnahme bildeten die ᶜIbād in Hīra, einer christlichen Siedlung am Rande des südlichen Zweistromlandes. Das arabische Christentum war ganz abhängig von den syrisch-mesopotamischen Mutterkirchen. Die Kirchensprache war das Syrische. Eine christlich-arabische Literatur gab es nicht.

Über die engeren Grenzen der Kirchenzugehörigkeit hinaus wirkte aber biblisches Gedankengut. Gewisse Vorstellungen von Gott, dem Schöpfer, von Paradies und Hölle und von heiligen Gestalten wie Mose, Jesus und Maria waren vermutlich weit verbreitet. Mönche und Einsiedler erregten unter den Arabern Aufsehen und Bewunderung. Von einem altarabischen Sänger wird die Lampe des Eremiten, die in die Nacht hinausleuchtet, besungen. Die Demut und Barmherzigkeit der Mönche beeindruckten die stolzen und lebensfrohen Araber tief. Die Gebetsgesten der Christen, ihre Verneigungen und Niederwerfungen beim Rezitieren heiliger Formeln, betrachtete man mit Erstaunen.

Neben dem Christentum war in Arabien auch das *Judentum* vertreten, und zwar in der Regel unter der seßhaften Bevölkerung. So war Yathrib, bekannter unter dem Namen Medina, etwa zur Hälfte von jüdischen Stämmen besiedelt. Im Jemen soll, wie berichtet wird, um das Jahr 520 ein jüdischer König Namens Dhū-Nuwās die Christen verfolgt haben. Obwohl die Juden nach Art der Araber in Stammesverbänden lebten und die Sprache der Landesbewohner angenommen hatten, ging von ihnen keine missionarische Kraft aus. Nur wenige Proselyten schlossen sich ihnen an.

Schließlich gab es unter den Arabern auch *fromme Einzelgänger*, die an der überlieferten Religion, die schon im Niedergang begriffen war, nicht Genüge fanden und von den monotheistischen Religionen wesentliche Ideen übernahmen, ohne sich jedoch dem Judentum oder Christentum anzuschließen. Herkömmlicherweise werden sie Ḥanīfen genannt. Vielleicht leitet sich dieses Wort von dem aramäischen hanef ab, womit man »Ketzer« bezeichnete. Die Araber hätten dann schon in vorislamischer Zeit diesen Ausdruck übernommen und in gutem Sinne verstanden. Nach dem Sprachgebrauch des Korans ist ein Ḥanīf jemand, der sich statt der ihn um-

gebenden falschen Religion zur wahren Religion, dem ursprünglichen Monotheismus, bekennt. Einer jener arabischen Gottsucher
war Umaiya Ibn Abī-ṣ-Ṣalt, ein Angehöriger des mekkanischen
Stammes der Quraisch und ein Zeitgenosse Mohammeds. Über
ihn wird berichtet,

»er habe sich mit den heiligen Schriften befaßt, einen asketischen Lebenswandel gepflegt, sich des Weines enthalten, den Sinn der Götzen-
verehrung angezweifelt und ›zu denen gehört, die von Abraham, Ismael
und den Eigenschaften eines Gottsuchers redeten‹«[15].

Von ihm ist uns folgendes Gedicht überliefert, das die Güte des
Schöpfers preist, die Vergänglichkeit des Lebens beklagt, und die
Gewißheit eines jenseitigen Daseins bezeugt:

»Preis sei Gott zu unserer Abendzeit und zu unserer Morgenzeit.
Im Guten läßt uns mein Herr in den Morgen eintreten und in den
Abend.
Der Herr der Gottsuche, dessen Schatzkammern unerschöpflich sind, ge-
füllt, und der die Horizonte mit seiner Macht bedeckt.
Gibt es aus unserer Mitte denn keinen Propheten, der uns mitteilen
könnte, was für ein neues Leben uns an unserem Ende erwartet?
Während uns unsere Väter großziehen, sterben sie; und während wir
Kinder erwerben, läßt er uns zugrunde gehen.
Doch wissen wir, sollte das Wissen uns überhaupt je nützen, daß unser
Jenseits sich an unser Diesseits anschließt«[16].

Es wird berichtet, Mohammed habe, als ihm diese Verse vorgetragen wurden, ausgerufen: »Beinahe wäre Umaiya ein Muslim geworden«[17]. Diese altarabischen Gottsucher sind durch ihre Annäherung
an Vorstellungen und Frömmigkeitsformen der monotheistischen
Religionen zu wichtigen Wegbereitern des Islams geworden, indem
sie zeigten, daß es möglich war, jüdische und christliche Traditionen zu übernehmen, ohne Juden oder Christen zu werden.

3   Mohammeds Herkunft und Berufung[18]

Um das Jahr 600 schien es so, als würde Arabien, das bereits in
seinen Randgebieten mehr oder weniger christianisiert war, in

15   Ebd., S. 155.
16   Ebd., S. 176.
17   Ebd., S. 176.
18   Watt/Welch, Islam I, S. 53–60; Paret, Mohammed, S. 47–57.

nicht zu ferner Zeit ein christliches Land werden. Daß es nicht so kam, daß vielmehr eine nachchristliche Religion entstehen sollte, die dem Christentum schärfste Konkurrenz leistete, ist dem Wirken Mohammeds zuzuschreiben. Er wurde *in Mekka im »Jahr des Elephanten« geboren,* d.h. als Abraha, der Herrscher des Jemen, mit mindestens einem Elephanten einen Feldzug gegen Mekka unternahm. Man datiert dieses Ereignis ungefähr auf das Jahr 570. Mohammeds Vater ᶜAbd-Allāh starb kurz vor der Geburt des Sohnes auf einer Geschäftsreise nach Medina. Die Mutter Āmina bint-Wahb kam aus dem Geschlecht der Zuhra, das zu dem mächtigen Stamm der Quraisch gehörte. Im Alter von sechs Jahren verlor Mohammed auch seine Mutter. ᶜAbd-al-Muṭṭalib, der Großvater väterlicherseits, als Oberhaupt des Geschlechts der Hāschim eine einflußreiche Persönlichkeit, nahm sich des verwaisten Jungen an. Nach dem Tode des Großvaters wurde der achtjährige Mohammed seinem Oheim Abū-Ṭālib, einem Handelsherrn, dem neuen Oberhaupt des Klans, zur Pflege anvertraut. In dieser Zeit erwarb der junge Mann kaufmännische Fähigkeiten, die das Interesse einer wohlhabenden Witwe namens Chadīdscha erregten. Sie schickte den Fünfundzwanzigjährigen als ihren Beauftragten auf eine Handelsreise nach Syrien. Da sie erfolgreich verlief, bot die etwa vierzigjährige Frau ihrem geschickten Mitarbeiter die Ehe an. Die Selbständigkeit, mit der Chadīdscha als Frau schaltete und waltete, könnte sich aus einer matrilinearen Sozialstruktur erklären. Durch die Heirat wurde Mohammed zum wohlhabenden Mann. Im Koran wird er durch Allāh an seinen sozialen Aufstieg erinnert:

»Hat er dich nicht als Waise gefunden und (dir) Aufnahme gewährt, dich auf dem Irrweg gefunden und rechtgeleitet und dich bedürftig gefunden und reich gemacht?« (Sure 93,6–8)

Aus der Ehe mit Chadīdscha gingen vier Töchter und zwei oder drei Söhne hervor, die im Knabenalter starben.
Mohammeds *Berufung zum Propheten* wird in der islamischen Überlieferung mit Sure 96,1–5 in Zusammenhang gebracht. Ibn-Hischām erzählt unter Bezugnahme auf Ibn-Isḥaq folgendes:

»Nachdem Mohammed, der Gesandte Allāhs – Gott segne ihn und schenke ihm das Heil! –, vierzig Jahre alt geworden war, sandte ihn Gott als Barmherzigkeit für die Weltbewohner und für die Menschen insgesamt als Freudenboten [...]. Der Gesandte Gottes pflegte auf dem Berg Hirā' von jedem Jahr einen Monat lang ein zurückgezogenes und der frommen Betrachtung gewidmetes Leben zu führen. Dies gehörte zu dem, womit der [Stamm] Quraisch in der Zeit des Heidentums Entsün-

digung suchte [...] Dann kehrte er [d.h. Mohammed] zu seinem Hause
zurück, bis der Monat des Jahres gekommen war, [...] in dem Gott ihn
sandte, und jener Monat war der Ramaḍān. Der Gesandte Gottes war zum
Ḥirāʾ hinausgegangen, wie er hinauszugehen pflegte, um ein zurückgezogenes Leben zu führen. Mit ihm war seine Familie (oder: Frau, arabisch: ahluhū) [so lange], bis die Nacht gekommen war, in der Gott ihn
mit seiner Sendung ehrte und sich der Menschen durch sie erbarmte. Es
kam zu ihm Gabriel mit dem Befehl Gottes. Der Gesandte Gottes erzählte:
Er kam zu mir, während ich schlief, mit einer Decke von Seidenbrokat,
auf der sich eine Aufschrift befand, und sagte: ›Trag vor!‹ [...] Ich sagte:
›Ich trage nicht vor.‹ [...] Da preßte er mich mit ihr [d.h. der Decke], daß
ich glaubte, ich müßte sterben. Dann ließ er mich los und sagte: ›Trag
vor!‹ [...] Ich sagte: ›Ich trage nicht vor.‹ Da preßte er mich mit ihr [d.h.
der Decke], so daß ich glaubte, ich müßte sterben. Dann ließ er mich los
und sagte: ›Trag vor!‹ [...] Ich sagte: ›Was soll ich denn vortragen?‹ Ich
sagte dies nur, um mich von ihm zu befreien, damit er mir nicht abermals so etwas antäte. Da sagte er: ›Trag vor im Namen deines Herrn, der
erschaffen hat, den Menschen aus einem Embryo erschaffen hat! Trag
vor! Dein Herr ist edelmütig wie niemand auf der Welt, (er) der den Gebrauch des Schreibrohrs gelehrt hat (oder: der durch das Schreibrohr gelehrt hat), den Menschen gelehrt hat, was er (zuvor) nicht wußte.‹ Dann
ließ er von mir ab. Er wandte sich von mir, und ich erwachte aus meinem Schlaf. Mir war, als ob in meinem Herzen eine Schrift geschrieben
wäre [...] Da ging ich hinaus, bis ich auf der Mitte des Berges war. Ich
hörte eine Stimme vom Himmel, die sagte: ›O Mohammed! Du bist der
Gesandte Gottes, und ich bin Gabriel‹ [...] Da erhob ich mein Haupt zum
Himmel um nachzusehen, und siehe da, Gabriel war in der Gestalt eines
Mannes, der seine Füße parallel nebeneinanderstellte, am Horizont des
Himmels. Doch sah ich in keine Richtung des Himmels, ohne daß ich
ihn ebenso gesehen hätte. Ich hörte nicht auf, so dazustehen, indem ich
weder vorwärts noch rückwärts ging, so daß Chadīdscha ihre Boten
sandte, um mich suchen zu lassen. Sie gelangten auf den höchsten Teil
Mekkas und kehrten zu ihr zurück, während ich auf jenem meinem Platz
stand. Dann wandte er [d.h. Gabriel] sich von mir ab, und ich wandte
mich von ihm ab, indem ich zu meiner Familie (oder: Frau) zurückkehr-
te, bis ich zu Chadīdscha kam. Da setzte ich mich auf ihren Schoß, indem ich mich an sie schmiegte, und sie sagte: ›O Abū al-Qāsim! Wo bist
du gewesen? Ja, bei Gott, ich sandte schon meine Boten, um dich suchen
zu lassen, bis sie auf den höchsten Teil Mekkas gelangt waren, doch kehrten sie zu mir [unverrichteter Dinge] zurück.‹ Dann erzählte ich ihr, was
ich gesehen hatte. Da sagte sie: ›Freue dich über gute Botschaft, o mein
Vetter! Sei zuversichtlich! Ja, bei dem, in dessen Hand meine Seele ist,
siehe, ich hoffe wahrlich, daß du der Prophet dieses Volkes bist.‹ Dann
stand sie auf und legte ihre Kleider an. Darauf ging sie fort zu Waraqa
ibn Naufal, und der war ihr Vetter. Waraqa war Christ geworden und las
(oder: rezitierte) die [heiligen] Schriften und hörte [ihre Verlesung?] vom
Volk der Thora und des Evangeliums. Sie erzählte ihm, wovon der Gesandte Gottes ihr erzählt hatte, daß er [es] gesehen und gehört habe. Da

sagte Waraqa: ›Hochheilig, hochheilig! Bei dem, in dessen Hand meine
Seele ist: Wahrlich, wenn du die Wahrheit gesagt hast, o Chadīdscha, so
ist wahrhaftig der hochedle Nāmūs [d.h. Nomos, Gesetz], der zu Mose
kam, zu ihm gekommen, und siehe, er ist wahrlich der Prophet dieses
Volkes. Also sag ihm, er solle zuversichtlich sein!‹«[19]

Diese Erzählung enthält gewiß einen historischen Kern, auch wenn
man nicht beweisen kann, daß die Worte aus Sure 96 wirklich die
erste Offenbarung darstellten, die Mohammed empfing. Es wird
in der islamischen Tradition dafür auch eine andere Stelle aus dem
Koran angeführt, nämlich Sure 74,1–7, wo es heißt:

»(1) Der du dich (mit dem Obergewand) zugedeckt hast! (2) Stell dich auf
und warne (deine Landsleute vor der Strafe Gottes)! (3) und preise
deinen Herrn, (4) reinige deine Kleider (5) und meide die Besudelung
(durch Götzendienst?)! (6) Und sei nicht wohltätig in Erwartung von
Gegengaben, so daß du (statt dich zu verausgaben) dir (letzten Endes)
mehr (Vermögen) verschaffst (?)! (7) Und sei geduldig in Erwartung (der
Entscheidung) deines Herrn!«

Die meisten muslimischen Gelehrten betrachten aber Sure 96,1–5
als die erste Wortoffenbarung. Sieht man von dieser speziellen
Frage einmal ab, so hat der Bericht Ibn Hischāms zweifellos einiges Ursprüngliche bewahrt. Dazu gehört sicher der Hinweis auf
Mohammeds Frömmigkeitsübungen in der Einsamkeit des Berges
Ḥirāʾ. Unter dem Gesichtspunkt einer biographischen Entwicklung
betrachtet, dürften sie das Offenbarungserlebnis vorbereitet haben. Interessant ist in diesem Zusammenhang auch die Gestalt des
Waraqa ibn Naufal. Er war ein orientalischer Christ, der wahrscheinlich unter dem Einfluß judenchristlicher Traditionen stand.
Darauf deutet der Umstand, daß er, wie Ibn Hischām erzählt, Mohammeds Berufungserlebnis in Beziehung zum Nomos gesetzt
haben soll, der zu Mose gekommen sei. Waraqas Nähe zum Judentum wird auch dadurch angedeutet, daß er neben dem Evangelium die Tora »las« oder deren Verlesung hörte. Wenn ferner
in der Tradition das Berufungserlebnis auf den Monat Ramaḍān
datiert wird, so entspricht dies Sure 2,185, wo es heißt:

»(Fastenzeit ist) der Monat Ramaḍān, in dem der Koran (erstmals) als
Rechtleitung für die Menschen herabgesandt worden ist.«

An anderen Stellen des Korans wird genauer eine bestimmte
Nacht für die Herabsendung des Korans genannt:

---

19 Arabische Chrestomathie, S. 40f.

»Wir haben ihn (d.h. den Koran) in der Nacht der Bestimmung herabgesandt« (Sure 97,1).
»Wir haben sie (d.h. die deutliche Schrift) in einer gesegneten Nacht
herabgesandt« (Sure 44,3).

Man kann diese Hinweise auf die erste Offenbarung beziehen, die
Mohammed empfing und die ihm zum Typus der gesamten Offenbarungen wurde. Daß Mohammeds Berufung zum Propheten
von visionären Erlebnissen begleitet war, kann in Sure 53,5–10
eine Bestätigung finden:

»(5) Gelehrt hat (es) ihn einer, der über große Kräfte verfügt (6) und dem
Festigkeit eigen ist. Er stand aufrecht da (7) (in der Ferne) ganz oben am
Horizont. (8) Hierauf näherte er sich und kam (immer weiter) nach
unten (9) und war (schließlich nur noch) zwei Bogenlängen (entfernt)
oder (noch) näher (da). (10) Und er gab seinem Diener (d.h. Mohammed)
jene Offenbarung ein.«

Die Gestalt, die Mohammed am Horizont gesehen hat, wird hier
nicht als der Engel Gabriel bezeichnet. Vielleicht ist Gott gemeint.
Charakteristisch für die Erzählung Ibn Hischāms ist die bedroh-
liche Fremdartigkeit des Offenbarungserlebnisses. Mohammed
weigert sich zunächst zweimal, der Aufforderung »Trag vor!«
nachzukommen. Er wird daraufhin so mit jener beschrifteten
Decke zusammengepreßt, daß er sich dem Tode nahe fühlt. Um
dieser schrecklichen Bedrohung zu entgehen, fragt er endlich:
»Was soll ich denn vortragen?« Vielleicht darf man im Sinne der
islamischen Tradition mit dieser Todesangst beim Empfang der
Offenbarung auch Sure 74,1 in Zusammenhang bringen: »Der du
dich (mit dem Obergewand) zugedeckt hast.« Nachdem Mohammed vom Berg Ḥirā' zurückgekehrt ist, setzt er sich, tief er-
schrocken über das, was ihm widerfahren ist, auf Chadīdschas
Schoß, um sich trösten zu lassen. Sie macht ihm Mut: »Sei zuversichtlich!« Nachdem Waraqa ihren Bericht gehört hat, fordert er
sie auf: »Also sage ihm, er solle zuversichtlich sein.« Der die Offenbarung begleitende Schrecken wird auch in biblischen Beru-
fungsgeschichten bezeugt. Man denke an Jesaja, der im Tempel
beim Anblick des Herrn und der Seraphim, die Gottes Heiligkeit
preisen, ausruft:

»Weh mir, ich vergehe! denn ich bin unreiner Lippen; denn ich habe
den König, den Herrn Zebaoth, gesehen mit meinen Augen.«

Das Erschreckende ist bei Mohammed aber die erdrückende Macht
und nicht die den unreinen Menschen verzehrende Heiligkeit.

Im Zentrum der Geschichte von Mohammeds Berufung stehen die Worte Sure 96,1–6. Ihnen geht der dreimalige Befehl Gabriels voraus: »Trag vor!« und schließlich die Frage des Propheten: »Was soll ich denn vortragen?« Eine ähnliche Wechselrede kommt am Anfang der Worte des biblischen Propheten Deuterojesaja vor:

»Es spricht eine Stimme: ›Predige!‹ Und er [d.h. der Prophet] sprach: ›Was soll ich predigen?‹« (Jes 40,6)

Das hebräische Wort, das Luther mit »Predige!« übersetzt hat, besteht aus denselben Stammkonsonanten wie der arabische Ausdruck für »Trag vor!« in Sure 96. Wahrscheinlich spiegelt sich in Jes 40,6 die Berufung jenes uns dem Namen nach unbekannten Propheten wider. Die Ähnlichkeit dieser Bibelstelle mit dem Wortwechsel zwischen Gabriel und Mohammed ist sicher kein Zufall. Ibn Hischām wollte die Berufung Mohammeds nach biblischem Vorbild gestalten. Mag nun Sure 96,1–6 die älteste Offenbarung sein oder auf alle Fälle eine der ersten, die Mohammed empfing, so gibt doch gerade das am Anfang dieser Koranstelle stehende Wort einen deutlichen Hinweis darauf, wie Mohammed selbst seinen Auftrag verstanden hat. Der Befehl »Trag vor!« lautet im arabischen Text: iqra'. Es handelt sich um eine aus dem Aramäischen, der Sprache der syrischen Christen, übernommene Bezeichnung (qᵉrā, »lesen«, »rezitieren«). Schon allein durch diese Tatsache ist eine Beziehung zu den beiden älteren Schriftreligionen angedeutet. Es war in den Augen Mohammeds ein Vorzug der Juden und Christen, daß sie heilige Texte besaßen, die in ihren Gottesdiensten vorgetragen wurden und die für das gesamte Leben dieser Religionsgemeinschaften von grundlegender Bedeutung waren. Wenn nun Mohammed den Auftrag vernahm: »Trag vor im Namen deines Herrn!«, so bedeutete dies, daß er den Arabern bringen sollte, was Juden und Christen als Grundlage der rechten Gottesverehrung schon besaßen, nämlich von Gott »herabgesandte« heilige Texte. Dies brauchte Mohammed, als er seinen Verkündigungsauftrag empfing, noch nicht klar bewußt gewesen zu sein; doch liegt es gleichsam keimhaft in dem Wort »Rezitiere!« oder »Trag vor!« beschlossen. Die Beziehung, die zwischen Mohammeds Sendung und den älteren Schriftreligionen besteht, hat auch Ibn Hischām in seiner Erzählung hervorgehoben. Er läßt Chadīdscha die Hoffnung aussprechen, daß Mohammed »der Prophet dieses Volkes« sei, und läßt Waraqa Ibn Naufal zur Bestätigung sagen:

»Der hochedle Nomos, der zu Mose kam, ist zu ihm gekommen, und siehe, er ist wahrlich der Prophet dieses Volkes.«

Durch Mohammed ist also die Nation oder Gemeinde (umma) der
Araber in den Kreis jener Völker eingetreten, die Gott durch seine
an verschiedene Sendboten ergangenen Offenbarungen ausgezeichnet hat.
Mohammed war von der sachlichen Übereinstimmung seiner Botschaft mit der den Juden und Christen zuteil gewordenen fest
überzeugt. Er führte seine Eingebungen ebenso wie die heiligen
Texte jener »Schriftbesitzer« auf eine im Himmel befindliche Urschrift zurück, deren Inhalt auf ihn stückweise »herabgesandt«
worden sei[20].
Zwischen der jüdisch-christlichen Offenbarung und der koranischen
konnte es demzufolge nur formale, besonders sprachliche, Unterschiede geben. Den Empfänger und Verkündiger göttlicher Offenbarungen nennt Mohammed einen »Gesandten« (rasūl). Seiner
Meinung nach hat Gott jeder Gemeinde einen Boten gesandt. Unter »Gemeinde« (umma) versteht er eine »völkische, sprachliche
oder konfessionelle« Gemeinschaft, »die Gegenstand des göttlichen Heilsplans« ist[21].
Vielleicht ist Mohammeds Geschichtsbild von den »Gemeinden«
und ihren »Gesandten« auf die altchristliche Legende zurückzuführen, daß die Zwölf Apostel die Welt unter sich aufgeteilt hätten, damit jeder einem bestimmten Volk das Evangelium verkündige.
Auch könnte Mohammed vom Manichäismus beeinflußt sein. Mani (gest. wohl um 276 n.Chr.), der sich als »das Siegel der Propheten« bezeichnete, verstand sich als Vollender einer Reihe von Gesandten wie Noah, Henoch, Abraham, Buddha, Zarathustra und
Jesus. Wie es auch um die religionsgeschichtliche Abhängigkeit
stehen mag, so hielt sich Mohammed für den zu den Arabern ent-
sandten Gottesboten.

»Und wir haben ihnen (früher noch) keine Schriften gegeben, in denen
sie hätten forschen können, und wir haben vor dir keinen Warner zu
ihnen gesandt« (Sure 34,44).

Wie die Juden die Tora und die Christen das Evangelium besitzen,
so erhalten die Araber durch Mohammed den Koran. Ursprünglich
wurde diese Bezeichnung auf die einzelnen inspirierten »Rezita-
tionstexte« oder ihren jeweiligen Gesamtbestand angewandt, später auf das Buch, den Koran, in dem sie alle gesammelt sind.

20   Nagel, Der Koran, S. 329.
21   Handwörterbuch des Islam, 1941, S. 762f (Artikel UMMA).

4   Mohammeds früheste Verkündigung

4.1   Die zentralen Motive: Schöpfung und Gericht

Wie Rudi Paret nachgewiesen hat, bestimmen zwei Motive die ältesten Verkündigungen Mohammeds: *die Güte des Schöpfers und der Gerichtstag*[22]. W. Montgomery Watt teilt die Hauptinhalte der frühesten Korantexte in fünf Rubriken ein: 1. »Gottes Güte und Macht«, 2. »Die Rückkehr des Menschen zu Gott und die Erwartung des Gerichts«, 3. »Der Mensch soll dankbar und gottesfürchtig sein«, 4. »Der Mensch soll großzügig sein«, 5. »Mohammeds Berufung«[23].
Diese ausführlichere Unterscheidung läßt sich jedoch mit der Annahme vereinbaren, daß die polaren Motive Schöpfung und Gericht den übergeordneten Gedanken darstellen; denn aus der Erfahrung der Güte des Schöpfers und der Erwartung des Gerichtstages ergibt sich ein bestimmtes Verhalten sowohl Gott als auch den Menschen gegenüber, und die Worte, die sich auf Mohammeds Berufung beziehen, sind so zu verstehen, daß erst durch den Koran dem Menschen deutlich gesagt wird, woher er kommt und wohin er einst gelangen wird und wie er von daher sein Leben gestalten soll.
Als Beispiel für Mohammeds frühe Schöpfungs- und Gerichtspredigt sei hier Sure 79,27–46 angeführt:

»(27) Waret ihr (in eurer Eigenschaft als Menschen etwa) schwerer zu erschaffen, oder der Himmel, den er aufgebaut hat? (28) Er hob dessen Dach empor und formte ihn (zurecht), (29) ließ die Nacht an ihm dunkel werden und den Morgen (mit seinem Licht) daran hervorkommen, (30) breitete danach die Erde aus, (31) ließ, was es auf ihr an (fließendem) Wasser und an Weidefutter gibt, aus ihr hervorkommen (32) und gab den Bergen einen festen Stand. (33) (Das alles hat er gemacht) euch und eurem Vieh zu Nutz (und Frommen). (34) Wenn dann (schließlich) die große Katastrophe kommt, (35) am Tag, da der Mensch sich dessen erinnert, was er (in seinem Erdenleben) erstrebt hat, (36) und der Höllenbrand (allen) denen, die sehen können, vor Augen gestellt wird, – (37) wenn dann einer (in seinem Erdenleben) aufsässig gewesen ist (38) und das diesseitige Leben (dem Jenseits) vorgezogen hat, (39) ist der Höllenbrand (für ihn) der Ort der Einkehr; (40) wenn aber einer den Stand seines Herrn gefürchtet und sich nicht erlaubt hat, (persönlichen) Neigungen nachzugehen, (41) ist das Paradies für ihn der Ort der Einkehr.«

22   Siehe Paret, Mohammed, S. 78.
23   Watt/Welch, Islam I, S. 60–68.

Dieser Text gliedert sich in zwei Teile: Der erste (V. 27–33) handelt von der Macht und Güte des Schöpfers, der zweite (V. 34–41) vom Endgericht.
Die Schöpfungspredigt in V. 27–33 beginnt mit der Zurückweisung eines Einwandes der ungläubigen Mekkaner. Wenn Mohammed vom jüngsten Gericht und vom jenseitigen Leben sprach, bekam er von seinen Landsleuten zu hören:

»Sollen wir etwa auf der Stelle (?) (wieder ins Leben) zurückgebracht werden? (Soll das etwa geschehen) nachdem wir (zu) morsche(n) Knochen (geworden) sind?« (Sure 79,10f).

Diese Leugner der Auferstehung fragt nun Mohammed: »Waret ihr schwerer zu erschaffen, oder der Himmel, den er aufgebaut hat?« Die Antwort kann nur lauten: Im Vergleich mit der Erweckung der Toten war die Erschaffung des Himmels (und der ganzen Welt) ein viel größerer Machterweis Gottes. Es gibt also keinen vernünftigen Grund, das Endgericht zu leugnen. Wer an die Macht des Schöpfers glaubt, muß auch die Auferstehung bejahen.
In seiner Schöpfungspredigt verbindet Mohammed den Gedanken der Ersterschaffung mit dem der gegenwärtigen Fürsorge des Schöpfers. Die gegenwärtige Welt soll dem Menschen dienen. Gott hat sie »euch und eurem Vieh zu Nutz« geschaffen (V. 33). Gott hat die Welt nicht nur am Anfang erschaffen, sondern ist fortwährend als Schöpfer am Werk. Er hat den Menschen am Anfang »aus Ton gleich (dem) der Töpferware geschaffen« (Sure 55, 14); er hat aber auch danach immer wieder jeden einzelnen Menschen »aus einem Embryo erschaffen« (Sure 96,2). Auf Gottes gegenwärtiges Schaffen legt Mohammed den Nachdruck. Der Koran kennt nicht die begriffliche und sachliche Unterscheidung von Schöpfung und Erhaltung. In Sure 55,14 und Sure 96,2 steht für »erschaffen« dasselbe arabische Wort: chalaqa. Die islamische Theologie hat diesen Gedanken weiterentwickelt und lehrt, daß Gott die Welt unentwegt und unmittelbar von Zeitatom zu Zeitatom erschafft.
Aber die diesseitige Welt soll dem Menschen nicht letztes Ziel des Strebens sein. Sie wird in einer »großen Katastrophe« vergehen (34), und dann muß sich jeder vergegenwärtigen, was sein Erdenleben bestimmt hat. Daran entscheidet sich, wer in das Paradies und wer in den Höllenbrand eingehen wird. Die Schuld der Verdammten besteht darin, daß sie in ihrem Erdenleben »aufsässig« gewesen sind (V. 37) und »das diesseitige Leben (dem Jenseits) vorgezogen« haben (V. 38). Den arabischen Ausdruck für »aufsässig sein« (ṭaghā) kann man auch wiedergeben mit der Wen-

dung »das Maß überschreiten«. Es ist jene hochmütige, auf Reichtum pochende, die Grenzen der eigenen Macht nicht mehr erkennende Gesinnung, die Mohammed besonders an einigen Kaufleuten seiner Heimatstadt feststellen konnte. Im Gegensatz zu den Verworfenen werden diejenigen, die »den Stand« ihres »Herrn gefürchtet und sich nicht erlaubt« haben, ihren eigensüchtigen »Neigungen nachzugehen«, ins Paradies kommen.

Mohammed erwähnt in unserem Text nicht bestimmte Taten der Guten und der Bösen, sondern begnügt sich damit, ihre Lebenseinstellung zu charakterisieren. Diese entscheidet über das künftige Schicksal im Jenseits. Neben der Gottesfurcht nennt Mohammed oft die Dankbarkeit, die Gott für seine Wohltaten zu erweisen sei. In Sure 55, einer gewaltigen Schöpfungs- und Gerichtspredigt, kommt der Kehrreim: »Welche von den Wohltaten eures Herrn wollt ihr denn leugnen?« 31mal vor. Das bedeutet, daß die Menschen gar nicht oft genug dazu ermahnt werden können, sich Gottes Wohltaten vor Augen zu halten, ihm zu danken und zu dienen. Daß die Gottesfürchtigen nicht in einer bloß innerlichen Haltung verharren, sondern auch Verfehlungen meiden und Gutes tun, geht aus mehreren Korantexten der Frühzeit hervor. So wird Mohammed selbst in Sure 93 an die erfahrenen Wohltaten Gottes erinnert und zu einem dem entsprechenden Verhalten ermahnt:

»Hat er dich nicht als Waise gefunden und (dir) Aufnahme gewährt, (7) dich auf dem Irrweg gefunden und rechtgeleitet (8) und dich bedürftig gefunden und reich gemacht? (9) Gegen die Waise sollst du deshalb nicht gewalttätig sein, (10) und den Bettler sollst du nicht anfahren. (11) Aber erzähle (deinen Landsleuten wieder und wieder) von der Gnade deines Herrn!«

4.2 Mohammeds früheste Verkündigung und das altarabische Lebensverständnis

Vergleicht man die ältesten Korantexte mit dem Lebensgefühl der Araber aus vorislamischer Zeit, so sind wesentliche Unterschiede zu erkennen. An die Stelle des ewigen Kreislaufs von Werden und Vergehen tritt in der Verkündigung Mohammeds die Dimension der Geschichte. Die Polarität von Schöpfung und Gericht lehrt den Menschen, woher er kommt und wohin er geht. Dies gibt seinem Leben Sinn und Gestalt. Während die altarabischen Heroen sich ihrer und ihres Stammes Taten rühmen und zur Maßlosigkeit neigen, soll nach der Weisung der Korans der Mensch sich als Diener seines Herrn verstehen, ihm danken und ihn fürchten, der Vorläufigkeit des irdischen Lebens eingedenk sein und hier seinen eigensüchtigen Wünschen Zügel anlegen, um dereinst in das Paradies einzugehen. Man muß also die früheste Botschaft Mohammeds im Hinblick auf die arabischen Verhältnisse seiner Zeit und Vorzeit als Fortschritt bezeichnen, wobei freilich der Einfluß biblischer Traditionen zu berücksichtigen ist.

4.3 Mohammeds früheste Verkündigung und die altchristliche Missionspredigt

Die Abhängigkeit des arabischen Propheten vom Judentum und Christentum ist allgemein bekannt; daß aber die Themen Schöpfung und Gericht, die charakteristisch für die ältesten Suren sind, zwei wesentliche Elemente der *christlichen Missionspredigt vor Heiden* darstellen, hat man bisher in Hinblick auf Mohammed weniger beachtet. Schon in der Zeit des Urchristentums wurde den Heiden in der missionarischen Situation ein Dreifaches verkündigt: 1. der wahre Gott und Schöpfer, 2. der Erlöser Jesus Christus, 3. die Errettung der an ihn Glaubenden im Gericht. Man findet diese Grundstruktur z.B. am Anfang des 1. Thessalonicherbriefes. Hier sagt Paulus, in anderen Christengemeinden erzähle man,

»wie ihr bekehrt seid zu (1.) *Gott* von den Abgöttern, zu dienen *dem lebendigen und wahren Gott* und zu warten auf seinen (2.) *Sohn* vom Himmel, welchen er auferweckt hat von den Toten, *Jesus*, der uns von dem (3.) *zukünftigen Zorn* erlöst« (1Thess 9–10).

Die Apostelgeschichte bietet anschauliche Bespiele der urchristlichen Missionspredigt vor Heiden. Hier wird ähnlich wie in den frühen Korantexten gerade das gegenwärtige Wirken des gütigen Schöpfers betont (vgl. Apg 14,15–17; 17,22–31). Die Struktur der urchristlichen Missionspredigt vor Heiden hat sich auch in späterer Zeit erhalten. Uns wird berichtet, wie an-Nuᶜmān, der im 6. Jahrhundert König von Hīra war, von seinem christlichen Hofdichter ᶜAdī ibn Zaid bekehrt worden sei. Nachdem dieser seinem Herrn die Vergänglichkeit des Menschenlebens im Wechsel der Zeit vor Augen geführt hat, fordert er ihn auf:

»Du mußt die Verehrung der Götzen seinlassen und nur noch *den einen Gott* anbeten und dich zum Glauben an *Christus Jesus*, den Sohn der Maria, bekennen.«

Darauf fragt der König: »Und hierin liegt meine *Rettung*?«, und ᶜAdī antwortete: »Ja«[24]. Unverkennbar deuten die Stichworte

24 Nagel, Der Koran, S. 152.

»der eine Gort«, »Jesus Christus« und »meine Rettung« auf die
Hauptinhalte der christlichen Verkündigung vor Heiden. Zwar
spricht der Dichter hier nicht ausdrücklich von der Güte des
Schöpfers, sondern von dem einen Gott; aber der Monotheismus
der christlichen Missionspredigt schloß den Schöpfungsglauben
ein, wie auch ein Gedicht des ᶜAdī ibn Zaid bestätigt, worin es
heißt:

»Vernimm eine Geschichte, damit du eines Tages, wenn dich jemand
fragt, ihm auswendig antworten kannst. – Nämlich wie der Gott der
Schöpfung unter uns seine Güte offenbarte und uns seine ersten Wun-
derzeichen zeigte«[25].

Es folgt dann eine Beschreibung des Sechstagewerkes der Schöpfung. Sie soll den Hörer zubereiten, damit er »eines Tages«, wenn
er gefragt wird, antworten kann[26]. Das ist zweifellos ein Hinweis
auf den Gerichtstag.
Wir sehen also, daß auch den Arabern in der missionarischen Situation von den christlichen Glaubensboten jene drei Inhalte verkündigt wurden: der Glaube an den einen Gott und Schöpfer und
an Jesus Christus, der den Glaubenden in der Stunde des Gerichts
erretten wird. Das Zentrum der christlichen Missionspredigt vor
Heiden ist die Christusbotschaft. Gerade sie fehlt in den ältesten
Suren des Korans. Dies kann man keineswegs damit erklären, daß
Mohammed zu jener Zeit noch nichts von Christus als dem Erret-
ter gehört habe. Es handelt sich vielmehr um eine ganz bewußte
und beabsichtigte Weglassung des Hauptmotivs der christlichen
Verkündigung. Wenn man im Bereich der arabischen Dichtung
nach einer Parallele zu Mohammeds Beschränkung auf die Motive
Schöpfung und Gericht sucht, so ist an jene religiösen Gestalten
zu denken, die man als Ḥanīfen zu bezeichnen pflegt. Sie übernahmen gewisse Anschauungen aus dem Judentum und Christentum, ohne sich einer dieser beiden Religionen anzuschließen.
Diese Einstellung finden wir bei dem schon erwähnten Dichter
Umaiya, einem Zeitgenossen Mohammeds. Es sei hier erinnert an
jenes Gedicht, in dem er Gott preist, »dessen Schatzkammern unerschöpflich sind«, und zuletzt darauf hinweist, »daß unser Jenseits sich an unser Diesseits anschließt«[27]. Die religiöse Botschaft
ist hier ebenso wie bei Mohammed auf die Motive Schöpfung und
Jenseits reduziert.

25 Ebd., S. 179.
26 Ebd., S. 179f.
27 Ebd., S. 176.

Wie ist Mohammeds früheste Verkündigung im Vergleich mit der
christlichen Missionspredigt vor Heiden zu beurteilen? *Die Weglassung der Christusbotschaft* ist eine für die ganze Weiterentwicklung der Verkündigung und Wirksamkeit Mohammeds grundlegende Entscheidung. In der christlichen Botschaft soll die Predigt
von der Güte des einen Gottes und Schöpfers die Heiden zu Christus hinführen. Durch den Glauben an ihn werden sie von ihrer
Schuld gegenüber Gott dem Schöpfer befreit und im Gericht errettet.
Auch Mohammed hält seinen Landsleuten vor Augen, daß sie sich
an ihrem Herrn und Schöpfer versündigt haben. Vor dem drohenden Gerichtszorn werden sie aber nicht durch den Glauben an
Christus errettet, sondern indem sie sich durch die koranische Verkündigung auf den rechten Weg leiten lassen. Sie zeigt den von
Gott Abgeirrten, wie sie zu ihrem Herrn zurückkehren sollen,
nämlich durch Gottesfurcht, Dankbarkeit für die Wohltaten ihres
Schöpfers, Milde gegen ihre Mitmenschen und Ausrichtung des
ganzen Lebens auf den Gerichtstag. Der Weg zum Heil ist nicht
die von Gott in Christus dargebotene Erlösung, sondern die im
Koran verkündete Rechtleitung.

»Führe uns den geraden Weg, den Weg derer, denen du Gnade erwiesen
hast, und die nicht dem Zorn (Gottes) verfallen sind und nicht irregehen«,

heißt es in der den Koran »eröffnenden« ersten Sure (V. 6–7). Zu
dem das ganze Gott wohlgefällige Leben bezeichnenden Ausdruck
wird im Koran das Wort islām. Es bedeutet »vollständige Hingabe (an Gott)«, wo bei dem Nachdruck auf dem Attribut »vollständig« liegt.

5   Die Ausschließlichkeit Gottes (der Monotheismus) und die
früheren Gesandten

5.1   Die klare Absage an die Vielgötterei

Indem Mohammed Gott als gütigen Schöpfer und Herrn des Gerichtstages verkündete, war bereits unausgesprochen das Urteil
über die Vielgötterei gefällt. Denn wenn der Mensch Gott allein
alles Gute im Diesseits und im Jenseits zu verdanken hat und
wenn es unmöglich ist, Gottes Gericht zu entfliehen, kann es keinen Raum mehr für andere Götter geben. Diese an sich logische
Folgerung hatte Mohammed aber noch nicht sogleich klar ausge-

sprochen. So kam es, daß die Mekkaner zunächst geneigt waren, seiner Verkündigung Gehör zu schenken. Als Mohammed aber begann, gegen die Vielgötterei zu predigen, wandten sie sich größtenteils enttäuscht und verärgert von ihm ab. Denn sein Angriff auf die Götter mußte auch den mit der Ka^cba verbundenen Wallfahrtskult treffen und damit die Handelsgeschäfte der Mekkaner schwer gefährden. Zunächst freilich versuchte Mohammed, der verhängnisvollen Entwicklung durch einen Kompromiß zu steuern. Er verkündete, die von den Mekkanern besonders verehrten drei Gottheiten al-Lāt, al-^cUzzā und Manāt seien »erhabene Kraniche« (?), deren Fürsprache zu erhoffen oder Gott genehm sei. Doch wurde sich Mohammed bald dessen bewußt, daß er mit seiner entgegenkommenden Botschaft einer Einflüsterung des Teufels erlegen sei. So nahm er seine Worte durch eine ihm eingegebene Rede zurück, indem er erklärte, jene drei Göttinnen seien bloße Namen, welche die Mekkaner und ihre Väter erfunden hätten (Sure 53,23). Fortan blieb Mohammed unerschütterlich bei seinem Nein gegen jegliche Vielgötterei:

»(1) Sag: Er ist Gott, ein Einziger, (2) Gott, der Kompakte[28]. (3) Er hat weder gezeugt , noch ist er gezeugt worden. Und keiner ist ihm ebenbürtig« (Sure 112).

5.2 Jesus – nicht Gottes Sohn, aber ein hochbegnadeter Diener Gottes

Mit der ausdrücklichen Wendung gegen den Polytheismus wurde auch die Frage nach Mohammeds Stellung zum Christentum, besonders zur Lehre von *Jesus Christus* als dem Sohne Gottes, akut. Denn Mohammeds Gegner beriefen sich, um ihre Vielgötterei zu rechtfertigen, auf die Christen, die bekanntlich Jesus als Gottes Sohn verehren würden. Warum dürften dann die Araber nicht ihre angestammten Gottheiten als Söhne und Töchter Allāhs betrachten? Dieser Einwand war um so verfänglicher, als Mohammed sich in voller Übereinstimmung mit den beiden älteren Offenbarungsreligionen wähnte und Jesus als früheres Beispiel seines eigenen Auftrags verstand. Daß Jesus mehr als ein Diener Gottes sei, verneinte Mohammed entschieden:

---

28 Arabisch: aṣ-ṣmadu; siehe Paret, Der Koran. Kommentar und Konkordanz z.St. In einer alten byzantinischen Abschwörungsformel wird das arabische Wort mit ὁλόσφυρος, »ganz massiv«, wiedergegeben. Siehe Näheres bei Raeder, Biblische Traditionen im Koran, S. 319, Anm. 24.

»Er ist (in Wahrheit) nichts anderes als ein Diener (von uns), dem wir (besondere) Gnade erwiesen, und den wir zu einem Beispiel für die Kinder Israels gemacht haben« (Sure 43,59).

Diese Grundvorstellung von Jesus als dem Diener Gottes, dem sein Herr besondere Gnade erwiesen habe, wird im Koran bis zu den zeitlich letzten Suren unter Verwendung verschiedener christlicher Traditionen breit entfaltet. In Sure 19 gedenkt Mohammed mehrerer biblischer Gestalten, von denen er einige als Propheten bezeichnet. Zu ihnen gehört auch der »Sohn der Maria«. Was hier von Jesus gesagt wird, zeigt den Einfluß apokrypher Evangelientradition, die an die Geburts- und Kindheitsgeschichten des Matthäus- und Lukasevangeliums anknüpft. Jesus sei nicht von einem Manne gezeugt worden, sondern Gott habe seinen Geist zu Maria gesandt. Dieser habe sich ihr als wohlgestalteter Jüngling dargestellt und verkündet, daß Gott ihr einen Jungen schenken werde »zum Zeichen für die Menschen« (Sure 19,21). Schon in der Wiege habe das Jesuskind seine Mutter vor schlimmen Verdächtigungen in Schutz genommen und gesagt:

»Ich bin der Diener Gottes. Er hat mir die Schrift gegeben und mich zum Propheten gemacht« (Sure 19,30).

Aber spricht nicht die Geburt Jesu aus einer Jungfrau dafür, daß er mehr ist als ein Mensch, nämlich Gottes Sohn? Keineswegs! Denn gerade Jesu wunderbare Erzeugung und Geburt erweist, daß er ein Geschöpf Gottes ist – nichts mehr.

»Jesus ist (was seine Erschaffung angeht) vor Gott gleich wie Adam. Den schuf er aus Erde. Hierauf sagte er zu ihm nur: sei! da war er« (Sure 3,59).

Vielleicht dürfen wir mit dem Vergleich Jesu und Adams auch die Bezeichnung Jesu als »ein Wort von Gott« und »sein« (d.h. Gottes) »Wort« in Zusammenhang bringen (vgl. Sure 3,45; 4,171). Dann würde Jesus so benannt als ein Wesen, »das durch Gottes schöpferischen Befehl beschlossen wurde« (Th. O'Shaughnessy)[29]. Wahrscheinlich lehnte sich Mohammed, wenn er Jesus »ein Wort von Gott« nannte, an die christliche Redeweise an, die er aber in seinem Sinne deutete. Nicht mehr, als daß Jesus ein bloßes Geschöpf Gottes sei, liegt auch in der Aussage, er sei ein »ein Geist von Gott« (Sure 4,171). Denn Gott blies der Maria Geist von sich

---

29 Siehe dazu Paret, Der Koran. Kommentar und Konkordanz zu Sure 3,39.

ein, als er Jesus erschuf (vgl. Sure 21,91; 66,12). Ebenso hauchte er Adam von seinem Geiste ein, als er ihn bildete (vgl. 15,29). Ist Jesus auch ein bloßes Geschöpf Gottes, so doch eines von hohem Range. Zu seiner Geburt aus einer Jungfrau, zu seiner Würde als »ein Wort von Gott« und als »ein Geist von Gott« kommen noch andere Vorzüge hinzu. Er trägt den Titel »Christus«, d.h. »Messias« (al-masīḥ), der jedoch im Koran nicht näher erklärt und wohl als Ehrenname aufgefaßt wird, ebenso wie die Benennung »der Sohn der Maria« (vgl. Sure 3,45; 4,157; 5,17.72.75; 9,31). Jesus ist einer von denen »die Gott nahestehen« (Sure 3,45). Dadurch wird er vielleicht mit den Engeln verglichen. »Er wird im Diesseits und im Jenseits angesehen sein« (Sure 3,45). Wo immer er ist, hat ihm Gott »(die Gabe) des Segen(s) verliehen« (Sure 19,32). Er ist nicht nur Prophet, sondern auch »Gesandter«, wie etwa Mose und Mohammed, d.h. Begründer einer Gemeinschaft der wahren Religion (vgl. Sure 4,157.171). Gott hat nämlich jedem Volk (oder jeder Gemeinschaft, umma) je nur einen Gesandten geschickt (vgl. Sure 10,47). Jesus ist mit einem Buch gekommen, dem Evangelium (Sure 19,30; 5,46). Gott hat ihn der Maria geschenkt,

»damit wir ihn zu einem Zeichen für die Menschen machen, und weil wir (den Menschen) Barmherzigkeit erweisen wollen« (Sure 19,21).

Er ist »zu einem Beispiel für die Kinder Israel gemacht« (Sure 43,59). Er kam zu ihnen mit »klaren Beweisen« und sagte:

»Ich bin mit der Weisheit zu euch gekommen, um euch einiges von dem, worüber ihr uneins seid, klarzumachen« (Sure 43,63).

Er darf Gehorsam (ebd.) und Glauben beanspruchen (Sure 4,159). Gott hat ihn »mit dem heiligen Geist gestärkt« (Sure 2,87) und mit Wunderkräften ausgestattet. Er konnte schon in der Wiege reden, formte aus Lehm Vögel, denen er Leben einhauchte, heilte Blinde und Aussätzige und ließ Tote aus dem Grabe herauskommen – alles »mit Gottes Erlaubnis« (Sure 5,110). Er betete zu Gott:

»Sende uns vom Himmel einen Tisch herab, der (mit einem Mahl) für uns von jetzt an bis in alle Zukunft (?) eine Feier und ein Zeichen von dir sein wird« (Sure 5,111),

und Gott erhörte seine Bitte. Anscheinend liegt diesen Worte eine unklare Vorstellung vom Abendmahl zugrunde. Jesus wird wiederkommen. Denn er ist »ein Erkennungszeichen der Stunde (des Gerichts)« (Sure 43,61).

Jesus, ein Prophet den Gott wahrlich in einzigartiger Weise ausgezeichnet hat, aber eben doch nur ein Prophet, dem aufgetragen
war zu verkünden, was alle Propheten verkündet haben:

»Gott ist mein und euer Herr. Dienet ihm! Das ist ein gerader Weg«
(Sure 43,64).

5.3 Warum verneinte Mohammed die Gottessohnschaft Jesu?

Die Ablehnung der Gottessohnschaft Jesu ist angesichts der
Hochschätzung des Christentums durch Mohammed erstaunlich.
Der Nestorianismus bietet hierfür keine zureichende Erklärung.
Denn mochten die Nestorianer auch das personhafte Menschsein
Jesu betonen und Maria deshalb nicht »die Mutter Gottes« (theotokos), sondern »die Mutter Christi« (christotokos) nennen, so
hielten sie doch unter diesem Vorbehalt auf ihre Weise daran fest,
daß Jesus Gottes Sohn sei, wie er auch im Neuen Testament
mehrfach genannt wird. Unter den altchristlichen Häretikern lehrten die Arianer, Gott Vater habe das »Wort«, das in Jesus Mensch
geworden sei, vor allen anderen Geschöpfen *erschaffen*. Wir wissen aber nicht, ob Mohammed jemals Arianern begegnet ist. Zu
denken wäre eher an einen möglichen Einfluß des gnostischen Ju-
denchristentums, das den von der Jungfrau Maria geborenen Jesus
als großen Propheten verehrte[30]. Wichtig ist aber, daß Mohammed die Frage nach der Gottessohnschaft Jesu erstmals im
Zusammenhang mit der altarabischen Vielgötterei gestellt wurde
und daß er diese Frage nie in einem anderen Zusammenhang verstanden hat. Daß die Gottessohnschaft Jesu wesentlich mit seinem
Erlösungswerk zusammenhängt, ist Mohammed durch das Christentum seiner Zeit und Umwelt anscheinend nicht deutlich gemacht worden. Nach Tor Andraes Urteil gibt es wohl

»kaum eine zweite Form des Christentums, in der die evangelischen Gedanken der Sündenvergebung und der Gotteskindschaft so gänzlich aus-
gelöscht wären, wie in dieser syrischen Mönchsreligion. Die Vergebung
hat sich der Fromme durch lebenslange Reue und Selbstreinigung aus
eigener Kraft zu verdienen«[31].

Diese Art der Frömmigkeit beeindruckte Mohammed tief. So ist
es zu verstehen, daß in seiner Verkündigung für Christus als Gottessohn und Erlöser von Anfang an kein Platz war.

---

30 Siehe Raeder, Biblische Traditionen im Koran, S. 320f, Anm. 29.
31 Andrae, Der Ursprung, S. 128.

5.4   Götzendienst – die einzig unvergebbare Sünde

Durch den Kampf gegen die Vielgötterei wurde der Eingottglaube mehr und mehr zum Inbegriff des Islams. Das Bekenntnis zu dem einen Gott wurde zu der alles andere überragenden Forderung, die Vielgötterei zur einzig unvergebbaren Sünde. In einer Sure aus medinischer Zeit heißt es:

»Gott vergibt nicht, daß man ihm (andere Götter) beigesellt. Was darunter liegt (d.h. die weniger schweren Sünden) vergibt er, wem er (es vergeben) will« (Sure 4,48).

Die Mekkaner waren nicht imstande, Mohammeds Argumente gegen die Vielgötterei zu widerlegen. Zugunsten ihrer angestammten Religion wußten sie lediglich die Erklärung ins Feld zu führen, auch schon ihre Väter hätten die heimatlichen Gottheiten verehrt.
Daher konnte der Prophet den Starrsinn seiner Landsleute nur als von Gott selbst bewirkte geistige Blindheit begreifen. Er vernahm den göttlichen Trost:

»Wenn wir gewollt hätten, hätten wir einem jeden seine Rechtleitung gegeben. Aber das Wort von mir ist in Erfüllung gegangen (das besagt): ›Ich werde wahrlich die Hölle mit lauter Dschinn (d.h. Geistern) und Menschen anfüllen‹« (Sure 32,13).

Im Sinne derartiger Koranstellen hat später die islamische Theologie die Willensfreiheit des Menschen gegenüber der göttlichen Vorherbestimmung verneint.

5.5   Die früheren Gesandten und Strafgerichte Gottes

In dem Maße, wie Mohammed in Mekka bei den führenden Leuten auf Widerstand stieß, wurde für ihn die Geschichte eine Quelle der Stärkung und des Trostes. Es hatte ja schon vor ihm Gesandte Gottes gegeben, die ihre Volksgenossen zur Abkehr von Götzendienst und Sünden und zur Verehrung des einzigen Gottes aufgerufen hatten. Die verstockten Ungläubigen wurden schließlich durch ein Gottesgericht hinweggerafft, die wenigen Gläubigen mit ihrem Propheten gerettet. Den Stoff für solche »Straflegenden« fand Mohammed sowohl in biblischen Erzählungen als auch in altarabischen Überlieferungen. Es entstand ein Geschichtsbild, in dem sich Mohammeds Auftrag und Schicksal widerspiegelten. Rudi Paret beschreibt es mit den Worten:

»Immer [war] dasselbe geschehen [...] Zu jedem Volk war ein ›Gesandter‹,
›Warner‹ oder ›Führer‹ [...] gekommen. Seine Volksgenossen hatten ihn
aber für einen Lügner erklärt, sich über ihn lustig gemacht und seine
Botschaft abgelehnt. Schießlich war die Masse des Volkes vom Strafge-
richt ereilt worden, während der Gesandte am Leben blieb [...] Die frühe-
ren Gottesmänner nahmen so immer mehr die Konturen des arabischen
Propheten an. Ihre Gegner wurden zu Spiegelbildern der heidnischen
Mekkaner«[32].

Als Beispiel für diese geschichtliche Rückschau sei Sure 21 genannt. Sie trägt den Titel »Die Propheten«. Der strenge Monotheismus erscheint hier als das Hauptkennzeichen aller früheren
Offenbarungen:

»Wir haben vor dir keinen Gesandten auftreten lassen, dem wir nicht
(die Weisung) eingegeben hätten: Es gibt keinen Gott außer mir. Dienet
mir!« (Sure 21,25).

Die unbeugsame Haltung Mohammeds trug ihm und seiner kleinen Gemeinde seitens der Mekkaner wachsende Anfeindungen ein.
Unter ihnen hatten besonders die sozial Schwächeren zu leiden.
Um das Jahr 615 schien die Lage besonders bedrohlich. 89 Männer und 18 Frauen der Anhängerschaft Mohammeds wanderten
damals ins christliche Abessinien aus, um sich dem Druck der ungläubigen Mekkaner zu entziehen. Durch die Auswanderung
schmolz die Gemeinde um den Propheten zu einer ganz unbedeu-
tenden Minderheit zusammen. Daß man sich nicht an Mohammed
selbst vergriff, verdankte er dem Schutz seiner Sippe, den Hāschim,
obwohl die meisten ihrer Glieder seine Botschaft ablehnten. Vor
allem Mohammeds Oheim Abū Ṭālib, der ihm bis zu seinem Tode
(619) die Anerkennung als Prophet verweigerte, stellte sich dennoch stets schützend vor ihn. Ein schwerer persönlicher Verlust
traf den Propheten um das Jahr 619, als Chadīdscha, die ihn von
Anfang an in seinem Sendungsbewußtsein bestärkt hatte, starb.

6   Die Hidschra, die Auseinandersetzung mit Juden und Christen, der Aufbau der islamischen Gemeinde

6.1   Der neue Anfang in Medina

Nach Jahren bitterer Enttäuschung kam die große Wende. Die
wachsenden Anfeindungen der Mekkaner zwangen Mohammed,

32 Paret, Mohammed, S. 99.

mit seiner kleinen Gemeinde von etwa 70 Anhängern im Jahre 622 in aller Heimlichkeit nach Yathrib auszuwandern. Bekannter ist dieser Ort unter dem Beinamen al-Madīna, »die Stadt«, genauer übersetzt: »die Gerichtsstätte«. Durch Mohammed wurde Yathrib zur »Stadt des Propheten« (madīnat an-nabī). Das arabische Wort hidschra, das dieses weltgeschichtliche Ereignis bezeichnet, bedeutet »Auswanderung«. Es leitet sich von dem Verbum hadschara ab, das »sich lossagen«, »sich trennen«, »sich fernhalten« (von etwas) bedeutet. Indem die Emigranten (arabisch al-muhādschirūn) Mekka verließen, »lösten« sie sich von ihrer Sippe und verloren den Anspruch, von ihr geschützt zu werden. In Medina fand Mohammed gleichsam einen aufgelockerten Boden vor, auf dem die Saat seiner Botschaft aufgehen sollte. Es gab dort nämlich drei jüdische Stämme, so daß die Bewohner der Oasenstadt auf Mohammeds Predigt von dem einen Gott, dem Schöpfer und Richter aller Welt, der seit alters durch Propheten geredet habe, vorbereitet waren. Hinzu kam als ein für Mohammed günstiger Umstand, daß die Mediner seit längerer Zeit in Parteien zerfallen waren, die sich heftig befehdeten. Hier wurde eine überlegene Persönlichkeit gebraucht, die Frieden stiften konnte. Mohammed, der in Medina von Anfang an als Oberhaupt einer zwar kleinen, ihm aber unbedingt ergebenen Gemeinde auftrat, besaß die Autorität, auf welche die Mediner angewiesen waren. Er festigte seine Stellung, indem er zwischen den Einheimischen und den Emigranten Blutsbrüderschaften abschloß. Noch bedeutsamer war die Aufstellung einer Gemeindeordnung. Sie verpflichtete alle Bewohner Medinas ohne Rücksicht auf ihre Religion zur sofortigen Beilegung der inneren Streitigkeiten und zum gemeinsamen Schutz der Muslime nach außen. Den nichtmuslimischen Ansässigen, auch den Juden, wurde verboten, Bündnisse gegen das Interesse der Muslime abzuschließen.

6.2 Auseinandersetzung mit Juden und Christen

6.2.1 Mohammeds Berufung auf Abraham gegenüber der abweisenden Haltung der Juden und Christen

Wie schon erwähnt, war Mohammed in Mekka von der Übereinstimmung seiner Botschaft mit den älteren Offenbarungsreligionen der Juden und Christen fest überzeugt. Deshalb erwartete er, bei der zahlreichen *jüdischen Gemeinde* Anerkennung zu finden. Er wurde aber, von wenigen Ausnahmen abgesehen, bitter enttäuscht. Die Juden erkannten ihn nicht als Propheten an und verspotteten ihn.

Ihre abweisende Haltung bewog Mohammed, gewisse Anlehnungen an den jüdischen Kultus rückgängig zu machen. Anstelle des Fastens am 10. Muharram, das dem Fasten am jüdischen Versöhnungstage entsprach, wurde der Fastenmonat Ramaḍān eingeführt, in dem Mohammed auch seine ersten Offenbarungen empfangen hatte. Man fastete einen ganzen Monat hindurch während der Tageshelle. Verneigten sich die Muslime bisher beim rituellen Gebet (ṣalāt) nach Jerusalem, so wurde jetzt die Hinwendung nach Mekka vorgeschrieben. Mohammed rechtfertigte dies durch die Legende, Abraham und Ismael hätten die Grundmauern des mekkanischen Heiligtums errichtet (vgl. Sure 2,127) und von Gott den Auftrag erhalten, die Ka'ba für die Wallfahrt im Sinne des islamischen Monotheismus zu reinigen (Sure 2,125). Mit dieser Kultlegende beanspruchte Mohammed zugleich für den Islam den Vorrang vor dem Judentum und Christentum. Denn *Abraham* sei weder Jude noch Christ, sondern »ein (Gott) ergebener Hanīf« gewesen (Sure 3,67), d.h. ein Anhänger des ursprünglichen Eingottglaubens, der mit dem Islam identisch sei. Die im Koran stehenden Worte ḥanīfan musliman könnte man daher auch mit den Bezeichnungen »ein Hanīf, ein Muslim« wiedergeben. Den Juden und Christen warf Mohammed vor, sie hätten in ihren Offenbarungsschriften die Wahrheit wissentlich gefälscht, verdunkelt und verheimlicht (vgl. Sure 2,75; 3,71). Die Juden beschuldigte er, sie hielten Esra, und die Christen, sie hielten Christus für Gottes Sohn (vgl. Sure 9,30).

6.2.2 Christus im Endgericht als Zeuge gegen die Verfälscher seiner Botschaft

In der fünften Sure, der zeitlich letzten des Korans, bezeugt Jesus vor Gott in einer eschatologischen Gerichtsszene, daß er unschuldig an der Verfälschung seiner monotheistischen Botschaft sei:

»(116) Und (dann), wenn Gott sagt: ›Jesus, Sohn der Maria! Hast du (etwa) zu den Leuten gesagt: ,Nehmt außer Gott mich und meine Mutter zu Göttern'?‹ Er sagt: ›Gepriesen seist du! (Wie dürfte man dir andere Wesen beigesellen!) Ich darf nichts sagen, wozu ich kein Recht habe. Wenn ich es (tatsächlich doch) gesagt hätte, wüßtest du es (ohnehin und brauchtest mich nicht zu fragen). Du weißt Bescheid über das, was ich (in Gedanken) in mir hege. Aber ich weiß über das, was du in dir hegst, nicht Bescheid. Du (allein) bist es, der über die verborgenen Dinge Bescheid weiß. (117) Ich habe ihnen nur gesagt, was du mir befohlen hast (nämlich): ,Dienet Gott, meinem und eurem Herrn!' Und ich war Zeuge über sie, solange ich unter ihnen weilte. Nachdem du mich abberufen hattest, warst du es, der auf sie aufpaßte. Du bist über alles Zeuge.‹«

Gott bekräftigt die Aussage Jesu mit den Worten: »(119) Dies ist der Tag an dem den Wahrhaftigen ihre Wahrhaftigkeit nützt.« Damit wird deutlich, daß das Zwiegespräch zwischen Gott und Jesus am Gerichtstag stattfindet.

Die Quelle der merkwürdigen Anschauung von einer Trinität *Gott – Jesus – Maria* ist nicht sicher zu ermitteln. Der Kirchenvater Epiphanius von Salamis (gest. 403) berichtet in seinem Werk »Arzneikasten gegen die Häresien« (Panarion haer. 78, 23) von Frauen in Arabien, die Maria als Göttin verehren und ihr Kuchen opfern würden. Ferner wurde im häretischen Judenchristentum die irdische Erscheinung der Maria mit einer »gewaltigen Kraft im Himmel« gleichgesetzt und der Heilige Geist als Mutter Jesu bezeichnet[33]. Schließlich sei noch erwähnt, daß das Konzil von Ephesus (431) für Maria die Bezeichnung theotokos, »Gottesgebärerin«, als Ausdruck der Rechtgläubigkeit festsetzte. Die Verehrung der Gottesmutter konnte von einem nichtchristlichen Araber leicht als Kult einer *göttlichen* Mutter aufgefaßt werden. Auch wenn nicht mit Bestimmtheit gesagt werden kann, welche dieser Traditionen Mohammed erreicht haben mag, so ist doch entscheidend, daß er die den Christen fälschlich zugeschriebene Trinität von Gott, Christus und Maria nach menschlicher Entsprechung als »Familie von Mann, Frau und Sohn« verstanden hat[34]. Solcher Glaube mußte ihm begreiflicherweise als Rückfall in die Vielgötterei erscheinen. Den Sinn des christlichen Dogmas von Vater, Sohn und Heiligem Geist als den drei Personen oder Hypostasen der einen göttlichen Natur oder Wesenheit hat Mohammed nicht erkennen können.

6.2.3   Christus wurde nicht gekreuzigt, sondern zu Gott erhöht

Ein weiterer Punkt, in dem sich Mohammed vom Christentum unterscheidet, ist die Leugnung des Kreuzestodes Jesu. Sie ist eigentlich eine polemische Wendung gegen die Juden. Diese hätten nämlich keinen Grund, prahlerisch zu behaupten:

»Wir haben Christus (al-masīḥ) Jesus, den Sohn der Maria und Gesandten Gottes, getötet.«
»Sie haben ihn (in Wirklichkeit) nicht getötet und (auch) nicht gekreuzigt. Vielmehr erschien ihnen (ein anderer) ähnlich, (so daß sie ihn verwechselten und töteten)« (Sure 4,157).

---

33 Siehe Raeder, Biblische Traditionen im Koran, S. 321.
34 Rudolph, Die Abhängigkeit des Qorans, S. 87.

Gott habe Jesus, ohne ihn sterben zu lassen, »zu sich (in den Himmel) erhoben« (Sure 4,158). Mohammed glaubte, Jesus werde am
Ende der Tage wiederkommen. Deshalb nannte er ihn »ein Erkennungszeichen der Stunde (des Gerichts)« (Sure 43,61).
Die Leugnung des Kreuzestodes Jesu deutet auf gnostische Einflüsse[35]. Im Unterschied zu Mohammed schrieben aber die Gno-
stiker Jesus keine reale Leiblichkeit, sondern nur eine Scheinleib-
lichkeit zu. Dies hing mit der gnostischen Abwertung alles Materiellen zusammen. Bemerkenswert ist, daß Mohammed nicht nur
von Christus, sondern auch von Maria eine Himmelfahrt annahm.
Denn er setzte voraus, daß Maria ebenso wie Jesus nicht gestorben, sondern noch (im Jenseits) am Leben sei: Gott könnte Maria
»zugrunde gehen lassen«, was er aber nicht tut, und folglich lebt
sie (vgl. Sure 5,17). Es muß also im Umkreis Mohammeds Christen gegeben haben, die an die leibliche Aufnahme Marias in den
Himmel glaubten.

6.2.4   Strafmaßnahmen gegen die Juden

Obwohl Mohammed den Glauben der Christen an Jesus als den
Sohn Gottes mißbilligte, bewahrte er sich ihnen gegenüber eine wohlwollende Einstellung. In einer medinischen Sure (5,82)
spricht Gott zum Propheten:

»Du wirst sicher finden, daß diejenigen, die den Gläubigen in Liebe am
nächsten stehen, die sind, welche sagen: ›Wir sind Naṣārā (d.h. Christen)‹. Dies deshalb, weil es unter ihnen Priester und Mönche gibt, und
weil sie nicht hochmütig sind.«

Von den *Juden* dagegen erwartete Mohammed ebenso wie von
den Heiden nichts Gutes:

»Du wirst sicher finden, daß diejenigen Menschen, die sich den Gläubigen gegenüber am meisten feindlich zeigen, die Juden und die Heiden
sind« (Sure 5,82).

Bei seinen kriegerischen Auseinandersetzungen mit den Mekkanern erschienen ihm die drei jüdischen Stämme Medinas als eine
Bedrohung im Rücken. Deshalb ging er gegen sie mit Gewalt vor.
Zwei der Stämme durften wenigstens nach Herausgabe ihres Besitzes emigrieren, den dritten ließ er nach dessen Unterwerfung
vernichten. Die Männer – es waren etwa 600 – wurden ausnahmslos getötet, die Frauen und Kinder kamen in die Sklaverei.

---

35 Siehe Raeder, Biblische Traditionen im Koran, S. 328, Anm. 43.

6.2.5 Mohammeds gewandeltes Selbstverständnis

Auch in Mohammeds Selbstverständnis vollzog sich in Medina eine Wandlung. Schon in Mekka hatte er von Propheten gesprochen, die vor ihm mit der Botschaft von dem einen Gott aufgetreten seien. Er dachte dabei an biblische Gestalten. Bezeichnenderweise ist das Wort nabī, d.h. Prophet, ein (vom Arabischen beeinflußtes) Lehnwort aus dem Aramäischen bzw. Hebräischen. Die Zugehörigkeit der als Propheten bezeichneten Männer zum Bereich der biblischen Geschichte ist wohl auch der Grund dafür, daß Mohammed sich selbst in Mekka noch nicht ausdrücklich einen Propheten nannte, obwohl er sich als Gesandten (arabisch: rasūl) verstand. Denn er gehörte nicht zur jüdisch-christlichen Offenbarungsgeschichte. In Medina aber nahm er den Titel des Propheten nun auch für sich in Anspruch, und zwar nannte er sich, um die Besonderheit seiner Herkunft zu unterstreichen, den »heidnischen Propheten« (Sure 7,157). Das hier mit »heidnisch« wiedergegebene arabische Wort ummī deutete man früher im Sinne von »Laie«, worunter man einen des Schreibens und Lesens Unkundigen verstand. Nichts spricht aber dafür, daß Mohammed als einstiger Kaufmann, der weite Reisen unternommen hatte, ein Analphabet gewesen sein soll. Wahrscheinlich ist der arabische Ausdruck ummī von der hebräischen Bezeichnung ummōth, »Völker«, »Heiden«, abhängig. Mohammed gibt also zu verstehen, daß Gott ihn zum Propheten aus jener Gruppe der Menschheit berufen hat, welche die Juden ummōth hā-ōlām, »Völker der Welt«, nennen. Übrigens kannten auch die Juden Propheten, die aus den Reihen des Heidentums hervorgegangen waren, z.B. Bileam und Hiob. Schließlich stellte sich der arabische Prophet den biblischen Propheten nicht nur gleich, sondern erhob sich sogar über sie, indem er sich als »das Siegel der Propheten« (Sure 33,40) bezeichnete. Damit beanspruchte er, alle früheren Offenbarungen zu beglaubigen und für alle Zeiten abzuschließen. Neu ist dieser Titel nicht. Auch der persische Religionsstifter Mani (gest. wohl 276 n.Chr.) hatte sich »das Siegel der Propheten« genannt. Um seinen Anspruch zu begründen, verkündete Mohammed ferner, Jesus habe ihn als »Gesandten mit einem hochlöblichen Namen« verheißen (Sure 61,6). Sprachlich ist auch die Übersetzung »ein Gesandter mit dem Namen Aḥmad« möglich. So verstehen die muslimischen Kommentatoren diese Stelle. Aḥmad ist eine Nebenform für Mohammed. Auch Mani hatte sich als »Apostel (oder Gesandten) Jesu Christi« bezeichnet. In der medinischen Verkündigung wird öfter die Formel »Gott und sein Gesandter« gebraucht, z.B. in Sure 7,158: »Glaubt an Gott und seinen Gesandten!« Darin kommt die exklusive Maßgeblichkeit Mohammeds im Islam zum Ausdruck.

6.2.6 Die Vollendung von Mohammeds Lebenswerk

Da Mohammed Mekka zum Kultzentrum des Islams erklärte, war die Eroberung dieser Stadt ein unaufgebbarer Punkt seines religiös-politischen Programms. Die Kampfhandlungen hatte er eröffnet, zunächst, um seine Anhänger mit Beute zu versorgen. In seiner Kriegführung ergriff er Maßnahmen, die nach damaligem Rechtsempfinden verwerflich waren. So ließ er eine mekkanische Karawane im heiligen Monat überfallen. Aber er rechtfertigte sein ungewöhnliches Vorgehen durch göttliche Weisung:

»Sag: [...] (Im heiligen Monat) zu kämpfen ist ein schweres Vergehen. Aber (seine Mitmenschen) vom Wege Gottes abzuhalten – und nicht an ihn zu glauben –, und (Gläubige) von der heiligen Kultstätte (abzuhalten), und deren Anwohner daraus zu vertreiben, (all das) wiegt bei Gott schwerer« (Sure 2,217).

Im Jahre 624 besiegte Mohammed bei der Wasserstelle Badr die der Zahl nach weit überlegene Streitmacht der Mekkaner. 625 rächten sie sich, indem sie Mohammeds Anhängern am Fuße des Berges Uḥud, nördlich von Medina, eine Niederlage zufügten. Dabei wurde der Prophet selbst verwundet. 627 endete der Belagerungskrieg der Mekkaner gegen Medina ergebnislos. 628 wurde ein zehnjähriger Waffenstillstand geschlossen, der es ermöglichte, daß der Prophet 629 mit seinen Anhängern eine Wallfahrt nach Mekka unternahm. Aber schon 630 nahm er Mekka ein, ohne auf Widerstand zu stoßen. Damit war das Schicksal des arabischen Heidentums besiegelt. Ein Jahr später ließ Mohammed während der Wallfahrt in Mekka eine Proklamation verlesen, in der Gott den Heiden den Kampf ansagte:

»Wenn nun die heiligen Monate abgelaufen sind, dann tötet die Heiden (muschrikūna, Götzendiener), wo (immer) ihr sie findet, greift sie, umzingelt sie und lauert ihnen überall auf! Wenn sie sich aber bekehren, das Gebet verrichten und die Almosensteuer geben, dann laßt sie ihres Weges ziehen! Gott ist barmherzig und bereit zu vergeben« (Sure 9,5).

Diese Proklamation war auch für die künftige Haltung der islamischen Gemeinde gegenüber dem Heidentum maßgeblich. Es hatte, von Ausnahmen abgesehen, nur die Wahl zwischen der Annahme des Islams und einem Kampf auf Leben und Tod.

Anders verhielt sich Mohammed gegenüber den »Schriftbesitzern«. Auch sie mußten sich seiner Herrschaft unterwerfen, brauchten aber nicht zum Islam überzutreten:

»Kämpft gegen diejenigen, die nicht an Gott und den jüngsten Tag glauben und nicht verbieten, was Gott und sein Gesandter verboten haben, und nicht der wahren Religion angehören – von denen, die die Schrift erhalten haben – (kämpft gegen sie), bis sie kleinlaut aus der Hand Tribut entrichten« (Sure 9,29).

Die heiligen Schriften der Juden und Christen galten Mohammed in ihrer ursprünglichen Form als übereinstimmend mit dem Islam. Wenn der Prophet auf eine gewaltsame Bekehrung der »Leute der Schrift« verzichtete, so tat er es wohl in der Erwartung, daß sie bei aufrichtiger Erforschung ihrer Offenbarungsbücher selbst die Wahrheit des Islams erkennen würden. Dennoch mußten alle »Schriftbesitzer« den Herrschaftsanspruch des Islams anerkennen. Denn die Gemeinde, die sich zur einzig wahren Religion bekennt, hat auch allein das Recht zur Herrschaft, d.h. sie ist verpflichtet, dem offenbarten göttlichen Willen Geltung zu verschaffen: Gott

»hat seinen Gesandten mit [...] der wahren Religion geschickt, um ihr zum Sieg zu verhelfen über alles, was es (sonst) an Religion gibt« (Sure 9,33).

Die Verbindung von Wahrheit und Herrschaft hängt damit zusammen, daß der Islam nach seinem Selbstverständnis kein bloßes System von Glaubenssätzen ist, sondern religiöse Wirklichkeit in einer Gemeinschaft, deren Leben nach dem geoffenbarten Gesetz geregelt ist. Deshalb wirkte Mohammed in Medina auch als Gesetzgeber. Seine Weisungen betrafen verschiedene Lebensbereiche, z.B. Ehe und Familie, Erbschaft, Verträge usw. Auch diese Anordnungen galten als göttliche Offenbarungen. Mohammeds gesetzgeberische Tätigkeit im engeren Sinne betraf großenteils die sozialen Verhältnisse, die er gegenüber dem früheren Zustand wesentlich verbesserte. Den einzigartigen Vorzug der islamischen Gemeinde sah Mohammed darin, daß sie in allen Fragen des Lebens den offenbarten Willen Gottes anerkennt:

»Ihr seid die beste Gemeinschaft, die unter den Menschen entstanden ist. Ihr gebietet, was recht ist, verbietet, was verwerflich ist, und glaubt an Gott« (Sure 3,110).

Den auf ihre Ahnen stolzen Arabern stellte er ein völlig neues Ideal vor Augen:

»Als der Vornehmste gilt bei Gott derjenige von euch, der am frömmsten
ist« (Sure 49,13).

Mohammed starb am 8. Juni 632 nach kurzer von Fieber und
Kopfschmerzen begleiteter Krankheit. Sein Haupt hatte er in ᶜĀ'i-
schas, seiner Lieblingsgattin, Schoß gebettet. Die letzten Worte,
die er mit schon erstarrtem Blick sprach, lauteten: »Nein, vielmehr der höchste Begleiter aus dem Paradies.« Mohammed schied
aus dem Leben als Herr über fast ganz Arabien. Bestimmungen
über seine Nachfolge hatte er nicht getroffen, aber durch sein Lebenswerk das Fundament gelegt, auf dem sich der Islam zur Weltreligion und Weltmacht entwickeln sollte.

7   Mohammeds Charakter

Über den Charakter Mohammeds zu urteilen ist schwierig. Anstoß
hat man von christlicher Seite schon sehr früh an seinem Verhältnis zur Macht und zu den Frauen genommen.
Es läßt sich nicht leugnen, daß der arabische Prophet keine List
und Härte scheute, wenn es darum ging, die Macht der islamischen Gemeinde zu sichern und zu erweitern. Zwei jüdische Stämme Medinas zwang er zur Auswanderung, den dritten ließ er bis
auf die Frauen und Kinder, die er zu Sklaven machte, ausrotten.
Einzelne Gegner, die ihm durch ihre Spottgedichte oder Intrigen
gefährlich schienen, ließ er durch Mittelsmänner töten, nachdem
die Opfer zuvor durch falsche Versprechungen in eine Falle ge-
lockt worden waren. Aber Mohammed glaubte, auch durch derartige Gewalttaten nach Gottes Weisung zu handeln und die Sache
des Islams zu fördern. Wenn der von Gott offenbarten Wahrheit
die Herrschaft gebührt, erscheint auch die Anwendung von List
und Gewalt folgerichtig. Im übrigen war Mohammed gegen seine
Feinde mild, sobald sie sich ihm anschlossen.
Sein Verhältnis zu den Frauen darf man nicht nach Maßstäben beurteilen, die ihm und seiner Umwelt fremd waren. Seine Ehe-
schließungen – er war zuletzt mit dreizehn Frauen verheiratet –
standen weitgehend auch im Dienste der Sicherung seiner Herrschaft, indem er sich die Stämme und Sippen seiner Gattinnen
zum Beistand verpflichtete. Abgesehen davon hatte Mohammed
in der Tat eine starke Zuneigung zum weiblichen Geschlecht. Sie
läßt es verständlich erscheinen, daß er die in ihn verliebte Frau
seines Adoptivsohnes heiratete, nachdem dieser sie freigegeben
hatte. Anfängliche Skrupel Mohammeds wichen einer göttlichen
Eingebung, welche die Angelegenheit ganz und gar rechtfertigte:

»Der Prophet braucht sich wegen dessen, was Gott für ihn verordnet hat, nicht bedrückt zu fühlen« (Sure 33,88).

Die Frage nach Mohammeds Charakter stellt sich besonders eindringlich, wenn wir den Wandel betrachten, der sich in seinem Leben und Wirken seit der Hidschra (622) vollzieht. Emanuel Kellerhals schreibt hierzu in seinem Buch »Der Islam«:

»In Madina [...] wird aus dem fanatischen Bußprediger, dem asketischen Eiferer gegen Weltsinn und Wohlleben, dem glühenden Prediger des einen Gottes und Ankündiger des kommenden Gerichts der Gründer eines theokratischen Gemeinwesens, der Organisator eines Staates, der zugleich Kirche ist [...], der göttlich bevollmächtigte Gesetzgeber. Aus dem geächteten Winkelprediger wird ein gefürchteter und verehrter Staatsmann; aus dem Inspirierten, dessen Visionen und Auditionen unberechenbar über ihn kamen, ein überlegender, klug und oft schlau entscheidender politischer und militärischer Führer«[36].

Man könnte die von Kellerhals geübte Kritik in die Frage kleiden, ob Mohammed nicht in Medina seiner rein religiösen Aufgabe, an der er in Mekka unter schweren Leiden und Enttäuschungen festhielt, untreu geworden sei, indem er nun – erfolgreich – nach Macht und Anerkennung strebte. Aus der Sicht eines Muslims ist jedoch in Mohammeds Wirken seit der Hidschra nur dasjenige machtvoll in Erscheinung getreten, wozu der Prophet schon in Mekka den Grund gelegt hatte. Denn was Mohammed in den Mekkaner Jahren verkündete – Gott ist der Schöpfer und Richter, der Einzige –, war keine Gerichtspredigt, die den Menschen zum Evangelium von der Gnade Gottes in Jesus Christus hinführen sollte, sondern eine Gesetzespredigt, die dem Menschen zeigen sollte, wie er durch den Glauben an den einen Gott und durch das Tun guter Werke dereinst im Gericht bestehen könne.
Mit gutem Grund faßt der muslimische Gelehrte Aḥmad Amīn sowohl die Mekkaner als auch die Mediner Verkündigung Mohammeds unter dem Begriff der »Gesetzgebung« (taschrīᶜa) zusammen:

»Die mekkanische Gesetzgebung brachte die Grundlagen der Religion als wichtigen und logischen Prolog auf die Grundlagen der Rechtsentscheidungen, welche die medinische Gesetzgebung brachte«[37].

---

36 Kellerhals, Der Islam, S. 33.
37 Amīn, Fadchr al-Islam (Die Morgendämmerung des Islams), in: Le dogme et les rites de l' Islam, S. 16.

Mohammeds Wirken, das wir im umfassenden Sinne als »Gesetzgebung« bezeichnen können, zielte von vornherein auf eine Gemeinschaft ab, die das offenbarte Gesetz als Norm ihres gesamten
Lebens anerkennen würde. Weist aber nicht das Evangelium, sondern das Gesetz den Weg zum Heil, so fordert es aus innerer
Notwendigkeit die theokratische Gemeinde, die sich als Träger
der Herrschaft Gottes versteht. Die theokratische Gemeinde wird
aber stets allen anderen Gemeinschaften gegenüber ihr höheres
Recht zur Geltung bringen und durchsetzen wollen. Mohammed
hat aus ähnlichen inneren Antrieben wie die mächtigen Päpste des
Mittelalters gehandelt. Auch sie scheuten sich nicht, für das, was
ihnen als die Gottesherrschaft galt, alle Machtmittel einzusetzen.
Die Frage nach Mohammeds Charakter weist also zurück auf die
Frage nach seinem Sendungsbewußtsein.

II

Politisch-religiöse Entwicklung und Ausbreitung des Islams[38]

1 Die vier ersten Kalifen (632–661)

1.1 Die Entstehung des Kalifats

Als sich Mohammeds Leben dem Ende zuneigte, hatten die meisten arabischen Stämme den Islam angenommen. Die Schriftbesitzer erkannten die politische Oberhoheit des Gesandten Gottes an und durften bei Entrichtung einer Kopfsteuer ihrer angestammten Religion die Treue bewahren. Bald nach Mohammeds Tod brachen Aufstände aus. Die meisten Beduinenstämme faßten ihre Unterordnung unter die medinische Gottesherrschaft als ein Verhältnis allein zur Person des Propheten auf, das mit dessen Tod erloschen sei. Daß der Islam in dieser bedrohlichen Lage nicht zugrunde ging, sondern ganz im Gegenteil rasch zu einer Großmacht wurde, war entscheidend bedingt durch die Entstehung des *Kalifats*. Man kann seine Bedeutung für die Ausbreitung und Festigung des Islams kaum überschätzen.

Mohammed hatte hinsichtlich seiner Nachfolge keine Anordnung hinterlassen. Daher löste der Tod des Propheten in Medina so große Verwirrung aus, daß man den Leichnam in der sommerlichen Hitze einen ganzen Tag unbestattet ließ, ein im Orient unerhörter Fall! Man war völlig von der Frage in Anspruch genommen, was aus der islamischen Gemeinschaft werden solle. Es war das Verdienst ᶜUmars, eines Schwiegervaters des Propheten und der stärksten Persönlichkeit im Kreise seiner vertrauten Anhänger, daß man sich alsbald darauf einigte, einem der Gefährten Mohammeds das Amt des Kalifen (arabisch: chalīfa), d.h. des »Nachfol-

---

38 Franz Taeschner, Geschichte der arabischen Welt; Watt/Welch, Der Islam I, S. 149–161; Watt/Marmura, Der Islam II; Schimmel u.a., Der Islam III; Cahen, Der Islam I; von Grunebaum, Der Islam II. Die in der Überschrift gebrauchte Bezeichnung »politisch-religiös« soll auf die untrennbare Zusammengehörigkeit der politischen und religiösen Seite bestimmter Entwicklungen hinweisen.

gers« oder »Stellvertreters«, anzuvertrauen. Eine Weiterführung
der prophetischen Tätigkeit Mohammeds war selbstverständlich
ausgeschlossen. Denn er hatte als »das Siegel der Propheten« (Sure 33,40) die abschließende Offenbarung verkündet. Der Kalif
konnte nur Nachfolger und Stellvertreter des Gesandten Gottes
in dessen Eigenschaft als Oberhaupt der islamischen Gemeinschaft,
oberster Kriegsherr, oberster Richter und Leiter des gemeinsamen
Gottesdienstes sein. Für das Amt des Kalifen empfahl ᶜUmar Mohammeds ältesten und treuesten Freund, *Abū Bakr*, den Vater
ᶜĀ'ischas, der Lieblingsfrau des Propheten. Gewiß war dieser Vor-
schlag nicht unproblematisch. Denn es gab auch andere Anwärter
für das Kalifat. Die alteingesessenen Mediner, die den aus Mekka
geflohenen Propheten mit seinem kleinen Anhang aufgenommen,
geschützt und durch tatkräftige Hilfe zur Höhe der Macht geleitet
hatten, erwarteten, daß jemand aus ihrem Kreise, dem der »Hel-
fer« (arabisch: anṣār), die Nachfolge des Gesandten anträte. Vermutlich gab es sodann auch damals schon eine Partei, die das Amt
des Kalifen der Familie Mohammeds vorbehalten wollte. Mohammed hatte zwar keine noch lebenden Söhne hinterlassen, aber als
nächster Blutsverwandter kam ᶜAlī, sein Vetter und der Gatte seiner Tochter Fāṭima, in Betracht. Doch bewirkte das Ansehen
ᶜUmars, daß Abū Bakr die Nachfolge des Gesandten übertragen
wurde.

1.2   Voraussetzungen für die Entstehung eines arabisch-islamischen Großreiches

Nach einem *islamischen Weltreich* hat Mohammed selbst schwerlich getrachtet. Bei aller Zielstrebigkeit war sein Geist auf die Lösung unmittelbar anstehender Aufgaben gerichtet. Wenn er in
seinen letzten Lebensjahren Feldzüge in byzantinisches Grenzgebiet unternahm, so wollte er die dort lebenden arabischen Stämme zwingen, ihn anzuerkennen. Er verstand sich als den Propheten, den Gott zu den Arabern gesandt habe. Da aber unter den
Arabern auch Juden und Christen lebten, mußte er in der religiösen Auseinandersetzung mit ihnen den Vorrang des Islams vor
dem Judentum und dem Christentum behaupten und durch die
Berufung auf Abraham begründen. Auch wenn Mohammed noch
nicht das Programm eines islamischen Weltreiches entworfen hatte, so ergab sich dessen Entstehung doch mit innerer Konsequenz
aus dem religiös-politischen Ansatz des Propheten. Denn der für
die islamische Gemeinde erhobene Herrschaftsanspruch ließ sich
auf Dauer nicht auf die Grenzen Arabiens beschränken. Es wäre
deshalb recht einseitig, die Entstehung des islamischen Reiches

allein aus dem uralten Streben der Beduinen nach Besitz fruchtbaren Landes abzuleiten. Schon früher waren immer wieder arabische Nomadenstämme ins Kulturland eingedrungen, ohne daß
dies die politische Geographie wesentlich verändert hätte. Die innere Ursache des islamischen Reiches ist also die Religion selbst
mit ihrem Herrschaftsanspruch. Dennoch ist das Vorhandensein
äußerer geschichtlicher Bedingungen nicht zu bestreiten. Die, wie
Mohammed selbst wußte, meist nur oberflächlich islamisierten Beduinenstämme ließen sich am besten bei der Fahne des Propheten
halten, wenn man ihrer Kriegs- und Beutelust ein Betätigungsfeld
eröffnete. Dies hatte schon der Religionsstifter erkannt.

Sodann war eine wesentliche Voraussetzung für die Entstehung
des arabisch-islamischen Reiches der Zustand völliger Erschöpfung,
in dem sich die beiden Großmächte jener Zeit befanden: *das byzantinische und das persische Reich.* Unter Aufbietung gewaltiger
Heere und modernster Kriegstechnik hatten diese Imperien einander niederzuringen versucht. Zuerst stießen die Perser weit in
byzantinisches Gebiet vor, indem sie 614 Palästina und Ägypten
eroberten. Dann aber gelang es Kaiser Herakleios, in zwei großen
Feldzügen 629 die Perser zu schlagen. Das von ihnen im Jahre
614 geraubte Kreuz Christi brachte er im Triumph nach Jerusalem
zurück. Es war eingetreten, was Mohammed in der Zeit der persischen Siege prophezeit hatte:

»Die Byzantiner sind besiegt worden im nächstliegenden Gebiet (d.h. in
Syrien oder Palästina, dem unmittelbar an Arabien angrenzenden Kulturland). Aber sie werden, nachdem sie besiegt worden sind, (ihrerseits)
siegen in etlichen Jahren« (Sure 30,1–4).

Mochten auch die Byzantiner gesiegt haben, so waren sie doch
durch den furchtbaren Kampf so geschwächt, daß sie die arabische
Invasion nicht abwehren konnten. Hinzu kam, daß die Monophysiten und Nestorianer, vom Standpunkt der Orthodoxie betrachtet, häretische Gemeinschaften, nicht selten die Araber als Befreier
von den gewaltsamen Rückführungsbestrebungen des byzantinischen Kaisers begrüßten.

1.3 Abū Bakr und ʿUmar

Die *vier ersten Kalifen* tragen in der islamischen Tradition den Ehrentitel »die Rechtgeleiteten«. Ihre Namen sind: Abū Bakr (632–
634), ʿUmar (634–644), ʿUthmān (644–656) und ʿAlī (656–661).
In merkwürdigem Gegensatz zu dem verklärenden Epitheton »die
Rechtgeleiteten« steht die Tatsache, daß von ihnen nur Abū Bakr

eines natürlichen Todes gestorben ist. Es waren stürmische Jahrzehnte, in denen das arabisch-islamische Reich entstand.
Nachdem *Abū Bakr* die aufständischen Stämme niedergeworfen
hatte, drang er nach Süden und Südmesopotamien vor. Unter
ᶜ*Umar* eroberten die arabische Heere 635 Damaskus, von 639 bis
642 Ägypten und von 640 bis 642 Persien. ᶜUmar war nicht nur
ein großer Feldherr, sondern auch ein genialer Organisator. Er
gründete das arabische Reich auf eine Militärverwaltung. Die Befehlshaber der arabischen Besatzungstruppen waren zugleich zivile Statthalter des Kalifen, Oberrichter und religiöse Führer. Die
mit Waffengewalt unterworfenen Gebiete galten als Staatseigen-
tum, ihre Bewohner als Sklaven zu beliebiger Verwendung. Den
friedlich besetzten Gebieten wurde vertraglich Schutz des Lebens
und Eigentums der Bewohner gegen Entrichtung einer Kopf- und
Grundsteuer zugesichert. Indes verwischte sich bald der Unterschied zwischen friedlich besetzten und mit Waffengewalt unterworfenen Gebieten. Doch konnte die Tatsache der gewaltsamen
Eroberung eines Landes oft als Grund zur Erhöhung der Abgaben
dienen. Den Arabern war die freie Besiedlung der besetzten Gebiete verboten. Zudem hatten sie, da sie zumeist Nomaden waren, am Ackerbau kaum Interesse. Sie wurden nach Stammesverbänden in Militärlagern zusammengefaßt und aus den Erträgnis-
sen der unterworfenen Gebiete unterhalten. Die Militärlager entwickelten sich allmählich zu Städten, z.B. Basra in Mesopotamien
und Fustat in Ägypten. Die hochentwickelte Verwaltung der Byzantiner und Perser wurde in großem Umfang übernommen. Die
Beamten waren nun nicht mehr dem oströmischen Kaiser oder dem
persischen Großkönig verantwortlich, sondern dem Kalifen. 644
wurde ᶜUmar von einem christlichen Sklaven des Gouverneurs
von Basra erdolcht.

1.4 ᶜUthmān

ᶜ*Uthmāns* Regierung ist in dreifacher Hinsicht bedeutsam: 1. Er
setzte die Eroberungspolitik nach Norden, Osten und Westen fort.
Das islamisch-arabische Reich erstreckte sich nun im Westen über
Libyen, im Osten bis zu den Ausläufern des Hindukuschgebirges
und nach Norden bis zum Kaukasus. 2. ᶜUthmān ließ den Koran
kodifizieren und alle konkurrierenden früheren Exemplare vernichten. Von dem in seinem Auftrag redigierten Koran wurden fünf
Abschriften angefertigt und in den fünf Metropolen des Reiches,
Mekka, Medina, Kufa, Basra und Damaskus, deponiert. 3. Mit
ᶜUthmāns Regierung begann die Begünstigung des alten mekkanischen Geschlechtes der Umaiya, dem er selbst angehörte. Die Ab-

hängigkeit dieses Kalifen von seiner Sippe trug ihm solche Feindschaft ein, daß es zu einem Aufstand kam. Er wurde in seinem Haus in Medina belagert und ermordet. Zu ᶜUthmāns Gegnern in Medina gehörte auch die Witwe ᶜĀ'ischa, einst Favoritin in Mohammeds Harem. Als sich die Lage dramatisch zuspitzte, machte sie sich unter dem Vorwand einer Pilgerfahrt nach Mekka auf und davon.

1.5   ᶜAlī

Der vierte Kalif, *ᶜAlī*, war Vetter und als Gatte der Fāṭima zugleich Schwiegersohn des Propheten. ᶜAlīs Regierungszeit ist ganz von *inneren Kämpfen* erfüllt. Es ging dabei um die Frage nach der *rechten Ordnung* der islamischen Gemeinde.

Man warf ᶜAlī vor, an der Ermordung ᶜUthmāns schuld zu sein. ᶜĀ'ischa, die selbst den Aufstand gegen ᶜUthmān unterstützt hatte, schlug sich nun auf die Seite der Gegner ᶜAlīs. Diese verlegten ihr Zentrum nach Basra, und Alī zog es vor, seine Residenz von Medina nach Kufa zu verlegen. Von da aus zog er seinen Feinden entgegen und besiegte sie 656 bei Basra in der sog. »Kamelschlacht«. Sie trägt diesen merkwürdigen Namen, weil der Kampf vor allem um ᶜĀ'ischas Kamel tobte. ᶜAlī konnte aber die Früchte seines Sieges nicht ernten, weil ihm der Statthalter von Damaskus den Gehorsam versagte. Es war Muᶜāwiya, ein Vetter ᶜUthmāns und noch von diesem in sein Amt eingesetzt. Als Angehöriger der Sippe Umaiya rief Muᶜāwiya zur Rache für ᶜUthmān auf, an dessen Ermordung er ᶜAlī die Schuld gab. Dieser zog daraufhin gegen Muᶜāwiya zu Felde. In der Ebene Ṣiffīn am rechten Ufer des Euphrats stießen die beiden muslimischen Heere 657 aufeinander. Zwei Tage schon tobte der Kampf, da neigte sich der Sieg ᶜAlī zu. In dieser höchst bedrohlichen Lage banden die Streiter Muᶜāwiyas Koranexemplare an ihre Lanzen. Sie wollten damit zum Ausdruck bringen, daß es nicht recht sei, wenn Muslime einander bekämpften. Nicht den Waffen, sondern dem Koran solle man die Entscheidung überlassen. ᶜAlī und seine Krieger verstanden den Wink. Sie stellten den Kampf ein, obwohl sie kurz vor dem Sieg standen. Eine Kommission wurde gebildet, die nach dem Koran entscheiden sollte, wem das Kalifat zu übertragen sei. Diese Wendung der Dinge führte in ᶜAlīs Heer zu einer Entzweiung.

Eine Minderheit sagte sich von ihm los, weil er sich dem Gottesurteil der Waffen entzogen habe, um sich dem Urteil von Menschen zu unterwerfen. Man nannte diese Leute chawāridsch, solche, »die weggehen«, »Sezessionisten«. In Anlehnung an die arabische Bezeichnung heißen sie *Chāridschiten* (nach chāridsch, dem Singular von chawāridsch). Die Chāridschiten waren die Rigoristen des Islams. unbedingter Gehorsam gegen Gott war ihnen wichtiger als der äußerliche Friede der islamischen Gemeinschaft. Wenn Gott es verlange, dem Bösen zu wehren, dürfe man auch kein Blutvergießen scheuen. Muslime, die das Böse verteidigten, seien keine rechten Muslime, sondern in Wahrheit Ungläubige. Deshalb fühlten sich die Chāridschiten von dem Vorwurf, sie würden die Einheit der Gemeinde Mohammeds spalten, nicht getroffen. Ihrem ethischen Rigorismus entsprach es auch, daß sie für das Amt des Kalifen nur eine einzige Bedingung forderten: höchste Frömmigkeit. Der Frömmste solle Kalif sein, »und wäre er auch ein abessinischer Sklave«[39].

Das Seelenheil hing für die Chāridschiten davon ab, daß der Kalif ein frommer, rechtschaffener Muslim war. Denn nach ihrer Auffassung war nur dasjenige rituelle Gebet gültig, daß hinter einem frommen Vorbeter (Imām) verrichtet wurde, und nur dann war die islamische Gemeinde in rechter Verfassung, wenn an ihrer Spitze ein seines Amtes würdiger Kalif stand. Die strenge Haltung der Chāridschiten läßt sich, wenn wir auf die Geschichte der altchristlichen Kirche einen Blick werfen, mit der Haltung der Donatisten in Nordafrika vergleichen. Als wahre Kirche betrachteten sie nur eine Gemeinschaft, an deren Spitze ein Klerus stand, der sich nicht durch schwere Sünde befleckt hatte. Bis heute haben sich die Chāridschiten unter gemäßigter Beibehaltung ihrer Anschauungen in Oman, Zanzibar und Streusiedlungen Nordwestafrikas erhalten.

ᶜAlī fügte den Chāridschiten eine vernichtende Niederlage zu. Bis auf acht Mann blieben alle auf dem Schlachtfeld. Kurz vor seinem Sieg über die Chāridschiten hatte im Jahre 658 jene Kommission ihr Urteil gesprochen, die den Streit zwischen ᶜAlī und Muᶜāwiya schlichten sollte. Sie erklärte beide Persönlichkeiten im Hinblick auf ihre Eignung für das Kalifat für abgesetzt. Dies scheinbar neutrale Urteil traf in Wirklichkeit allein ᶜAlī. Denn Muᶜāwiya hatte zwar dem Kalifen ᶜAlī den Gehorsam verweigert, aber nicht das Kalifat für sich beansprucht. Daher fiel es Muᶜāwiya nicht schwer, den Schiedsspruch der Kommission anzuerkennen. ᶜAlī lehnte das Urteil begreiflicherweise ab. Damit setzte er sich offensichtlich ins Unrecht. Nun hatte Muᶜāwiya einen Grund und freie Bahn, gegen den störrischen Kalifen vorzugehen. Er sicherte zunächst das westliche Hinterland, indem er ᶜAlīs Statthalter aus Ägypten vertrieb. Darauf ließ er sich in Jerusalem als Kalif huldigen. ᶜAlī bereitete sich auf die Entscheidungsschlacht vor, indem er im Irak ein großes Heer aufstellte. Aber ehe er gegen Muᶜāwiya ausrücken konn-

---

39   Siehe Handwörterbuch des Islams, S. 305 (Artikel KHARIDJITEN).

te, wurde er im Jahre 661 von einem Chāridschiten ermordet. Muᶜāwiya zog mit seiner Streitmacht in den Irak ein und war nun unangefochten der »Fürst der Gläubigen«.

2   Die Umaiyaden (661–750)

2.1   Die Bedeutung der Umaiyaden-Zeit

Mit ᶜAlī schließt die Reihe der vier ersten Kalifen ab, die von den muslimischen Schriftstellern als die »rechtgeleiteten« bezeichnet werden. Mit Muᶜāwiya beginnt die Dynastie der Umaiyaden. Ein Vorspiel hatte die Herrschaft dieser Sippe schon mit ᶜUthmān, dem dritten Kalifen. Die Umaiyaden regierten von 661 bis 750. Die Kalifen dieses Geschlechts waren mehr politische als religiöse Führer. Dies fand seinen sinnfälligen Ausdruck in der Verlegung der Residenz nach Damaskus.

In dreifacher Hinsicht ist die Herrschaft der Umaiyaden bedeutsam: 1. Durch sie wird der Machtbereich des Islams über weitere Länder ausgedehnt; 2. unter ihrer Regierung wird die religiös-politische Trennung des Islams in einen sunnitischen und einen schiitischen Zweig eingeleitet; 3. zu ihrer Zeit bilden sich die Voraussetzungen für die Umwandlung des Islams von einer arabischen Religion zu einer Weltreligion, in der die völkische Zugehörigkeit prinzipiell bedeutungslos wird.

2.2   Die Expansion des arabisch-islamischen Reiches

Was die weitere *Expansion* des Islams betrifft, so erreichen die Heere der Araber 691 den Atlantik, unter ihren Schlägen bricht das Reich der Westgoten in Spanien in der Schlacht von Jerez de la Frontera im Jahre 711 zusammen, die Muslime besetzen die Pyrenäenhalbinsel und dringen in das Reich der Franken ein. 732 werden sie von Karl Martell zwischen Tours und Poitiers geschlagen und zum Rückzug gezwungen. Sie halten sich aber noch in Septimanien, einer Landschaft an der heutigen französischen Mittelmeerküste. Im Norden werden vergebliche Angriffe auf Byzanz unternommen. Etwa in den Jahren 674–680 läßt Muᶜāwiya die Hauptstadt des Kaisers zu Wasser und zu Lande belagern. Eine nochmalige, wiederum vergebliche Belagerung findet von 716 bis 717 statt. Im Nordosten wird Transoxanien, das jenseits des Oxus oder Amu Darya liegende Gebiet, erobert. Im Osten werden um 712 die Grenzen des Reiches der Umaiyaden bis zum Hochland von Kaschmir und bis zum Indus ausgeweitet.

2.3   Die Entstehung der Schīᶜa

Die Entstehung des *schiitischen Islams* hängt mit ᶜAlīs Ermordung
zusammen. Sein ältester Sohn al-Ḥasan wurde im Irak zum Kalifen ausgerufen. Er nahm aber sofort Verhandlungen mit Muᶜāwiya auf und verzichtete auf seine Kalifatsansprüche, wofür er eine beträchtliche Geldsumme erhielt. Er zog sich nach Medina zurück, wo er, wahrscheinlich im Jahre 669, sein in Luxus geführtes
Leben beschloß.
Die Familie ᶜAlīs fand sich aber mit seinem Verzicht nicht ab. Sie
vertrat den Standpunkt, daß der Nachfolger des Propheten, der
Imām, (eigentlich: Vorbeter), wie man ihn vorzugsweise benannte, ein Nachkomme ᶜAlīs und somit Mohammeds sein müsse. Daher erklärte die Familie ᶜAlīs die drei ersten Kalifen, Abū Bakr,
ᶜUmar und ᶜUthmān, für Usurpatoren und ebenso die ganze Dynastie der Umaiyaden. Nur ᶜAlī und seine Nachkommen könnten
die legitimen Anführer der islamischen Gemeinde sein. Nachdem
Ḥasan würdelos dem Kalifat entsagt hatte, klammerte sich die
Hoffnung der Familie an Ḥusain, ᶜAlīs zweiten Sohn. Solange
Muᶜāwiya lebte und mit harter Hand regierte, widerstand al-Ḥu-
sain dem Drängen seiner Familie. Aber nach Muᶜāwiyas Tod, als
dessen Sohn Yazīd I. die Regierung antrat (680–683) und Aufstände gegen die Herrschaft der Umaiyaden ausbrachen, trat al-
Ḥusain mit dem Anspruch auf das Kalifat in die Arena. Er wurde
aber mit seinen Gefolgsleuten von dem umaiyadischen Statthalter
im Jahre 680 bei Kerbela in der Nähe des Euphrats gestellt und,
weil er sich nicht ergeben wollte, mit seiner ganzen Truppe nie-
dergehauen. Der Kalif Yazīd, dem Husains Kopf zugesandt wurde,
bedauerte den tragischen Vorfall und nahm sich der überlebenden
Nachkommen ᶜAlīs an, für deren Bedürfnisse er sorgte. Ḥusains
Rumpf wurde in Kerbela beigesetzt. Sein Todestag, der 10. Mu-
ḥarram, wurde zum »Karfreitag« der Schiiten, an dem alljährlich
mit blutigen Feiern des Märtyrers und größten Heiligen gedacht
wird.
Das Ereignis von Kerbela brachte in den Islam ein neues Element:
Hatte Mohammed den Sieg, den er 624 bei Badr über das bei
weitem stärkere Heer der Mekkaner errang, als Machterweis Got-
tes und Bestätigung des Islams verstanden, so zeigte Kerbela der
»Partei ᶜAlīs« (schīᶜat ᶜAlī), daß der wahre Führer der Gemeinde
Mohammeds den gottlosen Usurpatoren unterlegen sei. Seine
Würde liege in der Passion, im Martyrium, im Tod des Zeugen
für die gottgemäße Ordnung der islamischen Gemeinde. Die
»Partei ᶜAlīs« ließ sich durch die Katastrophe von Kerbela nicht
entmutigen. Mit Ḥusain beginnt vielmehr die Reihe der alidischen

Märtyrer, die vergeblich gegen die Usurpatoren auf dem Kalifen-
thron rebellierten.

Unter dem umaiyadischen Kalifen ᶜAbd al-Malik (685–705) zeigt
sich eine Weiterentwicklung der *schiitischen Ideologie.* Ihr Agita-
tor war ein Araber namens al-Muchtār. Nach seiner Lehre ist ᶜAlī
nicht nur seiner verwandtschaftlichen Beziehung wegen rechtmä-
ßiger Nachfolger des Propheten, sondern weil die prophetische
Substanz sich auf ihn übertragen hat und von ihm immerfort auf
seine Nachkommen vererbt wird. Das ist ein neuer Gedanke. Bisher gab es im Islam nur zwei Normen: 1. das geoffenbarte Wort
Gottes, d.h. den Koran, und 2. die mündlichen Überlieferungen
von Worten und Handlungsweisen des Propheten, die Sunna, zu
deutsch:»Brauch«. Nun tritt bei den Schiiten als dritte Norm hinzu die lebendige Lehrautorität, die sich »in der Reihe der vom
Propheten abstammenden Imāme (= Kalifen) verkörpert«[40]. Diesen Imāmen komme, wie dem Propheten selbst, Unfehlbarkeit und
Sündlosigkeit zu. Diese Gedanken hat al-Muchtār sicher nicht aus
seinem eigenen Kopf hervorgebracht. Der arabischen Denkweise
sind sie fremd; sie haben aber eine Parallele in der persischen Vorstellung von der leiblichen Vererbung der Chwarenah, d.h. der
königlichen Majestät. Auf persischen Einfluß deutet auch die Tatsache, daß al-Muchtār sich nicht auf die Araber stützte, sondern
durch seine Propaganda die Masse der islamisierten Nichtaraber
im Gebiet des früheren persischen Reiches zu gewinnen suchte. So
stoßen wir hier erstmals auf den bedeutsamen religiösen Einfluß
des Persertums auf den Islam.

Später *verzweigte* sich die Schiᶜa in viele *Richtungen.* Die Religi-
onshistoriker zählen über 70. Die meisten von ihnen schwanden
wieder dahin oder wurden mit anderen Gruppen verschmolzen.
Die Schiiten gebrauchen für ihre Oberhäupter statt des Kalifenti-
tels die religiöser klingende Bezeichnung Imām, d.h.»Vorbeter«
oder »Anführer« im gemeinschaftlichen Gebetsgottesdienst. Den
Imāmen wird ein Geheimwissen zugeschrieben, das sie von Mohammed ererbt haben. Sie besitzen übermenschliche Qualitäten.
Die Hoffnung auf die Rückkehr eines scheinbar gestorbenen, in
Wirklichkeit aber die Welt im Verborgenen regierenden Imāms
spielt in der Schiᶜa ein bedeutende Rolle. Die wichtigsten Zwei-
ge der Schiᶜa sind die Zwölfer, die Siebener (auch Ismailiten genannt), die Imamiten und die Zaiditen. Die Drusen des Libanon,
die al-Ḥākim, den fatimidischen Kalifen in Ägypten (996–1021),
für eine Inkarnation des göttlichen Geistes halten, sind ein extremer Ausläufer der Schiᶜa. Die Zwölferschia ist seit 1502 in Per-

sien Staatsreligion. Auch außerhalb Persiens gibt es schiitische Gruppen.

2.4 Die Weiterentwicklung des Islams zur Weltreligion

Schließlich bildeten sich in der Zeit der Umaiyaden die Voraussetzungen für die Weiterentwicklung des Islams von einer arabischen Religion zu einer viele Völker umfassenden Weltreligion. So erstaunlich es klingt: Der Islam, dessen Machtbereich sich vom Atlantik bis zum Indus und von Südarabien bis zum Aralsee erstreckte, war zunächst noch die Religion der Araber. Dies zeigte sich auf zweierlei Art: Zum einen waren die arabischen Eroberer an der Bekehrung der unterworfenen Bevölkerung, die zum großen Teil in den ehemals byzantinischen Gebieten christlich, in Persien zarathustrisch war, nicht interessiert. Im Gegenteil: Das große Reich der Araber brauchte zu seinem Bestand und zu seiner Ausweitung beträchtliche finanzielle Mittel. Der Übertritt zum Islam befreite aber die neuen Muslime von der Kopfsteuer. Von Massenbekehrungen hätte dem Staat also eine schwere geldliche Einbuße gedroht. Zum anderen war für den rein arabischen Charakter des Umaiyadenreiches die Art bezeichnend, in der sich die Bekehrung von Angehörigen fremder Völker vollzog. Diese mußten sich nämlich beim Übertritt zum Islam einem arabischen Stamm als Mawālī, d.h.»Klienten«, eingliedern und unterordnen. Der soziale Status der Mawālī war dem der freigelassenen Sklaven ähnlich. Auf Dauer konnten sich die nichtarabischen Neumuslime mit diesem diskriminierenden Zustand schwerlich abfinden. So brodelte vor allem im Irak eine revolutionäre Stimmung. Die zum Islam Übergetretenen forderten völlige Gleichberechtigung in der muslimischen Gemeinschaft. Eine Besserung ihrer Lage erhofften sie sich von der Übernahme des Kalifats durch das Haus des Propheten. Diese Stimmung nutzten geschickt die Abbasiden. Sie waren zwar nicht Nachkommen ᶜAlīs, standen aber ebenfalls in verwandtschaftlicher Beziehung zu Mohammed. Denn sie leiteten ihr Geschlecht von al-ᶜAbbās, einem Oheim Mohammeds, ab. Sie gaben vor, für das Geschlecht der Haschimiden zu kämpfen, von dem sowohl die Aliden als auch die Abbasiden abstammten. Sie nannten nicht eine bestimmte Person, die sie als Imām auf den Thron bringen wollten, sondern stellten in Aussicht, man wolle sich auf den Besten der Haschimiden einigen. Daher glaubten die Schiiten, die sich der Hāschimīya-Bewegung anschlossen, für einen Nachkommen ᶜAlīs zu kämpfen. Hauptpropagandist der Abbasiden war Abū Muslim, ein Maulā, d.h.»Klient«, persischer Herkunft.

3   Die Abbasiden und die Dezentralisierung des Reiches (750– 1258)

3.1   Die Entstehung einer gemeinsamen islamischen Hochkultur

Die Abbasiden beseitigten 750 die Herrschaft der Umaiyaden. Der erste Kalif der neuen Dynastie machte seinem Beinamen as-Saffāḥ, »der Blutvergießer«, alle Ehre. Nur ein einziger Umaiyade konnte der Ausrottung entgehen. Nach mancherlei Irrfahrten blieb er in Spanien, wo er eine eigene Herrschaft begründete, das Emirat von Cordoba.

Seit 763 war Bagdad die Residenz der abbasidischen Kalifen. Darin kam sinnfällig zum Ausdruck, daß die Perser bestimmenden Einfluß auf das islamische Reich gewannen. Die Araber verloren ihre Vorrangstellung. Am Hofe des Kalifen wurde persisches Zeremoniell eingeführt. Die Leitung des Staates lag in der Hand von Wesiren. Wazīr ist wahrscheinlich ein ins Arabische übernommenes persisches Lehnwort, das man mit »Minister« wiedergeben kann. Die Verwaltung wurde nach persischem und byzantinischem Vorbild organisiert. Der von seinem Hofstaat umgebene Kalif war für das Volk unerreichbar. Unter den Abbasiden entstand eine *islamische Hochkultur*. Dies schloß nicht aus, daß sich in den einzelnen Ländern kulturelle Besonderheiten entwickelten. Aber auch diese wurzelten in der gemeinsamen islamischen Kultur. In deren Entwicklung liegt die weltgeschichtliche Bedeutung des Kalifats der Abbasiden. Was die Araber für alle Zeiten in die aus vielen Elementen zusammengesetzte islamische Kultur einbrachten, war ihre Sprache und ihre Religion. Der Sieg des Arabischen über die Landessprachen beruht auf dem Koran. Zur Heiligkeit dieses Buches gehört wesentlich seine sprachliche Form. Über den Beitrag der Araber zur universalen islamischen Kultur schreibt der muslimische Historiker Aḥmad Amīn:

»Obwohl sich die Araber in den politischen und sozialen Ordnungen und analogen Gebieten wie Philosophie, Wissenschaften und anderem dieser Art unterlegen zeigten, waren sie doch in zwei Bereichen siegreich: in der Sprache und in der Religion. Was die Sprache betrifft, so kam sie zur Herrschaft über alle diese [eroberten] Reiche. In die Flucht geschlagen wurden von ihr die ursprünglichen Landessprachen, und das Arabische wurde die Sprache des Staates und der Wissenschaft. Dieser Sieg blieb in den meisten Ländern bis auf den heutigen Tag ein Bundesgenosse der Araber. Ebenso verhält es sich mit der Religion. Sie kam in diesen Gebieten zur Herrschaft. Man nahm sie an, und nur wenige waren es, die von den Bewohnern dieser Länder bei ihrer ursprünglichen Religion blieben. Mit dem Sieg dieser beiden Elemente, der Sprache und der Religion, wurde alles während dieser Auseinandersetzungen [auf sozialem, kulturellem und politischem Gebiet] von beidem beeinflußt. Die [arabische] Sprache blieb nicht unberührt, sondern es breiten sich in ihr fremdsprachige Einflüsse (wörtlich: Barbarismen) aus, so daß sie schließlich Regeln zu ihrer Zügelung brauchte.«

Es seien vor allem die freigelassenen Sklaven (mawālī) gewesen, die als erste grammatische Regeln aufgestellt, sie aber als erste auch wieder verletzt hätten.

»So bemächtigten sich nichtarabische Bezeichnungen, nichtarabische Konstruktionen, nichtarabische Vorstellungen und nichtarabische Begriffe der [arabischen] Sprache. Das gleiche muß man von der Religion sagen. Obwohl sie siegreich war, nahm sie doch [fremde] Einflüsse auf. Die Muslime spalteten sich in Sekten, verschiedene Schulen wurden gegründet, und der Koran selbst wurde durch das erklärt, was man in anderen Büchern fand: Erzählungen vom Anfang der Welt und dergleichen. Die Sekten pflegten ihren Disput zuzeiten mit dem Wort und zuzeiten mit dem Schwert zu führen«[41].

Nicht ausnahmslos vermochte das Arabische die Landessprachen zu verdrängen. So bestand die persische Sprache weiterhin neben der arabischen. Der berühmteste Theologe des Islams, Abū Ḥāmid al-Ghazālī (gest. 1111), verfaßte seine Werke nicht nur in arabischer, sondern zum Teil auch, um die Masse des einfachen Volkes zu erreichen, in persischer Sprache.
Der im Abendland durch die Märchen von »Tausendundeine Nacht« bekannteste abbasidische Kalif war Hārūn ar-Raschīd (786–809). Er tauschte mit Karl dem Großen Gesandtschaften aus. Sein gutes Verhältnis zum Herrscher des Frankenreiches beruhte darauf, daß Karl durch die spanische Mark das den Abbasiden verhaßte umaiyadische Emirat von Cordoba in Schranken hielt.
Die *Expansion* des islamischen Reiches schritt unter den Abbasiden langsamer als bisher fort. Zypern, Kreta, Sizilien und Sardinien wurden besetzt. Auch Korsika und Apulien kamen im 9. Jahrhundert vorübergehend unter islamische Herrschaft.

3.2   Die Dezentralisierung des Reiches

Vom 9. Jahrhundert an nahm der direkte Einfluß des Kalifen auf die Verwaltung seines großen Reiches ab. Dies war die Folge der immer weiter gehenden Übertragung der Macht an den Wesir, der

---

41   Amīn, Fadchr al-Islām, in: Le dogme et les rites de l' Islam, S. 5f.

in etwa die Befugnisse eines Ministerpräsidenten hatte. Außerdem nahm die Spezialisierung und Bedeutung der untergeordneten Regierungsämter zu. Die Macht des Kalifen begann zu verfallen, als in einzelnen Gebieten unabhängige Fürstentümer entstanden, deren Herrscher sich nur noch formell vom Kalifen bestätigen ließen. Seit etwa dem 9. Jahrhundert ging die eigentliche Regierungsgewalt auf türkische Söldnerführer über, die als Sultane über verschiedene Teilreiche herrschten. Das Eindringen der Turkvölker in die islamische Welt seit dem 8. Jahrhundert läßt sich in seiner Bedeutung vergleichen mit Einsickern der Germanenstämme in das Römische Reich. Im 10. Jahrhundert zerbrach die Einheit Kalifats, als in Nordafrika und Spanien die Landesherren den Kalifentitel für sich in Anspruch nahmen. 1258 fegte der Mongolensturm, der über Bagdad hereinbrach, das abbasidische Kalifat hinweg. Schon längst zuvor hatte sich die Autorität des Nachfolgers des Propheten kaum über das Stadtgebiet seiner Residenz hinaus erstreckt.

4 Ausblick auf die Geschichte der islamischen Länder

4.1 Spanien und Nordafrika

Der einzige Umaiyade, der dem durch die Abbasiden angerichteten Blutbad entging, ᶜAbd ar-Raḥmān, floh nach *Spanien* und gründete 756 das Emirat von Cordoba. Der bedeutendste Herrscher dieses Teilreiches war ᶜAbd ar-Raḥmān III., der 929 den Titel des Kalifen annahm. Die spanische Umaiyaden-Dynastie regierte von 756 bis 1031. Nach der Wende zum zweiten Jahrtausend setzten Thronwirren ein, in deren Folge sich das Kalifat von Cordoba in islamische Kleinstaaten auflöste. Dieser Zustand der Schwäche begünstigte die christliche Offensive zur Rückeroberung Spaniens. Sie setzte um das Jahr 1030 ein. Um die vordringenden Christen abzuwehren, riefen die spanisch-arabischen Fürsten kämpferische Berbergruppen ins Land. Die erste berberische Dynastie in Spanien waren die Almoraviden (1086–1147). Auf arabisch heißen sie al-murābitūn, was wörtlich »die Bewohner eines Wehrklosters« bedeutet. Die Almoraviden verbanden religiösen Eifer mit Eroberungsdrang. Sie herrschten über Spanien und Nordafrika. Abgelöst wurden sie von den ebenfalls berberischen Almohaden. Der arabische Name al-muwaḥḥidūn bedeutet: »die Bekenner der Einheit Gottes«. Auch ihre Herrschaft umfaßte das islamische Spanien und Nordafrika. In Spanien hielten sie sich von 1150 bis 1250. Den Rest der islamischen Herrschaft auf der Pyrenäen-Halbinsel

bildete das Emirat von Granada (1246–1492). Mit dessen Beseitigung durch das vereinigte spanische Königreich im Jahre 1492 war
die fast achthundertjährige spanisch-islamische Ära beendet. Die
islamische Vergangenheit hat die spanische Sprache und Kultur
nachhaltig beeinflußt.

4.2   Ägypten. Fatimiden, Aiyubiden, Mamluken

In *Ägypten* ging die Macht an die *Fatimiden* über (969–1171).
Sie waren eine schiitisch-ismailitische Dynastie, die sich von der
Prophetentochter und Gattin ᶜAlīs, Fāṭima, ableitete. Durch Missionare versuchten sie, Anhänger unter den Muslimen zu gewinnen. Sie erkannten den sunnitischen Kalifen aus dem Geschlecht
der Abassiden nicht an und strebten nach der Herrschaft über alle
Gläubigen. Schon im Jahre 909 hatten die Fatimiden in Nordafrika ein Gegenkalifat gegründet, das seine größte Ausdehnung gegen Ende des 10. Jahrhunderts erreichte. Es erstreckte sich von
Marokko bis in das Gebiet nördlich von Damaskus und schloß die
Herrschaft über die heiligen Stätten Mekka und Medina ein. Die
nordafrikanischen Regionen gingen an die Almoraviden (1061–
1163) verloren, die ihrerseits den Almohaden (1147–1269) wei-
chen mußten.
Den Kreuzfahrern leisteten die Fatimiden nur geringen Widerstand. Dies hing mit ihrem gespannten Verhältnis zu den sunnitischen Herrschern zusammen. Außerdem unterhielten die Fatimiden mit Italien, Südfrankreich und Byzanz einen gewinnreichen
Handel, der unter heftigen kriegerischen Auseinandersetzungen
gelitten hätte. In Kairo, ihrer Hauptstadt, gründeten die Fatimiden im 11. Jahrhundert die erste staatliche Universität, al-Azhar,
»die Glänzende«. Ursprünglich sollte sie der schiitischen Mission
dienen, wurde aber zu einem Zentrum naturwissenschaftlicher
und philosophischer Studien. Sie ist auch heute noch die berühmteste Hochschule der islamischen Welt. Der Fatimidenkalif al-
Ḥākim verschwand im Jahre 1021 auf geheimnisvolle Weise.
Seine Anhänger hielten ihn für eine Inkarnation des göttlichen
Geistes. Seiner Wiederkehr harren noch heute die Drusen des Libanon. Ihren Namen tragen sie nach dem Stifter dieser Sekte, ad-
Darazī.
Die Herrschaft der Fatimiden wurde abgelöst durch die kurdische
Sippe der *Aiyubiden* (1171–1250). Der Begründer dieser Dynastie war Ṣalāḥ ad-dīn, dem Abendland durch die Kreuzzüge be-
kannt geworden unter der Namensform Saladin. Die Aiyubiden
beherrschten Ägypten, Syrien/ Palästina, Nordmesopotamien und
den Jemen. Saladin führte Ägypten wieder zur Anerkennung des

Abbasidenkalifats und damit zur Sunna zurück, die sich unter der Bevölkerung ohnehin während der Herrschaft der Fatimiden erhalten hatte. Gestärkt durch die wirtschaftliche Kraft Ägyptens, übernahm Saladin die Führung des Heiligen Krieges gegen die Kreuzfahrerstaaten. 1187 eroberte er Jerusalem. Aber die Kosten für das Heer und die europäische Bündnispolitik zwangen ihn 1193 zu einem Friedensvertrag. Nach Saladins Tod löste sich das Aiyubidenreich in Teilstaaten auf. 1250 übernahmen die *Mamluken* die Macht am Nil. Sie waren, wie ihr arabischer Name (mamlūk, Plural: mamālik) besagt, Militär*sklaven* meist türkischer Herkunft, die unter den letzten Aiyubidensultanen in großer Zahl kaserniert und in ritterlicher Kriegskunst ausgebildet wurden. In Ägypten herrschten die Mamluken von 1250 bis 1517. Die Mamlukensultane entstammten nicht einer bestimmten Dynastie sondern gingen aus der Garde hervor. Die Befehlshaber wählten aus ihren Reihen einen Mann, der den Thron in Kairo besetzte. Zwar gab es unter diesen Sultanen anfangs Ansätze zur Dynastiebildung, aber sie kamen nicht zur Entfaltung. Der Mamlukenstaat zeichnete sich durch ungewöhnliche äußere Stabilität aus. Als die Mongolen 1258 Bagdad zerstört hatten und nach Ägypten vorstießen, wurden sie 1260 in Syrien bei der »Goliathsquelle« (ᶜAin Dschalūt) von den Mamluken abgewehrt, die darauf ihr Herrschaftsgebiet durch Annexion der vom Mongolensturm geschwächten aiyubidischen Fürstentümer in Syrien erweiterten und die Kreuzfahrer aus ihren Bastionen vertrieben. Deren letzte, Akkon, fiel 1291. 1517 unterlagen die Mamluken den Osmanen, die durch den Besitz von Feuerwaffen über eine fortgeschrittene Militärtechnik verfügten.

4.3   Vorderasien und Zentralasien. Seldschuken und Osmanen

Der *Iran* kam im frühen 11. Jahrhundert unter die Herrschaft der türkischen *Seldschuken*. Im Jahre 1071 fügten sie dem byzantinischen Heer bei Mantzikert eine vernichtende Niederlage bei und drangen in Anatolien ein. Von 11. bis zum 13. Jahrhundert beherrschten die Seldschuken weite Gebiete *Zentral-* und *Vorderasiens*. Um 1100 löste sich ihr großes Reich in Teilstaaten auf, denen die Invasion der Mongolen im 13. Jahrhundert ein Ende setzte.
Aus den Trümmern des einst mächtigen Seldschukenreiches erhob sich im 14. Jahrhundert das Geschlecht der *Osmanen*. Sie tragen ihren Namen nach dem Begründer dieser türkischen Herrscherfamilie, Beglik Osman. Mit seinen Kriegerscharen lebte er in Nachbarschaft zum byzantinischen Feindesland. Durch die Eroberung

Konstantinopels gewannen die Osmanen eine höchst bedeutsame
Position. Sie dehnten ihre Herrschaft von Ungarn bis zu den heiligen Stätten Arabiens aus und waren die stärkste islamische
Macht jener Zeit. 1529 belagerten sie erstmals Wien, 1683 ein
zweites und letztes Mal. Schritt für Schritt wurden sie durch die
österreichische Großmacht aus dem Balkan zurückgedrängt. In der
Folge des Ersten Weltkrieges fand das Osmanische Reich, das auf
der Seite Deutschlands gestanden hatte, 1922 durch die Aufhebung des Sultanats ein Ende. Der staatliche Nachfolger ist die
durch Atatürk begründete laizistische Türkische Republik.

4.4   Indien und das Mongolenreich

Von Afghanistan aus unternahm Maḥmūd von Ghazna (999–
1130) mehrere Raubzüge nach Nordindien. Die eigentliche Eroberung *Indiens* durch den Islam begann aber erst im Jahre 1193.
Der vom Sklaven zum General beförderte Aibak gründete 1206
das Sultanat Delhi, das bis 1526 bestand. Nach der Eroberung
großer Teile Nord- und Zentralindiens erreichte es bis 1334 seine
größte Ausdehnung.
Gegen Ende des 13. Jahrhunderts beherrschten die *Mongolen* ein
unermeßlich großes Gebiet, das von Korea bis nach Kleinasien
reichte. Aber schon im Laufe des 14. Jahrhunderts zerfiel ihre
Macht. Ursprünglich waren die Mongolen dem Schamanismus ergeben. Während des 13. Jahrhunderts war das nestorianische Christentum in Familien mongolischer Herrscher vertreten. Aber um
1300 setzte sich in Vorder- und Mittelasien sowie an der Wolga
rasch der Islam durch, und zwar fast überall in der sunnitischen
Form. Damit war eine Verschmelzung der Mongolen und Türken
verbunden. Die sprachliche Türkisierung setzte sich durch und ließ
das Mongolische in diesem Raum untergehen. Um 1360 erklärte
sich Timur Lenk unter Berufung auf den Koran zum Erneuerer des
mongolischen Weltreiches. Von Samarkand aus unternahm er Er-
oberungszüge bis nach Kleinasien und Nordindien. Seine Nach-
fahren errichteten in Herat und Samarkand bedeutende Zentren islamischer Kultur. Timurs Nachkomme Bābur eroberte 1526 Delhi
und begründete damit die Moghulherrschaft über Indien. Moghul
bedeutet auf persisch »Mongole«. Seine Nachfolger unterwarfen
den ganzen Subkontinent. Der bedeutendste Moghulherrscher
war Akbar (gest. 1605). Durch religiöse und kulturelle Toleranz
versuchte er, die verschiedenen Traditionen seines Reiches auszu-
gleichen. Das berühmteste Zeugnis der indo-islamischen Baukunst
ist der Tadsch Maḥall, ein Mausoleum. Das indische Moghulreich
bestand bis 1857.

4.5   Die Verhältnisse seit Beginn des 19. Jahrhunderts

Seit der Wende vom 18. zum 19. Jahrhundert spielten die islamischen Länder in der Weltpolitik eine meist passive Rolle. Die europäischen Völker bestimmten den Lauf der Geschichte. Die Vormachtstellung des weißen Mannes erreichte vor dem ersten Weltkrieg ihren Höhepunkt. In der Zeit zwischen den beiden großen Kriegen und vor allem nach dem Zweiten Weltkrieg haben sich die islamischen Länder aus ihrer kolonialen oder halbkolonialen Abhängigkeit befreit. Auf dem Boden der ehemaligen Kolonialgebiete sind neue islamische Staaten entstanden. Zunächst erhofften sich die islamischen Länder Überwindung ihrer Rückständigkeit durch Übernahme westlicher Techniken und Anlehnung an Formen abendländischer Zivilisation und Kultur. Bald aber wurde ihnen die Gefahr der Überfremdung bewußt. Die Folge war eine Rückbesinnung auf die islamischen Traditionen. Gegenwärtig ist die islamische Welt von einer stürmischen Welle der Aktivierung des Islams in allen Lebensbereichen erfaßt.

5   Die Ausbreitung des Islams als Religion

Obwohl das islamische Großreich in den ersten Jahrhunderten durch den Einsatz militärischer Gewalt entstand, hat sich der Islam als *Religion* aufs ganze gesehen friedlich über einen längeren Zeitraum durchgesetzt. Nach der Ära der militärischen Expansion sind es vor allem islamische Kaufleute gewesen, die ihre Religion nach Afrika und in den fernen Osten trugen. Wie schon in der klassischen Zeit, so hat auch später in den Randgebieten der islamischen Welt die von Mohammed begründete Religion sich als sehr flexibel erwiesen, indem sie Elemente fremder Kulturen aufnahm.
Heute reicht das Gebiet mit ganz oder überwiegend muslimischer Bevölkerung von der Atlantikküste Afrikas bis nach Indonesien und in die westlichen Regionen Chinas hinein, von der Küste Tansanias bis in das europäische Südostrußland und tief in die neuen asiatischen Staaten hinein, die sich nach der Auflösung der Sowjetunion gebildet haben. Auf dem Balkan leben Muslime hauptsächlich in den Gebieten, die noch im 19. Jahrhundert zum Osmanischen Reich gehörten.
In unserer Zeit breitet sich der Islam nicht nur auf spontane Weise aus, sondern wird auch von Institutionen propagiert. Man hat die Arbeitsweise der christlichen Missionen übernommen. Die materiellen Mittel zur Verbreitung des Islams steuern großenteils die durch Ölförderung reichen islamischen Länder bei, an ihrer Spitze

Saudi-Arabien. Die Zahl der Muslime in aller Welt dürfte heute
etwa bei 600 Millionen liegen.

6   Muslime in nichtislamischen Ländern

Der Islam breitet *sich* ständig weiter aus, so daß es eigentlich kein
Land der Erde gibt, in dem nicht Muslime leben. Starken Zuwachs
hat in den *Vereinigten Staaten* der Islam unter der schwarzen Bevölkerung. Die Gründe für den Übertritt farbiger Christen sind in
der Regel sozialer Art. In *Westeuropa* haben sich wachsende muslimische Minderheiten gebildet. Besonders hoch ist ihr Anteil in
Hauptstädten und industriellen Zentren. Die Ausbreitung des Islams in Westeuropa ist weitgehend die Folge der Einwanderung
muslimischer Bevölkerungsgruppen, die nach besseren Lebensbe-
dingungen trachten. Die Zahl der Muslime in *Deutschland* beträgt
etwa 3 Millionen. Den größten Anteil bilden die etwa 2,1 Millionen
Türken. In *Frankreich* kommt die muslimische Minderheit vorwiegend aus Nordafrika. Zur Pflege der religiösen und kulturellen
Traditionen der Muslime haben sich Organisationen gebildet, die
Schulen, Kulturzentren und Moscheen einrichten und unterhalten.
Allein in London gibt es derzeit über 200 Moscheen.
Die muslimischen Minderheiten stehen gegenwärtig unter dem
Einfluß der starken Spannungen und Konflikte, die in den islamischen Ländern bestehen. Zur Zeit läßt sich noch nicht die Frage
beantworten, ob außerhalb der islamischen Welt ein neuer Typus
des Islams entsteht, der sich in den Rahmen der abendländischen,
also einer nichtislamischen, Zivilisation harmonisch einfügt.
Lange Zeit konnte man *Bosnien* als Beispiel eines friedlichen Mit-
einanders verschiedener Kulturen betrachten. Römische Katholiken,
Serbisch-Orthodoxe und Muslime lebten seit Jahrhunderten, wie es
schien, in einträchtiger Gemeinschaft. Beim Zerfall der erzwunge-
nen Einheit des Vielvölkerstaates Jugoslawien traten völlig uner-
wartet die aggressiven Kräfte unterschiedlicher Kulturen zu Tage.
Das bosnische Beispiel und neuerdings die Katastrophe im Kosovo
haben die verborgenen Spannungen einer Gesellschaft aufgedeckt,
deren Angehörige durch verschiedene Kulturen in ihrer Denkweise
und ihrem Verhalten geprägt sind. Die kulturellen Unterschiede,
die in den religiösen Traditionen wurzeln, stellen an die Integra-
tionskraft eines Gemeinwesens höchste Anforderungen.
Es gibt unter den muslimischen Minderheiten in Westeuropa zwar
viele Menschen, die willens sind, sich in die Lebensordnung einer
nichtislamischen Kultur einzufügen, aber auch viele, die sich vor
ihr verschließen. Hierzulande haben einige islamische Organisa-

tionen das Interesse des Verfassungsschutzes erregt. Deutschland leidet noch immer unter der Hypothek des Nationalsozialismus. Die Sorge um die Erhaltung der eigenen kulturellen Identität und der darauf gegründeten Lebensordnung läßt sich leicht als Rückfall in Nationalismus und Fremdenfeindlichkeit anprangern. Vor diesem Hintergrund ist es zu verstehen, daß besonders in Deutschland eine freimütige Auseinandersetzung um die Gefahren einer multikulturellen Gesellschaft auf starke Vorbehalte stößt. Kirchliche Stellen zeigen sich besonders beflissen, die religiöse Identität der Muslime zu fördern. So wird zuweilen die Benutzung kirchlicher Gebäude durch muslimische Gruppen gestattet. In einer württembergischen Stadt wurde sogar eine Kollekte zum Schmuck einer Moschee gesammelt. Anerkennenswert ist zwar das Bestreben, Muslime und Christen zu gegenseitigem Verstehen und Tolerieren anzuregen. Dieser Wunsch scheint aber hier und da zu Aktionen zu führen, die das erhoffte Ziel verfehlen. Denn manches Entgegenkommen von christlicher Seite könnte aus muslimischer Sicht auch als Annäherung an den Islam, den schon Abraham und Jesus verkündet hätten, gedeutet werden.

Der schlichte Beobachter ist geneigt, bei Muslimen den Willen zur Absonderung an der äußeren Erscheinung festzustellen, vor allem an der Kleidung. Das *Kopftuch* wird zum Erkennungszeichen. Was hat es damit in Wahrheit auf sich? Der Koran gebietet der Frau, wenn sie sich aus dem Hause begibt, einen Überwurf zu tragen:

»Prophet! Sag deinen Gattinnen und Töchtern und den Frauen der Gläubigen, sie sollen (wenn sie hinaustreten) sich etwas von ihrem Gewand (über den Kopf) herunterziehen. So ist es am besten gewährleistet, daß sie (als ehrbare Frauen) erkannt und daraufhin nicht belästigt werden« (Sure 33,59).

Darüber hinaus schreibt der Koran den Frauen schickliche Kleidung und schamhaftes Betragen vor (vgl. Sure 24,31). Spezielle Formen der Bekleidung für Männer und Frauen haben sich erst im Laufe der Geschichte entwickelt. Sie sind nach Ländern verschieden. Die heute vielfach in der Öffentlichkeit wahrzunehmende sogenannte »islamische Kleidung« der Frauen, knöchellange Kleidung von weitem Schnitt, großes, bis auf die Schultern reichendes Kopftuch usw., »stellt keinen Rückgriff auf traditionelle islamische Bekleidungssitten dar, sondern ist Ergebnis einer sekundären Anpassung bereits europäisierter Bekleidungsgewohnheiten an fundamentalistische Vorstellungen von der gottgewollten weiblichen Moral«[42].

42   Lexikon der Islamischen Welt. Völlig überarbeitete Neuausgabe, S. 157 (Artikel »Kleidung«).

III

Islamisches Geistesleben[43]

1 Die geschichtlichen Voraussetzungen

1.1 Der Koran als Grundlage

Der Koran ist die hauptsächliche Grundlage des Islams in allen seinen Lebensäußerungen. Dies gilt auch im Hinblick auf Philosophie, Theologie und Mystik. Der Koran bietet die Ansatzpunkte zur Entwicklung dieser drei Strömungen des islamischen Geisteslebens. Im heiligen Buch der Muslime finden wir die Grundlagen einer Gotteslehre, einer Anthropologie, einer Eschatologie und schließlich einer Naturphilosophie.

Gott wird im Koran als personhaftes Wesen dargestellt. Er ist existent, ewig, allmächtig. Er ist der Einzige und der Schöpfer des Himmels und der Erde. Er ist barmherzig und allwissend. Obwohl der Koran Gottes Transzendenz betont, hebt er auch seine Nähe zum Menschen hervor. Gott ist dem Menschen »näher als seine Halsschlagader« (Sure 50,16). Zu ihm fleht man, er fordert von jedem Rechenschaft, er ist gerecht.

Der *Mensch* ist geschaffen worden, um dem einzigen Gott zu dienen und gehorsam zu sein. Er erfüllt seine schöpfungsmäßige Bestimmung als »ein Gott Ergebener«, als Muslim. Gott besitzt über den Menschen absolute Gewalt. Der Mensch als einzelner und die muslimische Gemeinschaft sind dem Gesetz Gottes unterworfen.

Die *Eschatologie* des Korans besagt, daß die irdische Welt nur ein Durchgangsstadium zum Jenseits ist. Dort werden die Verstorbenen nach Auferstehung und Gericht ihrem Verhalten im Leben entsprechend im Paradies oder in der Hölle weilen.

Ferner enthält der Koran auch Ansätze zu einer *Naturphilosophie*. Denn obwohl Gott der schlechthin Unvergleichliche ist, steht er

---

43 Eine vorzügliche Zusammenfassung, deren ich mich hier teilweise als Leitfaden bediene, bietet Anawati, Philosophie, Theologie und Mystik, S. 119–165. Zur ausführlichen Information sei hingewiesen auf Watt/Marmura, Der Islam II.

in ständiger Beziehung zur Welt. Er ist unentwegt als Schöpfer am Werk. Die koranische Sicht der Welt ist finalistisch. Die Welt gibt Zeugnis von der Weisheit und Macht des Schöpfers, sie läßt jedoch auch dem göttlichen Willen völlige Freiheit, Wunder zu tun. Schließlich hat das koranische Verständnis der Welt einen anthropozentrischen Aspekt: Die Natur steht dem Menschen zu Dienst.

1.2 Die Begegnung mit dem Christentum und der griechischen Philosophie

Das muslimische Denken, das sich auf den Koran und die Tradition gründet, kam früh mit dem christlichen Denken in Damaskus und mit der griechischen Philosophie in Bagdad in Berührung. *Damaskus* war ein altes *christliches Kulturzentrum.* Die Kontakte zwischen Christen und Muslimen beschränkten sich nicht auf Handel und Verwaltung. Hier fand auch ein religiöser und kultureller Austausch statt. Vom 8. Jahrhundert an sind polemische Aktivitäten von christlicher und muslimischer Seite nachweisbar. Die Christen hatten zunächst einen Vorsprung in der wissenschaftlichen Bearbeitung ihrer Glaubenstradition. Erinnert sei hier an das bedeutende Werk des Kirchenvaters Johannes von Damaskus (gest. vor 754): »Quelle der Erkenntnis«. Es besteht aus einer Dialektik, einer Häresiengeschichte, in der auch der Islam behandelt wird, und einer Darlegung der christlichen Lehre. Vor allem zwei Fragen wurden in der Frühzeit des Islams diskutiert: die göttliche Vorherbestimmung und die Beschaffenheit des Korans. Ebenso erörterte man in der Auseinandersetzung mit christlichen Apologeten die Eigenschaften Gottes. Muslimische Mystiker pflegten christliche Eremiten nach ihren religiösen Erfahrungen zu befragen und zu Rate zu ziehen. Man darf aber aus diesen religiös-kulturellen Kontakten zwischen Muslimen und Christen nicht übertriebene Folgerungen ziehen. Die hauptsächlichen Kräfte des islamischen Geisteslebens sind nicht von außen her in den Islam eingedrungen, sondern haben sich im wesentlichen aus ihm selbst entfaltet, wenn auch in regem Austausch mit der kulturell-religiösen Umwelt. Manches, was wie eine Entlehnung aus dem Christentum erscheint, ist in Wahrheit eine kulturell bedingte Analogie. Mohammed selbst hatte schon in erheblichem Umfang christliche Traditionen aufgenommen und im Sinne des Islams umgestaltet.
Für die Entstehung der islamischen *Philosophie* war das wichtigste Ereignis die Begegnung mit der griechischen Philosophie in *Bagdad* während des 9. Jahrhunderts. Syrische Christen waren die Vermittler. Ihnen galt der Philosoph Aristoteles (gest. 322 v.Chr.)

als der »dreizehnte Apostel«. Aristotelische, platonische, neuplatonische, pythagoreische und stoische Schriften und Lehren wurden den Arabern bekannt. Durch eine leichte Christianisierung im Sinne einer natürlichen Theologie hatten die Christen bereits die antiken philosophischen Traditionen dem Schöpfungsglauben angepaßt, so daß die muslimischen Denker diese Adaption nachvollziehen konnten.

Zur Entfaltung des islamischen Denkens trug auch die Entstehung von *Grammatikerschulen* in Kufa und Basra bei. Die Philologen entwickelten Kategorien und Begriffe, deren sich die Philosophen bedienen konnten. Der Philosophie vorgearbeitet haben ferner die *Rechtsschulen*. Sie entwickelten bei der Bearbeitung der Rechtsgrundlagen eine bestimmte Art der Logik.

1.3   Die Muᶜtaziliten

Schon im 8. Jahrhundert traten muslimische Denker auf, die mit der griechischen Philosophie in Berührung gekommen waren. Sie wollten die Vernunft in den Dienst des Glaubens stellen und dadurch den Gegnern die Waffen entreißen, die diese gegen den Islam richteten. Diese selbständigen Geister sind unter dem Namen *Muᶜtaziliten* bekannt. Das Wort kommt von iᶜtazila, »sich distanzieren«. Ursprünglich wurden mit diesem Namen Leute bezeichnet, »die im Hinblick auf ᶜAlī« neutral waren[44]. Hier geht es nur um die geistesgeschichtliche Bedeutung der Muᶜtaziliten. Diese Denker scheuten sich nicht, bei den Strenggläubigen Anstoß zu erregen, wenn sie zu zeigen versuchten, daß der Islam vernunftgemäß sei. Sie beschäftigten sich vornehmlich mit fünf Themen:

1.   An der *Einzigkeit Gottes* hielten sie mit solcher Konsequenz fest, daß sie sogar behaupteten, die göttlichen Eigenschaften, z.B. wissend, mächtig, lebendig usw., würden sich real nicht voneinander unterscheiden. Gott sei mit jeder der ihm zugeschriebenen Eigenschaften schlechthin identisch. Demnach *habe* er nicht Wissen, sondern *sei* Wissen. Entsprechendes gilt von den übrigen Attributen Gottes.

2.   Die *Gerechtigkeit Gottes* bezogen die Muᶜtaziliten auf ein objektiv Gutes und objektiv Böses. Das Gute und Böse würde nicht erst durch Gottes Gesetz ein solches, sondern bestehe schon zuvor an sich. Gott setze nicht das Gute, sondern bestätige es als solches. Folglich sei es unmöglich, daß er das Böse wolle oder befehle. Wenn nun aber doch Böses existiere, so sei es nicht Gott, der es hervorbringe, sondern der Mensch.

44   Watt/Marmura, Der Islam II, S. 219.

3. Im Hinblick auf die *göttliche Vergeltung* unterschieden die
Muʿtaziliten zwischen dem Schicksal des Gläubigen, des Sünders
und des Ungläubigen.
4. Sie suchten den *Zwischenzustand zwischen Glauben und Un-
glauben* genauer zu bestimmen. Es sei der Zustand des Sünders,
der im Diesseits ein Glied der muslimischen Gemeinde sei und
im Jenseits mit einer ewigen Höllenstrafe zu rechnen habe, die
jedoch nicht so hart sein werde wie die, welche die Ungläubigen
erwarte.
5. In der *islamischen Gemeinschaft* solle der Muslim das Böse,
sooft er ihm begegne, mit Herz, Wort und Tat verschmähen.
Wenn dies nicht genüge, müsse die rechte Ordnung mit dem
Schwert wiederhergestellt werden.
Zuweilen werden die Muʿtaziliten als liberale Geister beschrieben.
Dazu paßt aber schlecht, daß sie, wenn sie zu Macht und Einfluß
gelangten, die öffentliche Anerkennung ihrer Lehrmeinungen mit
Hilfe der Staatsgewalt zu erzwingen suchten. Ihre Macht war aber
nur vorübergehend. Ihre geschichtliche Bedeutung liegt vor allem
darin, daß sie den Weg für die Philosophen ebneten, deren Ziel es
war, die griechische Weisheit mit der koranischen Offenbarung in
Einklang zu bringen.

2　Die islamische Philosophie[45]

Es ist hier nicht beabsichtigt, einen Überblick über die Geschichte
der islamischen Philosophie zu bieten, sondern nur ihre Wesens-
merkmale zu beschreiben.
1. Die islamische Philosophie weist trotz ihrer Verschiedenheit
nach Herkunft und literarischen Werken eine charakteristische
Einheitlichkeit auf. Kein muslimischer Philosoph hätte je gewagt,
die Lehren des Korans in Zweifel zu ziehen. Man nimmt aber, wo
es nötig scheint, zur allegorischen Auslegung Zuflucht, um bestimmte Aussagen des Korans der griechischen Philosophie anzu-
gleichen. Derartige Themen des Korans sind die Schöpfung mit
zeitlichem Anfang oder die leibliche Auferstehung.
Es gibt unter den muslimischen Philosophen eine *gemeinsame
Basis*: die aristotelische Logik, die Vernunft als höchste Norm des
Denkens, Gott als das reine Sein und der erste, selbst unbewegte,
aber alles bewegende Beweger. Meist gehört zum allgemeinen
Konsens die Auffassung von der ewigen Erschaffung der Welt. In
den Hauptfragen über Gott, die Schöpfung, den Menschen und die

45 Siehe ebd., S. 320–392.

Verfassung der islamischen Gemeinde kommen die muslimischen Philosophen im wesentlichen zu den gleichen Schlußfolgerungen. Sie entfalten ihre Lehren unter den gemeinsamen Bedingungen der mittelalterlichen islamischen Gesellschaft.

2. Die islamische Philosophie fügt sich in den allgemeinen Zug des *griechischen Denkens* ein. Sie gründet sich auf die Überzeugung von der Einheit aller Weisheit. Man setzt bei den alten Philosophen eine Art Inspiration voraus, die durch den Koran vollendet worden sei. Die Überzeugung von der Einheit aller Weisheit veranlaßte al-Fārābī (gest. 950), in einer besonderen Schrift darzulegen, daß Platon und Aristoteles, wenn auch in verschiedener Form, inhaltlich dasselbe gelehrt hätten. Da die islamische Philosophie von der antiken Wissenstradition intensiv durchdrungen ist, steht sie der mittelalterlich-abendländischen, die durch sie entscheidend gefördert und bereichert worden ist, sehr nahe.

3. Die islamische Philosophie versteht sich als *Weisheit* (ḥikma). Alle Erkenntnis findet ihren krönenden Abschluß in der Metaphysik. Sie trägt im Arabischen den bezeichnenden Namen al-Illāhīyāt, »die göttlichen Dinge«. Ibn Sīnā (Avicenna, gest. 1037) hat eine Summe, ein wissenschaftliches Gesamtwerk, unter dem Titel verfaßt: asch-schifā', »Die Heilung (scil. von der Unwissenheit)«. Darin teilt er die Gesamtheit der Wissenschaften in vier Disziplinen ein: 1. Logik, 2. Physik, 3. Mathematik, 4. Metaphysik. In der Metaphysik behandelt er alle im Koran enthaltenen Themen: Gott ist Schöpfer aller Dinge und hat jedem Einzelwesen sein Schicksal vorherbestimmt. Das Problem des Bösen wird gelöst durch die Unterscheidung zwischen wesentlicher und zufälliger Ursache. Auch die Auferstehung des Leibes wird philosophisch behandelt in dem Bewußtsein, daß das religiöse Wissen die Grundsätze zu diesem Thema festlegt. Sogar die sozialen Gebote des Islams rechtfertigt Avicenna in seiner Metaphysik: das Kalifat, die Struktur der Familie, Polygamie, Scheidung usw.

Ibn Ruschd (Averroës, gest. 1198) geht in der Angleichung des Korans an die griechische Philosophie noch über Avicenna hinaus. Er unterscheidet drei Arten des Verstandes:
a) den beweisenden Verstand,
b) den dialektischen (logischen) Verstand,
c) den rhetorischen Verstand.
Allein der beweisende Verstand führt zu zwingenden Schlußfolgerungen. In der Verkettung der einzelnen Beweise besteht das philosophische Denken. Der großen Masse der Menschen bleibt es aber unerreichbar. Der logische Verstand bringt es nur zu Wahrscheinlichkeitsschlüssen. Der rhetorische Verstand ist unfähig, eine formale Argumentation zu verstehen. Er hat deshalb nur ermah-

nenden Charakter und wirkt auf die große Masse der Menschen.
Er appelliert an Phantasie und Gefühl.
Der Koran ist nach Averroës so wunderbar beschaffen, daß er den
Menschen aller drei Verstandesarten zugänglich ist. Jeder kann ihn
seinem eigenen geistigen Vermögen entsprechend verstehen.
Die klaren Koranverse bieten dem Verstehen keinerlei Hindernisse.
Sie werden von allen im gleichen Sinne aufgefaßt. Anders verhält es
sich mit den doppelsinnigen Texten. Sie gebrauchen Symbole und
Metaphern. Sie haben einen wörtlichen und einen tieferen Sinn.
Letzteren erfassen nur die Philosophen. Die einfachen Leute verstehen jene Texte nur im wörtlichen Sinn. Man hüte sich, sie einen
Blick auf den tieferen, verborgenen Sinn werfen zu lassen! Sie
werden dadurch nur in ihrem Glauben verwirrt. Verwirrung richten aber die scholastischen Theologen, die Mutakallimūn, an. Sie
sind unfähig, einen zwingenden Beweis zu führen. Sie nehmen zu
dialektischen Künsten Zuflucht, die nichts beweisen. Averroës hält
nichts von den scholastischen Theologen. Am liebsten würde er die
staatliche Gewalt gegen diese Unruhestifter um Hilfe ersuchen.
4.   Die sich als Weisheit verstehende islamische Philosophie ist in
ihrer letzten Absicht *religiös*. Sie begnügt sich nicht mit der bloßen Anerkennung der Lehren des Korans, sondern will sie auf den
Stand strenger Wissenschaftlichkeit erheben. Durch die Verschmelzung mit den religiösen Traditionen des Islams erhalten die antiken
philosophischen Autoritäten eine religiöse Resonanz, die ihnen in
dieser Form ursprünglich fremd ist. Die religiöse Interpretation
der antiken Philosophie durch die muslimischen Denker läßt es
erklärlich erscheinen, warum die islamische Philosophie im christlichen Europa bei aller Kritik im einzelnen Zustimmung finden
konnte. Beispielhaft dafür ist der starke Einfluß von Avicennas
Schrift »Über die Seele« auf das christliche Mittelalter.
5.   Die islamische Philosophie zeigt ein besonders starkes Interesse an den Problemen der *Erkenntnis*. Deren psychologische und
ontologische Grundlagen werden scharfsinnig analysiert. Die Seele
muß auf dem Weg der Erkenntnis verschiedene Stufen passieren,
einschließlich der sittlichen Läuterung, um zu Gott, der Quelle
alles Seins, zu gelangen. Der neuplatonische Gedanke des inneren
Aufstiegs wird bekräftigt durch bestimmte Einsichten, die dem
Koran entnommen sind.
6.   *Die islamische Philosophie hat sich nicht als Synthese von
Offenbarung und Vernunft durchgesetzt.* Der Versuch der Philosophen, Einzelheiten der Offenbarung in den Rahmen der griechischen Philosophie einzupassen, erregte Argwohn bei den traditi-
onsgebundenen Gläubigen. Selbst ein so tiefsinniger Mann wie
Abū Ḥāmid al-Ghazālī (gest. 1111), der sich aufs gründlichste

philosophischen Studien gewidmet hatte, stellte eine Liste von 20 Irrtümern auf, die er in den Schriften der Philosophen gefunden hatte. 17 betrachtete er als tadelnswerte Neuerungen, drei als krasse Gottlosigkeit (kufr). Als die drei schwersten Verirrungen galten ihm die Theorie von der Ewigkeit der Welt, die Behauptung, Gottes Erkenntnis richte sich nicht auf das Einzelne, und die Ablehnung einer Auferstehung des Leibes. Die muslimischen Philosophen nahmen in ihrer Welt eine gefährdete Grenzposition ein. Man kann sie deshalb nicht mit abendländischen Denkern wie Thomas von Aquin oder Duns Scotus vergleichen. Denn diese Christen waren in erster Linie Theologen, für welche die Philosophie eine der Offenbarung dienende Funktion ausübte. Will man mit soziologischer Berechtigung in der islamischen Welt nach einer Parallele zu den christlichen Theologen des Mittelalters suchen, so ist auf die muslimischen Mutakallimūn, »die (die islamische Lehre) erörtern«, zu verweisen.

Während die spekulative Philosophie in der islamischen Welt auf den starken Widerstand der rechtgläubigen Theologen stieß, boten die vielfach bahnbrechenden Leistungen arabischer Wissenschaftler auf den Gebieten der Philologie, der Mathematik, der Medizin, der Astronomie, der Physik und der Architektur weniger Anlaß zur Kritik, im Gegenteil: der mit ihnen verbundene praktische Nutzen trug entscheidend zur Höhe der mittelalterlich-islamischen Kultur bei.

Eng verwandt mit der islamischen Philosophie des Mittelalters ist die *jüdische*. Ihr bedeutendster Vertreter ist Maimonides (Rabbi Mose ben Maimon, gest. 1204), Arzt, Philosoph und Theologe. In seinem Hauptwerk »Führer der Unschlüssigen« stützt er sich wie seine muslimischen Zunftgenossen auf Aristoteles, um die jüdische Religion als vereinbar mit der Philosophie zu erweisen. Maimonides hat auf Thomas von Aquin (gest. 1274) starken Einfluß ausgeübt.

3 Die Theologie (kalām)[46]

3.1 Geschichtliche Entwicklung

Für die islamische Theologie ist die Bezeichnung kalām üblich. Sie bedeutet wörtlich »Rede«. Die muslimischen Theologen nennt man mutakallimūn, »solche, die sich (über Glaubensdinge) unterreden«. Der islamische Kalām deckt sich nicht vollständig mit dem

---

46 Siehe ebd., S. 339–497; Nagel, Geschichte der islamischen Theologie.

Begriff der scholastischen Theologie, wie wir ihn aus der christlichen Tradition kennen.
Die geschichtlichen Voraussetzungen des Kalām sind der Koran, die Tradition (ḥadīth) und die griechische Philosophie. An erster Stelle steht der Koran. Er liefert die Glaubensinhalte, die dialektisch zu erklären sind.

3.1.1 Die Epoche der Glaubensbekenntnisse

Die *erste Epoche* der islamischen Theologie kann man als das Zeitalter der Glaubensbekenntnisse bezeichnen. Es gibt zunächst noch keine wissenschaftliche Untersuchung der Glaubensinhalte. Man begnügt sich damit, sie in Formeln festzuhalten. Das grundlegende Glaubensbekenntnis sind die Worte, mit denen man seinen Übertritt zum Islam bekundet:

»Ich bezeuge, daß es keinen Gott außer Gott gibt, und ich bezeuge, daß Mohammed sein Diener und sein Gesandter ist.«

Diese einfache Formel genügt aber nicht mehr, als man gegenüber Sekten Stellung nehmen will, die falsche Meinungen vertreten. So werden in einer ersten Stufe der Bekenntnisbildung zehn Artikel zusammengestellt, die den Standpunkt der muslimischen Gemeinde gegenüber Abweichlern genauer bestimmen. Eine solche erweiterte Bekenntnisformel ist das Glaubensbekenntnis des Abū Ḥanīfa (gest. 767 oder 768), des Begründers der ältesten Rechtsschule im Islam. Der Text lautet:

»(1) Wir erklären niemand (unter den Muslimen) wegen einer Sünde für ungläubig und sprechen niemand den Glauben ab. (2) Wir fordern zum Guten auf und halten vom Schlechten ab[47]. (3) Wisse, daß das, was dich trifft, dich nicht verfehlen könnte, und was dich verfehlt, dich nicht treffen könnte. (4) Wir sagen uns von keinem der Genossen des Propheten los, noch wenden wir uns zu einem mit Ausschluß eines anderen. (5) Die Sache mit ʿUthmān und ʿAlī überlassen wir Allāh; denn er weiß das Geheimnis und die verborgenen Dinge (6) Das Wissen in der Religion ist vorzüglicher als das Wissen um die (Rechts-)Wissenschaft und die Strafen. (7) Die Meinungsverschiedenheit der Gemeinde ist eine Gnade. (8) Wenn jemand an alles glaubt, woran wir glauben, jedoch sagt: ›Ich weiß nicht, ob Moses und Jesus Propheten oder keine Propheten sind‹, so ist er ungläubig, weil er dem (Koran-)Text widerspricht (in dem beide als Propheten bezeichnet werden). (9) Wenn jemand sagt: ›Ich weiß nicht, ob Allāh im Himmel oder auf der Erde ist‹, so ist er ungläubig (weil Allāh nach dem Koran im Himmel ist). (10) Wenn jemand sagt: ›Ich weiß nichts

---

47 Vgl. Sure 3,104.110.

von der Strafe im Grabe«, so gehört er zur Partei der Dschahmiten (d.h.
ist Anhänger des Dschahm ibn Ṣafwān[48]), die verloren geht«[49].

Ein *zweites Stadium* der Bekenntnisbildung ist erreicht, als die
zentralen Probleme erkennbar werden, nämlich das Verhältnis des
Glaubens zu den Werken und das Verhältnis der göttlichen Prädestination zum menschlichen Handeln. Gleichzeitig wird auch
das Handeln des Menschen nach drei Kategorien unterschieden:
1. pflichtgemäßes, 2. über das Pflichtmaß hinausgehendes und
3. sündhaftes Handeln.
In einem *dritten Stadium* beginnt die umfassende Darstellung der
Glaubensinhalte. Nun sind es ungefähr vierzig Glaubenssätze, die
das Material für den Kalām bieten.
Das *vierte Stadium* ist mit *al-Aschʿarī* erreicht (gest. 935), der
zusammen mit *al-Maturīdī* (gest. 941) als Begründer des Kalām
gilt. Überschaut man diese vier Stufen der Bekenntnisbildung, so
muß man feststellen: Der Stoff der Theologie ist bereits zusam-
mengetragen, aber seine systematische Darstellung ist noch nicht
in Angriff genommen.
Neben den Bekenntnissen hat eine andere literarische Gattung die
Ausformung der islamischen Theologie gefördert: Es sind die Hä-
resiologien (Beschreibungen häretischer Lehren). Man sah sich genötigt, die Sekten zu klassifizieren, sei es nach ihrem zeitlichen
Auftreten oder nach inhaltlichen Gesichtspunkten. Auch die Re-
duzierung der zahlreichen Irrlehren auf eine bestimmte Zahl von
Typen erwies sich als sinnvoll.

3.1.2   Die Muʿtaziliten

Wie für die Entstehung der islamischen Philosophie, so kommt
für das Werden der islamischen Theologie den Muʿtaziliten große
Bedeutung zu. Denn es war ihr Ziel, die Glaubenssätze in Übereinstimmung mit den Erfordernissen der Vernunft zu durchden-
ken. Die Muʿtaziliten waren die ersten, die sich um eine systematische Darstellung ihrer religiösen Anschauungen bemühten. Ihr
Denken kreiste um folgende Lehrpunkte: 1. Prädestination und
göttliche Gerechtigkeit, 2. göttliche Einzigkeit und göttliche Eigenschaften, 3. die göttliche Vergeltung, 4. Klärung religiös-rechtlicher
Begriffe, 5. »Das Gute gebieten, das Böse verbieten« (Sure 3,110).
Obwohl die Muʿtaziliten im frühen 9. Jahrhundert von dem Kalifen

---

48   Er lehrte, daß der Koran erschaffen sei, und wurde daher allgemein
den Muʿtaziliten zugerechnet, die ihn aber ablehnten.
49   Der Islām mit Ausschluß des Qor'āns, S. 35f.

al-Ma'mūn gefördert wurden, setzte sich ihre Lehre nicht durch.
Al-Aschᶜarī bekämpfte sie in seinem Glaubensbekenntnis.

3.1.3 Die Entfaltung des Kalām

Der Kalām benutzte als formales Rüstzeug zunächst die *Dialektik* in
der Form, wie sie von den Rechtsgelehrten gebraucht wurde. Später wurde der *aristotelische Syllogismus* das wichtigste Instrument
der Beweisführung. Seine Rezeption wurde durch die Muᶜtaziliten
eingeleitet und kam bei al-Ghazālī zum vollen Durchbruch.
Abū Ḥamid al-Ghazālī (gest. 1111) war eine große Autorität auf
den Gebieten der Rechtswissenschaft, der Theologie und der Mystik. Der schulmäßigen Theologie gegenüber wahrt er eine gewisse
Zurückhaltung. Er ist bestrebt, der orthodoxen Lehre al-Aschᶜarīs
treu zu bleiben. Der Kalām bietet nach seiner Überzeugung die
Möglichkeit, Gott, dessen Eigenschaften und das Werk des Gesandten Mohammed besser zu verstehen. Vor allem zwei Gruppen
von Menschen sei der Kalām eine große Hilfe: 1. den Gläubigen,
die über bestimmte Dinge noch im Zweifel sind, und 2. den Ungläubigen, die von der Vernunftgemäßheit des Islams überzeugt
werden sollen.
In der Zeit nach al-Ghazālī wurde der Kalām in so hohem Maße
von philosophischen Erörterungen durchdrungen, daß die eigentlichen theologischen Probleme an das Ende einer langen Analyse
der Kategorien des Verstehens, der Probleme der Metaphysik und
der Kosmologie traten. Im Unterschied zu den theologischen Sum-
men der hochmittelalterlichen Scholastiker bietet der Kalām trotz
aller scharfsinnigen Einzelanalysen keine umfassende Synthese aller Offenbarungsinhalte. Er ist in erster Linie Apologetik, indem
er sein Augenmerk bald auf diesen, bald auf jenen Gegner richtet.
Das Fehlen eines synthetisch-systematischen Interesses hängt mit
dem islamischen Verständnis der Offenbarung zusammen: Es ist
unmöglich, die im Koran gegebene Offenbarung aus allgemeinen
Prinzipien zu deduzieren. Obwohl die muslimischen Theologen
von der Vernunftgemäßheit des Islams fest überzeugt sind, ist ihr
Grundverständnis der Offenbarung positivistisch: Was Gott festsetzt, das gilt. Man fragt nicht, warum er es tut.

3.2 Einzelne theologische Probleme

3.2.1 Die göttliche Vorherbestimmung

Noch im ersten Jahrhundert nach der Hidschra brach die Frage
auf, wie sich die göttliche Vorherbestimmung zum Willen und zur

Verantwortlichkeit des Menschen verhalte. Auf der einen Seite
standen diejenigen, die dem Menschen die Fähigkeit zusprachen,
über seine eigenen Handlungen zu bestimmen. Auf der anderen
Seite standen die Verfechter der unbedingten Prädestination. Die
Muᶜtaziliten schlossen sich der Meinung von der Willensfreiheit
des Menschen an. Nur so schien ihnen die göttliche Gerechtigkeit
gewahrt. Beide Anschauungen finden im Koran einen gewissen
Rückhalt. Einerseits nämlich appellierte Mohammed an die Einsicht
seiner Landsleute, andererseits sprach er die Überzeugung aus, daß
Gott nicht jeden habe retten wollen (vgl. Sure 32,13). Der Gedanke der göttlichen Vorherbestimmung hatte das größere Gewicht
und setzte sich durch. Die islamische Theologie versucht, mit dem
Prädestinationsglauben die Überzeugung zu verbinden, daß der
Mensch für seine Handlungen voll verantwortlich sei. Demgemäß
ist Gott zwar der Schöpfer alles menschlichen Tuns, schafft aber
zugleich die Fähigkeit des Menschen, die von Gott geschaffenen
Handlungen auszuführen. Al-Ghazālī schreibt dazu:

»Daß Allāh die Bewegung in der Hand des Menschen hervorbringt, ist
eine vernünftige (Behauptung); nur ist die Bewegung (zugleich) vom
Menschen bestimmt. Sooft (Allāh) also Bewegung schafft, schafft er (zugleich) die Fähigkeit (im Menschen) und bringt für sich allein die Fähigkeit und das (durch sie) Bestimmte zusammen hervor«[50].

Daraus ergibt sich, daß den guten Werken der Charakter von
Verdiensten zukommt. Denn sie sind zwar von Gott geschaffen,
gehen aber gleichsam durch das Medium der ebenfalls von Gott
geschaffenen Fähigkeit des Menschen zur bewußten und gewoll-
ten Handlung hindurch. Entsprechendes gilt von den bösen Werken, die den Charakter schuldhafter Handlungen haben. Im Grunde wird in dem Bemühen, Prädestination und Eigenbestimmung zu
verbinden, an die Stelle der Willensfreiheit die subjektive Freiwil-
ligkeit gesetzt. Von dem späten Kirchenvater Johannes von Damaskus (gest. um 750) erfahren wir, daß das Problem »Willensfreiheit und göttliche Vorherbestimmung« in Streitgesprächen
zwischen Christen und Muslimen erörtert wurde.

3.2.2   Anthropomorphismen und göttliche Eigenschaften

Der Koran bedient sich in der Rede von Gott einer Ausdruckswei-
se, die man in bezug auf Menschen gebraucht: Gott sitzt auf einem
Thron, er redet, er hört usw. Die einfältigen Gläubigen verstan-

---

50   Ebd., S. 75.

den derartige Aussagen ganz wörtlich: Die Mu^ctaziliten lehnten
solche naiven Deutungen ab. In der islamischen Theologie setzte
sich schließlich die Ansicht durch, daß Gott, um ein Beispiel anzu-
führen, in der Tat auf seinem Thron sitze, daß aber zwischen seinem Sitzen und dem Sitzen des Menschen absolut kein Ähnlich-
keitsverhältnis besteht.

Eng verwandt mit dem Problem der Anthropomorphismen ist die
Lehre von den *göttlichen Eigenschaften*. Man fand im Koran 99
Bezeichnungen Gottes, die sich auf seine verschiedenen Eigenschaften beziehen: Gott ist allmächtig, lebend, wollend, wissend,
hörend, sehend, redend usw. Die Mu^ctaziliten bestritten die di-
stinkte Realität von Eigenschaften Gottes. Dies hätte in ihren Augen die absolute Einheit Gottes aufgehoben. Freilich gerieten die
Mu^ctaziliten durch ihr kompromißloses Festhalten an der Einheit
Gottes in die schwierige Lage, daß sie von Gott nichts Bestimmtes
aussagen konnten. Ihre rein negative Theologie ließ keinen Raum
für die Personalität Gottes. Ihre Theorie konnte die Bedürfnisse
der Frömmigkeit nicht befriedigen. So setzte sich in der islamischen Theologie die Anschauung durch, daß Gottes Eigenschaften
von Ewigkeit her seien, daß sie ferner in Gottes Wesen lägen,
aber weder dieses Wesen selbst seien noch von ihm verschieden
seien. Auf diese Weise glaubte man, dem streng monotheistischen
Anliegen der Mu^ctaziliten ebenso entgegenzukommen wie den
Bedürfnissen der Frömmigkeit.

3.2.3 Der Koran

Eines der Attribute Gottes ist sein Reden. Die Aussage, Gott sei
redend, steht in Beziehung zum Koran. Denn der Koran ist Gottes
Wort oder Rede. Ist der Koran also ewig, wie Gott als der Reden-
de ewig ist, oder muß man den Koran, der ja in einem Zeitab-
schnitt von etwa 22 Jahren »herabgesandt« worden ist, als etwas
Geschaffenes betrachten? Die Mu^ctaziliten wiesen den Koran dem
Bereich des Geschaffenen zu. Das konnte aber die Masse der Gläubigen nicht befriedigen. Es entsprach nicht der alles überragenden
Bedeutung des Korans für die muslimische Frömmigkeit. So entwickelten die orthodoxen Theologen die Lehre, daß der Koran mit
Gottes ewigem Wort identisch und folglich ewig sei. Geschöpflich
sei allein die in der Zeit geschehene Offenbarung oder Herabsendung des Korans. In einem Glaubensbekenntnis aus dem 12. Jahrhundert heißt es hierzu:

»Der Koran ist das unerschaffene Wort Allāhs. Er ist in unseren Exem-
plaren geschrieben, mit unseren Zungen rezitiert, mit unseren Ohren ge-

hört, ohne daß er in ihnen vorläge (d.h. er hat seinen urewigen Sitz in Allāh selbst)«[51].

Die Strukturähnlichkeit mit der christlichen Lehre von Jesus als dem menschgewordenen ewigen Gott-Logos ist offensichtlich. Allerdings gehört nach muslimischer Lehre das Wort Gottes zur Reihe der Attribute (»Namen«) Gottes. Es ist nicht, wie in der christlichen Lehre eine der drei göttlichen Hypostasen oder Personen.

4   Die Mystik[52]

4.1   Der Begriff der Mystik

Die islamische Mystik wird im Arabischen mit dem Wort tasauwuf bezeichnet. Es leitet sich von sūf, »Wolle«, ab. Tasauwuf bedeutet wörtlich: »die Gewohnheit, das wollene Gewand zu tragen«. Damit ist die Lebensweise des islamischen Mystikers gemeint. Der einzelne Mystiker ist der Sūfī. Der arabische Ausdruck weist darauf hin, daß die muslimischen Mystiker zunächst äußerlich an ihrer Tracht, dem Mantel aus weißer Wolle, zu erkennen waren. Ihre Kleidung galt ursprünglich als eine »fremde und tadelnswerte Sitte christlichen Ursprungs«[53]. Dennoch kann man nicht behaupten, die islamische Mystik sei von außen her in den Islam eingedrungen, obwohl sie in der Tat viele fremde Einflüsse aufgenommen hat.

4.2   Die koranische Grundlage

Wie für das gesamte islamische Geistesleben, so hat der Koran auch für die Mystik grundlegende Bedeutung. Schon sehr früh verspürten Gläubige das Verlangen, den Koran häufig zu rezitieren. Auf diese Weise meditierten sie über ihn und verinnerlichten ihn. Im Koran gibt es verschiedene Züge asketischen und mystischen Charakters. Eindringlich erinnert er an die Gegenwart Gottes, an die Vergänglichkeit des menschlichen Lebens und an das Gericht. Am Gerichtstag werden diejenigen, die keine guten Taten aufweisen können, die anderen bitten: »Wartet doch auf uns, damit wir uns von euch etwas Licht leihen können!« (Sure 57,13)[54]. Die

---

51   Das Glaubensbekenntnis des an-Nasafī (gest. 1142), in: Der Islām mit Ausschluß des Qor'āns, S. 82.
52   Siehe Schimmel, Sufismus und Volksfrömmigkeit, S. 157–241.
53   Handwörterbuch des Islam, S. 736 (Artikel TAṢAWWUF).
54   Hier zeigt Mohammed Kenntnis von Mt 25,8.

Prophetenerzählungen des Korans stellen jene Frommen der Vergangenheit in ihrem Leben mit Gott dar, aber auch in ihren Versuchungen. Sehr bedeutsam für die islamische Mystik ist Sure 24, 35, wo Gottes Licht mit einer geheimnisvollen Nische verglichen wird, in der eine Lampe brennt. Gott ist »Licht über Licht«, heißt es da. Schließlich gehen auch zahlreiche Allegorien in den Schriften der Mystiker auf den Koran zurück.

Neben dem Koran ist die Tradition als Quelle der Mystik zu nennen.

4.3 Die Entstehung der islamischen Mystik

Die *erste Epoche* der islamischen Mystik hat Anawati mit den Worten »Kampf ums Dasein« gekennzeichnet[55]. Die noch junge mystische Bewegung war bestrebt, gegenüber Angriffen aus traditionellen Kreisen ihre Daseinsberechtigung nachzuweisen. Die Entstehungszeit des Sufismus erstreckt sich vom 7. bis zum 9. Jahrhundert.

Charakteristisch für dieses erste Stadium ist das Vorherrschen des asketischen Elements. Man fastet und widmet sich geistlichen Übungen und Meditationen. Im 7. und 8. Jahrhundert wurde die Askese verschärft. Zunächst zogen sich die Asketen noch nicht aus dem Zusammenleben in der Gemeinschaft zurück. Sie lebten unter den Gläubigen und wirkten als Bußprediger. Die eindrucksvollste Gestalt dieser Zeit ist *Ḥasan al-Baṣrī* (gest. 728). Er gilt als »der Patriarch der islamischen Mystik«. Die Wurzel seiner Frömmigkeit ist die Weltverachtung. Er verzichtete nicht nur auf alles, was vom Gesetz als fragwürdig eingestuft wird, sondern enthielt sich auch aller vergänglichen Dinge, sofern sie nicht unmittelbar lebensnotwendig waren. Neben dieser Enthaltsamkeit predigte Ḥasan Ehrfurcht vor dem göttlichen Wort. In einer seiner Bußpredigten heißt es:

»Menschenkind, deine Religion, deine Religion! Sie ist dein Fleisch und Blut. Menschenkind, der du gefräßig, gefräßig bist, in einem Gefäße sammelst, sammelst, mit einem Verschlußriemen zubindest, zubindest, auf sanften Tieren reitest und dich weich kleidest! Allāh erbarme sich eines Menschen, den nicht in die Irre führt, was er bei der Mehrzahl der Leute sieht. Menschenkind, du wirst allein sterben, allein in das Grab kommen, allein auferweckt und allein zur Verantwortung gezogen werden. Menschenkind, es ist auf dich abgesehen und hüte dich [...]«[56].

---

55 Anawati, Philosophie, Theologie und Mystik, S. 141.
56 Der Islām mit Ausschluß des Qor'āns, S. 87.

Ḥasans Einfluß auf den Sufismus war sehr groß. Die muslimischen religiösen Bruderschaften betrachten ihn als ihren Gründer. In der zweiten Generation seiner Schüler entstand in ᶜAbbādān in der Nähe von Baṣra eine zönobitische Organisation. Zu dieser Gruppe gehörte auch die bedeutendste muslimische Mystikerin, *Rābiᶜa al-ᶜAdawīya* (gest. 801). Sie war eine freigelassene Sklavin und ehemalige Flötenspielerin. Unverheiratet starb sie im hohen Alter von 80 Jahren. Ihr Leben hatte sie der Gottesliebe geweiht. Nach dem Koran ist Gott vor allem der allmächtige Herr und der Mensch sein Diener, der sich ihm vollständig hingeben soll. Allerdings fehlt im Koran auch nicht das Motiv der Liebe, ohne jedoch zentrale Bedeutung zu haben. So liest man in Sure 5,54: »Gott wird Leute bringen, die er liebt und die ihn lieben.« Diesen Vers hat Rābiᶜa mit folgenden Vierzeilern erklärt:

»Ich liebe dich mit zwei Arten von Liebe, der Liebe (meines) Verlangens
Und einer Liebe, weil du dessen würdig bist.
Die Liebes (meines) Verlangens besteht darin,
Daß ich mich mit dem Gedanken an dich beschäftige,
    unter Ausschluß eines anderen als du.
Aber (die Liebe), deren du würdig bist, besteht darin,
Daß du die Schleier fallen läßt, so daß ich dich sehe.
Weder in diesem noch in jenem kommt mir der Preis zu,
Sondern dir kommt der Preis zu in diesem und in jenem«[57].

Neben Baṣra und ᶜAbādān wurde Kūfa zu einem weiteren Zentrum der islamischen Mystik. Die Sufis von Kūfa strebten nach der Verwirklichung von Idealen und zeigten traditionalistische Züge. Diese Mystiker strömten nach Bagdad. In der Umgebung der Stadt entstanden zahlreiche Einsiedeleien.
Aus der Gruppe der Mystiker von Bagdad ragt *al-Muḥāsibī* (gest. 857) hervor. Sein Beiname bedeutet: »Der, welcher sich bemüht, sein Gewissen zu erforschen.« Die Erforschung des Gewissens soll von falschen Vorstellungen befreien, die man sich in bezug auf die eigene Frömmigkeit machen könnte. Man soll »sein ganzes Leben Tag und Nacht mit Gott in Einklang bringen«[58]. Al-Muḥāsibī fordert von allen wahren Gläubigen die reine Gottesliebe:

»Die Liebe zu den Gehorsamsakten geht von der Liebe des Herrn aus, da er es ist, der sie beginnen läßt. Denn er läßt sich von ihnen (d.h. den Menschen) erkennen, leitet sie zu seinem Gehorsam und läßt sich von ihnen lieben, obwohl er ihrer nicht bedarf«[59].

---

57   Ebd., S. 90.
58   Anawati, Philosophie, Theologie und Mystik, S. 144.
59   Der Islām mit Ausschluß des Qor'āns, S. 94.

Zur Schule von Bagdad gehörte auch *al-Hallādsch*. Durch seine kühnen Ideen und Worte machte er sich die Kreise der Sufis, der Gesetzeskundigen und der Politiker gleichermaßen zu Feinden. So wurde er ins Gefängnis geworfen, verurteilt und im Jahre 922 hingerichtet. Vor seiner Hinrichtung betete er:

»Hier sind deine Diener, die sich versammelt haben, mich zu töten, aus Eifer für deine Religion und im Streben nach dir. Verzeihe ihnen und sei ihnen gnädig; denn wenn du ihnen den verhüllenden Schleier weggezogen hättest wie mir, würden sie das nicht mit mir tun; und wenn du mir dasselbe verdeckt hättest wie ihnen, wäre ich nicht in dieser Prüfung. Dir gebührt Preis für das, was du tust, und dir gebührt Preis für das, was du willst«[60].

Als Grund der Verurteilung galten die Worte des Hallādsch: Anā-l-haqq, »Ich bin die Wahrheit.« Man meinte, al-Hallādsch habe damit sagen wollen: »ich bin Gott.« L. Massignon hat nachgewiesen, daß für die Verurteilung dieses Mystikers eher politische Gründe maßgebend waren. Seine sehr persönliche Deutung des Islams widersprach der Staatsräson. Es ging al-Hallādsch um die mystische Vereinigung mit Gott, die er freilich in Worten aussprach, die muslimischen Ohren anstößig klingen konnten, wenn er etwa sagte:

»Ich bin der, den ich (liebend) begehre, und der, den ich (liebend) begehre, ist ich«[61].

4.4   Der Triumph der Mystik

Nach dem blutigen Ende des Hallādsch legten die führenden Sufis Wert darauf, sich in ihren Schriften als traditionstreue Muslime zu erweisen. Die Epoche der sieggekrönten Mystik erstreckte sich ungefähr über das 10. und 11. Jahrhundert. Es entstanden viele klassische Darstellungen des Sufismus. Einen Höhepunkt erreichte die Zeit des Triumphes in *Abū Hāmid al-Ghazālī* (gest. 1111). Ein Wesensmerkmal der voll entfalteten Mystik ist die Lehre von den »*Stufen*« und »*Zuständen*« des mystischen Pfades. Sie ist vielleicht unter dem Einfluß des orientalischen Mönchtums entstanden. Jedenfalls finden wir schon früher ähnliche Vorstellungen bei Johannes Klimakos (gest. 649), einem Mönch des Sinaiklosters. Er erhielt den Beinamen Klimakos von seinem Werk Klimax tū paradeisū, »Himmelsleiter«. In der islamischen Mystik ist die Lehre von

---

60   Ebd., S. 106.
61   Ebd., S. 103.

den Stufen und Zuständen erstmals in Ägypten im 9. Jahrhundert
durch Dhū-n-Nūn al-Miṣrī dargestellt worden. Wie im orientalischen Mönchtum durchläuft der Fromme drei grundlegende Stadien: die eines Novizen, die des Fortgeschrittenen und schließlich
die des Eingeweihten. Innerhalb dieses Rahmens wird zwischen
den einzelnen Stufen oder Stationen, deren Zahl schwankt, unterschieden. *As-Sarrādsch* (gest. 988) zählt deren sieben auf:

1. Reue
2. äußerste Empfindsamkeit des Gewissens, die über das Maß der gewöhnlichen Gläubigen hinausgeht
3. Verzicht auf die Güter dieser Welt
4. Armut
5. Ertragen jeglicher Not
6. Gottvertrauen
7. Ertragen all dessen, was sich aus den Befolgung des göttlichen Willens ergibt.

Der Novize vertraut sich der erfahren Leitung eines Meisters, ei-
nes »Greises« (Schaich), an. In dessen Händen soll er sein »wie ein
Leichnam in den Händen des Leichenwäschers[62]«.
Von den Stufen sind die ihnen entsprechenden *Zustände* zu unterscheiden. Die Stufen erreicht man durch fromme Bemühung.
Die Zustände sind Wirkungen der göttlichen Barmherzigkeit. As-
Sarrādsch nennt folgende Zustände: beständige Aufmerksamkeit,
Nähe, Liebe, Furcht, Hoffnung, Verlangen, Vertrautheit, friedliche Gelassenheit, Kontemplation, innere Gewißheit. Die Einteilung der Stufen und Zustände ist bei den einzelnen Autoren verschieden. Manche zählen z.B. die Liebe nicht zu den Zuständen,
sondern zu den Stufen.
Abū Ḥāmid al-Ghazālī (gest. 1111) hat am meisten dazu beigetragen, daß die Mystik volle Anerkennung im Islam fand. Er hat
eine Autobiographie verfaßt unter dem Titel: »Der Retter aus
dem Irrtum« (Munqidh min aḍ-ḍallāl). Darin beschreibt er ähnlich
wie der Kirchenvater Augustin (gest. 430) in den Confessiones
(»Bekenntnissen«) seinen geistigen und geistlichen Werdegang.
Seelischen Frieden fand er erst auf dem mystischen Pfad. Er war
gelehrt in der Rechtswissenschaft, der Theologie und der Philosophie. Er besaß eingehende Kenntnisse des Christentums. Er verfaßte unter anderem eine Widerlegung des Johannesevangeliums.
Zweifel am Islam sind ihm nie gekommen. Aber er zweifelte, ob
seine Verstandesfähigkeiten ausreichen, um die Angriffe auf den
Glauben abzuwehren. Gegenüber den Philosophen hatte er starke

Vorbehalte. Der schulmäßigen Theologie maß er nur eingeschränkte Bedeutung bei. Sein persönlicher Beitrag zur islamischen Geistesgeschichte besteht darin, daß er Rechtswissenschaft, Theologie und Mystik so vereinigte, daß die Mystik die belebende Mitte bildete. Sein berühmtestes Werk ist die »Wiederbelebung der Wissenschaften von der Religion«, das in vier große Teile mit insgesamt vierzig Kapiteln gegliedert ist. Der Autor beginnt mit der islamischen Pflichtenlehre und wendet sich im letzten Viertel den eigentlich mystischen Themen zu: Gottvertrauen, Liebe, Sehnsucht, Zufriedenheit mit Gottes Ratschluß usw. Er will auf dieser geistigen Wanderung den Menschen auf den Augenblick des Todes vorbereiten, in dem er Rechenschaft über sein Leben ablegen muß. Dies wird im letzten Kapitel beschrieben. Die Zahl vierzig ist ein Symbol der Vorbereitung auf das Gericht. Denn vierzig Tage muß der Novize in der Klausur verbringen. Vierzig Tage und Nächte blieb auch Mose auf dem Berg Sinai (vgl. Ex 24,18). Al-Ghazālī setzte sich dafür ein, daß der Sufismus nicht eine Sache kleiner bevorzugter Kreise sei, sondern das Alltagsleben der Muslime durchdringe. In der islamischen Welt wird al-Ghazālī ḥudschdschat al-islām, »Beweis des Islams«, genannt. Seine Werke werden noch heute von den Muslimen studiert, nicht nur an den großen Moschee-Universitäten, sondern auch von einfachen Leuten wie Handwerkern.

4.5   Verbreitung und beginnender Niedergang der Mystik

Die *dritte Epoche* der islamischen Mystik reicht etwa vom 12. bis zum 15. Jahrhundert. Es ist die Zeit ihrer Ausbreitung und ihres beginnenden Niederganges.

Die große und reiche Persönlichkeit al-Ghazālīs hat die Geschichte der Mystik nach zwei Richtungen hin beeinflußt: zur Bildung des intellektuellen Sufismus und zur Entstehung der Bruderschaften.

4.5.1   Der intellektuelle Sufismus

Der intellektuelle Sufismus lebt von der Überzeugung, daß es möglich sei, über die äußeren Erscheinungen hinaus in die Welt der geistigen Realitäten einzudringen. Dies geschieht mittels der Maᶜrifa, der Gnosis (»Erkenntnis«). Im Verständnis der geistigen Realitäten übernimmt die intellektuelle Mystik neuplatonisches, iranisches und hermetisches Gedankengut[63]. Die intellektuelle My-

63   Die hermetische Literatur, gesammelt im 2. und 3. Jahrhundert n. Chr. im Corpus Hermeticum, gibt sich als Offenbarung des Gottes Hermes Trismegistos, des »Dreimalgrößten Hermes«, d.h. des ägyptischen

stik kreist um zwei Hauptthemen: 1. Gott als Licht, 2. der »vollkommene Mensch«. Die Lichtmetaphysik dieser Mystiker knüpft an das Koranwort (Sure 24,35) an: »Gott (ist) das Licht der Himmel und der Erde [...] Licht über Licht.« Am tiefsinnigsten hat über dieses Thema der Perser *Suhrawardī* geschrieben. Er wurde als Ketzer 1191 hingerichtet. Mit dem Thema des »vollkommenen Menschen« hat sich vor allem der spanische Muslim *Ibn ᶜArabī* (gest. 1240) auseinandergesetzt. Er gründet seine Theorie auf den Begriff des Logos (griechisch: »Wort«, »Vernunft«). Ontologisch ist der Logos – man vergleiche Joh 1,1–3! – das schöpferische Prinzip der Welt. Er kann Gott oder Universum genannt werden. Aus dem Logos geht das Universum hervor wie das Spezielle aus dem Allgemeinen. Der »vollkommene Mensch« manifestiert den Logos – man vergleiche Joh 1,14! Im »vollkommenen Menschen« erreicht das Bewußtsein Gottes den höchsten Grad. Der Logos wird mit der Wesenheit Mohammeds identifiziert. Jeder Prophet ist *ein* Logos, Mohammed aber *der* Logos. Ibn ᶜArabī lehrt die Präexistenz Mohammeds als kosmisches Prinzip. Der Einfluß der christlichen Logos-Theologie ist nicht zu verkennen, darf jedoch nicht überschätzt werden. Er ist mit anderen Traditionen der Weisheits-Gnosis verbunden und in einem vorwiegend islamischen Weltbild verankert.

4.5.2   Die religiösen Bruderschaften

Al-Ghazālī versuchte, die mystischen Traditionen auch dem Volke nahezubringen. Dadurch förderte er die Bildung religiöser Bruderschaften. In seinem Werk »Die Wiederbelebung der Wissenschaften von der Religion« widmet er zwei Traktate den Praktiken des »Gedenkens« (dhikr) und des »Hörens« (samāᶜ). Das Gedenken besteht in ständig hervorgebrachten Stoßgebeten, etwa »Allāh!« Das Hören bezieht sich auf die geistliche Musik. Durch beide Praktiken erstreben die Sufis Annäherung an Gott. Besonders unter den Bruderschaften werden diese Übungen gepflegt. Ursprünglich waren die Bruderschaften nur kleine Gruppen, die sich um einen Meister scharten. Später verbreiteten sie sich stark. Sie nahmen durch die Neubekehrten auch außerislamische Einflüsse auf. Von den Sufi-Orden sind die Rifāᶜīya nach ihrem Dhikr als »heulende Derwische« und die Maulawīya als »tanzende Derwische« besonders bekannt.

Gottes Thot. Sie stellt eine Mischung okkulter Weisheiten aus Religion, Astrologie, Magie, Mystik usw. dar und gehört zum geschichtlichen Umfeld der christlichen Gnosis.

4.5.3 Die persische Mystik

Der berühmteste Dichter persischer Zunge war *Rūmī* (gest. 1273). Er schrieb ein Werk von 47000 Versen. Es sollte den Koran kommentieren und zugleich die Sitten wiederherstellen. Das Leitmotiv dieser mystischen Poesie ist die Liebe zu Gott und das Suchen nach dieser Liebe, die allein von Nutzen sei. Über allem liegt ein zarter Schleier von Skeptizismus über Menschen und Dinge, zuweilen mit einem bitteren, dann wiederum mit einem humorvollen Unterton vermischt.

5 Die Wirkungen des islamischen Geisteslebens auf das Abendland

Das wichtigste Zentrum der kulturellen Begegnung des Abendlandes mit der islamischen Welt war *Spanien*. Zu nennen sind hier besonders die Städte Cordoba, Toledo und Burgos. Es waren spanische Bischöfe, von denen die Initiative zur Übersetzung arabischer Werke ins Lateinische ausging. Neben Spanien war das Königreich *Sizilien* ein Mittelpunkt des geistigen Austausches. Am Hofe Friedrichs II. in Palermo war Michael Scotus (gest. 1236) als Übersetzer und Gelehrter tätig.

Interesse zeigte das Abendland vor allem an *philosophischer Literatur* im weiteren Sinne. Das eigentlich religiöse Schrifttum der Muslime fand bei den Christen weniger Beachtung. So blieben etwa die großen islamischen Traditionssammlungen, die Werke des islamischen Rechtes und al-Ghazālīs Hauptwerk »Die Wiederbelebung der Wissenschaften von der Religion« im Abendland unbekannt. Allerdings wurde auf Veranlassung des Abtes Petrus Venerabilis von Cluny (gest. 1155) der *Koran* zusammen mit einigen anderen den Islam betreffenden Schriften aus dem Arabischen ins Lateinische übersetzt. Dies gab wahrscheinlich den Anstoß zur Übersetzung auch philosophischer Werke. Von den Religionsgelehrten im Islam wußte das Abendland wenig, und auch das nur, was in näherer Beziehung zur Philosophie stand, also etwa die Tatsache, daß die Mutakallimūn eine fortwährende Schöpfung von Zeitatom zu Zeitatom lehrten.

Die mystischen und religiösen Tendenzen der islamischen Philosophie waren es, welche die besondere Aufmerksamkeit der christlichen Philosophen und Theologen hervorriefen. Diese Tendenzen kamen dem abendländischen Augustinismus entgegen, der wie das islamische Geistesleben mit neuplatonischem Gedankengut verschmolzen war.

Zwei arabische Philosophen übten auf das Abendland einen besonders starken Einfluß aus: *Avicenna* und *Averroës*. Es entstand in Europa eine breite Strömung, die man als »*avicennischen Augustinismus*«[64] bezeichnet. Der Ausgangspunkt dieser Schule war Erzbischof Johannes von Toledo im 12. Jahrhundert. Seine Schrift De anima (»Über die Seele«) ist ganz von Avicenna inspiriert. Diese Richtung wurde im 13. Jahrhundert von den christlichen Scholastikern Wilhelm von Auvergne (gest. 1249), Alexander von Hales (gest. 1245), Jean de la Rochelle (gest. 1245), Bonaventura (gest. 1274), Robert Grosseteste (gest. 1253), John Peckham (gest. 1292) und Roger Bacon (gest. 1294) fortgesetzt.

»Bacon stand so sehr unter dem Einfluß von Avicenna (und al-Fārābī), daß seine Theorie vom Pontifex maximus [dem obersten Priester, d.h. dem Papst] mit Avicennas Lehre vom Kalifat vollkommen übereinstimmt«[65].

Einflüsse Avicennas sind ferner auf Albert den Großen (gest. 1280), Thomas von Aquin (gest. 1274) und Duns Scotus (gest. 1308) ausgegangen. »Duns Scotus benutzte« Avicennas Philosophie »gleichsam als Grundlage, auf der er seine Metaphysik aufbaute«[66]. *Averroës* wurde zunächst als Kommentator der Werke des Aristoteles hoch geschätzt. Während die Philosophie des Aristoteles vorerst seit 1210 durch Verbote, seine Schriften zu lesen, bekämpft, dann aber schrittweise rezipiert wurde, zeigte sich etwas später die Gefährlichkeit des Averroës für das christliche Denken. Es war zum einen seine Auffassung des Verhältnisses von Religion und Philosophie, die im Westen zu einer Art des Philosophierens führte, die nicht mehr von dem Ziel bestimmt war, der Theologie zu dienen. Noch gefährlicher schien die Psychologie des Averroës. Er lehrte, der Mensch habe keine individuelle unsterbliche Vernunftseele, sondern es gebe nur einen einzigen Intellekt für die ganze Menschheit, an dem die Individuen teilhaben. Schließlich vertrat Averroës wie die anderen arabischen Philosophen die Theorie von der Ewigkeit der Welt. Der heterodoxe Averroismus faßte zuerst in Paris Fuß, wo ihn *Siger von Brabant* (gest. 1281/84) an der artistischen, d.h. philosophischen, Fakultät lehrte. Von Paris kam der Averroismus später nach Padua. Bekämpft wurde der heterodoxe Averroismus vor allem von *Thomas von Aquin*, der in diesem Zusammenhang unter anderem die Schrift verfaßte: De unitate intellectus contra Averroistas (»Von der Einheit des Intel-

64   Anawati, Philosophie, Theologie und Mystik, S. 158.
65   Ebd., S. 159.
66   Ebd., S. 159.

lekts gegen die Averroisten«). Dennoch behauptete sich der Averroismus im Abendland bis ins 17. Jahrhundert hinein.
Starke Wirkungen sind auch von dem Roman des *Ibn Ṭufail* (Abubacer) ausgegangen. Sein Titel lautet.»Der Lebende, Sohn des Wachenden«. Hier wird erzählt, wie ein Kind auf einer Insel des Indischen Ozeans ohne Vater und Mutter aufwächst und von einer Gazelle aufgezogen wird. Das Kind entdeckt nach und nach die Reichtümer der Welt, die Gesetze der Natur, es gelangt zur Erkenntnis Gottes als des Urhebers der Welt und findet schließlich alle Wahrheit in der Religion. Dieses Werk wurde im Abendland unter dem Titel Philosophus autodidactus (»Der durch sich selbst gelehrte Philosoph«) bekannt. Seit dem 15. Jahrhundert ist es immer wieder bis in unsere Zeit übersetzt worden.
Die Einflüsse der *islamischen Mystik* hat besonders der spanische Gelehrte Asín Palacios erforscht. Er hat erstmals für Dantes Divina Commedia islamische Quellen nachgewiesen. Seine Forschungen über den Einfluß der islamischen auf die christliche Mystik sind von einer Grundidee bestimmt, die er mit folgenden Worten beschrieben hat:

»Wenn sich die Hypothese von der literarischen Überlieferung [der islamischen Mystik an das Abendland] bestätigt, wäre es eine Frage eines normalen Falles kultureller Restitution: Ein im Mittelalter in den Islam verpflanzter evangelischer und paulinischer Gedanke hätte in dieser Umgebung eine so reiche Entwicklung zu neuen ideologischen Nuancen hin durchgemacht und einen solchen Reichtum an ungewöhnlichen Formen und Ausdrucksweisen erreicht, daß unsere Mystiker des 16. Jahrhunderts es nicht für unter ihrer Würde gehalten hätten, ihn, nachdem er nun nach Spanien herübergebracht worden wäre, in ihren Werken aufzunehmen«[67].

Die Bereicherung, die das Abendland auf den *Gebieten der Kunst, der Mathematik, der Naturwissenschaften, der Technik und des Handels* durch die islamische Welt erfahren hat, kann hier nur erwähnt, aber nicht einmal andeutungsweise beschrieben werden. Zeuge dieser vielfältigen Einflüsse sind zahlreiche aus dem Orient entlehnte Wörter, z.B. Admiral, Algebra, Alkohol, Aprikose, Arsenal, Banane, Benzin, Chemie, Damast, Drogerie, Gamasche, Jacke, Kaffee, Kali, Kampfer, Karussell, Kattun, Kittel, Konditor, Kümmel, Lack, Limonade, Matratze, Musselin, Mütze, Natron, Orange, Pantoffel, Risiko, Safran, Scheck, Sirup, Soda, Sofa, Tarif, Tasse, Ziffer, Zimt, Zwetschge.

---

67 Ebd., S. 165.

6   Moderne Erneuerungsbewegungen

Anders als im Mittelalter erwies sich in der Neuzeit die abendländische Zivilisation der morgenländischen überlegen. Diese Erfahrung führte in den islamischen Ländern zur Entstehung verschiedener Erneuerungsbewegungen. Was sie alle eint, ist das Ziel, den
Islam wieder zu einer das ganze Leben bestimmenden und dem
Westen in jeder Hinsicht überlegenen Macht zu erheben. Dieses Ziel kann grundsätzlich auf zwei verschiedenen Wegen angestrebt werden: einmal durch Rückkehr zum ursprünglichen Islam
unter Preisgabe aller späteren, als Hemmnisse empfundenen Einrichtungen und zum anderen, durch möglichst weitgehende, jedoch die islamischen Prinzipien bewahrende Anpassung an die
modernen Lebensverhältnisse. Man könnte vereinfacht von einem
engen und einem weiten Verständnis der Erneuerung des Islams
reden. Die Gefahr der vergangenheitsorientierten Reformer liegt
in der Verkennung der Realitäten und Aufgaben der gegenwärtigen Welt. Die Gefahr der »modernistischen« Reformer liegt im
Verlust oder zumindest in der Überfremdung eigener religiöser
Traditionen.
Eine strenge Zuordnung einzelner Denker zum Lager der Traditionalisten oder der Modernisten ist nicht möglich. Bei vielen findet man eine Mischung beider Tendenzen. Allgemein kann man
sagen, daß im Unterschied zum späten 19. und frühen 20. Jahrhundert der Modernismus im Rückzug begriffen ist. Die seit den
sechziger Jahren vorherrschende Richtung wird vielfach als »islamischer Fundamentalismus« oder »Islamismus« bezeichnet. Beide
Begriffe implizieren eine selbstbewußte, zuweilen aggressive Abgrenzung von der westlichen Zivilisation. Durch zwei Weltkriege
und ihre geistigen und materiellen Folgeerscheinungen ist die europäische Vormachtstellung auch in den islamischen Ländern zusammengebrochen. Die abendländische Zivilisation wird von vielen
Muslimen nicht mehr als ein bedeutendes Gut empfunden, sondern
als eine Bedrohung aller menschlichen und religiösen Werte.
Schon im 18. Jahrhundert forderte der strenge Hanbalit ʿ*Abdul
Wahhāb* (gest. 1787) die Rückkehr zu einem puritanischen Urislam. Er verwarf den Kult an Heiligengräbern und die Mystik
ebenso wie das Rauchen. Durch den Aufstieg des Hauses Saʿūd
nach dem Ersten Weltkrieg wurde diese Richtung in Saudiarabien
zur Staatsdoktrin. Mit strengster Korantreue verbindet sich gegenwärtig Aufgeschlossenheit für moderne technische und (in gewissen Grenzen) auch politische Probleme.
Ähnliche Gedankengänge finden sich in der *Salafīya*, einer Bewegung, die sich nach den »Alten« (salaf) benennt. Auch hier gelten

nur Koran und Sunna. Der Konsens der Gläubigen wird als Norm abgelehnt. Den Anstoß zur Entstehung der Salafīya gab *Dschamal ad-dīn al-Afghānī* (gest. 1897). Er wurde in Indien mit modernistischen Gedanken vertraut und gewann vor allem in Ägypten Anhänger. Einer seiner Schüler war der Ägypter *Muḥammad ᶜAbduh* (gest. 1905), der später »der Reformer des Jahrhunderts« genannt wurde. Er gründete die Zeitschrift Manār, zu deutsch: »Leuchtturm« oder »Minarett«. Nach seinem Tode wurde sie von seinem Schüler Raschīd Riḍā (gest. 1935) weiter herausgegeben. Muhammad ᶜAbduh suchte zu beweisen, daß der Islam mit dem modernen Denken vereinbar und reformfähig sei. In seiner berühmten »Abhandlung über den Monotheismus« (risalāt at-tauḥīd) schreibt er über den menschlichen Verstand:

»(Die Propheten) leiten den Verstand zur Kenntnis Allāhs und seiner Eigenschaften, die man kennen muß, und bezeichnen die Grenze, bei der er im Streben nach diesem Wissen stehen bleiben muß, in einer Weise, die die Ruhe des Menschen nicht erschüttert und sein Vertrauen zu der Fähigkeit, die Allāh ihm gegeben hat, nicht aufhebt [...] In jedem Fall darf man die Religion nicht zu einem Hindernis machen, das den Geist davon abhält, sich das Wissen über das Wesen der existierenden kontingenten Dinge nach Maßgabe der Möglichkeit zu verschaffen – eine Fähigkeit, mit der Allāh ihn ausgezeichnet hat –, sondern die Religion muß ihn zum Streben nach dem Wissen aneifern [...] Die Religion ähnelt den auf Veranlagung und Eingebung beruhenden Trieben mehr als den auf freie Wahl zurückgehenden Bestrebungen; sie ist eine der stärksten menschlichen Fähigkeiten und kann denselben Krankheiten unterliegen wie die anderen Fähigkeiten [...]. Der Verstand ist es, der die Beweise (der Offenbarungsinhalte) prüft, um dadurch zu ihrer Kenntnis und zu ihrer Überzeugung zu gelangen, daß sie von Allāh stammen. Nachdem der Verstand aber (einmal) die Sendung des Propheten als wahr erkannt hat, ist er verpflichtet, alles, was er (d.h. der Prophet) verkündet, für wahr zu halten, auch wenn er nicht imstande ist, in gewissen Fällen zu seinem Wesen zu gelangen und zu seinem wahren Sinn vorzudringen; deshalb braucht er nichts (logisch) Unmögliches anzuerkennen [...] denn davon sind die prophetischen Offenbarungen frei [...] Der Islam ist gegen den Taqlīd (d.h. die unkritische Übernahme autoritativer Lehren) vorgegangen [...] Er hat dadurch die Macht des Verstandes von allem befreit, das ihn gefesselt hatte, von allem Taqlīd gerettet, der ihn unterjocht hatte, und ihm sein Reich wiedergegeben, in dem er sein Urteil und seine Weisheit betätigen kann, wobei er sich vor Allāh allein beugen und vor der Scharīᶜa haltmachen muß [...] Der Islam hat vor dem Verstande die Wolke der Vorurteile betreffend die Vorgänge in dem Makrokosmos der Welt und dem Mikrokosmos des Menschen weggezogen und festgestellt, daß die großen Wundertaten Allāhs, die er in der Welt wirkt, entsprechend den göttlichen Sunnas (d.h. ›Bräuchen‹) verlaufen, die Allāh in seinem ewigen Wissen festgesetzt hat und die kein Zwischenfall der einzelnen Teile ändern kann«[68].

Es ist deutlich, was ᶜAbduh sagen will: Der Islam befreit die Vernunft von allen Fesseln des Denkens; aber vor der koranischen Offenbarung muß sich die Vernunft beugen. Diese Grenze kann und darf sie nicht überschreiten. Die Vernunft kann somit nur die im Koran enthaltene Fülle alles Wissens bestätigen. Mohammed ᶜAbduh kennt nicht den Begriff einer offenen Wahrheit. Die Wahrheit ist dem Menschen durch den Koran für alle Zeiten gegeben. Die Wahrheit erforschen heißt immer tiefer in den Koran eindringen, ohne je den Reichtum seiner Weisheit ganz ausschöpfen zu können.

Im *muslimischen Indien* wurde eine Modernisierung zunächst vom kulturellen Standpunkte aus erstrebt. Man wollte der damaligen Kolonialmacht, den Briten, die Bildungsfähigkeit des Islams vor Augen stellen. Für den indischen Muslim *Saiyid Amīr ᶜAlī* (gest. 1928) ist der Islam die ideale Religion der Menschheit. Diesen Gedanken entfaltet er vornehmlich für europäische Leser in seinem auf englisch verfaßten Werk »The spirit of Islam«. Darin verbindet er den modernen Gedanken der geschichtlichen Entwicklung mit der koranischen Lehre, daß der Islam die Vollendung der früheren prophetischen Offenbarungen sei.

»Die wundervolle Anpassungsfähigkeit der islamischen Vorschriften an alle Zeitalter und Völker, ihre gänzliche Übereinstimmung mit dem Licht der Vernunft, das Fehlen aller geheimnisvollen Lehren, die einen Schatten sentimentaler Unwissenheit um die in die menschliche Brust eingepflanzten ursprünglichen Wahrheiten werfen könnten – alles beweist, daß der Islam die letzte Entwicklung der religiösen Fähigkeiten unseres Wesens darstellt«[69].

Der Autor preist die islamische Ethik, die Idealismus und Menschenkenntnis klug verbinde:

»Im Islam ist ein hoher Idealismus mit dem vernünftigsten praktischen Sinn verbunden [...] Sein Ziel, wie das der anderen Systeme, war die Erhebung der Menschheit zu dem absoluten Ideal der Vollkommenheit; aber er erreichte dieses Ziel oder sucht es zu erreichen dadurch, daß er sich an die Wahrheit hält, daß die Natur des Menschen in diesem Leben unvollkommen ist. Wenn er nicht sagte: ›Wenn dich dein Bruder auf die eine Wange schlägt, halte ihm auch die andere hin‹ (vgl. Mt 5,39), wenn

---

68   Der Islām mit Ausschluß des Qorʾāns, S. 180f.
69   Ebd., S. 170.

er die Bestrafung des mutwilligen Übeltäters mit derselben Verletzung erlaubte, die er zugefügt hatte, so lehrt er auch mit warmen Worten und mit mannigfaltiger Betonung das Üben des Vergebens und des Wohlwollens und die Vergeltung des Üblen mit Gutem«[70].

Für Amīr ᶜAlī ist der wahre Muslim der wahre Christ, weil der Islam die Bestätigung und die Vollkommenheit des Christentums ist:

»Der wahre Muslim ist ein wahrer Christ, sofern er das Amt Jesu anerkennt und versucht, die von ihm gepredigte Moral zu üben. Warum sollte der wahre Christ nicht den Prediger ehren, der an das Werk der früheren Meister die letzte Hand angelegt hat? Lenkte er nicht die umherirrenden Kräfte der Welt zurück auf den Weg des Fortschritts? Abgesehen von dem Begriff der Sohnschaft Jesu besteht keine grundlegende Verschiedenheit zwischen Christentum und Islam. In ihrem Wesen sind sie ein und dasselbe; beide sind das Ergebnis derselben in der Menschheit wirkenden geistigen Kräfte«[71].

Die Gründung des indo-islamischen Colleges *Aligarh* (1921), das später Universität wurde, eröffnete vielen Muslimen eine Ausbildung und Erziehung bei intensiver Auseinandersetzung mit dem europäischen Geist.

Der bedeutendste Vertreter des indischen Islams ist der Dichter und Philosoph Sir *Muḥammad Iqbal* (gest. 1938). Er hielt in englischer Sprache Vorlesungen. Sein poetisches Schrifttum ist in Persisch und Urdu verfaßt. Gegenüber einer pantheistischen Mystik, die jedes Streben hemme, stellt er in den Mittelpunkt seiner Betrachtungen die Aktivität und den Wert der menschlichen Persönlichkeit. Seine tief in die deutsche und die englische Philosophie eindringenden Studien gaben ihm die Möglichkeit, eine Synthese von islamischem und abendländischem Denken zu versuchen. In Anlehnung an die europäische Lebensphilosophie faßte er den Islam nicht als ein abgeschlossenes System, sondern als eine in ständiger Entwicklung befindliche Realität auf. Gott und Welt stünden in einer dynamischen Wechselbeziehung. Es ist ein kühner Gedanke, von dem sich die heutigen muslimischen Ideologen längst abgewandt haben.

Der ägyptische Gelehrte ᶜAlī ᶜAbd ar-Rāziq veröffentlichte 1925 eine Abhandlung unter dem Titel: »Der Islam und die Prinzipien des Staates«. Darin stellt er die These auf, daß politische Institutionen nicht zum Wesen des Islams gehören:

70 Ebd., S. 171.
71 Ebd., S. 171.

»Wie du gesehen hast, erklärt der Qor'ān ausdrücklich, daß Muhammad nur ein Prophet war, dem andere Propheten vorausgegangen sind; außerdem erklärt er noch deutlich, daß er nur zur Vermittlung der Botschaft Allāhs an die Menschen verpflichtet war, daß ihm außer dieser Verkündigung nichts aufgetragen war und daß er nicht verpflichtet war, die Menschen zu dem, was er ihnen brachte, anzuhalten und anzutreiben [...] Das Kalifat gehört in nichts zu den religiösen Einrichtungen, ebensowenig wie das Amt des Qādī (d.h. des Richters) und andere Regierungsposten und zentrale Staatsstellen; vielmehr sind das alles rein politische Einrichtungen, mit denen die Religion nichts zu tun hat, die sie weder anerkennt noch abstreitet, weder befiehlt noch verbietet, die sie uns vielmehr überlassen hat, damit wir uns in ihnen nach dem Urteil des Verstandes, der Erfahrung der Völker und den Regeln der Politik richten«[72].

Aus alledem zieht der Autor die Folgerung:

»Nichts in der Religion hindert die Muslims, mit den anderen Nationen in allen sozialen und politischen Wissenschaften zu konkurrieren, jene alte Ordnung, vor der sie sich erniedrigt und gedemütigt haben, aufzuheben und die Grundlagen ihres Staates und die Ordnung ihrer Regierung auf den neuesten Ergebnissen des menschlichen Verstandes und auf dem, was die Erfahrungen der Völker mit größter Sicherheit als die besten Prinzipien des Staates erwiesen haben, aufzubauen«[73].

Das Buch rief einen Skandal hervor, sein Verfasser, Professor der berühmten Azhar-Universität, verlor Amt und Würde. Der Widerruf, den er später leistete, half im nicht mehr.
Die heute in der islamischen Welt als religiöse Autoritäten geltenden Männer sind weit entfernt von den aufgeschlossenen Anschauungen, die Mohammed ᶜAbduh, Amīr ᶜAlī, oder ᶜAbd ar-Rāziq vertreten haben. Den Islamisten unserer Zeit gilt der Islam als eine in der Epoche des Propheten zum Abschluß gekommene, alles umfassende Ideologie, die man nur noch festhalten und in die Tat umsetzen müsse. Das modernistische Erbe der muslimischen Gelehrten aus dem späten 19. und frühen 20. Jahrhundert wird nur noch von wenigen gepflegt. In Deutschland besonders bekannt ist durch seine zahlreichen Veröffentlichungen über den Islam der Gegenwart Bassam Tibi. Sein Hauptanliegen ist der Brückenschlag zwischen der abendländischen und der morgenländischen Zivilisation. Der in Damaskus Geborene ist deutscher Staatsbürger. In seinem Buch »Der Krieg der Zivilisationen. Politik und Religion zwischen Vernunft und Fundamentalismus« (München 1998) bekennt er:

72 Ebd., S. 184.
73 Ebd., S. 185.

»Als ein Verfassungspatriot messe ich dem deutschen Grundgesetz dieselbe Bedeutung für mein Leben bei wie als Muslim dem Koran als ethische
Quelle«[74].

Es ist sicher kein Zufall, daß Bassam Tibi nicht in einem islamischen Land wirkt, sondern Deutschland zu seiner »Wahlheimat«[75]
erkoren hat.
Zu den Erneuerungsbewegungen kann man auch die *Aḥmadīya*
rechnen, eine vom orthodoxen Islam ausgeschiedene Sekte indischen Ursprungs. Ihr Begründer Mirzā Ghulām Aḥmad verkörpert
nach dem Glauben seiner Anhänger in seiner Person den wieder-
gekommenen Jesus und zugleich den Imām Mahdī (»den rechtgeleiteten Imām«). An der Frage, ob Aḥmad ein Prophet oder nur
ein Erneuerer sei, spaltete sich 1914 die Bewegung. Der Enkel leitet die Gruppe, die ihn als Propheten verehrt, der allerdings nicht
ermächtigt gewesen sei, ein neues Glaubensgesetz zu verkünden.
Zu den besonderen Lehren der Aḥmadīya gehört, daß Jesus vor
dem Tod am Kreuz gerettet worden und nach Indien ausgewan-
dert sei. Dort sei er nach einem erfüllten Leben in hohem Alter
gestorben. Sein Grab befinde sich in Srinagar (Kaschmir). Ferner
erklärte Aḥmad den Heiligen Krieg in Indien, das damals britische
Kronkolonie war, für unzulässig. Allein durch friedliche Mittel sei
der Islam zu verbreiten. Die Aḥmadīya betreibt nach dem Vorbild
der christlichen Mission eine intensive Propaganda. Die bedeutendste ihrer Veröffentlichungen ist im deutschen Bereich eine
arabisch-deutsche Koranausgabe, versehen mit einer ausführlichen
Einleitung, welche die Bibel als widersprüchlich und den Koran als
reines Wort Gottes erweisen soll. Die Aḥmadīya wurde 1974 vom
Weltislam in Mekka zur Sekte erklärt und aus der islamischen Gemeinschaft ausgestoßen.

74 Tibbi, Der Krieg der Zivilisationen, S. XVII–XVIII.
75 Ebd., S. XVI.

IV

Religion, Gesetz und Staat

1 Der religiös-politische Charakter der islamischen Gemeinschaft

Der Islam unterscheidet nicht zwischen einem geistlichen und einem weltlichen Bereich. Er ist »Religion und Staat« (dīn wadaula). Jesu Wort »Mein Reich ist nicht von dieser Welt« (Joh 18,36) ist dem Islam wesensfremd. Luthers Lehre von den »Zwei Regimenten Gottes«, dem geistlichen und dem weltlichen, ist für islamisches Denken unannehmbar. Die islamische Gemeinde versteht sich vielmehr als eine Religionsgemeinschaft, zu deren Ganzem das Leben in allen seinen Bereichen gehört, gerade auch mit Einschluß des Politischen. Deshalb haben alle islamischen Sekten ihren Ursprung in Entscheidungen, die ebenso religiösen wie politischen Charakters waren.

Die Gesamtheit derer, die sich zum Islam bekennen, nennt man *ummat an-nabī*, »die Gemeinde des Propheten«. Obwohl die islamische Umma sich uns nicht als einheitlicher Staat darstellt, ist sie doch nicht reine Religionsgemeinschaft im Unterschied zum politischen Gemeinwesen. Das Leben der islamischen Welt soll vielmehr in allen Bereichen der von Gott gesetzten Ordnung entsprechen.

Wir haben in unserer christlichen Tradition nichts, was der Struktur der islamischen Umma wesentlich vergleichbar wäre. Auch die religiös geprägte Einheitskultur des mittelalterlichen Corpus Christianum war etwas anderes. Denn die ganze Geschichte des abendländischen Mittelalters ist durchzogen von dem Dualismus der geistlichen und der weltlichen Gewalt als zweier, grundsätzlich verschiedener von Gott eingesetzter Ordnungen. Daran änderte auch nichts die Tatsache, daß Könige im Bewußtsein der Heiligkeit ihres Amtes Päpste ein- und absetzten und Päpste wiederum im Bewußtsein, als Stellvertreter Christi auf Erden zu wirken, ihrerseits das Recht beanspruchten, Könige und Kaiser ein- und abzusetzen. Der wechselseitig geforderte Vorrang konnte nicht die fundamentale Unterscheidung zwischen der königlichen Gewalt und der priesterlichen Vollmacht aufheben. Jene betraf die weltlichen, diese die geistlichen Dinge. In einer gewissen Nähe zur islamischen Ordnung steht der byzantinische Cäraropapismus (d.h. der Kaiser ist zugleich der Papst). Hier gab es kein jahrhundertelanges Ringen zwischen Kaisertum und Priestertum, weil der orthodoxe Patriarch in Konstantinopel vom Kaiser gänzlich abhängig war. Aber auch diese Abhängigkeit konnte die grundsätzliche Verschiedenheit der beiden Ämter nicht aufheben. Sie hat ihre eigentliche Ursache in der wesentlichen Verschiedenheit der beiden Männer Jesus und Mohammed.

2   Begriff und Wesen des islamischen Gesetzes (scharīᶜa)

Das islamische Gesetz wird in der arabischen Sprache *Scharīᶜa* genannt. Der Ausdruck bezeichnet den zu befolgenden »Weg«. Die Scharīᶜa umfaßt »die Gesamtheit der auf die Handlungen des Menschen bezüglichen Vorschriften Allāhs«[76]. Die Grundtendenz der Scharīᶜa ist die religiöse Wertung aller Lebensverhältnisse, indem sie die äußeren Beziehungen des Muslims zu Gott und den Menschen regelt. Obwohl sie bei den religiösen Verrichtungen die Bildung einer ihnen entsprechenden »Absicht« (nīya) fordert, liegen die Regungen des Herzens außerhalb des Bereichs der Scharīᶜa. Die insbesondere von der Mystik gepflegte Herzensfrömmigkeit setzt zwar den äußeren Gehorsam gegenüber der Scharīᶜa voraus, übersteigt aber deren Grenzen. Die Wissenschaft vom göttlichen Gesetz wird fiqh, »Einsicht«, genannt.

Der Begriff des *natürlichen Rechtes*, auf dem alles positive, weltliche Recht beruht, ist dem Islam fremd. Was der Mensch zu tun hat, um vor Gott zu bestehen, ergibt sich für den Muslim nicht aus dem natürlichen Gesetz, sondern aus dem göttlichen Willen, den Mohammed kundgetan hat. Daß Gottes Gesetz wie der ganze Islam vernünftig ist, wird von Muslimen gern betont. Aber die Quelle des Gesetzes ist die Offenbarung. Der Muslim weiß sich also nur *einem* Gesetz verpflichtet, dem von Gott offenbarten, im Koran und in der Sunna des Propheten festgehaltenen, das alle Lebensbereiche umgreift.

Durch die Konzeption eines einheitlichen, auf Offenbarung beruhenden Rechtes, das alle Lebensäußerungen des Muslims umgreift, unterscheidet sich der Islam wesentlich vom Christentum. Wie dieses zwischen der geistlichen und der weltlichen Sphäre unterscheidet, so auch zwischen dem geistlichen dem weltlichen Recht.

---

76   Handwörterbuch des Islam, S. 673 (Artikel SHARIᶜA).

Nach katholischem Verständnis beruht das geistliche Recht der
Kirche auf der göttlichen Offenbarung, das weltliche Recht der
weltlichen Herrscher auf dem Naturgesetz, das man als schatten-
haftes Abbild der ewigen Vernunft Gottes versteht. Das geistliche
Recht betrifft die Ordnung der Gnade, das weltliche Recht die
Ordnung der Natur. Der Gnade ist der Glaube, der Natur die Vernunft zugeordnet. Dies etwa ist die Sicht des Thomas von Aquin
(gest. 1274).

Die Reformation hat diese Anschauung modifiziert. An die Stelle
eines geistlichen »Rechtes« ist der Dienst der Wortverkündigung
getreten, welcher der Gemeinde Jesu aufgetragen ist. Die Welt, in
welcher die Kirche lebt und wirkt, untersteht dem natur- und ver-
nunftgemäßen weltlichen Recht, das nach Gottes Willen dem äußeren Frieden unter den Menschen dienen soll.

3   Die Grundlagen des islamischen Gesetzes

3.1   Der Koran als erste Quelle der Gesetzgebung

Der *Koran* ist die wichtigste Grundlage des islamischen Gesetzes.
Im Unterschied zu *Jesus* sah *Mohammed* seine Aufgabe darin, den
Menschen von Gott her eine neue Ordnung der Lebensgestaltung
zu übermitteln.

Von *Jesus* berichtet der Evangelist Lukas (12,13f) eine bezeich-
nende Geschichte:

»Es sprach aber einer aus dem Volk zu ihm: ›Meister, sage meinem Bruder, daß er mit mir das Erbe teile!‹ Er aber sprach zu ihm: ›Mensch, wer
hat mich zum Richter oder Erbteiler über euch gesetzt‹?«

Jesus wollte die Verhältnisse der Welt nicht durch Gesetze regeln.
Was er forderte, war dies: unbedingte Hingabe an Gottes Willen
angesichts der hereinbrechenden Gottesherrschaft. Die Radikalität
der Forderung Jesu entzieht sich jeder Kodifizierung. Das wird
deutlich an der Geschichte vom reichen Jüngling (Mk 10,17ff).
Jesus fordert ihn auf, seinen gesamten Besitz zu verkaufen, den
Erlös den Armen zu geben und ihm nachzufolgen. Damit will Jesus nicht, wie einige Frühsozialisten des 19. Jahrhunderts meinten,
eine kommunistische Gesellschaftsordnung schaffen, sondern einen bestimmten Menschen von dem befreien, was ihn an der unbedingten Bereitschaft für das Gottesreich hindert. Jesus wollte
nicht bestehende Gesetze durch neue und bessere ersetzen, sondern
Menschen in die Nachfolge berufen. Er wollte also nicht den Eid

abschaffen zugunsten einer Gesellschaft, in welcher das Schwören verboten wäre, sondern forderte eine Wahrhaftigkeit, die keiner Schwurformeln bedarf (vgl. Mt 5,33ff). Er wollte keine »christliche Gesellschaftsordnung« schaffen, in der es keine gesetzliche Möglichkeit der Ehescheidung gäbe, sondern die Ehegatten im Hinblick darauf, daß Gott sie zusammengeführt habe, zu Gott vertrauender Treue ermahnen (vgl. Mt 5,31f). Daß Jesus kein die Gesellschaft reformierender Gesetzgeber sein wollte, hat man freilich in der Kirche nicht immer verstanden.

Auch *Mohammed* kam in Situationen, die dem im Lukasevangelium erwähnten Erbfall (Lk 12,13f) ähnlich waren. Ein moderner muslimischer Orientalist schreibt hierzu:

»Es wird berichtet, daß bei einem Mann aus dem Stamm Ghatafān großer Reichtum vorhanden war, der (rechtmäßig) dem Sohn eines Bruders von ihm, einer Waise, gehörte. Nachdem der verwaiste Junge mündig geworden war, verlangte er seinen Besitz. Aber sein Oheim enthielt ihm diesen vor. Da zitierten sie sich gegenseitig vor den Propheten – Gott segne ihn und schenke ihm das Heil! –, und dann kam (der Koranspruch) herab (Sure 4,2): ›Gebt den (eurer Obhut anvertrauten) Waisen ihr Vermögen, und tauscht dabei nicht etwas Schlechtes gegen etwas Gutes aus, und zehrt nicht ihr Vermögen auf, indem ihr es eurem eigenen zuschlagt! Das wäre eine schwere Sünde!‹«[77]

Es geht hier nicht um die Frage, ob die spezielle Tradition echt ist, die berichtet, wodurch Sure 4,2 veranlaßt worden sei. Wesentlich ist vielmehr, daß man sich bei Rechtsstreitigkeiten an den Propheten wandte, worauf dieser direkt vom Himmel herab eine Weisung für den betreffenden Fall erhielt. Derartige Stücke sind im Koran an der stereotypen Einleitungsformel zu erkennen: »Man fragt dich um Auskunft«, z.B. Sure 4,176:

»Man fragt dich um Auskunft. Sag: Gott gibt euch (hiermit) über die seitliche Verwandtschaft (und deren Anteil am Erbe) Auskunft: Wenn ein Mann umkommt, ohne Kinder zu haben, und er hat eine Schwester (von Vater- oder Mutterseite her), dann steht ihr die Hälfte zu von dem, was er hinterläßt ...«

Mohammed hat es also nicht, wie Jesus, von sich gewiesen, Richter oder Erbteiler zu sein. Nun könnte man sagen, mit gutem Grund habe sich Mohammed in dieser Sache anders verhalten als Jesus. Jesus konnte schließlich derartige Fälle dem Mosaischen Gesetz überlassen. Hatten aber die Araber etwas Ähnliches? Mußte

---

77   Amīn, Fadchr al-Islām, in: Le dogme et les rites de l' Islam, S. 12.

Mohammed nicht in die teilweise ungerechten sozialen Verhältnisse der vorislamischen Zeit reformierend eingreifen? Damit ist
aber noch nicht alles erklärt. Jesus ging es um viel mehr als die
buchstäbliche Erfüllung des Gesetzes Moses. Der Gehorsam, den
er fordert, läßt sich nicht durch gesetzliche Bestimmungen beschreiben.
Hinzu kommt ein weiteres: Mohammed regelt die anstehenden
Probleme nicht nach eigenem Ermessen, sondern erhebt für die
Rechtsauskünfte, die er erteilt, den Anspruch auf göttliche Autorität: »*Gott* gibt euch hiermit Auskunft«. Die rechtlichen Bestimmungen sind Mohammed, wie er überzeugt ist, ebenso Wort für
Wort von Gott eingegeben wie alle anderen Teile der koranischen
Verkündigung. Somit erkennen wir den gesetzlichen Zug, der den
Islam von Anfang an kennzeichnet. Alles, was im Koran steht, ist
Gottes Wort und gleichermaßen strikt zu glauben und zu befol-
gen, es sei denn, daß bestimmte Aussagen des Korans durch diesen selbst an anderer Stelle ausdrücklich geändert oder aufgehoben werden. Nach islamischem Verständnis ist alles, was Mohammed als Offenbarung verkündet hat, »Gesetzgebung« (taschrīᶜa)
und damit grundlegend für die islamische Gemeinde.
Mit Recht faßt der muslimische Gelehrte A. Amīn die mekkanische und die medinische Verkündigung Mohammeds unter dem
Begriff der »Gesetzgebung« zusammen, indem er schreibt:

»Die mekkanische Gesetzgebung (taschrīᶜa) brachte die Grundlagen der
Religion (dīn) als wichtigen und logischen Prolog auf die Grundlagen
der Rechtsentscheidungen (ahkām), welche die medinische Gesetzgebung
(taschrīᶜa) brachte«[78].

Das heißt: Die glaubensmäßigen Inhalte der Verkündigung Mohammeds in Mekka sind die Grundlage jener ihm offenbarten
Rechtsentscheidungen, die er in Medina empfing, um nach ihnen
das äußere Leben der Gemeinde in den Bereichen des Kultus, der
Ehe, der Familie, des Besitzes, der gesellschaftlichen Verhältnisse,
der Wirtschaft, der Politik usw. zu gestalten. Die göttliche Gesetzgebung insgesamt ist die Grundlage der islamischen Gemeinschaft. Sie umfaßt den Glauben ebenso wie das Handeln:

»Ihr (Gläubigen) seid die beste Gemeinschaft, die unter den Menschen
entstanden ist. Ihr gebietet, was recht ist, verbietet, was verwerflich ist,
und glaubt an Gott« (Sure 3,110).

78 Ebd., S. 16.

3.2   Die Tradition

Die zweite Grundlage des Islams ist die *Tradition*. Man gebraucht für sie die Begriffe ḥadīth, »Bericht«, »Erzählung«, und sunna, »Brauch«, »Gewohnheit« (des Propheten). Solange der Prophet lebte, konnten seine Anhänger durch ihn von Gott selbst auf die verschiedensten Fragen des Lebens Antwort erhalten. Mit dem Tode des Propheten fanden die Offenbarungen ein jähes Ende, während das Bedürfnis nach autoritativen Weisungen weiterhin bestand. In all den Fällen, zu denen im Koran kein klärendes Wort zu finden war, nahm man zur Sunna des Propheten Zuflucht. So wurde die Tradition nächst dem Koran zur zweiten Quelle der Gesetzgebung. A. Amīn definiert den islamischen Traditionsbegriff folgendermaßen:

»Man versteht unter der Sunna oder dem Ḥadīth, was vom Gesandten Gottes an Wort oder Handlung oder stillschweigender Billigung hergekommen ist. Nach der Epoche des Gesandten wurde zum Ḥadīth hinzugefügt, was von den Gefährten (des Propheten) hergekommen ist; denn die Gefährten pflegten mit dem Propheten zu verkehren und seine Worte zu hören und sein Handeln mit eigenen Augen zu sehen, so daß sie berichteten, was sie gesehen und gehört hatten. Danach kam die (auf Mohammed und seine Gefährten) folgende Generation. Diese hatten Umgang mit den Gefährten und hörten von ihnen (Nachrichten über Mohammed) und sahen, was sie (d.h. die Gefährten) taten. So entstand aus den Nachrichten (ausgehend) vom Gesandten und seinen Gefährten der Ḥadīth«[79].

Die Überlieferungen wurden im Laufe des 9. und 10. Jahrhunderts kritisch gesichtet und in sechs großen Werken abschließend zusammengestellt.
Was das Problem der *Echtheit* der einzelnen Überlieferungen betrifft, so haben die muslimischen Gelehrten ihr kritisches Augenmerk vornehmlich auf die »*Kette der Überlieferer*« (isnād) gerichtet. Jeder Bericht über ein Wort, eine Tat oder ein Verhalten des Propheten wird nämlich durch die Nennung der Personen eingeleitet, auf welche in lückenloser chronologischer Abfolge die betreffende Überlieferung zurückgeht. Ein Beispiel aus der berühmtem Traditionssammlung des Buchārī (gest. 870) möge die Sache veranschaulichen! Er schreibt in dem Teil seines Werkes, der von der Verehrung des einen Gottes handelt:

»Mir hat berichtet ᶜ*Abd Allāh Ibn Abī al-Aswad*, mir hat berichtet *al-Fadl Ibn ᶜAlā'*, uns hat berichtet *Ismaᶜīl Ibn Umaiya* auf Grund von

---

79   Ebd., S. 25.

Yaḥyā Ibn ᶜAbd Allāh Ibn Saifī: Siehe, er hörte *Abū Maᶜbad Maulā Ibn ᶜAbbās*, wie er sagte: Ich hörte *Ibn ᶜAbbās*, wie er sagte: Als der Prophet – Gott segne ihn und schenke ihm das Heil! – einen Genossen in den Jemen schickte, sagte er ihm: Siehe, du wirst zu einem Volk von Schriftbesitzern kommen. Das Erste, wozu du sie aufforderst, soll sein, daß sie die Einheit Gottes – erhaben ist er – bezeugen. Wenn sie dies kennen, dann verkündige ihnen, daß Gott ihnen fünf rituelle Gebete (ṣalawāt) bei Tag und bei Nacht auferlegt hat. Wenn sie das rituelle Gebet verrichten, dann verkündige ihnen, daß Gott ihnen die Almosensteuer von ihrem Besitz auferlegt hat, die du von ihren Reichen nehmen und ihren Armen geben wirst. Wenn sie sich damit einverstanden erklären, dann nimm von ihnen die Almosensteuer ihres Besitzes, und vermeide die kostbaren Güter der Menschen!«[80]

Der Text zeigt deutlich eine Gliederung in zwei Teile. Der erste Teil enthält in chronologisches Reihenfolge die Namen der Traditionszeugen, die zurückreicht bis auf die Gefährten des Propheten. Der unmittelbare Ohrenzeuge von Mohammeds Worten ist Ibn ᶜAbbās. Er war zugegen, als Mohammed einen Boten in den Jemen zu »Schriftbesitzern« aussandte und ihm dazu Anweisungen erteilte. Der zweite Abschnitt gibt in wörtlicher Rede den von Mohammed erteilten Auftrag wieder. Die Traditionsgelehrten haben die Kette der Überlieferer vor allem unter zwei Gesichtspunkten geprüft: 1. Sind die genannten Personen glaubwürdig und 2. waren die zeitlichen und örtlichen Verhältnisse ihres Lebens so beschaffen, daß sie die Nachricht gleichsam wie eine Stafette an den jeweils Nachfolgenden weitergeben konnten?
Bei der Beurteilung der Überliefererkette war auch der Unterschied zwischen der Schīᶜa und der Sunna von Bedeutung. Den Sunniten schienen die von ᶜAlī ausgehenden und nur von seiner Familie und Anhängerschaft weitergegebenen Traditionen höchst fragwürdig, während die Schiiten gerade diese Nachrichten für glaubwürdig hielten. Daneben spielten auch inhaltliche Gesichtspunkte bei der Prüfung der Traditionen eine Rolle, indem man etwa prüfte, ob Probleme, die in einem Ḥadīth behandelt werden, schon zu Mohammeds Zeit bestanden.

3.3 Die Ergänzung von Koran und Tradition durch den Analogieschluß

Obwohl der Koran als erste Grundlage der Gesetzgebung durch die Tradition in beträchtlichem Umfang ergänzt wurde, blieben doch noch viele Fragen unbeantwortet, für die sich weder im hei-

---

80 Aṣ-ṣaḥīḥ (»Das Gesunde«), in: Arabische Chrestomathie, S. 151.

ligen Buch der Muslime noch in den Überlieferungen eine unmittelbare Lösung finden ließ. Dies ist verständlich, wenn man bedenkt, daß sich die Lebensverhältnisse der islamischen Urgemeinde in Medina beträchtlich von denen der eroberten Reiche unterschieden. In diesem Sinne schreibt A. Amīn:

»Niemand hat behauptet, daß der Koran und die echte Sunna hinsichtlich der Detailfragen alles festgesetzt hätten, was existierte und existierend
ist. Und so ergab sich eine weitere Grundlage, die von den Grundlagen
der Gesetzgebung vorhanden war, und diese ist das subjektive Ermessen
(ra'y), das später (in die Grundlagen der Scharīʿa) eingeordnet und ›Analogieschluß‹ (qiyās) genannt wurde«[81].

Der Qiyās beruht darauf,

»daß eine Entscheidung zu einer Sache in der Scharīʿa bekannt ist und
auf Grund dieser (Entscheidung) ein analoger Schluß auf eine andere
Angelegenheit gezogen wird, entsprechend der Einheit der Ursache in
beiden (Fällen)«[82].

Der Gebrauch der Vernunft bleibt also darauf beschränkt, die
neuen Fälle in mehr oder weniger enger Anlehnung an bestimmte
im Koran oder der Tradition enthaltene Vorschriften zu lösen.

4   Die Rechtsschulen

Das islamische Gesetz wird in verschiedenen »Schulen« (madhab,
Plural: madhāhib) interpretiert, von denen sich seit etwa dem Jahre 1300 vier bis heute erhalten haben. Diese Schulen unterscheiden sich vor allem in der Frage, wie weit der Spielraum des Ana-
logieschlusses in der Gesetzeswissenschaft zu bemessen sei. Es
kennzeichnet das positivistische Verständnis der Offenbarung im
Islam, daß »je später eine Schule ins Leben tritt, sie sich dem ra'y
gegenüber um so intoleranter verhält«[83]. Es handelt sich um folgende vier Schulen mit ihren Begründern:
1.   Abū Ḥanīfa (gest. 767) gründete seine Schule im Irak. Sie
gibt fremden Einflüssen und dem Analogieschluß weiten Raum.
Unter den türkischen und indischen Muslimen ist sie am stärksten
verbreitet.

81   Amīn, Fadschr al-Islām, in: Le dogme et les rites de l' Islam, S. 39.
82   Amīn, Ḍuḥā al-Islām (»Der Vormittag des Islam«), in: ebd., S. 43.
83   Von Grunebaum, Der Islam im Mittelalter, 1963, S. 188.

2. Malik Ibn Anas (gest. 795) stützte sich vor allem auf die medinischen Traditionen und Sitten. Seine Schule zählt die meisten muslimischen Völker Afrikas zu ihren Anhängern.

3. Asch-Schāfiꜥī (gest. 820) suchte zwischen den traditionalistischen Arabern und den zum Rationalismus tendierenden Irakern zu vermitteln. Er machte den Konsens (idschmāꜥ) aller Gelehrten des Islams zur Grundlage seiner Schule, die in Ägypten, Indonesien, auf den malaiischen Inseln sowie im Jemen und im Hadramaut herrscht.

4. Ibn Hanbal (gest. 855) sammelte viele Traditionen, an denen er ängstlich festhielt. Vom Analogieschluß machte er nur im äußersten Notfall Gebrauch. Seine Schule ist auf der arabischen Halbinsel verbreitet. Der in Saudi-Arabien herrschende Wahhabismus ist ein extremer Ausläufer dieser Richtung.

Die von Dawūd aẓ-Ẓāhirī (gest. 883) gegründete Schule hatte sich um das Jahr 1300 bereits aufgelöst. Sie war durch einen starken Traditionalismus gekennzeichnet, indem sie nur den strengen Wortsinn (ẓāhir) von Koran und Hadīth gelten ließ und den Analogieschluß vermied. Nach diesem Charakteristikum trägt das Schulhaupt den Beinamen aẓ-Ẓāhirī. In Spanien und Nordafrika konnte diese Richtung viele Anhänger gewinnen, zu denen auch der vielseitig Gelehrte, Theologe und Dichter Ibn Hazm (gest. 1064) zählte.

Um das Jahr 1000 setzte sich die Anschauung durch, daß die Scharīa in den bestehenden Rechtsschulen ihre endgültige Gestalt gewonnen habe. Nachfolgenden Geschlechtern wurde die Befugnis zu eigener Interpretation des Gesetzes außerhalb der bestehenden Schulen abgesprochen. Gegen diese Überzeugung haben sich zu allen Zeiten einzelne gewandt. Heute wird sie vor allem von Fundamentalisten bekämpft, die unmittelbar auf den Koran und die Tradition zurückgehen. In der Schīꜥa nehmen die führenden Religionsgelehrten für sich das Recht des Idschtihād, der selbständigen Interpretation des Gesetzes, in Anspruch. Die schiitischen Mudschtahidūn verstehen sich als Organe des »verborgenen Imāms«. Ihre Gesetzesinterpretation hat also charismatischen Charakter.

Die Sunniten glauben, daß die Gemeinde des Propheten ungeachtet der Verschiedenheit der Rechtsschulen in den wesentlichen Dingen übereinstimmt. In der Tat unterscheiden sich deren Auslegungen des Gesetzes nur in untergeordneten Fragen. Ein Mohammed zugeschriebenes Wort lautet: »Die Meinungsverschiedenheit meiner Gemeinde ist eine Gnadengabe Gottes.« Ein anderer tradierter Spruch lautet: »Meine Gemeinde wird nie in einem Irrtum übereinstimmen.« Die Lehre vom Konsens der islamischen Gemein-

de hat eine Parallele im christlichen Prinzip des Katholischen, wie
es im 5. Jahrhundert Vinzenz von Lerinum formuliert hat: »Wir
müssen festhalten, was überall, was immer und was von allen geglaubt worden ist«[84].

5   Vom Inhalt des Gesetzes

5.1   Stufen der Verbindlichkeit des Gesetzes

Obwohl das islamische Gesetz alle Bereiche des menschlichen Lebens umspannt, läßt es dem Muslim einen Freiraum, in dem er
nicht vor der Entscheidung zwischen Gehorsam und Ungehorsam
gegenüber Gott steht. Zwischen den beiden Extremen des schlechthin Gebotenen und des schlechthin Verbotenen gibt es folgende
Gradabstufungen: 1. empfehlenswert, aber nicht geboten, was in
etwa den »evangelischen Räten« (consilia evangelica) im Katholizismus entspricht, 2. indifferent, d.h. man kann es nach Belieben
tun oder lassen, 3. verwerflich, d.h. tadelnswert, aber nicht verboten und daher auch nicht strafbar. Hieran zeigt sich, wie sehr das
Verständnis der Forderung Gottes kasuistisch bestimmt ist. Die islamische Mystik versucht zwar nicht, die durch das Gesetz vermittelte Gottesbeziehung aufzuheben, wohl aber durch die Betonung
der Motive des Handelns zu vertiefen.

5.2   Islamland und Kriegsland

Das islamische Gesetz beansprucht universale Geltung. Demgemäß
teilt es die Welt in zwei Gebiete ein: »*Islamland*« und »*Kriegsland*«
(dār al-islām, dār al-ḥarb). Islamland ist das Gebiet, in dem die
Gesetze des Islams gelten und das einer muslimischen Regierung
untersteht. In ihm können neben den Muslimen auch »Schriftbesitzer«, Anhänger früherer Offenbarungsreligionen, leben, z.B.
Juden und Christen. Diese sind dem islamischen Gesetz in dem
Umfang unterworfen, wie es zur Aufrechterhaltung der Ordnung
in einem islamischen Land erforderlich ist. Bei der Beschreibung
der Verhältnisse, unter denen christliche Kirchen in der islamischen
Welt bestehen, soll darauf näher eingegangen werden[85]. Kriegsge-
biet ist das Land, das potentiell oder aktuell Kriegsschauplatz für
die Muslime ist, bis es in islamisches Gebiet umgewandelt ist.
Theoretisch ist daher die islamische Welt in dauerndem Kriegs-

84   Enchiridion Patristicum, Nr. 2168 (Commonitorium 2).
85   Siehe unten S. 133–140.

zustand mit der nichtislamischen Welt. Aber schon früh hat man
diese Konzeption gemildert, um sie mit der Wirklichkeit in Einklang zu bringen. Die Pflicht zum »Kampf gegen die Ungläubigen« obliegt nicht jedem einzelnen Muslim, sondern der islamischen Gemeinde als ganzer. Von muslimischer Seite wird oft darauf
hingewiesen, daß in der westlichen Literatur das arabische Wort
dschihād fälschlich mit »heiliger Krieg« wiedergegeben werde. Es
bedeute einfach »Bemühung«. Das ist richtig und doch eine apo-
logetische Behauptung. Die Grundbedeutung von dschihād, »Bemühung«, kann durchaus den besonderen Sinn von »Kampf« annehmen, wie schon der Sprachgebrauch des Korans und ein Blick
in jedes gute arabisch-deutsche Wörterbuch zeigen.

»Der Islam muß völlig umgestaltet werden, ehe die Lehre vom Djihād
ausgeschaltet werden kann«[86].

5.3   Die kultischen Pflichten des Muslims

Der einzelne Muslim ist fünf kultischen Hauptpflichten unterworfen, den »Säulen des Islams« (arkān al-Islām). Es sind folgende:
1.   Das islamische *Glaubensbekenntnis* (schahāda, wörtlich:
»Zeugnis«). Es lautet:

»Ich bezeuge, daß es keinen Gott außer Gott gibt, und ich bezeuge, daß
Mohammed sein Diener und sein Gesandter ist«.

Mit diesen Worten bekundet man seinen Übertritt zum Islam. Sie
sind auch ein fester Bestandteil des rituellen Gebets.
2.   Das *rituelle Gebet* (ṣalāt) besteht aus liturgischen Formeln und
Gesten und ist bei peinlich genauer Einhaltung fünfmal täglich zu
vollziehen: vor Sonnenaufgang, mittags, nachmittags, nach Son-
nenuntergang und nach Einbruch der Nacht. Zum Gebet fordert
der Muezzin (mu'adhdhin, »Gebetsrufer«) mit gesangartigen
Formeln auf. Sein Ruf ertönt, nicht selten durch Lautsprecheran-
lagen verstärkt, vom Minarett der Moschee. An jedem Freitag wird
das Nachmittagsgebet in einer Moschee verrichtet, wobei der Imām
eine Predigt zu halten pflegt. Im übrigen kann der Muslim an jedem beliebigen Ort, der freilich kultisch rein sein muß, auch allein
dieser religiösen Pflicht nachkommen.
3.   Das *Fasten* (ṣaum). Jeder Muslim beiderlei Geschlechts soll
den ganzen Monat Ramadān von Sonnenaufgang bis Sonnenun-

---

86   Handwörterbuch des Islam, S. 112 (Artikel DJIHAD).

tergang fasten. Essen, Trinken, Geschlechtsverkehr und Rauchen sind während der Tageshelle verboten.

4. Die *Almosensteuer* (zakāt) ist eine Abgabe, die jedes Glied der Gemeinde von bestimmten Vermögensbestandteilen aufbringen muß. Sie kommt zugute: den Armen, den Bettlern, den Einsammlern der Almosensteuer, der Werbung für den Islam, dem Loskauf von Sklaven und Verschuldeten, dem Kampf gegen die Ungläubigen und den fremden Reisenden.

5. Die *Wallfahrt nach Mekka* (hadschdsch) soll jeder volljährige Muslim beiderlei Geschlechts wenigstens einmal im Leben unternehmen. Wer dazu persönlich nicht imstande ist, kann sich von jemand vertreten lassen. Mit Beginn der Wallfahrt, gewöhnlich kurz vor der Ankunft in Mekka, tritt der Pilger in einen Zustand der Weihe ein, während dessen es ihm verboten ist,

»sein Haupt oder sein Gesicht zu verhüllen, seine Haare oder Nägel zu schneiden oder zu stutzen, genähte Kleider oder Schuhe anzuziehen oder gegen jemand einen Prozeß zu führen«[87].

Der pflichtgemäße Aufenthalt in Mekka und Umgebung dauert 12 Tage. Während dieser Zeit sind bestimmte Zeremonien genau zu verrichten. Die Wallfahrt ist für den Muslim das überwältigende Erlebnis der weltweiten islamischen Gemeinschaft.

5.4 Ein Blick auf das islamische Strafrecht

Von den inhaltlichen Bestimmungen der Scharīᶜa, die nicht die kultischen Pflichten betreffen, sei hier nur ein Blick auf das *Strafrecht* geworfen. Die einzelnen Delikte werden gewöhnlich nach den ihnen zugeordneten Strafen eingeteilt. Der Koran nennt fünf Vergehen, die mit einer festgesetzten Strafe geahndet werden:

1. *Unzucht.* Verheiratete Täter sind, wie im Judentum, mit der Steinigung zu bestrafen. Täter, die nie verheiratet waren, erhalten nach der Weisung von Sure 24,1–5 100 Geißelhiebe.

2. *Verleumdung wegen angeblicher Unzucht* ist nach Sure 24,4 mit 80 Geißelhieben zu ahnden.

3. Das *Trinken von Wein oder anderen berauschenden Getränken* wird nach der Tradition mit 40 oder 80 Geißelhieben bestraft. In der genauen Bestimmung des Strafmaßes unterscheiden sich die Rechtsschulen.

4. Wird *Diebstahl* zum ersten Mal begangen, so ist nach dem Koran und ergänzenden Überlieferungen die rechte Hand abzu-

87 Le dogme et les rites de l' Islam, S. 80.

hacken, bei Wiederholung nach Sure 5,38f der linke Fuß. Diese
Strafen werden aber nur verhängt, wenn der gestohlene Gegenstand in angemessener Weise verwahrt gewesen ist, so daß der
Diebstahl heimlich erfolgte. Entwendung von Gegenständen durch
Übertölpelung, also etwa Taschendiebstahl, wird milder beurteilt.
Der gestohlene Gegenstand muß auch einen gewissen Mindest-
wert haben. Diebstahl liegt nicht vor, wenn der Täter auf das Ent-
wendete einen Anspruch hat. Die Entwendung verbotener Dinge,
wie z.b. Wein, gilt ebenso nicht als Diebstahl, weil es sich hier um
herrenloses Gut handelt, das niemand rechtmäßig besitzen darf.
Schließlich wird auch Diebstahl unter Verwandten in gerader Linie
nicht bestraft.
5.   Bei *Straßenraub* wird das Strafmaß nach den Umständen bestimmt. a) Hat jemand außerhalb geschlossener Ortschaften lediglich die öffentlichen Wege unsicher gemacht, wird er gefangen
gesetzt. b) Hat er auch einen Raub begangen, der, abgesehen von
der Heimlichkeit, die Voraussetzungen des Diebstahls erfüllt,
werden ihm die rechte Hand und der linke Fuß abgehauen, im
Falle der Wiederholung auch die linke Hand und der rechte Fuß.
c) Hat ein Straßenräuber vorsätzlich jemanden umgebracht, wird
er getötet, selbst wenn die Familie des Ermordeten sich mit einem
Blutgeld zufrieden gäbe. d) Hat ein Wegelagerer sowohl Raub als
auch Totschlag begangen, ist nach Sure 5,33f Hinrichtung und
Kreuzigung die Strafe dafür.
Obwohl der *Abfall vom Islam* nicht zu den fünf Delikten gezählt
wird, für die im Koran oder in der Tradition eine bestimmte Strafe festgesetzt ist, unterliegt er doch nach dem islamischen Gesetz
der Todesstrafe, wenn sich die Rückkehr des Apostaten zum Islam
als ausgeschlossen erweist.

6   Ideal und Wirklichkeit

Der Anspruch des islamischen Gesetzes, alle Lebensbereiche zu be-
herrschen, ist nie ganz verwirklicht worden. Die Kluft zwischen
den realen Lebensverhältnissen der großen islamischen Welt und
dem am Ideal der medinischen Urgemeinde orientierten Gesetz
konnte nie vollständig überbrückt werden. Schon im Mittelalter
unterließen es die Machthaber der islamischen Welt nicht selten,
der Scharīᶜa uneingeschränkte Geltung zu verschaffen, selbst wenn
sie es gekonnt hätten. Die muslimischen Fürsten erkannten die
Scharīᶜa grundsätzlich an, setzten sie auch in Kraft, wo es ihnen
sinnvoll schien, ließen sich aber nicht davon abhalten, eigene Verwaltungsgerichtshöfe einzusetzen, die von der Scharīᶜa unabhän-

gig waren. Die Verordnungen dieser Verwaltungsgerichtshöfe bezeichnete man mit dem Wort qānūn, das sich von der griechischen
Vokabel kanōn (»Richtschnur«, »Vorschrift«) ableitet. Daß die
Regierungen mit ihren Kanones die Scharīᶜa teilweise außer Kraft
setzten, erregte bei den Frommen allenthalben Klagen über die
»böse gegenwärtige Zeit« und Warnungen vor den »Fürsten dieser Welt«. Lediglich die ersten knapp 30 Jahre, in denen die vier
»rechtgeleiteten« Kalifen der Gemeinschaft vorgestanden hatten,
fanden Gnade vor den Augen der gesetzestreuen Schriftgelehrten.
Aus der Sorge, sie könnten zu unguten Kompromissen gezwungen werden, scheuten sie sich zuweilen, das Amt eines auf die
Scharīᶜa verpflichteten Qādī (Richters) zu übernehmen, ganz zu
schweigen von anderen Regierungsämtern. Abū Ḥanīfa (gest. 767)
Gründer einer Rechtsschule, die dem Vernunftgebrauch (ra'y) besonders großen Einfluß einräumte, weigerte sich, das Amt eines
Qādī auszuüben, weil er fürchtete, er könnte, unter dem Druck
der Regierung stehend, sein Gewissen beflecken. Doch der Kalif
ließ ihn auspeitschen, und Abū Ḥanīfa ließ sich daraufhin zum
Qādī ernennen. Man darf aus dem Nebeneinander der Scharīᶜa
und der Regierungsverordnungen nicht den Schluß ziehen, als habe
es bereits im mittelalterlichen Islam ein ähnliches duales Rechts-
system gegeben wie im Abendland, wo es die beiden Bereiche des
geistlichen und des weltlichen Rechtes gab. Eine derartige prinzi-
pielle Gewaltenteilung ist dem Islam fremd. Deshalb konnten die
Frommen die Einschränkung der Scharīᶜa durch anderes Recht nur
als Mißstand beklagen. Es blieb ihnen nur der Trost, daß eine
schlimme, den Grundsätzen des Islams nicht entsprechende Regierung immer noch erträglicher sei als vollständige Anarchie. In diesem Sinne fragt der große Theologe al-Ghazālī:

»Ist es besser, daß wir die Richter für abgesetzt erklären und alle Regierungen für hinfällig, keine Heiraten mehr schließen und alle Anordnungen der Herrschenden überall als ungültig verwerfen, wodurch alles
Volk in Sünde hineingedrängt würde? Oder (ist es nicht besser), daß wir
erklären, daß die Regierungen und ihre Handlungen Rechtsgültigkeit
besitzen angesichts der (nun einmal bestehenden) Verhältnisse und der
Zwangslage (unserer Zeit)?«

Al-Ghazālī entscheidet sich für das zweite. Mag auch die herrschende Gewalt in vielem dem offenbarten Gesetz nicht entsprechen, so ist doch eine notdürftige Ordnung immer noch besser als
Anarchie. Al-Ghazālī drückt seine Meinung sehr deutlich aus:

»Die Konsequenzen, die wir einräumen, machen wir nicht aus eigenem
Antrieb. Die Notwendigkeit jedoch macht das Verbotene gesetzlich erlaubt.

Wir wissen, daß nicht erlaubt ist, ein verendetes Tier zu essen; doch
Hungers sterben, wäre ärger. Die da behaupten, daß Kalifat sei tot und
durch keine andere Einrichtung ersetzbar, denen möchte ich die Frage
vorlegen: Was ist vorzuziehen: Anarchie und der Stillstand des Gemein-
schaftslebens auf Grund des Nichtvorhandenseins einer ordnungsgemäß
eingesetzten Staatsgewalt oder die Anerkennung der bestehenden Gewalt,
welche immer sie sein möge? Unter diesen beiden Alternativen kann der
Jurist nicht umhin, das zweite zu wählen«[88].

Man muß sich bei diesen Ausführungen vergegenwärtigen, daß
das abbasidische Kalifat damals nur noch dem Namen nach die
oberste Leitung der islamischen Welt innehatte. In Wirklichkeit
hatte sie sich längst in selbständige Teilstaaten aufgelöst. Im 10.
und 11. Jahrhundert gab es sogar drei Kalifen: einen abbasidischen
in Bagdad, einen fatimidischen in Kairo und einen umaiyadischen
in Cordoba. Als al-Ghazālī in Bagdad lehrte, stand der abbasidische Kalif seit 1055 unter der Oberherrschaft der Seldschuken.
Man erkennt am Beispiel jenes bedeutenden Mannes, wie schon
im 11. Jahrhundert muslimische Gelehrte mit Problemen rangen,
die in der Neuzeit durch den starken Einfluß der westlichen Zivilisation eine ungeheure Verschärfung erfahren haben. Man darf
aber aus der Tatsache, daß die Scharīᶜa niemals die Wirklichkeit
der islamischen Gemeinde ganz und gar bestimmt hat, keine vor-
eiligen Schlüsse ziehen. Das islamische Gesetz blieb, auch wenn es
in vielem nicht verwirklicht wurde, eine Macht, welche die islamische Welt trotz politischer Dezentralisation geistig zusammenhielt
und immer wieder anspornte, dem Gesetz Gottes mehr und aufs
neue Geltung zu verschaffen.

7   Die gegenwärtige Lage in einigen islamischen Ländern

Man kann die heutige islamische Welt nach ihrem Verhältnis zu
den westlichen Einflüssen in drei Gruppen teilen: 1. islamische
Länder, die sich den modernen Einflüssen aus dem Westen weit
geöffnet haben, 2. solche, die in starkem Maße an den traditionellen Rechts- und Gesellschaftsformen festhalten, 3. solche, die
einen mittleren Weg zwischen Tradition und Anpassung einge-
schlagen haben. Man könnte also von einer modernistischen, islamistischen und mittleren Richtung sprechen. Diese Einteilung bezeichnet aber keine statischen Verhältnisse. Die allgemeine Tendenz richtet sich auf eine wachsende Revitalisierung islamischer
Werte und Normen. Einen starken Anstoß dazu gab der Ausgang

88   Von Grunebaum, Der Islam im Mittelalter, S. 216f.

des Sechs-Tage-Krieges zwischen Israel und seinen arabischen Nachbarn im Jahre 1967. Die Niederlage der Araber wurde von vielen Muslimen als Folge religiöser Schwäche gedeutet, die durch Rückkehr zum Islam und Abkehr von allen schädlichen Einflüssen des Westens überwunden werden müsse. Der islamische Fundamentalismus wurde zu einer politischen Macht.

7.1   Das Erbe der Sowjetunion

Sehr gewandelt hat sich die politische Gestalt der islamischen Welt auch durch die Auflösung der Sowjetunion und ihre am 5. 9. 1991 beschlossene Umwandlung in eine »Gemeinschaft unabhängiger Staaten« (GUS). Solange der marxistisch-leninistische Sowjetstaat bestand, konnte in dessen Grenzen der Islam nicht als politischer Faktor in Erscheinung treten, sondern unterstand der strengen Kontrolle der atheistischen Regierung. Die vier Verwaltungen des Islams spielten als Propaganda-Instrument des Staates vor allem gegenüber dem Ausland eine nützliche Rolle. Vor der Oktoberrevolution im Jahre 1917 gab es in Rußland 24321 Moscheen. In den siebziger Jahren war ihre Zahl auf etwa 500 gesunken, von denen nur 12 für den Gottesdienst freigegeben waren. Die islamischen Verwaltungen hatten weder das Recht, religiöse Schriften herauszugeben noch sich gegen die atheistische Propaganda zu wehren. Die Zahl der Muslime schätzte man in den siebziger Jahren auf 24 Millionen. Von den Gebieten mit weitgehend muslimischer Bevölkerung ist ein Teil bei Rußland verblieben, während sich ein anderer Teil zu unabhängigen Republiken konstituiert hat, von denen Kasachstan mit acht Millionen muslimischer Einwohner der größte ist. Die religiösen Verhältnisse in den islamischen Gebieten der einstigen Sowjetunion sind noch im Fluß. Zum einen wirken sicher die mehr als sieben Jahrzehnte der atheistischen Staatsdoktrin nach. Die politische Oberschicht besteht zum großen Teil aus ehemaligen Kommunisten. Um Einfluß auf die von der Sowjetherrschaft frei gewordenen Völker werben vor allem die sunnitische Türkei, offiziell ein laizistischer Staat, und die dem schiitischen Zweig angehörende Islamische Republik Iran.

7.2   Die modernistische Richtung

99% der Bevölkerung in der *Türkei* bekennen sich zum Islam, größtenteils zur sunnitischen Richtung. Die heterodox-schiitischen Aleviten (15–25%?) leben meist in den ländlichen Gebieten Anatoliens und Rumeliens. Die christliche Minderheit, bestehend aus Orthodoxen, Gregorianern, Katholiken und Protestanten, bildet

einen Bevölkerungsanteil von etwa 0,8%. Hinzu kommen 0,2%
Juden und einige Beha'is und Jeziden.
Am weitesten in der Abkehr von der Scharīᶜa ist die Türkische
Republik gegangen. Ihr Gründer, *Kemal Atatürk* (gest.
1938) hatte erkannt, daß der Islam, repräsentiert durch die religiösen
Autoritäten, das größte Hemmnis für eine Modernisierung des
Staates war. Nach dem Zerfall des Osmanischen Reiches, das im
Ersten Weltkrieg (1914–1918) auf der Seite Deutschlands gestan-
den hatte, und den Befreiungskriegen (1919–1922) wurde 1923
die Türkische Republik ausgerufen und das Sultanat, die von Allāh »bevollmächtigte Herrschaft«, abgeschafft. 1924 wurde auf
Beschluß der Großen Nationalversammlung auch das Kalifat, nach
der Scharīᶜa das Amt des Nachfolgers des Propheten und Führers
der gesamten islamischen Gemeinschaft, beseitigt. Der letzte Sultan, der den Titel des Kalifen führte, mußte sich ins Exil begeben.
Zugleich wurde die Institution des »Scheichs des Islams«, der höchsten religiösen Autorität, aufgelöst und das gesamte *Bildungswesen* säkularisiert. Alle Schulen wurden dem Unterrichtsminister
unterstellt, der sofort die 479 höheren Schulen für islamische
Theologie schloß. Das Schulwesen sollte fortan »modern, wissenschaftlich und nationalistisch« sein. 1924 wurde der Religionsunterricht an den Gymnasien eingestellt, 1926 an den Mittelschulen
1930 an den städtischen Volksschulen und 1938 an den Dorfschu-
len. Die mystischen *Orden*, die auf das Volksleben einen starken
Einfluß ausübten und in der Geschichte des Osmanischen Reiches
für mancherlei politische Unruhen gesorgt hatten, wurden 1925
verboten, ihre Klöster beschlagnahmt, ihre Scheichs mit einer be-
scheidenen Pension abgefunden.
Wie aus dem Bildungswesen und der Volksfrömmigkeit wurde
der Islam auch aus dem Erscheinungsbild des *öffentlichen Lebens*
verbannt. 1925 wurde der islamische Kalender durch den westeu-
ropäischen, letztlich christlichen, Kalender abgelöst. 1928/29 wurde die arabische Schrift, die bis dahin die ganze islamische Welt
verbunden hatte, durch ein modifiziertes lateinisches Alphabet ersetzt, 1932 für den Gebetsruf anstelle der in allen islamischen
Ländern üblichen arabischen Sprache die türkische Sprache eingeführt. 1935 wurde der Sonntag, ein christlicher Feiertag, zum öffentlichen Ruhetag erklärt. Im selben Jahr erging das Verbot, in
der Öffentlichkeit religiöse Kleidung oder Abzeichen zu tragen.
Ferner wurde den Türken befohlen, nach europäischem Vorbild
Familiennamen anzunehmen.
1926 wurde die *Gesetzgebung* nach europäischem Vorbild umgestaltet. Der Islam verlor 1928 seine Geltung als Staatsreligion, die
Scharīᶜa wurde auf den Bereich des Kultus beschränkt. Der Laizis-

mus ist seit 1937 in der Verfassung verankert. Der Mißbrauch der Religion für religiöse Zwecke ist verboten. Die Verfassung von 1961 garantiert Freiheit des Glaubens, des religiösen oder weltanschaulichen Bekenntnisses und die ungestörte Ausübung der Religion. Acht Reformgesetze Atatürks werden für unantastbar erklärt.

Demokratischer Widerstand konnte sich gegen die rigorosen Reformen Atatürks nicht regen. Zum einen stand er als siegreicher Befreier in höchstem Ansehen, zum anderen existierte zu seiner Zeit nur eine einzige Staatspartei. Der Zweite Weltkrieg verhinderte zunächst größere innenpolitische Veränderungen. Aber seit etwa 1949 ist eine *restaurative Entwicklung* festzustellen. Der Staat mußte auf die Legitimierung durch das Volk zunehmend Wert legen, nachdem schrittweise ein Mehrparteiensystem eingeführt worden war.

Seit 1949 wurde der *Religionsunterricht* an den staatlichen Schulen wieder aufgenommen, von den Grundschulen bis zu den höheren Schulen für islamische Theologie. Die bisherige traditionsfeindliche Politik hatte jedoch dazu geführt, daß es an kompetentem Lehrpersonal, besonders an den höheren Schulen, mangelte. Lediglich ein rudimentärer Unterricht, der sich praktisch auf das Auswendiglernen des Korans beschränkte, ging einigermaßen vonstatten. 1949 wurde in Ankara eine staatliche *Theologische Fakultät* errichtet. Um der Befürchtung entgegenzutreten, dies könne zur Unterhöhlung des Laizismus führen, stellte im gleichen Jahr ein Gesetz den Mißbrauch der Religion für politische oder persönliche Ziele unter strenge Strafe. Der Lehrplan der Theologischen Fakultät war »modern und wissenschaftlich« konzipiert. Zu den traditionellen Fächern mit Einschluß des Arabischen und Persischen kamen Kurse in Soziologie, Ethik, Vergleichender Religionsgeschichte, Kunstgeschichte, Logik und westlichen Sprachen (Englisch, Französisch, Deutsch), von denen wenigstens eine erlernt werden mußte, damit man Zugang zur abendländischen wissenschaftlichen Literatur habe. Konnte man in der Gründung der Theologischen Fakultät noch einen rein akademischen Vorgang erblicken, so stand es um die Einführung des *arabischen Gebetsrufes* anders: Sie wies sinnfällig auf die religiöse Verbundenheit der Türkei mit der gesamten islamischen Welt hin. Zahlreiche neue *Schulen* für Imame und Prediger wurden gegründet. Sie sollten dem starken Nachholbedarf an »aufgeklärten, wissenschaftlich gebildeten« Religionsdienern entgegenkommen. Auch bei diesem Schultyp achtete der Staat auf eine breite moderne Allgemeinbildung. 1960 wurde eine zweite *Theologische Fakultät* in Erzurum gegründet.

Die vorsichtig restaurativen Maßnahmen riefen nach einer ge-
naueren Klärung des Verhältnisses des laizistischen Staates zum
Islam. Der Laizismus Atatürks bedurfte einer Modifizierung. Man
hat in der Forschung die neue Doktrin als »türkischen Staats-Is-
lam« bezeichnet[89]. Der Islam wird staatlich verwaltet und kontrol-
liert. Die zuständige oberste Behörde ist das bereits 1924 gegründete Präsidium für religiöse Angelegenheiten, das jedoch 1961
durch Aufnahme in die allgemeine Staatsverwaltung und durch
Verankerung in der neuen Verfassung (§ 154) aufgewertet wurde. Der Präsident dieses Amtes ernennt die Muftis der Provinzen
und durch diese die Imame. Die Muftis sind Gelehrte mit der Befugnis, ein Rechtsgutachten (fatwa) aufgrund der Scharīᶜa zu verfassen. Die Aufgaben des Präsidiums für religiöse Angelegenheit
sind folgende:
1.   Behandlung aller Fragen, die sich auf Glaubenssätze, Gottesdienst und sittliche Grundlagen beziehen;
2.   Information der Bevölkerung über religiöse Probleme;
3.   Verwaltung der Moscheen.
Die Konzeption des Staats-Islams ruft zwei Fragen hervor? 1. Wird
es dem laizistischen Staat auf die Dauer gelingen, ohne Preisgabe
seiner Prinzipien, den Islam gleichsam zu verwalten? 2. Werden
die türkischen Muslime auf Dauer die Ausgrenzung der Religion
aus der Politik hinnehmen? Ein Flugblatt aus dem Jahre 1980 for-
mulierte die Aporie scharf:

»Wie kann ein auf den Laizismus vereidigter Beamter eine Religion ›verwalten‹, die keine Trennung von Politik und Religion kennt?«[90]

Seit etwa 1960 ist eine verschärfte Auseinandersetzung zwischen
Islamisten und Kemalisten festzustellen. Die Tendenzen der Re-Is-
lamisierung in der Türkei haben sich verstärkt. Bei der Gründung
der Organisation der Islamischen Konferenz im Jahre 1969 hatte
die Türkei noch Beobachterstatus. 1976 wurde sie aber Vollmit-
glied und richtete selbst die Konferenz in Istanbul aus, wo einst der
osmanische Sultan und Kalif residiert hatte. Demirel, damals Ministerpräsident, rechtfertigte seine Entscheidung mit dem Hinweis,

»lediglich der Staat sei laizistisch, nicht aber die Nation, und der Islam
sei der gemeinsame Nenner der türkischen wie der arabischen Außenpolitik«[91].

89   Binswanger, Die Stellung des Islams (Türkei), S. 217.
90   Ebd., S. 218.
91   Ebd., S. 219.

1980 übernahm vorübergehend das *Militär* die Macht in der Türkei. Parlament und Parteien wurden aufgelöst. Die demokratisch-parlamentarischen Kräfte hatten sich als handlungsunfähig erwiesen. Der politische Terror rechter und linker Extremisten forderte zuletzt täglich 20 bis 30 Tote. Heftige politische Aktivitäten entfaltete eine Gruppe von Anhängern Khomeinis. Die Intervention des Militärs war auch gegen jene Kräfte gerichtet, welche die Einführung der Scharīᶜa im staatlichen Leben forderten. Ihre Losung war: »Islam ist Scharīᶜa.« Ein Sammelbecken des türkischen politischen Islams im europäischen Exil ist die Organisation Milli Görüs.

Aus den Parlamentswahlen von 1995 konnte der islamisch-nationalistische Block die meisten Stimmen gewinnen: die Refah Partisi / RP (Islamische Wohlfahrtspartei) erhielt 158 der 550 Sitze, die Dogru Yol Partisi / DYP (Partei des Rechten Weges) 135 Sitze und die Anavatan Partisi / ANAP (Mutterlandspartei) zusammen mit der gemäßigt islamischen Büyük Birlik Partisi / BBP zusammen 132 Sitze. Innenpolitisch bestehen starke Spannungen zwischen dem Militär, das über das kemalistische Erbe wacht, und dem politischen Islam. Sie führten am 18. 6. 1997 zum Rücktritt des islamistisch eingestellten Ministerpräsidenten Necmetin Erbakan. Das türkische Verfassungsgericht sprach am 16. 1. 1998 folgendes Urteil: Die Refah wird wegen verfassungsfeindlicher Bestrebungen verboten, das Parteivermögen eingezogen, der Parteivorsitzende Erbakan und fünf weitere führende Mitglieder dürfen sich fünf Jahre politisch nicht betätigen. Bereits 1997 hatten Refah-Anhänger die Tugend-Partei (Fazilet Partisi) gegründet. Nachdem die Refah verboten worden war, traten die meisten ihrer Mitglieder der Tugend-Partei bei. Auch die Minderheitsregierung unter Ministerpräsident Mesut Yilmaz geriet 1998 in Konflikt mit der Militärführung, die ein schärferes Vorgehen gegen die Islamisten forderte. Das Militär verlangte ein Gesetz, welches das Tragen religiöser Kopfbedeckungen in der Öffentlichkeit unter Strafe stellt.

Der Kampf zwischen Laizismus und Islamismus geht fort. Der Garant des Laizismus ist das Militär. Noch verfügt es über die größere Macht. Doch selbst höhere Offiziere und aktive Richter nehmen an Übungen der mystischen Orden teil, ohne dies nach eigenem Bekunden als Verletzung der laizistischen Grundsätze des Staates zu empfinden.

Ungeachtet der durch die Verfassung von 1961 gewährten Glaubensfreiheit ist eine offene *Missionsarbeit* in der Türkei nicht möglich. Islamisches Solidaritätsgefühl, verbunden mit türkischem Nationalstolz, läßt den Übertritt zum Christentum nicht zu.

7.3   Die traditionalistische Richtung

7.3.1   Das Königreich Saudi-Arabien

Als Beispiel der traditionalistischen Richtung kann man das Königreich Saudi-Arabien nennen. Es hat eine ethnisch und religiös sehr einheitliche Bevölkerung, abgesehen von den zahlreichen Gastarbeitern aus verschiedenen Ländern. Für 1998 wird eine Einwohnerzahl von 19 409 000 angegeben. Der Anteil der Saudi-Araber beträgt 72,7%. Davon sind über 30% Nomaden und Halbnomaden. Die Ausländer, überwiegend Arbeitskräfte aus den Philippinen, Bahrein, Ägypten, Jemen, Jordanien, Pakistan, Syrien, Indien und Kuweit, sind mit 27, 3% vertreten. Hinzu kommen Flüchtlinge aus den von Israel besetzten Gebieten, dem Irak und Afghanistan. Der Islam ist Staatsreligion. 98% der Einwohner sind Muslime, davon die meisten Sunniten. Im Osten des Landes leben einige Schiiten. Christen und Hindus sind unter den ausländischen Arbeitskräften vertreten[92]. Saudi-Arabien ist Sitz der beiden wichtigsten internationalen islamischen Organisationen: der »Islamischen Weltliga« und der »Konferenz der islamischen Staaten«.
Das Herrscherhaus folgt der *wahhabitischen Richtung*. Die Wahhabiten sind Anhänger einer streng konservativen Reformbewegung, die Muḥammad ᶜAbd al-Wahhāb (gest. 1792) gründete. Er stimmte in vielem mit der Rechtsschule Ibn Ḥanbals überein, war aber von größter Kompromißlosigkeit gegenüber allen Neuerungen, die ihm ohne weiteres als Ketzerei galten. Insbesondere bekämpften die Wahhabiten die Heiligenverehrung. Ibn ᶜAbd al-Wahhāb gewann den Herrscher des kleinen Gebietes um Dirᶜīya, Muḥammad Ibn Saᶜūd, für seine Ideen. Aus dessen Familie ging ᶜAbd al-ᶜAzīz II. (gest. 1953) hervor, der 1932 das Königreich Saudi-Arabien proklamierte und so den Wahhabismus zu politischer Macht erhob. Der Staat ist eine absolute Monarchie. 1993 trat eine Verfassung in Kraft. Die Scharīᶜa ist Rechtsgrundlage. Der König ist als Hüter der Heiligen Stätten auch religiöses Oberhaupt. Es existiert ein Nationaler Konsultativrat mit 90 Mitgliedern, die vom Monarchen alle vier Jahre ernannt werden. Diese Institution soll der Forderung des Korans entsprechen, daß die Gläubigen »sich untereinander beraten« (Sure 42,38). Das Königreich ist in 13 Regionen mit 103 Regierungsbezirken eingeteilt. Das derzeitige Staatsoberhaupt ist seit 1982 König Fahd Ibn ᶜAbd al-ᶜAzīz al-Saᶜūd. Saudi-Arabien ist größter Rohölexporteur der

92 Der Fischer Weltalmanach 99, 1998, Sp. 624.

Welt. Darauf beruht sein Reichtum und die Fähigkeit, dem Islam weltweit Einfluß zu verschaffen.
Die Scharīʿa hat theoretisch volle Gültigkeit. Dies wird besonders am Strafrecht sichtbar. Dieben wird die Hand abgehackt, Ehebruch im schlimmsten Falle mit Steinigung bestraft. Nach der Scharīʿa werden Frauen geringere Rechte eingeräumt als Männern.
Das Bildungswesen hat in den letzten Jahrzehnten große Fortschritte gemacht. Es gibt aber keine Koedukation. An den Hochschulen wird der Unterricht für weibliche Studierende durch Fernsehen übertragen. In Medina und Riyād besteht je ein Institut für islamisches Recht. Medina hat seit 1960 eine islamische Universität. In Mekka gibt es eine Hochschule für Traditionswissenschaften.
Saudi-Arabien hat nie wie andere islamische Länder unter dem starken Einfluß westlicher Fremdherrschaft gestanden. Viel leichter als anderswo konnten sich hier archaische Lebensformen erhalten. Diese besonderen Verhältnisse scheinen die Meinung zu stützen, es lasse sich auch in der heutigen Welt ein islamisches Land nach der Scharīʿa regieren. Zudem kann niemand bestreiten, daß Saudi-Arabien ein durchaus funktionierender Staat ist.
Aber auch diese archaische Monarchie muß ihren Tribut an die Moderne entrichten. Es sind nicht die verderblichen Einflüsse des Westens, sondern die Sachzwänge einer technisierten Welt, die Institutionen und Gesetze fordern, die über den Rahmen der Scharīʿa hinausgehen. Es gibt heute Rechtsbereiche, die im islamischen Gesetz nicht vorgesehen sind, die aber einer Regelung und Kontrolle bedürfen. Man wird beispielsweise in der Scharīʿa vergeblich nach Vorschriften für den Verkehr zu Wasser, zu Lande und in der Luft suchen, ganz zu schweigen von den komplizierten Verhältnissen der industriellen Produktion, der Wirtschaft und des Bankwesens. Diesen Erfordernissen des modernen Lebens begegnet der Monarch durch *Dekrete*. Sie heißen nicht Gesetze, sondern »Ordnungen« (nizām, Plural: nuzum), weil nach islamischen Verständnis allein Gott Gesetzgeber ist. Das von Menschen geschaffene Recht soll nicht dem göttlichen Recht gleichgesetzt werden und dennoch die Ordnung im Staat aufrecht erhalten. Moderne muslimische Autoren sehen sich genötigt, diesen Zustand zu rechtfertigen. In seinem Werk »Die islamische Rechtsordnung« (Kairo 1973) vertritt ʿAbd al-ʿAzīz al-Qāsim die These, die saudische Gesetzgebung erfülle die Forderungen einer Politik gemäß der Scharīʿa. Im Grunde handelt es sich um jene Praxis, die schon im Mittelalter muslimische Herrscher ausübten, indem sie die Scharīʿa und deren Institutionen durch eigene Verwaltungsgerichtshöfe und Erlasse ergänzten.

»Entgegen allen Bemühungen saudischer wie nichtsaudischer Apologeten, die Fiktion aufrecht zu erhalten, Saudi-Arabien sei ein Beispiel dafür, daß der Islam wie zu Zeiten der frühen Kalifen noch heute praktiziert werden könne, zeigen die Entwicklungstendenzen des Landes, daß dies gerade nicht der Fall ist«[93].

Daß die scheinbar rein islamischen Verhältnisse in Saudi-Arabien nicht von allen islamistischen Eiferern als solche betrachtet werden, zeigte die Besetzung der Moschee in Mekka im November 1979. Der harte Kern der Besetzer scheint sich aus jener puritanischen Bewegung der »Brüder« (ichwān) abzuleiten, die maßgeblich bei der Staatsgründung mitwirkten. Die Forderungen der Verschwörer waren antimodernistisch: Verbot des Fußballspiels, Abschaffung von Bildern in Häusern und Fernsehen, völlige Verbannung der Frauen aus der Öffentlichkeit.

7.3.2   Die Islamische Republik Iran

Die Islamische Republik Iran kann man als einen revolutionär-traditionalistischen Staat bezeichnen. Nach einer Zählung aus dem Jahre 1996 gibt es etwa 60 055 000 Einwohner. Die Bevölkerung ist ethnisch nicht einheitlich. Den größten Teil, 50%, bilden Perser, 20% Aserbaidschaner, 8% Kurden, 2% Araber, 2% Turkmenen, hinzu kommen Belutschen, Armenier und andere. Der Islam ist Staatsreligion. 99% der Bevölkerung sind Muslime, davon 90% Zwölfer-Schiiten. Zur Schīᶜa bekennen sich vor allem Perser, Aserbaidschaner und Luren, zum Teil auch Kurden und Araber. Die Sunniten haben einen Anteil von 8%. Zu dieser Richtung gehören zum Teil Kurden, Turkmenen und Belutschen. Es existiert auch eine Minderheit von Juden, Christen und Parsen. Die Baha'i-Religion ist verboten.

Die Schīᶜa ist durch ihren Ursprung geprägt. Sie entstand aus der Opposition gegen die Umaiyadenkalifen, die sie als Usurpatoren bekämpfte. Ihren Widerstand mußte sie mit Blutopfern bezahlen. Daher reagieren die Schiiten besonders empfindlich auf die Verletzung islamischer Prinzipien durch die Machthaber. Dieser Eigenart schiitischer Frömmigkeit trug der Schah offenbar nicht genügend Rechnung. Nach der Verfassung von 1906 sollten die staatlichen Gesetze mit der Scharīᶜa übereinstimmen. Die Kommission, die dies zu prüfen hatte, wurde aber seit 1912 nie mehr einberufen. 1953 wurden alle Parteien, die den Schah nicht unterstützten, verboten. 1963 leitete der Schah die »Weiße Revolution« ein.

93 Reissner, Internationale islamische Organisationen, S. 344.

Sein außenpolitisches Ziel war, dem Iran die Vorherrschaft im Persischen Golf zu sichern. Innenpolitisch betrieb er eine energische Modernisierung. Frauen erhielten 1963 das aktive Wahlrecht. Polygamie und Zweitehe wurden durch bestimmte Bedingungen eingeschränkt. Große Anstrengungen wurden zur Bekämpfung des Analphabetentums unternommen. 1963 wurde eine Bodenreform durchgeführt, die jedoch eine Landflucht zur Folge hatte. Zur ideologischen Begründung der von oben durchgeführten Reformen, die den Einfluß der Religion erheblich einschränkten und der westlichen Zivilisation, besonders amerikanischer Prägung, Tür und Tor öffneten, stellte die staatlich gelenkte Propaganda den modernen Iran als Erben des antiken persischen Großreiches dar. Mit großer Pracht feierte der Schah 1971 das 2500jährige Jubiläum der Gründung der persischen Monarchie. Mit diesem Datum sollte eine neue Zeitrechnung verbunden und die islamische, die mit dem Ereignis der Hidschra beginnt, abgelöst werden. Die Rückorientierung auf das antike Persien, besonders auf die Zeit der Achämeniden und Sassaniden, sollte den Islam als beherrschenden Faktor aus dem historischen Bewußtsein verdrängen und die Herrschaft des Schahs als Wiederkehr einer ruhmreichen Ära erscheinen lassen. Die Zwölfer-Schīᶜa blieb zwar Staatsreligion; dennoch wurde das Schah-Regime durch Ayatollah Khomeini gestürzt. Der Monarch mußte sich am 19. Januar 1979 ins Exil begeben. Für den Zusammenbruch seiner Herrschaft sind vor allem zwei Gründe zu nennen: 1. Im Interesse der »Weißen Revolution« beseitigte der Schah durch den Geheimdienst jede politische Opposition. Für anders Denkende gab es unter seiner Herrschaft keine Aussicht, auf demokratische Weise ihre Ziele darzulegen oder gar zu verwirklichen. Die dünne Oberschicht der an westlichen Universitäten ausgebildeten technischen Intelligenz fand unter dem autokratischen und zugleich modernistischen Regime des Schahs zwar ein berufliches Betätigungsfeld, blieb aber von der politischen Mitverantwortung ausgeschlossen. 2. Ebenso brachte der Schah jede offene Kritik aus den Kreisen der religiösen Autoritäten, denen die starken westlichen Einflüsse den islamischen Charakter des Irans zu gefährden schienen, zum Schweigen. Die Mullahs, die schiitischen Geistlichen, wußten sich jedoch zu helfen. Als Prediger in den Moscheen polemisierten sie gegen die bestehenden Verhältnisse, indem sie sich einer symbolreichen Sprache bedienten. Das Volk verstand sie; aber der Geheimdienst hatte Mühe, sie bei ihrer kryptischen Redeweise zu fassen. Die Prediger hatten die Masse der armen Leute auf ihrer Seite und konnten sie zur rechten Zeit auf die Straße bringen. So führte das Bündnis zwischen der politisch-demokratischen Opposition und der religiösen Reaktion mit ihrem Massenaufgebot an Demonstranten zum Sturz des Schahs. Am 16. Januar 1979 mußte er den Iran verlassen, am 31. März wurde die »Islamische Republik Iran« ausgerufen, und im Dezember desselben Jahres wurde die »Verfassung der Islamischen Republik Iran« in einem Referendum zur Abstimmung gestellt. Äußerlich wirkt sie wie ein nach westlichem Vorbild gestaltetes Grundgesetz. Es besteht, ähnlich wie Frankreich, eine Präsidialdemokratie mit ihren Organen, denen bei strenger Gewaltenteilung verschiedene Funktionen zugewiesen sind. Daneben wird aber als höchste islamische Autorität der Imam Ayatollah Khomeini genannt. Grundrechte werden formuliert, die aber entscheidend von der islamischen Tradition bestimmt sind.

»Bei genauerem Hinsehen [...] läßt sich in der Verfassung der Sieg der religiösen über die mehr säkular ausgerichteten Ordnungsvorstellungen deutlich erkennen«[94].

Wie es islamischer Sitte entspricht, wird die Verfassung mit der allgemein üblichen Formel aus dem Koran eingeleitet: »Im Namen Gottes, des Allerbarmers, des Gnädigen!« In der Präambel heißt es:

»Die Verfassung der Islamischen Republik Iran strebt eine Gestaltung der kulturellen, sozialen, politischen und ökonomischen Institutionen der iranischen Gesellschaft nach islamischen Grundsätzen und Regeln an; sie entspricht dem innigsten Wunsch der islamischen Glaubensgemeinschaft.«

In den letzten 100 Jahren seien konstitutionelle Bewegungen gegen Willkürherrschaft gescheitert. Der Grund dafür habe »im Fehlen einer den Kampf tragenden Weltanschauung« bestanden.

»Nunmehr erkannte das erwachte Gewissen des Volkes unter der Führung der höchsten islamischen Autorität des Ayatollah Imam Khomeini die Notwendigkeit, einer den Grundsätzen der islamischen Lehre verpflichteten Bewegung zu folgen.«

Kap. 1 handelt von den »allgemeinen Grundsätzen«. Hier wird unter »Grundsatz 2« beschrieben, auf welchen »Glaubensgrundsätzen« die Ordnung der Islamischen Republik Iran beruht:

»1. Einzigkeit Gottes (es gibt keinen Gott außer Gott), seine alleinige Entscheidungsbefugnis und Gesetzgebung sowie die Notwendigkeit der Hingabe unter seinen Willen;

94 Steinbach, Die Stellung des Islams (Iran), S. 232.

2. Die göttliche Offenbarung und ihre grundlegende Bedeutung für das Formulieren der Gesetze [...]
5. Imamat und seine ständige, grundlegende und immerwährende Führungsrolle im Fortbestand der Islamischen Revolution.«

Unter Nr. 6 folgen Bestimmungen, in denen sich das Bemühen abzeichnet, Tradition und Fortschritt zu verbinden:

»Die Islamische Republik gewährleistet durch Gerechtigkeit, politische, wirtschaftliche, soziale, kulturelle Unabhängigkeit und nationale Zusammengehörigkeit:
a)   ständige Neugewinnung der islamischen Vorschriften durch anerkannte islamische Rechtsgelehrte auf der Grundlage des Koran und der Tradition der Reinen [...]
b)   Nutzung von Wissenschaft, Technik und Fortschritt menschlicher Erfahrungen und das Bemühen, sie weiter zu entwickeln«[95].

Bis zu seinem Tode am 3. März 1989 blieb Khomeini die überragende Autorität der islamischen Revolution und des aus ihr hervorgegangenen Staates. Sehr bald war es ihm gelungen, mit seinem radikalen Anhang die Kräfte wieder zu entmachten, die er zur Niederzwingung des Schah-Regimes benutzt hatte, die aber sein religiös-politisches Programm nicht oder nicht in allem teilten. In seinen Händen lag die bestimmende Macht. Er hatte das Recht, über Krieg und Frieden zu entscheiden, den Oberbefehlshaber der Streitkräfte und die höchsten Richter zu ernennen und den gewählten Staatspräsidenten abzusetzen. Unter den politischen Gruppierungen wurde die Islamisch-Republikanische Partei mit Abstand die bedeutendste. Sie wurde nahezu von der gesamten Geistlichkeit unterstützt. Seit der Entmachtung des liberalen Staatspräsidenten Bani-Sadr (1981) übernahmen die islamischen Fundamentalisten die Führung. Ihre Machtstellung sicherten sie durch härteste Strafen gegen wirkliche oder vermeintliche Gegner. Allein im Juli 1981 wurden 150 Personen als Konterrevolutionäre beseitigt. 1982 verschärften sich die Maßnahmen zur Unterdrückung der Opposition. Mehrere tausend Menschen, meist Parteigänger der Mudschaheddin, wurden hingerichtet. Die Zahl der politischen Gefangenen stieg 1983 auf 40000. Muslimische Kritiker warfen Khomeini vor, daß er selbst die überlieferten Grundsätze islamischer Rechtspraxis (ordentliches Zeugenverhör usw.) verletze. Milizionäre achteten darauf, daß man in der Öffentlichkeit durch Kleidung und Verhalten islamische Regeln ein-

---

95   Alle Zitate aus der Verfassung nach: Informationen zur politischen Bildung, 194 (1982): Der Islam und die Krise des Nahen Ostens, S. 14.

hielt. Obwohl Khomeini 1984/85 die Aufhebung aller vor der Revolution erlassenen Gesetze verkündete, wurden viele weiterhin angewandt, weil man keine neuen Gesetze hatte. Khomeini forderte, die islamische Revolution zuerst in die islamischen Länder, dann in die Welt zu tragen. Kurz vor seinem Tode rief er die Muslime in aller Welt auf, Salman Rushdie, den Autor des Romans »Satanische Verse«, zu töten, weil darin »gegen den Islam, den Propheten und den Koran« geschrieben worden sei. Dies führte zu einer schweren diplomatischen Krise zwischen dem Iran und der Europäischen Gemeinschaft. Anfang 1993 bekräftigten der Staatspräsident Rafsandschani, der oberste religiöse Führer Khamenei und das Parlament das von Khomeini ausgesprochene Todesurteil über den Schriftsteller. Erst 1998 bekundete der Staat sein offizielles Desinteresse an der Tötung Rushdies.
Am 3. 6. 1989 starb Khomeini. Seinem politischen Testament gemäß wählte bereits am 4. 6. ein Expertenrat Staatspräsident Khamenei zum neuen religiösen Oberhaupt. Er gilt als strenger Islamist. Als Nachfolger Khameneis im Amt des Staatspräsidenten wurde bald darauf vom Parlament mit überwältigender Mehrheit Parlamentspräsident Rafsandschani gewählt. Er gilt als Pragmatiker, der sich für die Liberalisierung der Wirtschaft und Industrialisierung einsetzt. Zugleich wurde 1989 die Verfassung geändert. Es wurde ein Kontrollorgan für die Konformität von Gesetzen mit der Scharīᶜa geschaffen, ferner erhielt der Staatspräsident als Oberhaupt der Regierung exekutive Befugnisse. Seit 1997 ist Zayed Mohammed Khatami Staats- und Regierungschef. Die Spannungen zwischen der politischen und der religiösen Führung des Landes halten an. Gegenwärtig wird innenpolitisch eine vorsichtige Liberalisierung betrieben und außenpolitisch eine Verbesserung der Beziehungen zur Europäischen Union und den USA erstrebt. Dieser Kurs stößt bei den Islamisten um den Ayatollah Seyed Ali Khamenei auf heftigen Widerstand.
Vom 9.–11. 12. 1997 fand in Teheran ein Gipfeltreffen der Organisation der Islamischen Konferenz statt. Erstmals war der Iran Gastgeber. Die Spannung innerhalb der Staatsführung zeigte sich auch bei dieser Gelegenheit. In der Eröffnungsrede erhob das religiöse Oberhaupt, Ayatollah Khamenei, schwere Vorwürfe gegen Israel und betonte den Gegensatz zwischen dem Islam und der westlichen Zivilisation, während Staatspräsident Khatami, der für drei Jahre zum Präsidenten der Organisation der Islamischen Konferenz gewählt wurde, in seiner Antrittsrede eine »zivile Gesellschaft« und den »Dialog zwischen den Kulturen« forderte.
Die Islamische Republik Iran beruht noch immer auf den von Ayatollah Khomeini gelegten Grundlagen. Es wäre einseitig, die

Gestalt dieses Mannes schlechthin für die Verkörperung des Islams zu halten. Diese Weltreligion hat sich in ihrer Geschichte und Gegenwart in vielen und sehr verschiedenen Persönlichkeiten dargestellt. Es wäre aber falsch, den tiefen religiösen Ernst dieses Mannes zu verkennen. Ohne seine in der Persönlichkeit begründete Autorität hätte er nicht eine solche geschichtliche Wirkung hervorgebracht. Durch sein Lebenswerk hat er alle, die von einer konfliktfreien Welt träumen, hart darauf gestoßen, daß der Islam eine kämpferische Religion ist, und dafür konnte er sich auf Mohammed berufen.

7.3.3 Afghanistan

Äußerst rigorose Islamisten haben die Herrschaft über den weitaus größten Teil Afghanistans errungen. Das Land leidet seit Jahren unter einem furchtbaren Bürgerkrieg. Die Bevölkerungszahl beträgt etwa 22, 132 Millionen. Die größte Volksgruppe bilden mit 38% die Paschtunen. 84% der Afghanen sind Sunniten, 15% Schiiten.
1973 wurde die Monarchie durch das Militär beseitigt und die Republik ausgerufen. 1978 kam eine mit der Sowjetunion verbündete Partei an die Macht. Um das geographische Vorfeld ihrer zentralasiatischen Republiken vor radikalen islamischen Einflüssen aus dem Iran zu schützen, marschierten 1979 sowjetische Truppen in Afghanistan ein, verstrickten sich in blutige Kämpfe und konnten nie das ganze Land unter ihre Kontrolle bringen. Der Widerstand wurde von den USA unterstützt. Die Vereinten Nationen handelten 1988 einen Friedensplan aus. 1989 verließen die letzten Sowjetsoldaten das Land. Der prosowjetische Präsident Nadschibulla trat 1992 zurück. Bald darauf eroberten die Aufständischen Kabul. Damit war aber kein Friedenszustand erreicht; denn nun bekämpften die bisher verbündeten Rebellen einander. Im Sommer 1994 griffen überraschend die radikalislamischen Taliban, d.h.»(Koran-)Schüler«, in die Kämpfe ein. Sie waren an pakistanischen Koranschulen ausgebildet, wurden vom pakistanischen Geheimdienst gesteuert und von den USA und Saudi-Arabien finanziell unterstützt. Sie gehören der Volksgruppe der Paschtunen an. Aus der Sicht ihrer westlichen Gönner haben die Taliban den Vorzug, daß sie sunnitische Extremisten sind, die den schiitischen Islamisten des Iran feindlich gegenüberstehen. Die USA sahen in dem bizarren Bündnis mit den sunnitischen Taliban eine Sicherung der geplanten Pipelines, die den Indischen Ozean mit den an Erdöl und Gas reichen Gebieten Zentralasiens verbinden sollen. Dank kräftiger Unterstützung durch Pakistan, Saudi-Arabien und

die USA konnten die Taliban überraschend schnell 1996 Kabul
einnehmen und 90% des Landes kontrollieren. Die neue Ordnung,
die sie einführten, ist eine Mischung aus strengstem wahhabitischem Islam und paschtunischem Stammesgesetz. Der Scharia gemäß wurden in eroberten Städten wie Herat die grausamen Strafen der Steinigung und Amputation angewandt. Nach der Eroberung Kabuls wurde der frühere Präsident Nadschibulla zusammen
mit seinem Bruder hingerichtet, ihre Leichen vor dem Präsidentenpalast zur Schau aufgehängt. Bedrückend ist die Lage der Frauen.
Unter Berufung auf das islamische Gesetz wird Mädchen der Schulbesuch untersagt. Frauen sind in Ausbildung und Arbeit stark eingeschränkt und dürfen sich nur in die Öffentlichkeit begeben,
wenn sie mit einer Borkha bekleidet sind. Es ist ein den ganzen
Körper umschließendes Gewand, das nur einen Schlitz für die Augen freiläßt. Auch Männer müssen sich nach islamischer Tradition
kleiden und einen Vollbart tragen. Nach saudi-arabischem Vorbild
sorgen Sittenwächter für die strikte Einhaltung dieser Bestimmungen. Da aber 70% der Lehrerschaft, überwiegend auch das
Pflegepersonal in Krankenhäusern, Frauen sind, sehen sich die Taliban neuerdings genötigt, ihren Rigorismus etwas zu mildern. Zur
Mäßigung werden sie auch von ihrer pakistanischen Schutzmacht
angehalten.
Afghanistan ist geteilt. Die Taliban erklärten ihr Herrschaftsgebiet, 90% des Landes, im Oktober 1997 zum »Islamischen Emirat
Afghanistan«. Unter dem Mullah Mohammed Rabbani besteht eine Übergangsregierung. Dieser Staat fordert für sich den Sitz Afghanistans bei den Vereinten Nationen, der aber weiterhin von der
1996 aus Kabul vertriebenen Regierung unter Burhanuddin Rabani, die den »Islamischen Staat Afghanistan« vertritt, eingenommen wird. Dieser auf den nördlichen Landesteil beschränkte Reststaat wird unter anderem von Rußland und Iran unterstützt. Auf
dem Gipfeltreffen der Organisation der Islamischen Konferenz,
das 1997 in Teheran stattfand, versuchte der Generalsekretär der
Vereinten Nationen, Kofi Annan, eine Internationale Konferenz
über Afghanistan mit dem Ziel eines Waffenstillstandes in die
Wege zu bringen. Die 1998 aufgenommen Friedensgespräche
scheiterten aber an der harten Haltung der Taliban. Auch der am
9. 5. 2000 geschlossene Waffenstillstand war nicht von Dauer.

7.3.4   Die Sozialistische Libysch-Arabische Volksrepublik

Die Volksrepublik Libyen hatte nach der Zählung von 1995 eine
Bevölkerung von knapp 4, 9 Millionen Einwohnern. Davon sind
97% Muslime. Ferner leben in diesem Land 40 000 Katholiken,

Kopten und andere religiöse Minderheiten. Der Islam ist Staatsreligion.

Seitdem 1969 Muammar al-Gaddafi in Libyen durch einen Staatsstreich an die Macht kam, hat sich auch dieses Land stärker auf den Islam ausgerichtet. Zivil-, Handels- und Strafrecht waren zuerst nach ägyptischem Vorbild konzipiert; nur im Familien- und Erbrecht galt die Scharīᶜa. 1971 wurde aber begonnen, das islamische Recht zur Grundlage der gesamten Gesetzgebung zu machen. Noch im gleichen Jahr wurde das bisher freiwillige Almosen (zakāt) als Steuer eingeführt. Bestimmungen des islamischen Strafrechts wurden wieder eingeführt: Strafen für Diebstahl, Straßenraub und Ehebruch (1973), für falsche Beschuldigung des Ehebruchs und für Alkoholgenuß (1974). 1977 wurde vom Allgemeinen Volkskongreß anstelle einer Verfassung folgendes beschlossen:
1.   Der offizielle Name des Staates ist: Arabische Libysche Sozialistische Volks-Dschamahiriya (nach dem arabischen Wort für »Massen«, »Volksmenge«: dschamāhīr).
2.   Der Koran ist Grundlage des Gesellschaftssystems.
3.   Basiskongresse, Gewerkschaften und der Allgemeine Volkskongreß haben direkte Vollmacht.
4.   Allgemeine Militärpflicht für Männer und Frauen.
Die Macht wird durch das Militär garantiert. 1977–1979 proklamierte Gaddafi im »Grünen Buch« gegen Kapitalismus und Kommunismus die »Die dritte Universaltheorie«. Die Lösung des Demokratieproblems sei die Basisdemokratie, die Lösung des wirtschaftlichen Problems der Sozialismus. Der letzte Teil des Buches handelt von den gesellschaftlichen Grundlagen. Gaddafis Verständnis der Basisdemokratie ist von dem Ideal der »klassenlosen« islamischen Urgemeinde bestimmt. Streng islamisch ist seine Ablehnung aller von Menschen gemachten Gesetze. In dieser Hinsicht steht er der saudi-arabischen Staatsdoktrin nahe. Sein islamischer Purismus zeigt aber auch eigenwillige Züge. Er lehnt die Tradition als Quelle der Rechtsprechung und Lehre ab, weil viele Überlieferungen gefälscht seien. Es sei auch falsch, die islamische Zeitrechnung mit der Hidschra beginnen zu lassen; vielmehr solle sie vom Tode des Propheten ausgehen. Bei der öffentlichen Koranrezitation hat Gaddafi geflissentlich das Wort »Sprich!« (qul) ausgelassen, weil es von Gott nur an den Propheten gerichtet sei. Gegen diese und andere Besonderheiten seines Islamverständnisses veröffentlichte die »Liga der Islamischen Welt« 1980 ein Büchlein mit dem Titel: »Die heilsame Widerlegung von al-Gaddafis Verleumdungen«. Obwohl Gaddafi seine Ämter als Staatsoberhaupt (1994) und Regierungschef (1997) abgelegt hat, ist er durch seine persönliche Autorität weiterhin führend und bestimmend. Die

ökonomische Grundlage des Staates ist der Ölexport. Libyen war in terroristische Aktionen verwickelt. Besonders das Verhältnis zu den USA ist schwer belastet. 1988 stürzte ein Flugzeug der Pan-Am-Linie infolge einer Bombenexplosion über dem schottischen Lockerbie ab und riß 270 Menschen in den Tod. Da Libyen sich weigerte, die mutmaßlich Verantwortlichen für den Anschlag auszuliefern, verhängte der UN-Sicherheitsrat 1992 über das Land ein Embargo, das zu wirtschaftlichen Einbußen führte. 1998 begann sich eine Lösung des Problems abzuzeichnen. 1999 wurden die Sanktionen aufgehoben und die des Mordanschlags beschuldigten beiden Libyer an den Gerichtshof in Den Haag ausgeliefert.

7.3.5 Resümee

Es mag gewagt erscheinen, daß in dieser Darstellung so grundverschiedene Staaten wie Saudi-Arabien, Iran, Afghanistan und Libyen zu einer Gruppe zusammengefaßt sind. Die Vergleichbarkeit dieser Staaten gilt aber nicht in jeder Hinsicht, sondern nur unter dem Gesichtspunkt des Verhältnisses der islamisch-rechtlichen Tradition zur abendländischen Zivilisation.

Der religiöse Fundamentalismus kann – je nach seinen geschichtlichen Voraussetzungen – revolutionäre oder systemerhaltende Züge zeigen. Dieses ist an Saudi-Arabien, jenes am Iran zu beobachten.

Bis zum Zusammenbruch der Sowjetunion konnte sich der rigorose Islam außenpolitisch mehr an den westlichen oder den östlichen Machtblock anlehnen oder nach möglichst weitgehender Unabhängigkeit von beiden Seiten streben. Die außenpolitische Orientierung hing davon ab, von welchem Kurs sich die Träger der Macht in den betreffenden islamischen Ländern den größten Nutzen versprachen. Nach dem Ende der Ost-West-Konfrontation ist die Möglichkeit entfallen, die westliche gegen die östliche Großmacht und umgekehrt auszuspielen. Während die Sowjetunion zusammengebrochen ist, sind nun die USA *die* eine Großmacht, die herauszufordern gefährlich ist, wie das Beispiel des Irak zeigt; sich aber in allzu starke Abhängigkeit von ihr zu begeben, kann auf Kosten der islamischen Solidarität gehen, deren Lebensgesetz sich mit dem arabischen Sprichwort beschreiben läßt: »Ich und mein Bruder gegen meinen Vetter; mein Vetter und ich gegen den Fremden«.

Die Konflikte zwischen den islamischen Ländern und Gruppierungen bieten andererseits der westlichen Diplomatie ein ergiebiges Betätigungsfeld zum erhofften Nutzen der eigenen Interessen. Geradezu grotesk mutet die frühere, von rein wirtschaftlichen

Gesichtspunkten bestimmte Unterstützung der sunnitischen Taliban, die im Gegensatz zum schiitischen Iran stehen, durch die USA an.

Schließlich ist unverkennbar, wie selbst islamische Staaten mit stark antiwestlicher Ausrichtung doch nach einer gewissen Entspannung und Annäherung an »die Welt der Ungläubigen« streben, wofür neuerdings Iran als Beispiel dienen mag.

7.4 Die mittlere Richtung

7.4.1 Ägypten

Als Beispiel für die mittlere Richtung kann Ägypten genannt werden. Der offizielle Name des Staates lautet: »Arabische Republik Ägypten«. Während Saudi-Arabien, Iran, Afghanistan und Libyen sich als islamische Staaten bezeichnen, versteht sich Ägypten als »Arabische« Republik. Von den 59 272 000 Einwohnern sind 92% Muslime. Sie gehören fast alle der sunnitischen Richtung an. Die Zahl der einheimischen christlichen Bevölkerung, der Kopten, beträgt 6 Millionen. Hinzu kommt eine Minderheit von Griechisch-Orthodoxen, Katholiken, Protestanten und Juden.

Ägypten ist eine Präsidialdemokratie. 1952 stürzte die Armee König Faruk. 1953 wurde die Republik ausgerufen. An die Spitze des Staates trat General Naguib. 1954 übergab er die Führung Gamal Abd el-Nasser. Dessen Regierungszeit (1954–1970) ist durch Nationalismus und Sozialismus, zwei Ideologien westlicher Herkunft, geprägt. Der Islam verlor an politischer Bedeutung. Die Muslimbruderschaft, 1928 von Ḥasan al-Bannā' gegründet, forderte die Rückkehr zu den Quellen des Islams, zu Koran und Ḥadīth. Diese Organisation wurde unter Nasser mehrmals verboten und verfolgt. 1966 erreichten die Strafmaßnahmen des Staates einen Höhepunkt. Nasser betrieb eine gegen Israel gerichtete Politik. Der Sechs-Tage-Krieg, den er 1967 auslöste, endete mit einer Katastrophe. Israel besetzte die Sinai-Halbinsel bis zum Suezkanal. Außenpolitisch stützte sich Nasser auf die Sowjetunion.

Nassers Nachfolger Anwar as-Sadat (1970–1981) schränkte allmählich den Einfluß der UdSSR zugunsten des Westens ein. Innenpolitisch verfolgte er einen Kurs der Liberalisierung. Seine bedeutendste außenpolitische Leistung war der durch die USA vermittelte Friedensschluß mit Israel (26. 3. 1979), der von den arabischen Staaten als Preisgabe islamischen Landes entschieden abgelehnt wurde. Ägypten trat im März 1979 aus der Arabischen Liga aus, die ihrerseits bald darauf Ägyptens Mitgliedschaft suspendierte.

Sadats Ermordung durch islamische Extremisten, eine Dschihād-Gruppe, war eine Reaktion auf seine Friedenspolitik. Staatsoberhaupt ist seit 1981 Mohammed Hosni Mubarak.
Nach der Verfassung von 1971 ist Ägypten eine Arabische Republik mit einem demokratischen und sozialistischen System. Der Islam ist Staatsreligion. Art. 2 lautet: »Die Grundlagen des islamischen Rechts sind *eine* Hauptquelle der Legislative«[96]. 1979 wurde der Text wie folgt geändert: »Die Grundlagen des islamischen Rechts sind *die* Hauptquelle der Legislative«[97]. Das moderne Zivilrecht ist weitgehend vom französischen und schweizerischen Recht beeinflußt. Im Personen-, Familien- und zum Teil im Erbrecht gelten in leicht abgewandelter Form islamische Normen. Die verfassungsmäßig zugesicherte Religionsfreiheit findet ihre Grenze am Verbot atheistischer Propaganda. Die Scharīʿa-Gerichtshöfe wurden 1955/56 aufgehoben. Seitdem gilt im Land einheitlich kodifiziertes staatliches Recht. Der Staat übt starken Einfluß auf die religiöse Verwaltung aus. Die Azhar-Universität in Kairo ist die bedeutendste Bildungsstätte der islamischen Welt. Aber die Berufsaussichten für ihre Absolventen sind seit der Aufhebung der Scharīʿa-Gerichtshöfe und dem Aufbau eines weltlichen Erziehungssystems geringer geworden.
Die Stellung der Azhar-Gelehrten zum ägyptischen Staat reicht von Kompromißbereitschaft bis zu radikaler Kritik. Das Hauptproblem ist das Verhältnis des Staates zur Scharīʿa. Daß ihre »Grundlagen« »eine« oder sogar »die Hauptquelle der Legislative« bilden, schließt nicht aus, daß es neben dieser Hauptquelle auch andere Quellen (von untergeordneter Bedeutung) geben kann. Bis jetzt ist es den Gelehrten der al-Azhar nicht gelungen, ein umfassendes islamisches Recht zur Anwendung im Staate zu kodifizieren. Es kann auch schwerlich gelingen. Zum einen müssen Dinge geregelt werden, die im tradierten islamischen Recht nicht vorkommen. Zum anderen unterscheiden sich die vier Rechtsschulen in ihrer Interpretation der Scharīʿa. Welche Deutung soll gelten? Soll eine Mischform aufgrund der verschiedenen Schulen hergestellt werden? Soll man hinter die Schulbildungen zurückgehen und selbständig den Koran und die Sunna erforschen? 1979 erschien in der halboffiziellen Tageszeitung Al-Ahrām ein Artikel über die Islamisierungsbestrebungen in Ägypten. Dessen Überschrift kennzeichnet treffend die Situation: »Die islamische Rechtsprechung – wann und wie?« Sadat, von den Orthodoxen als »gläubiger Führer« respektiert, beschrieb im Gespräch mit Vertre-

---

96   Muranyi, Die Stellung des Islams (Ägypten), S. 349.
97   Ebd., S. 349.

tern der Azhar seine Position mit den prägnanten Worten: »Keine
Religion in der Politik, keine Politik in der Religion«.
Auffällig radikal äußert sich Ibrāhīm Aḥmad al-Waqfī in seinem
Buch »Dies sind die Gesetze Gottes« (2. Aufl. 1979):

»Jeder, der von der Anwendung islam-rechtlicher Normen abweicht und
an ihrer Stelle die säkularen Gesetze verwendet, ist ein Abtrünniger vom
Islam.«

Die Worte klingen sehr bedrohlich, wenn man bedenkt, daß ein
Abtrünniger nach islamischem Recht mit dem Tode zu bestrafen
ist. Weiter heißt es:

»Unter den Gelehrten ist es unbestritten, daß jede Gesetzgebung, die der
Scharīᶜa widerstrebt, nichtig und ihre Befolgung daher keine Pflicht ist.
Alles, was im Widerspruch zum islamischen Recht steht, ist in seiner
Anwendung den Muslimen auch dann verboten, wenn es von der Staats-
macht – wer diese auch immer ist – befohlen oder genehmigt wurde«[98].

Der Verfasser ist an der al-Azhar-Universität Fachmann für islamisches Recht. Das Vorwort schrieb das damalige Oberhaupt jener
berühmten Institution.
1977 wurde unter dem Druck der Orthodoxie dem Parlament ein
Gesetzentwurf vorgelegt, in dem der Scharīᶜa entsprechend für
den Abfall vom Islam die Todesstrafe gefordert wird. Auch andere koranische Strafbestimmungen sollten in das staatliche Straf-
gesetzbuch aufgenommen werden. Die koptische Kirche legte
unter Berufung auf die Konvention der Vereinten Nationen zum
Schutz der Menschenrechte schärfsten Protest ein und bekräftigte
ihn durch ein viertägiges Fasten. Die Vorschläge wurden daraufhin nicht verwirklicht.
Der Islamismus hat in Ägypten auch militante Aktionen ausge-
löst. Sadats Liberalisierungspolitik befreite vorübergehend extre-
mistische Gruppen wie die Muslim-Brüder von der Unterdrückung.
Die Absicht des Präsidenten war, jene Eiferer, von denen er hoffte,
sie würden sich mäßigen, als Verbündete im Kampf gegen Atheismus und Marxismus zu gewinnen. Tatsächlich trug sein Entgegenkommen zu einer Destabilisierung des Staates bei, deren Opfer
schließlich der Präsident selbst wurde.
Daß die Gefahr des terroristischen Extremismus, der den für gott-
los erklärten Staat in die Knie zwingen will, noch nicht gebannt
ist, zeigte das Attentat in Luxor, bei dem am 18. September 1997

---

98   Ebd., S. 351.

58 Touristen und vier Ägypter ums Leben kamen. In einer international verbreiteten Erklärung bekannte sich die Dschamāᶜa al-
Islamīya (»islamische Truppe«) zu dem Anschlag.

7.4.2   Die Islamische Republik Pakistan

Innerhalb der mittleren Richtung ist dem rechten Flügel die Islamische Republik Pakistan zuzuordnen. Sie gehört zum Common-
wealth. Nach der Verfassung von 1973 (zuletzt geändert 1997) ist
der Islam Staatsreligion. Die Zahl der Einwohner wurde 1998 auf
140 Millionen geschätzt. Die Bevölkerung ist ethnisch gemischt.
Den größten Teil bilden mit 50% die Pandschabi. Die Pakistaner
sind zu fast 100% Muslime. Davon sind 90% Sunniten, 5–10%
Schiiten, hinzu kommen die vom Staat nicht anerkannten Aḥma-
dīya-Muslime, ferner eine Minderheit von Christen, Hindus und
Buddhisten.
Der Begründer des Staates ist M.A. Jinna. Er betrachtete die Hindus und die indischen Muslime als zwei verschiedene Nationen.
Gegen den Widerstand des Indischen Nationalkongresses setzte er
1947 die Teilung Britisch-Indiens in Indien und Pakistan durch.
Beide Teile wurden als Dominien im Rahmen des britischen Com-
monwealth unabhängig. Die mehrheitlich muslimischen Gebiete
Indiens bildeten den Staat Pakistan mit den geographisch getrenn-
ten und ethnisch verschiedenen Landesteilen West- und Ostpakistan. 1971 setzte Ostpakistan als neuer Staat unter dem Namen
Bangladesch seine Unabhängigkeit durch. Einen Einschnitt in der
Geschichte Pakistans bildete 1977 die Übernahme der Regierung
durch das Militär unter General Zia ul-Haq, der 1978 Staatspräsident wurde und mit Hilfe des Kriegsrechtes ein diktatorisches Re-
gierungssystem aufbaute. Unter ihm (1977–1988) setzte seit 1979
eine Islamisierung des Rechts, vor allem des Strafrechts, ein. Das
noch bestehende Zivilrecht ist aus dem Common Law und bri-
tisch-indischen Kolonialgesetzen übernommen, die man teilweise
vereinfacht hat. Im Familien- und Erbrecht gilt das *Recht der Religionsgemeinschaften*, also vor allem das islamische Recht nach
dem hanafitischen Ritus, ferner das Hindu- und Parsirecht, zum
Teil auch christliches Recht. 1981 wurde ein »islamisches, zins-
freies Banksystem« eingeführt. Im selben Jahr verkündete die Regierung eine Interimsverfassung für eine »islamische Republik«
mit einem islamischen Wahlverfahren unter Ausschluß des Frau-
enwahlrechts. 1988 ordnete Zia ul-Haq die Einführung des islamischen Rechts als oberstes Gesetz an. Zugleich wurde erklärt, die
Scharīᶜa werde weder die Rechte der Nichtmuslime beeinträchti-
gen noch den wirtschaftlichen Beziehungen zum Ausland Schaden

zufügen. Muslimische Frauen demonstrierten gegen die Einführung der Scharīᶜa, weil sie eine Einschränkung ihrer Rechte befürchteten. Mitte der 90er Jahre nahm der Einfluß der Islamisten zu. Sie wollten die Verfassung des Staates durch die Scharīᶜa ersetzen. Das 1992 erlassene Blasphemiegesetz sieht die Todesstrafe für alle vor, die Mohammed oder den Koran verunglimpfen. Seit 1993 ist sogar die Hinrichtung von Familienmitgliedern solcher Personen möglich, die wegen Blasphemie zum Tode verurteilt worden sind. Seit 1994 wurde der Vorwurf der Blasphemie benutzt, um persönliche Streitigkeiten auszutragen. Diese Waffe wurde auch von den Religionsführern eingesetzt, um die Bevölkerung einzuschüchtern. Staatsoberhaupt ist seit dem 31. 12. 1997 Mohammed Rafiq Tarar. Er gehört der stärksten Partei an, der Pakistan Muslim Liga. In seiner Antrittsrede am 11. 1. 1998 betonte er seine Absicht, die Rolle des Islams in der Gesellschaft zu stärken.

Die religiöse Vielfalt Pakistans hat immer wieder zu blutigen Konflikten geführt, die nicht nur zwischen Muslimen und Nichtmuslimen, sondern auch unter den Muslimen selbst ausgetragen wurden. Vor allem zwischen Sunniten und Schiiten fanden heftige Auseinandersetzungen statt, die sich seit 1997 verschärft haben. 1998 fanden 24 Menschen den Tod, als sunnitische Extremisten mit Maschinenpistolen in eine schiitische Trauergemeinde feuerten.

Ein bekannter Ideologe des islamischen Fundamentalismus ist der Pakistaner Abū-l-Aᶜlā' al-Maudūdī (gest. 1979). Den Orthodoxen, die ihm mit Vorbehalten zustimmen, gilt er als Emporkömmling, »der überwiegenden Mehrzahl seiner Landsleute« als »ein faschistischer Parteiführer und nicht eine religiöse Persönlichkeit«[99]. Seine Grundidee ist die Gleichsetzung von Religion und Politik. Den Vorzug des islamischen Gesetzes sieht er in dessen göttlicher Herkunft, innerer Einheitlichkeit und alle Lebensbereiche erfassender Weite. Die westliche Gesetzgebung erscheint ihm dagegen als menschliches Machwerk, das in seiner Uneinheitlichkeit einem Flickenteppich gleiche. Al-Maudūdīs Ideologie und politisches Wirken wurden vor allem von Saudi-Arabien, auch in materieller Hinsicht, gefördert.

Einer durchgreifenden Islamisierung Pakistans ist die religiöse und ethnische Vielfalt des Landes hinderlich. In der Oberschicht sind die geistigen Bemühungen der indo-islamischen Modernisten aus der Zeit vor der Staatsgründung in Erinnerung geblieben. Die große Masse der Bevölkerung steht den islamistischen Eiferern skeptisch gegenüber.

---

99   Khálid, Die Stellung des Islams (Afghanistan), S. 294.

In der Außenpolitik steuert Pakistan einen panislamischen Kurs
und unterstützt die Palästinenser.

7.4.3   Die Tunesische Republik

Tunesien könnte man dem linken Flügel der mittleren Richtung
zuordnen. Für 1996 wird eine Einwohnerzahl von 9132000 genannt. Die Bevölkerung besteht zu 99% aus zumeist sunnitischen
Muslimen. Ferner leben etwa 20000 Juden, 18000 Katholiken
und kleinere protestantische Gruppen im Lande. Der Staat ist seit
1957 eine Präsidialrepublik. Staatsoberhaupt ist seit 1987 Zine el-
Abidine Ben Ali. Der Islam ist Staatsreligion. Seit 1957 gibt es
nur noch ein für alle Bürger, gleich welcher Religion, geltendes
Recht. Gleichzeitig wurden die religiösen Gerichtshöfe abgeschafft.
Das Familien- und das Erbrecht wurden unter formaler Beachtung
der Scharīʿa modernisiert. Die Polygamie ist verboten, das Schei-
dungs- und Erbrecht für Frauen verbessert. Sie erhielten auch das
allgemeine Wahlrecht. Die frommen Stiftungen zog der Staat an
sich. Geprägt ist das Land durch die lange Präsidialherrschaft des
Staatsgründers Habib Bourguiba (1957–1987). Die Einheitspartei
»Parti Socialiste Destourien« war zwar nicht religionsfeindlich,
deutete aber den Islam zum Zwecke der Modernisierung des Landes recht freimütig. Bourguiba trat für einen engeren Zusammenschluß der Maghreb-Staaten ein.
Auch Tunesien ist von islamischen Erneuerungsbestrebungen erfaßt. Den gesellschaftlichen Anstoß dazu boten die oft schlechten
Berufsaussichten jüngerer Leute, obwohl diese an Bildung ihren
Vätern weit überlegen sind. Man erhofft sich eine Besserung der
Lebensverhältnisse durch selektive Rückkehr zu islamischen Traditionen. Die Zeiten, in denen Bourguiba dazu aufforderte, das
Ramaḍān-Fasten aufzugeben, um in einen »Heiligen Krieg« ge-
gen wirtschaftliche Rückständigkeit zu führen, sind endgültig
vorbei. Die Regierung sieht sich jetzt genötigt, ihre gemäßigten
Säkularisierungstendenzen unter dem Mantel der »islamischen
Authentizität« weniger anstößig erscheinen zu lassen.

8   Einheitsbestrebungen

Nach dem islamischen Gesetz soll an der Spitze der muslimischen
Gemeinde der *Kalif* stehen. Diese Forderung wird vor allem aus
zwei Stellen im Koran abgeleitet. Nach Sure 2,30 sagt Gott zu
den Engeln: »Ich werde auf der Erde einen Nachfolger (chalīfa)
einsetzen.« Mit dem Nachfolger oder Stellvertreter ist Adam ge-

meint. In Sure 38,26 spricht Gott: »David! Wir haben dich als Nachfolger (früherer Herrscher) auf der Erde eingesetzt«. Wie bereits dargelegt worden ist[100], entsprach schon im 9. Jahrhundert die Theorie der einheitlichen Leitung der islamischen Welt durch den Kalifen nicht mehr der Wirklichkeit. Teilreiche verselbständigten sich. Im 10. und 11. Jahrhundert gab es neben dem abbasidischen Kalifen in Bagdad einen fatimidischen in Kairo und einen umaiyadischen in Cordoba. 1258 machten die Mongolen dem schon längst bedeutungslos gewordenen Kalifat der Abbasiden ein Ende. Unter den Rechtsgelehrten setzte sich die Meinung durch, jeder muslimische Herrscher könne in seinem Machtbereich die Aufgaben des Kalifats erfüllen. Vom 15. Jahrhundert an führten die osmanischen Sultane den Kalifentitel, bis 1924 das Kalifat durch Atatürk abgeschafft wurde. Die Idee des Kalifats blieb aber lebendig. Eine Schrift des rechtskundigen Ägypters ᶜAbd ar-Rāziq (1925) in der er darlegte, »daß die islamische Religion mit jenem Kalifat, zu dem sich die Muslims bekennen, nichts zu tun« habe[101], rief schon damals heftige Proteste hervor und wird noch heute bekämpft. 1926 fand in Kairo ein Kongreß zur Wiederherstellung des Kalifats statt. Die Bemühungen scheiterten am Widerstand der Säkularisten, der Nationalisten und der Vertreter dynastischer Interessen. Gegenwärtig setzen sich Splittergruppen wie die überall verbotene »Befreiungspartei« für die Erneuerung des Kalifats ein. Der frühere ägyptischer Staatspräsident Nasser ließ seine Position durch Vergleich mit der klassischen Kalifatstheorie aufwerten. Der Ayatollah Khomeini wurde als Imām bezeichnet, obwohl dieser Titel nach schiitischer Anschauung vor allem dem im Verborgenen wirkenden obersten Führer der islamischen Gemeinde zukommt. Wenn schon im 9. Jahrhundert die Macht des Kalifen zu schwinden begann, so besteht gegenwärtig angesichts der beträchtlich größer gewordenen Differenziertheit der islamischen Welt keine Aussicht auf eine Wiederbelebung dieses höchsten Leitungsamtes.

Der Zusammenarbeit islamischer Länder dienen verschiedene internationale *Organisationen*. Die beiden bedeutendsten sind die Liga der Islamischen Welt und die Organisation der Islamischen Konferenz.

Die *Liga der Islamischen Welt* wurde während des Monats der Wallfahrt 1962 in Mekka gegründet. Das Gründungskomitee bestand aus 26 hervorragenden muslimischen Gelehrten zahlreicher Länder. Die Liga ist keine Organisation auf staatlicher Grundlage.

100   Siehe oben S. 52f.
101   Der Islām mit Ausschluß des Qorᵓāns, S. 184.

Ihre Träger sind einzelne Persönlichkeiten und Vereine. Das Ziel dieser Organisation ist in der Satzung wie folgt beschrieben:

»In Erfüllung der Pflicht, die Gott uns auferlegt hat, die Botschaft (daʿwa, ›Ruf‹, ›Einladung‹) des Islams zu verbreiten, seine Prinzipien und Lehren zu erläutern, die Zweifel an ihm zu zerstreuen und die gefährliche Verschwörung, durch die Feinde des Islams die Muslime von ihrer Religion fortlocken und ihre Einheit und brüderliche Verbundenheit zerstören wollen, zu bekämpfen; ferner ist auf die Angelegenheiten der Muslime in einer Weise zu achten, die ihre Interessen und ihre Hoffnungen wahrt und zur Lösung ihrer Probleme beiträgt«[102].

Der Erreichung dieses Ziels soll vor allem die Pilgerfahrt nach Mekka dienen, wo Muslime aus aller Welt ihre Erfahrungen und Erkenntnisse austauschen. Die Liga der Islamischen Welt, unterstützt besonders von Saudi-Arabien, sollte ein Gegengewicht gegen Nassers revolutionären arabischen Nationalismus bilden. Aber der Gegensatz zwischen den progressiven und konservativen Kräften entschärfte sich spürbar nach der Niederlage der arabischen Staaten im Sechs-Tage-Krieg gegen Israel (1967). Die Forderung islamischer Solidarität trat in den Vordergrund. Da es im Islam kein unfehlbares Lehramt gibt, ist der Liga die Aufgabe zugewachsen, sich zu Fragen der islamischen Lehre zu äußern. Die Stellungnahmen erfolgen überwiegend im Sinne des islamischen Integralismus. 1979 wurde Gaddafi durch eine Delegation, der führende Persönlichkeiten der Liga angehörten, aufgefordert, seine Ablehnung der Sunna, die in den Sammelwerken der Tradition vorliegt, öffentlich zu bereuen.

Den unmittelbaren Anstoß zur Gründung der *Organisation der Islamischen Konferenz* gab der Brand der Aqṣā-Moschee in Jerusalem am 21. August 1969. Der Anschlag veranlaßte Saudi-Arabien und Marokko, zu einer Islamischen Gipfelkonferenz in Rabat einzuladen (22.–25. 9. 1969). 1971 konstituierte sich in Dschidda die Organisation der Islamischen Konferenz. 1972 beschlossen die Außenminister, in Dschidda ein ständiges Sekretariat zu schaffen. Der anfängliche Sieg der Araber über Israel im Oktober 1973 trug dazu bei, die Differenzen zwischen progressiven und konservativen arabischen Staaten abzubauen und verschaffte der Organisation der Islamischen Konferenz Zuwachs und größeren Einfluß. Die Gipfelkonferenzen finden in unregelmäßigem Abstand von Jahren an verschiedenen Orten statt. Als wirksamer haben sich das ständige Sekretariat in Dschidda und die jährlichen Konferenzen der Außenminister erwiesen. Die Mitgliedstaaten unterhalten die Organisation entsprechend ihrem nationalen Einkommen. Den bedeutendsten Beitrag leisten die durch Ölförderung reichen arabischen Staaten, an der Spitze Saudi-Arabien. Die wichtigsten Einrichtungen der Organisation der Islamischen Konferenz sind der Islamische Solidaritätsfonds und die Islamische Entwicklungsbank. Der Solidaritätsfonds soll islamischen Ländern finanzielle Hilfe bei Krisen und Naturkatastrophen gewähren, muslimische Gemeinschaften beim Bau von Moscheen, Krankenhäusern und Schulen unterstützen, das Bildungswesen fördern und der »Einladung« (daᶜwa) zum Islam dienen. Die Islamische Entwicklungsbank ist die bedeutendste aller islamischen Banken. Sie gewährt entsprechend der Scharīᶜa zinslose Darlehen. Ferner gehört zur Organisation der Islamischen Konferenz der Jerusalem-Fonds. Er soll den islamischen Charakter dieser dritten heiligen Stadt nach Mekka und Medina erhalten helfen. Die Bedeutung der Organisation der Islamischen Konferenz liegt darin, daß auf der Grundlage der Selbständigkeit von Nationalstaaten ein gemeinsames Gremium der Konsultation und Zusammenarbeit geschaffen worden ist. Ein Problem ist die Prädominanz der arabischen Staaten gegenüber den wirtschaftlich schwächeren asiatischen und schwarzafrikanischen Staaten am Rande der islamischen Welt.

Der Organisation der Islamischen Konferenz gehören (nach dem Stand von 1991) 45 Länder mit muslimischer Bevölkerung an[103].

9   Erlebt der Islam heute eine entscheidende Umwandlung?

Der amerikanische Islamforscher Wilfred Cantwell Smith schrieb kurz vor dem Aufkommen des islamischen Fundamentalismus in seinem Buch »Islam in modern History« (deutsche Ausgabe 1963):

»Der Islam durchlebt heute jene entscheidende schöpferische Phase, in der das Erbe der Vergangenheit in die Anlage der Zukunft umgewandelt wird« (S. 13).

103   Afghanistan, Ägypten, Algerien, Bahrein, Bangladesch, Benin, Brunei, Burkina Faso, Dschibuti, Gabun, Gambia, Guinea, Guinea-Bissau, Indonesien, Iran, Irak, Jemen, Jordanien, Kamerun, Katar, Komoren, Kuwait, Libanon, Libyen, Malaysia, Malediven, Mali, Maretanien, Marokko, Niger, Nigera, Oman, Pakistan, Palästina (PLO), Saudi-Arabien, Senegal, Sierra Leone, Somalia, Sudan, Syrien, Tschad, Tunesien, Türkei (einschließlich der türkischen Republik »Nord-Zypern«), Uganda, Vereinigte Arabische Emirate.

Der Autor läßt sich aber von einem wirklichkeitsfremden Religionsverständnis leiten. Er spricht vom »transzendentalen Wesen des Islam«, er glaubt, bei einigen Muslimen »das unruhige Halbbewußtsein« zu spüren, »daß die wirkliche Wahrheit des Islam nicht in der Vergangenheit, sondern in der Zukunft liegt«, und fügt hinzu: »Vielleicht sollten wir sagen, nicht auf Erden, sondern im Himmel« (S. 240). Seinen religionsphilosophischen Standpunkt formuliert Smith am Ende des Buches wie folgt:

»Es ist eine Frage von universaler Tragweite, ob die Religionen (alle oder auch nur eine) von Gott gegeben sind oder ob vielmehr Gott sich selber gibt, während die Religionen, wie wir sie kennen, des Menschen Antwort sind. Der Mensch fängt erst an, richtig religiös zu sein, wenn er entdeckt, daß Gott größer und wichtiger ist als die Religion« (S. 292).

Von diesem überparteilichen Standpunkt aus findet Smith tadelnde Worte für Muslime,

»deren Loyalität gegenüber dem Islam als greifbarem Phänomen größer zu sein scheint als ihr Glaube an Gott« (S. 292).

Dieser Vorwurf wäre berechtigt, wenn der Islam eine so relativierende Beurteilung zuließe, wie Smith sie vorträgt. Schwerlich wird ein Muslim, der sich an die Grundlagen seiner Religion hält, den Islam als eine von vielen prinzipiell gleichberechtigten Antworten des Menschen auf Gottes Selbstmitteilung verstehen. Dies würde geradezu dem islamischen Glaubenszeugnis widersprechen, nach welchem Mohammed der Gesandte Gottes ist. Was im Koran steht, ist nach dessen eigenem Zeugnis von Gott auf Mohammed »herabgesandt« worden. Die wahre Religion ist also nach islamischem Verständnis keine Antwort des Menschen, sondern das Wort Gottes an den Menschen. Daß muslimische Religiosität den Charakter der Antwort auf die koranische Offenbarung hat, wird kein Muslim, der die Begriffe Religion und Religiosität unterscheiden kann, bestreiten. Sodann zeigt Smith wenig Kenntnis des islamischen Verständnisses von Gott, wenn er meint, ein Muslim könne glauben, daß »Gott sich selber gibt«. Gott gibt seinen Willen den Menschen durch Offenbarungen kund, aber er gibt sich nicht selber. Das widerspräche seiner für Menschen unerreichbaren Majestät und Unvergleichlichkeit. Schließlich ist es für muslimisches Denken unannehmbar, daß die Wahrheit des Islams »nicht auf Erden, sondern im Himmel« sei. Der Islam als Religion und Gemeinschaft ist nach seinem Selbstverständnis diesseitig-geschichtlicher Natur, und die islamische Gemeinde versteht sich als die beste Gemeinschaft unter den Menschen, weil sie sich im Besitz der unverfälschten göttlichen Offenbarung weiß, der sie in ihrem Machtbereich Geltung zu verschaffen beauftragt ist. Wenn Smith also meint, der Islam sei im Begriff, sich zu einem Wesen zu entwickeln, das gleichermaßen zukünftig, himmlisch und mystisch ist, tut der den Tatsachen Gewalt an. Dagegen entspricht auch heute noch der Wirklichkeit, was Rudi Paret bereits 1960 schrieb:

»Bis jetzt hat sich in der islamischen Welt noch keine neue Konzeption durchgesetzt, die den Gläubigen erlauben würde, zu allem Neuen, was sie faktisch übernommen haben, unbedenklich ja zu sagen, ohne damit den Geltungsbereich ihrer Religion einschränken zu müssen.«[104]

Die Schwierigkeit liegt eben darin, daß die islamische Welt sich als Gemeinde des durch Mohammed offenbarten Gesetzes versteht, eines Gesetzes, das nicht ohne Kompromisse, die mehr oder weniger weit gehen, in der Gegenwart aufrecht erhalten werden kann.

Seit Smith und Paret um 1960 ihre Mutmaßungen über die Zukunft des Islams äußerten, ist als neue, die ganze islamische Welt in unterschiedlichem Maße durchdringende Bewegung der Islamismus oder islamische Fundamentalismus entstanden. Er hat die Phase des arabischen Nationalismus, die von den dreißiger bis zu den sechziger Jahren dauerte, abgelöst. Der arabische Nationalismus konnte seine teilweise westliche Herkunft nicht verleugnen; denn der moderne Begriff der Nation ist dem Islam fremd. Die islamische Umma ist nicht national begrenzt, sondern religiös bestimmt und daher international. Der Islamismus hat die nationalen Grenzen hinter sich gelassen und ist auf die weltweite islamische Umma ausgerichtet.

Das Ringen um die rechte Verhältnisbestimmung von genuin islamischer Tradition und Modernität hat bis jetzt nicht aufgehört, es ist eher noch konfliktträchtiger geworden. Traditionalistisch ausgerichtete Staaten wie Iran oder Saudi-Arabien kommen nicht umhin, westlichen Einflüssen Raum zu geben, und die nach ihrer Verfassung laizistische Türkei hat Schritt für Schritt das islamische Erbe unter staatlicher Verwaltung integrieren müssen. Im ganzen aber hat sich seit den sechziger Jahren die Tendenz, die islamische Tradition den westlichen Einflüssen kritisch bis feindlich entgegenzusetzen, verstärkt. Unter dem islamischen Rigorismus leidet nicht zuletzt die Bevölkerung der islamischen Länder. Unduldsame Eiferer scheuen nicht vor terroristischen Akten zurück.

104   Paret, Die geistige Situation, S. 178–179.

B
Christentum und Islam

I

Die Kirche in der islamischen Welt und in deren Einflußgebieten[105]

1 Die Lebensbedingungen der Christen in der islamischen Welt

Als die Araber von den alten Kulturländern Besitz ergriffen hatten, waren sie vorerst gar nicht in der Lage, ihre Herrschaft ohne die Hilfe der unterworfenen Bevölkerung aufrecht zu erhalten. Es zeugt vom Wirklichkeitssinn der muslimischen Machthaber, daß es ihnen gelang, die fremden Völker zur Mitarbeit zu gewinnen. Die Andersgläubigen mußten den Grundgedanken der islamischen Theokratie respektieren und durften unter dieser Voraussetzung ihren religiösen Überlieferungen treu bleiben, sofern diese vom Islam geduldet wurden.

Grundlegend war die Praxis des Propheten, der zwischen Götzendienern, d.h. Polytheisten, und Schriftbesitzern unterschieden hatte. Jene mußten den Islam annehmen, diese durften gegen Entrichtung einer Kopfsteuer bei ihrer Religion bleiben. Als Schriftbesitzer hatte Mohammed ausdrücklich die Juden, Christen und Sabier genannt. Unter den Sabiern verstand er vermutlich die Mandäer, eine jüdisch-christliche Täufersekte. In späterer Zeit wurden auch die Zoroastrier, die Anhänger der auf Zarathustra zurückgehenden persischen Staatsreligion, den Buchbesitzern zugeordnet. Andere unterworfene Völker verschafften sich gleichfalls religiöse Duldung, indem sie auf irgendwelche Offenbarungsschriften verwiesen, die sie besäßen.

In der Zeit der ersten Eroberungen war den muslimischen Herrschern nicht daran gelegen, die Bevölkerung der unterworfenen Gebiete zu bekehren. Gegen die Christen Arabiens wurden allerdings schon früh schärfere Maßnahmen angewandt. ʿUmar (634–644) verbannte die Christen des Nadschrān nach dem Irak, damit, wie er sagte, »nur eine Religion in Arabien sei«. Dennoch lebten weiterhin einzelne Christen in Arabien, sogar in Medina.

---

105 Siehe Lexikon der islamischen Welt. Völlig überarbeitete Neuausgabe, S. 66–74 (mit speziellen Literaturhinweisen zu den einzelnen orientalischen Kirchen).

Die Buchbesitzer durften ihre Religion nur unter gewissen Einschränkungen ausüben. Das gottesdienstliche Leben durfte nur in den dafür vorgesehenen Gebäuden gepflegt werden. Das Glockenläuten war verboten. In der Nähe islamischer Städte durften keine neuen Kirchen erbaut werden. Die Wiederherstellung alter Kultgebäude war erlaubt. Selbstverständlich war jede missionarische Aktivität unter Muslimen bei Todesstrafe verboten. Es durfte auch nichts zur Rückgewinnung von Schriftbesitzern, die zum Islam übergetreten waren, unternommen werden. Die Leute des Buches mußten sich von den Muslimen durch ihre Kleidung unterscheiden und hatten ihnen in Ehrfurcht zu begegnen. Sie durften nicht auf Pferden, sondern nur auf Eseln reiten. Es war einem Muslim zwar erlaubt, eine Christin zu ehelichen; aber ein Christ durfte keine muslimische Frau heiraten. Vollzog in einer christlichen Ehe die Frau den Übertritt zum Islam, so galt die Ehe eben damit als geschieden. Christen hatten ferner vor Gericht nicht das Recht, als Zeugen aufzutreten. Andererseits war den Schriftbesitzern manches erlaubt, was den Muslimen verboten war, z.B. Geld gegen »Wucher« (d.h. Zinsen) auszuleihen. Ferner war ein muslimischer Herr gehalten, seinem christlichen Sklaven das Weintrinken, das Essen von Schweinefleisch und den Kirchgang zu gestatten. Es kam auch vor, daß freundliche Beziehungen zwischen Muslimen und Schriftbesitzern bestanden. Im übrigen entsprach die Wirklichkeit nicht immer den Bestimmungen des islamischen Gesetzes. Es gab christenfreundliche Herrscher, wie die Fatimiden Ägyptens, aber auch andere, die den Druck des Gesetzes durch willkürliche Maßnahmen verschärften.

Wie es um das Recht der Schriftbesitzer im nachbarschaftlichen Zusammenleben mit Muslimen steht, beleuchtet eine Tradition, die al-Ghazālī zitiert:

»Der Gesandte Gottes spricht: ›Es gibt einen Nachbarn, der *ein* Recht hat, das ist der ungläubige Nachbar; und einen, der zwei Rechte hat, das ist der muslimische Nachbar; und einen, der drei Rechte hat, das ist der muslimische Nachbar, der mit dir verwandt ist.‹ Du siehst, daß er selbst für den Ungläubigen ein Recht festsetzt auf Grund der bloßen Nachbarschaft«[106].

Um die inneren Angelegenheiten der tolerierten Religionsgemeinschaften kümmerten sich die muslimischen Herrscher in der Regel nicht. Sie machten die religiösen Oberhäupter der Andersgläubigen, die Patriarchen, Bischöfe und Rabbiner, für die loyale Hal-

---

106   Al Ghasālī, Das Elixier der Glückseligkeit, S. 165.

tung ihrer Gemeinden gegenüber dem Staat verantwortlich. Dadurch erhielten die höheren christlichen und jüdischen Würdenträger zusätzliche Befugnisse in rechtlicher Hinsicht. Sie konnten zur Aufrechterhaltung der Ordnung ihrer Gemeinden sogar die Hilfe der Polizei in Anspruch nehmen. Die Schriftbesitzer waren also eine nach eigenen Gesetzen innerhalb der islamischen Ordnung lebende Gemeinschaft für sich. Das findet seinen literarischen Ausdruck darin, daß islamische Geschichtswerke in der Regel die nichtmuslimischen Gruppen stillschweigend übergehen, und ebenso berichten die jüdischen und christlichen Quellen aus der islamischen Welt in der Regel nichts über die muslimische Gemeinschaft.

Diese Situation unterschied sich grundlegend von dem Zustand, in dem sich die östlichen Sonderkirchen unter der byzantinischen Herrschaft befanden. Der in Byzanz residierende Kaiser, der sich als Beschützer des rechten Glaubens verstand, mischte sich durchaus in die religiösen Angelegenheiten seiner Untertanen ein. Die theologischen und kirchlichen Streitigkeiten waren seit den Tagen der Alleinherrschaft Konstantins des Großen (324–337) ein wesentlicher Gegenstand der kaiserlichen Politik. Die byzantinischen Herrscher versuchten stets, die Reichseinheit mit der kirchlichen Einheit zu verbinden. Wir können uns daher vorstellen, daß die orientalischen Nationalkirchen, die sich von der byzantinischen Orthodoxie abgesondert hatten, die arabische Herrschaft zunächst durchaus begrüßten; denn sie schien ihnen größere Freiheit zu bringen. Die im großen ganzen schonende Behandlung machte nicht nur die religiösen Oberhäupter der Schriftbesitzer, sondern auch die Vornehmen und Beamten geneigt, sich willig der islamischen Herrschaft zu fügen. In seinem eigenen Reich wurde der Muslim zunächst nicht selten in erheblichem Umfang von Christen in Staatsämtern regiert. Um ein Beispiel zu nennen: Der berühmte Theologe Johannes von Damaskus, geboren um 650, entstammte einer vornehmen arabisch-christlichen Familie. Sein Vater war Finanzminister am Hofe des umaiyadischen Kalifen, und auch der Sohn war zunächst Mitarbeiter des Vaters, ehe er sein Amt aufgab und um das Jahr 700 als Mönch in das Sabbaskloster zu Jerusalem eintrat. Im 9. Jahrhundert kam es sogar zweimal vor, daß Christen Kriegsminister wurden. Ein muslimischer Autor beschrieb diese Zustände mit den Worten:

»Die Muslime mußten die Hände der Christen küssen und ihre Befehle ausführen«[107].

107 Kawerau, Geschichte der mittelalterlichen Kirche, S. 122.

Zeitweilig konnte nur Karriere machen, wer über gute Beziehungen
zu einflußreichen Christen verfügte. So wird von einem muslimischen Beamten erzählt, ihm sei während einer Sitzung versehent-
lich ein Kruzifix aus seinem Gewand gefallen. Mit gut gespieltem
Entsetzen hob er es auf und sagte:

»Das ist ein Amulett unserer Weiber. Sie stecken es in unsere Kleider
ohne unser Wissen«[108].

Das Theaterstückchen verfehlte nicht die beabsichtigte Wirkung.
Der Beamte, der den Christen ein verstecktes Kompliment gemacht
hatte, wurde Wesir. In Ägypten gab es im 9. Jahrhundert einen
christlichen Bezirksamtmann, der jeden Freitag das schwarze Amts-
kleid anlegte und mit seinem muslimischen Stellvertreter hoch zu
Roß zur Moschee ritt. Dort ließ er diesen das rituelle Gebet verrichten und zog darauf mit ihm wieder fort. Man sieht übrigens
an diesem Beispiel, daß das Verbot für Christen, auf Pferden zu
reiten, in diesem Falle nicht eingehalten wurde.
Der bedeutende Einfluß der Christen war manchen Muslimen ein
Ärgernis. Ein solcher war al-Dschāḥiz (gest. 869). Er schreibt:

»Einer der Umstände, der (die Christen) in den Augen des Volkes groß
erscheinen und den geringen Leuten lieb sein läßt, ist die Tatsache, daß
sie die Sekretäre der Fürsten und Diener der Könige, die Ärzte der Stan-
despersonen, Parfümhändler (bzw. Drogisten) und Geldwechsler sind,
während du die Juden nur als Färber, Gerber, Schröpfer, Schlächter und
Schuhflicker findest. Da nun das gewöhnliche Volk Juden und Christen
in dieser Situation sah, kam es zu dem Schluß, das Verhältnis der beiden
Religionen sei wie das Verhältnis der Berufe (denen ihre Bekenner
folgen; d.h. das Christentum sei eine edle, vornehme und das Judentum
eine gewöhnliche, geringe Religion)«[109].

Al-Dschāḥiz gesteht, daß die Christen wohlhabend sind und sich
muslimischen Sitten angeglichen haben. Er bekennt sogar, daß sie
über die bessere Bildung verfügen. Doch macht er aus jedem dieser Vorzüge einen zusätzlichen Grund, die Niederhaltung der
Christen zu fordern:

»Unsere Gemeinde (umma) hat von den Juden, Magiern und Sabiern
nicht so viel zu leiden gehabt wie von den Christen; denn diese haben es
(in ihren polemischen Auseinandersetzungen mit uns) auf widersprüch-
liche Aussagen im Koran abgesehen. (Sie wählen als Themen für ihre

108   Ebd., S. 122.
109   Von Grunebaum, Der Islam im Mittelalter, S. 234f.

Disputationen) die zweideutigen Verse des Buches (und machen uns verantwortlich) für Traditionen mit zweifelhafter Zeugenkette (isnād). Dann (diskutieren sie diese Dinge) privat mit (Muslimen) von schwacher Bildung und befragen die gewöhnlichen Leute darüber. Dann bringen sie ihnen zu guter Letzt noch die Argumente der mulḥidūn (d.h. der Abtrünnigen, der Ketzer) und der verfluchten zanādiqa (d.h. der Freigeister ...) bei. Und trotz alle dem erscheinen sie unschuldig in den Augen unserer Gelehrten und einflußreichen Männer. So gelingt es ihnen, unter den Glaubensstarken Unruhe hervorzurufen und die Glaubensschwachen zu verwirren. Es ist ein wahres Unheil, daß jeder Muslim sich für einen Theologen (mutakallim) hält und meint, daß jedermann gleich geeignet ist, mit den Ungläubigen [...] eine Diskussion zu führen«[110].

Der Traktat des Dschāḥiz ist eine Tendenzschrift. Der Autor will seine Forderung eines strengeren Vorgehens gegen die Christen begründen. Daher malt er die von ihnen der islamischen Gemeinde drohenden Gefahren in kräftigen Farben. Berücksichtigt man den tendenziösen Charakter jener Schrift, so kann dennoch nicht bezweifelt werden, daß Christen noch im 9. Jahrhundert eine bedeutende Stellung im öffentlichen und gesellschaftlichen Leben der islamischen Welt einnahmen. Die strengen Rechtsvorschriften entsprachen auch in dieser Hinsicht nicht immer der Wirklichkeit. Es kam auf die Einstellung des Herrschers gegenüber den Christen an, aber auch auf die Stimmung des Volkes, das den Christen mitunter feindlicher gesonnen war als die Fürsten selbst, die deren überlegene Kenntnisse und Fähigkeiten zu schätzen und zu nutzen wußten. Sodann gab es hinsichtlich der Behandlung der Christen keine völlig einheitliche Rechtsauffassung. Von den Rechtsschulen der islamischen Welt waren die Malikiten, was die Behandlung der Schriftbesitzer betraf, weniger liberal als die Hanafiten. Ferner kann man sagen, daß die Lage der Christen sich in dem Maße verschlechterte, wie das Weltreich der Araber von der Religion des Islams durchdrungen wurde. Die heranwachsende muslimische Führungsschicht machte die Dienste der Christen entbehrlicher. Verhängnisvoll wirkten sich die Kreuzzüge auf die Einstellung der Muslime gegenüber den Christen aus. Die Begegnung mit dem militanten abendländischen Christentum war nicht nur für die byzantinische Kirche und die orientalischen Christen enttäuschend, sondern rief vor allem unter den Muslimen eine antichristliche Stimmung hervor, unter deren Auswirkungen auch die orientalischen Kirchen zu leiden hatten. Im 14. Jahrhundert wurde die schon beträchtlich zusammengeschmolzene östliche Christenheit durch die Mongolen in furchtbaren Blutbädern dezimiert.

110 Ebd., S. 234f.

Auch wohin die Mongolen nicht kamen, wie etwa nach Ägypten, war das einheimische Christentum sehr geschwächt.
Aufs Ganze gesehen lassen sich folgende *Gründe für die Zurückdrängung des Christentums* in der islamischen Welt nennen:
1. Die Christen waren durch das islamische Recht diskriminierenden Bestimmungen unterworfen.
2. Äußere Ereignisse, nach Zeit und Raum verschieden, verstärkten gelegentlich den Druck des Gesetzes.
3. Die orientalischen Sonderkirchen waren eines konfessionsgleichen Hinterlandes beraubt und inmitten der islamischen Welt isoliert.
4. Neben dem Druck der politischen, sozialen und wirtschaftlichen Verhältnisse, der auf den Christen lastete, ist nicht zuletzt mit der religiösen Anziehungskraft des Islams zu rechnen: ein einfaches Dogma, ein erträgliches Gesetz, eine weltbejahende Grundstimmung. ᶜAlī aṭ-Ṭabarī, ein zum Islam übergetretener Christ, schreibt um das Jahr 855 in seinem »Buch vom Staat und von der Religion«:

»Lob gebührt Gott! Lob gebührt Gott für die Religion des Islams: Wer sich ihr anschließt, dem wird Erfolg (zuteil), wer sich an sie hält, wird rechtgeleitet; wer sich für sie einsetzt, wird gerettet; wer ihr Feind ist, geht zugrunde. Durch sie hat sich der Schöpfer zu erkennen gegeben; nach ihr trachten die Völker und verlangen die Seelen [...] Durch sie wird früher oder später das Hoffen erfüllt; denn sie ist das lebendige Licht und die Brücke in die Stätte des ewigen Heils, wo es weder Kummer noch Verblendung gibt. Gott der Allerhöchste hat uns unter die Gefolgsleute seiner sunna (d.h. der Art, sich mit dem Leben auseinanderzusetzen) eingereiht und das Nichtige mitsamt den Übeln, die es für seine Anhänger bringt, vermeiden lassen; Gott ist in Wahrheit preiswürdig und gepriesen; sein Königtum hat kein Ende, und keiner kann seine Worte ändern. Er ist der Wohltäter, der Weise, der die Wahrheit offenbart und erleuchtet hat; seine Diener hat er erschaffen, seinen Apostel, seinen Geliebten, seinen Freund hat er gesandt zu denen, die an ihm zweifelten, sie aufrufend zu immerwährendem Sieg und zum strahlenden Licht«[111].

Wie dieser Text zeigt, faßt der neubekehrte Autor den Islam als die Religion des Erfolges und des Sieges auf. Seiner Abhandlung hat er den Titel gegeben: »Das Buch vom Staat und von der Religion.« Damit hat er den Islam als politische Religion erfaßt, als Religion der Weltgestaltung nach Gottes Gesetz durch die triumphierende islamische Gemeinde.

111 Ebd., S. 52f.

Daß nach wie vor die Nichtmuslime in der islamischen Welt als
»Fremdlinge« gelten, mag folgendes Zitat aus dem 1968 vom Is-
lamischen Zentrum in Genf herausgegebenen Buch »Der Islam.
Geschichte, Religion, Kultur« belegen:

> »Wenn ein Glaubender oder ein Kapitalist in den kommunistischen Län-
> dern als Fremdling angesehen wird, oder ein Schwarzer in den Ländern
> der Weißen oder ein Nicht-Deutscher in Deutschland darf man sich
> nicht darüber wundern, wenn auf islamischem Gebiet ein Nicht-Muslim
> gleichermaßen als Fremdling gilt [...] Wie jedes andere politische und so-
> ziale System, so unterscheidet auch der Islam zwischen seinen Mitglie-
> dern und den anderen, jedoch mit zwei besonderen Kennzeichen: der
> Leichtigkeit, mit der dieses Hindernis überschritten werden kann (durch
> Anerkennung seiner Ideologie), und der geringfügigen Ungleichheit
> zwischen den beiden Arten von Menschen im Hinblick auf irdische Be-
> lange [...]«[112].

Auch wenn moderne Verfassungen islamischer Staaten Religionsfreiheit gewähren, so ist doch der Islam die Grundlage der Gesellschaft und ihrer Kultur. Am Wesen der islamischen Länder haben
die Christen nicht teil, und deshalb werden sie als tolerierte Fremde empfunden. Seit jeher findet aber die Toleranz ihre Grenze,
wenn die Würde des Islams und seines Propheten angetastet wird.
Mit »Leichtigkeit« kann zwar der Schritt vom Christentum zum
Islam vollzogen werden; aber große Beschwernisse und Gefahren
erwarten den Muslim, der sich für den entgegengesetzten Weg
entscheidet.
Gegenwärtig sind die Lebensverhältnisse von Christen in islamischen Ländern teilweise sehr bedrückend. Der Grund der Nöte,
unter denen Christen in manchen islamischen Ländern leiden, ist
der unduldsame *Islamismus*. Seine Opfer sind aber keineswegs
ausschließlich Christen. Die aggressiven Kräfte des islamischen Extremismus haben eine dreifache Richtung:
1. Sie sind *antiwestlich*. Die abendländische Zivilisation wird als
zersetzendes Gift betrachtet, das nicht in den Körper der islamischen Welt eindringen dürfe. Auf den Punkt gebracht hat der
Ayatollah Khomeini diese Einstellung, indem er die stärkste politische Macht des Westens, die USA, als den »großen Satan« an-
prangerte und auf jede Weise zu bekämpfen trachtete. Entscheidende Bedeutung kommt in diesem Zusammenhang dem Konflikt
zwischen Israel und den arabischen Staaten zu. Israel erscheint
vielen Muslimen als Raub an islamischem Land, und die offensicht-

---

112 Der Islam. Geschichte, Religion, Kultur, S. 260.

liche Unterstützung Israels durch die USA wird als Feindschaft gegen den Islam empfunden.
2. Der Islamismus duldet *im eigenen Lager* keine religiöse Opposition. Muslime, die sich dem Vorwurf aussetzten, sie seien vom Islam abgefallen, mußten für ihre Überzeugung sterben. Der sudanesische Religionsphilosoph Maḥmūd Muḥammad Ṭāhā wurde im Alter von 76 Jahren öffentlich durch den Strang hingerichtet, weil er die Einführung der Scharīᶜa im staatlichen Bereich ablehnte. Regierungen islamischer Länder werden durch terroristische Akte, denen unzählige Unschuldige zum Opfer gefallen sind, bekämpft mit dem Ziel, einen Gottesstaat herbeizuwingen.
3. Der Intoleranz muslimischer Eiferer sind auch *Christen* zum Opfer gefallen. Sie erscheinen religiös tadelnswert, weil sie den Glauben an Allāh und seinen Propheten nicht teilen, und politisch verdächtig, weil sie, wie man meint, aufgrund ihrer Religion zur Solidarität mit den sogenannten christlichen Ländern und folglich zur Feindschaft gegen die Muslime neigen könnten. Bekehrungen vom Islam zum Christentum werden seit jeher nicht geduldet.

2 Die einzelnen Kirchen

2.1 Die Besonderheit der orientalischen Kirchen

Das orientalische Christentum ist durch seine konfessionelle Aufspaltung gekennzeichnet. Die Voraussetzungen dafür liegen weit zurück.
Zunächst war die Sprache der Christenheit im Altertum das »gemeinsame« Griechisch (Koine-Griechisch), das in den Städten des Römischen Reiches überall verstanden wurde und in welchem auch die Schriften des Neuen Testaments verfaßt sind. Um das Jahr 200 zeigte sich im kirchlichen Bereich die sprachliche Verselbständigung des Westens. Das Lateinische löste hier die griechische Sprache in der kirchlichen Literatur und im Gottesdienst ab. Als sich das Christentum von den Städten her in den ländlichen Gebieten ausbreitete, stieß es auch in den Raum der verschiedenen Volkssprachen vor.
Diese Entwicklung war im Osten des Römischen Reiches besonders folgenreich, weil hier Völker mit alten, an Kultur reichen Traditionen lebten. Durch die Übersetzung der Bibel und die Entstehung eines christlichen Schrifttums wurden die Landessprachen teils erst zu Literatursprachen erhoben, wie z.B. das Armenische und Georgische, teils als solche wesentlich bereichert, wie z.B. das Koptische, Syrische und Äthiopische. Im Unterschied zur westli-

chen Reichshälfte entwickelte sich im Osten ein völkisch differenziertes Christentum.

Mit der Sprache ist aber das Denken verbunden. Die Dogmen der altchristlichen Kirche beruhen auf der philosophischen Begrifflichkeit der griechischen Sprache. Es ist daher nicht verwunderlich, daß die auf dem Boden des Griechentums entstandenen Dogmen in anderen orientalischen Sprachbereichen entweder auf eigenständige Weise gedeutet oder sogar abgelehnt wurden. So ist es unter dem Gesichtspunkt des Zusammenhangs von Sprache und Denken begreiflich, daß die christologischen Streitigkeiten des 5. und 6. Jahrhunderts den Zerfall der kirchlichen Einheit im Osten zur Folge hatten. Selbstverständlich spielten in diesem Prozeß nicht nur theologische und sprachpsychologische, sondern auch reichspolitische, kirchenpolitische, nationale, kulturelle, wirtschaftliche und andere Ursachen eine Rolle.

2.2 Die Melkiten

Als im 7. Jahrhundert der Islam entstand, war die byzantinische Großkirche durch die Abspaltung orientalischer Nationalkirchen schon sehr geschwächt. Zur Zeit der arabischen Eroberungen unter den vier ersten Kalifen bestanden, abgesehen von Konstantinopel, orthodoxe Patriarchate in Alexandrien, Jerusalem und Antiochien. Ihnen waren Bistümer untergeordnet. Die Gläubigen dieser Kirchengebiete waren meist Griechen oder hellenisierte Stadtbewohner. Die Sprache des Gottesdienstes und der kirchlichen Literatur blieb zunächst das Griechische. Seit dem 9. Jahrhundert setzte sich aber im islamischen Machtbereich mehr und mehr das Arabische durch. Da die orthodoxen Christen mit dem Glauben des byzantinischen Kaisers übereinstimmten, nannte man sie Melkiten, »Kaiserliche«, abgeleitet von dem syrischen Wort malkā oder dem arabischen malik, was beides »König« oder »Kaiser« bedeutet. Die Zugehörigkeit zur byzantinischen Orthodoxie ließ die Melkiten in den Augen der muslimischen Machthaber verdächtig erscheinen. Der politischen Sympathien mit Konstantinopel beschuldigt, hatten sie oft unter Bedrückungen zu leiden. Vielleicht haben sie aus diesem Grunde bald das Griechische zugunsten des Arabischen aufgegeben, um in einer arabisierten Umwelt weniger aufzufallen. In Ägypten trat ein großer Teil der Melkiten zu den die christliche Mehrheit bildenden Kopten über, die als Monophysiten (Anhänger der Lehre, daß Christus nur *eine* Natur habe) in Opposition zur byzantinischen Orthodoxie standen. In Jerusalem und Antiochien konnten sich die Melkiten besser behaupten. Seit 960 gelang es den Byzantinern, bis zu den Kreuzzügen große Teile

Syriens dem Islam zu entreißen und zu besetzen. Dadurch wurden die syrischen Melkiten starken byzantinischen Einflüssen unterworfen. Erst nach der Kreuzfahrerzeit bildeten sie, unter islamischer Herrschaft lebend, eine eigenständige kirchliche Gemeinschaft, die aber Verbindung zum Patriarchat von Konstantinopel hielt. Nach einer Zeit des Niederganges nahm die Kirche der Melkiten seit dem 17. Jahrhundert neuen Aufschwung.

Auf dem Gebiet der christlich-arabischen Literatur haben sich die Melkiten durch bedeutende Leistungen ausgezeichnet. Einer ihrer ältesten Schriftsteller ist Theodor Abū Qurra (gest. um 820). Frühe Zentren christlich-arabischer Literatur waren das Kloster Mār Sābā bei Jerusalem und das Sinai-Kloster.

Zur mit Rom unierten melkitischen Kirche unter einem in Damaskus residierenden Patriarchen gehören in Syrien, Libanon, Irak, Ägypten, Sudan, Jordanien und Israel rund 390 000, in den USA rund 50 000 und in Brasilien etwa 48 000 Gläubige, insgesamt also ca. 488 000. Sie erkennen den Papst als Oberhaupt der Gesamtkirche an und feiern ihre Gottesdienste nach byzantinischem Ritus. Die nicht mit Rom unierten Melkiten der Patriarchate Alexandrien, Jerusalem und Antiochien werden als »Griechisch-Orthodoxe« bezeichnet. Auch deren Patriarch residiert in Damaskus. Diese Gemeinschaft zählt im Vorderen Orient rund 230 000 und in Nord- und Südamerika sowie in Australien 170 000 Christen, insgesamt also rund 400 000. Die Zahlen beziehen sich auf den Stand von 1978. Seit Jahrzehnten hält die Auswanderung aus den angestammten Ländern des Nahen Ostens an.

2.3   Die Nestorianer

Die Nestorianer sind nach *Nestorius* benannt, den das Konzil von Ephesus im Jahre 431 als »gottlosen Lehrer« abgesetzt hatte. Nestorius war Patriarch von Konstantinopel gewesen. Er unterschied streng zwischen der göttlichen und der menschlichen Natur in Christus und lehnte die Vorstellung von einer physischen oder hypostatischen Einheit von Gott und Mensch in Christus ab. Gleichwohl bestritt er, »zwei Söhne« in Christus zu lehren, den Gottessohn und den Menschensohn. Er vertrat die Meinung, in Christus seien die beiden zur Menschheit und Gottheit gehörenden »Personen« (griechisch: prosōpa) oder Hypostasen (Wirklichkeitsgestalten) zu einer einzigen geschichtlich in Erscheinung tretenden »Person« »gemäß dem Wohlgefallen Gottes« (kat eudokian) vereinigt. Er verstand also die Einheit von Gott und Mensch in Christus nicht als eine seinsmäßige, sondern gnadenhaft-willensmäßige, bewirkt durch Gottes Wohlgefallen. In der Verbannung hörte er noch von der Einberufung eines Reichskonzils nach Chalcedon (451) »und faßte das als Sieg des rechten Glaubens auf«[113]. Das Konzil von Chalcedon bestimmte, Christus bestehe »in zwei Naturen, unvermischt und unverwandelt, ungetrennt und ungesondert, die beide in einer Person und Hypostase zusammenkommen«[114]. Über die Frage, ob zu jeder der beiden Naturen an sich eine eigene Hypostase oder Person gehöre, wie Nestorius meinte, schwieg man sich aus. Die Anhänger des Nestorius lehnten das Bekenntnis von Chalcedon ab. Im byzantinischen Reich verfolgt, gewann der Nestorianismus vor allem im Perserreich an Boden, wo er sich seit 484 aus der großkirchlichen Entwicklung herauslöste und konfessionell verselbständigte.

Die im Zweistromland wohnenden Nestorianer betrachteten die *arabischen Eroberer* zunächst als Befreier. Obwohl jene Christen nicht der Herrschaft des Kaisers unterstanden, der gewiß versucht hätte, ihnen den orthodoxen Glauben aufzuzwingen, waren sie im Perserreich nur geduldet. Denn hier herrschte die Religion Zarathustras. Wenn die persischen Könige die Nestorianer auch wegen ihres konfessionellen Gegensatzes zur byzantinischen Orthodoxie tolerierten, blieben sie von Verfolgungen nicht gänzlich verschont. Deshalb hofften sie zunächst, daß die arabischen Eroberer eine Besserung ihrer Lage herbeiführen würden, zumal unter den arabischen Heerscharen auch einzelne christlich-arabische Stämme vertreten waren, die allerdings eine unbedeutende Minderheit darstellten. Schon in den ersten Jahrzehnten traten diese aber zum Islam über, und die Nestorianer mußten erkennen, daß sie weiterhin unter einer fremdreligiösen Herrschaft leben würden. An eine Bekehrung der Muslime zum Nestorianismus war nicht zu denken. Anfangs traten noch einige Zoroastrier, die durch den Zusammenbruch des persischen Staates religiös heimatlos geworden waren, zur nestorianischen Kirche über. Aber schon im 7. Jahrhundert hörte im Zweistromland und westlichen Iran sowie in den südlichen Randlandschaften des Kaspischen Meeres der missionarische Zuwachs auf. Das in Fars vertretene nestorianische Christentum war bereits um das Jahr 1000 dem Islam erlegen. Islamische Mystiker entfalteten hier eine rege Predigttätigkeit, verbunden mit wohltätiger Hilfe, was zu Massenbekehrungen von Zoroastriern und Christen führte.

Besser als im Westiran hielt sich der Nestorianismus im *Zweistromland*. Hier war er auch seit vorislamischer Zeit wesentlich stärker vertreten. Die Abbasiden verlegten 763 ihre Residenz nach Bag-

113   L. Abramowski, Artikel Nestorius, in: RGG³, Bd. 4, Sp. 1406.
114   Jedin, Kleine Konziliengeschichte, S. 29.

dad. Dort nahm Ende des 8. Jahrhunderts auch der Katholikos, das geistliche Oberhaupt der Nestorianer, seinen Amtssitz. Dies hatte zur Folge, daß die Katholikoi zu offiziellen Vertretern der gesamten Christenheit des Kalifenreiches gemacht wurden. Nur sie vermittelten den Verkehr zwischen den Christen und dem Nachfolger des Propheten. Zu dieser Bevorzugung trug sicher auch das hohe Ansehen bei, dessen sich die Nestorianer ihrer wissenschaftlichen Tätigkeit wegen erfreuten. Es ist aber auch nicht auszuschließen, daß den muslimischen Herrschern diese Richtung des Christentums eher zusagte als der Monophysitismus, der das reale Menschsein Christi in Frage stellte. Trotz seltener Verfolgungen der Christen und gelegentlich strengerer Durchführung der Bestimmungen des islamischen Gesetzes konnten noch im 8. und 9. Jahrhundert Klöster und Schulen gegründet werden. Ebenso wurden die Beziehungen zu den Christen in Syrien und Ägypten gepflegt. Missionare zogen nach Innerasien, und um 800 ernannte der Katholikos Timotheus I. sogar einen Bischof für Sanᶜā in Südarabien.

Besonders verdient machten sich die Nestorianer um die Pflege der *Wissenschaften*. Ihre theologische Literatur gründete sich auf die Schriften der griechischen Kirchenväter, unter denen Nestorius und andere Vertreter der antiochenischen Schule im Vordergrund standen. Philosophisch stützte sich der Nestorianismus auf Aristoteles. Er galt den Nestorianern als »dreizehnter Apostel«. Im Zusammenhang mit den Schriften des Aristoteles wurde auch das naturwissenschaftliche Erbe der Antike bewahrt. Das Studium der Naturwissenschaften führte dazu, daß die Nestorianer als Ärzte, Bankiers und Juweliere in der Gesellschaft eine einflußreiche Stellung einnahmen.

Unter den nestorianischen Übersetzern ist besonders Ḥunain Ibn Isḥāq (gest. 873) mit seiner Familie zu erwähnen. Er stammte aus Ḥīrā, dem christlichen Zentrum im südlichen Irak. In seiner Kirche hatte er den Rang eines Diakons. Neben dem Syrischen, der Kirchensprache, beherrschte er das Arabische, daß er an einer Grammatikerschule in Basra studiert hatte. In Bagdad widmete er sich in jungen Jahren dem Studium der Medizin. Bei dieser Gelegenheit hatte er von persischen Kommilitonen deren Sprache erlernt. Er unternahm Reisen nach Alexandrien und ins byzantinische Reich, wobei er eine große Anzahl griechischer Handschriften sammelte. Seine Bibliothek umfaßte die meistgebrauchten und meistgelesenen Autoren der Antike. Ḥunain war Arzt am Hofe des Kalifen. Daneben entfaltete er eine gewaltige schriftstellerische Tätigkeit. Er soll mehr als 260 Werke übersetzt und mehr als 100 selber verfaßt haben. Als Übersetzer wurde er von Christen und Muslimen gleichermaßen geschätzt. Griechische Schriften übertrug er für jene ins Syrische, für diese ins Arabische. Durch seine Übertragungen entwickelte er für die arabische Sprache eine differenzierte wissenschaftliche Terminologie, wie sie das Syrische aufgrund seiner älteren wissenschaftlichen Tradition schon besaß. Neben den Nestorianern nahmen sich auch die monophysitischen Jakobiten im Zweistromland der Pflege der Wissenschaften an.

Die Kalifen förderten die gelehrten Studien. Al-Ma'mūn gründete 829 eine Akademie, »das Haus der Weisheit« genannt. Zentrum der medizinischen Studien war Gondēschāpūr, östlich des Tigris in der Landschaft Chūsistān gelegen. Hier nahmen christliche Ärzte eine hervorragende Stellung ein. Im 10. und 11. Jahrhundert wurde die Kirche von allerhöchster Stelle mit Privilegien ausgestattet, die auch den persönlichen Schutz des Katholikos gegen seine Widersacher einschlossen.

Die übersetzten Werke der antiken Literatur gehörten größtenteils zur Medizin, und bevorzugter Autor war der griechische Arzt Galen (gest. um 200 n.Chr.). Ferner umfaßte das arabische Korpus der Übersetzungen die Werke Platons und des Aristoteles, einschließlich der antiken Kommentare. Nachdem Ḥunain und seine Schule die Schriften des Aristoteles ins Arabische übertragen hatten, verging noch ein halbes Jahrhundert der bloßen Rezeption, bis der Muslim al-Fārābī (gest. 950) als selbständiger philosophischer Denker hervortrat. In seinem auf Aristoteles gegründeten System versucht er, die Philosophie gegen die islamische Orthodoxie zu verteidigen. Die Nestorianer haben durch die Übermittlung der antiken Wissenschaften wesentlich zur Entstehung der islamischen Theologie und Philosophie beigetragen. Es ist bezeichnend, daß die Kämpfe um den theologischen Rang des Korans im syrisch-aramäischen Gebiet geführt wurden. Ebenso war die islamische Mystik im Zweistromland führend. In Mesopotamien und dem Irak herrschte aber unter den christlichen Gemeinschaften der Nestorianismus vor.

Von einschneidender Bedeutung für die Geschichte der nestorianischen Kirche war der *mongolische Völkersturm*. Während die Nestorianer unter den Muslimen für ihren Glauben nicht werben durften, betrieben sie in Zentralasien und China eine lebhafte Mission. Im 9. Jahrhundert kam der missionarische Vorstoß vorübergehend zum Stehen. Aber im 13. Jahrhundert blühte die Mission der Nestorianer neu auf, und zwar besonders unter den Mongolen, die im Laufe des 13. Jahrhunderts China eroberten. Die Nestorianer erfreuten sich unter der Herrschaft der Mongolen zunächst religiöser Duldung. Ihre Geistlichen waren sogar von Steuern befreit. Bei den Groß-Khanen hatten nestorianische Sekretäre

einflußreiche Stellungen inne. Selbst unter den mongolischen
Fürstengeschlechtern war das Christentum vertreten. 1289 richtete
Kublai Khan ein Amt für christliche Angelegenheiten ein. Angesichts dieser Verhältnisse nimmt es nicht wunder, daß die Christen,
die unter islamischer Herrschaft lebten, von dem Mongolenvor-
stoß nach Vorderasien eine Besserung ihrer Lage erhofften. 1258
fiel Bagdad, und unter den nach Westen vorstoßenden Mongolen
und Türken befanden sich zahlreiche nestorianische Christen. Die
Hauptfrau des Eroberers von Bagdad war eine Christin. Sie und
andere nestorianische Prinzessinnen ließen ihre Kinder taufen. So
kam es, daß drei der mongolischen Herrscher Irans in ihrer Kindheit Christen gewesen waren. Als Erwachsene traten sie vom Christentum zurück. Dennoch erfreuten sich die Christen in Persien
zunächst einer religiösen Duldung, die ihnen schon lange nicht
mehr zuteil geworden war. Sie durften in der Öffentlichkeit Pro-
zessionen veranstalten. Die nestorianischen Katholikoi fanden auch
dann noch bei den Ilchanen, den Beherrschern Persiens, wohlwol-
lendes Gehör, als diese schon dem Buddhismus zuneigten oder sogar anhingen. Auch auf das Abendland wirkte die zunächst christenfreundliche Politik der Mongolen. Die hochgespannten Erwar-
tungen, die man im Westen auf sie gründete, schienen berechtigt
zu sein, weil mongolische Gesandtschaften, die ins Abendland kamen, oft unter der Leitung nestorianischer Diplomaten standen.
Die mongolischen Herrscher verschmolzen in der erwartungsvol-
len Sicht des Abendlandes mit der sagenumwobenen Gestalt des
Priesterkönigs Johannes, der die Muslime von Osten her angreifen und im Zusammenwirken mit einer Kreuzzugsoffensive aus
dem Westen endlich vernichten werde.
Aber um das Jahr *1300* trat ein ernüchternder *Wandel* ein. Aus
politischen Gründen nahm der Herrscher Persiens den Islam an,
der unter der Bevölkerung viel stärker vertreten war als das Christentum. Von nun an hatten die Christen ihre privilegierte Stellung verloren. Die Tatsache, daß sie in den vergangenen Jahrzehnten die Mongolen als Befreier vom Joch der islamischen
Herrschaft betrachtet hatten, machte sie in den Augen der muslimischen Bevölkerung verhaßt. Es kam zu spontanen Ausschreitungen gegen die Christen, später auch zu staatlich angeordneten
Repressalien. Mit der Masse der Mongolen traten nun auch viele
Christen im Zweistromland zum Islam über. So war das 14. Jahrhundert für den Nestorianismus eine Zeitspanne innerer Auszeh-
rung. In diesem Zustand brach über die Nestorianer und andere
morgenländische Christen ein maßloses Unglück herein: Timur
Lenk erklärte sich unter Berufung auf den Koran zum Erneuerer
des mongolischen Weltreiches. Von Samarkand aus unterwarf er

in 35 grausam geführten Feldzügen das riesige Gebiet vom westlichen Kleinasien bis nach Nord-West-Indien. Den Nestorianern fügte er größten Schaden zu. Doch nicht nur in ihrem Stammgebiet, dem Zweistromland, erlitt diese Kirche schwerste Einbuße, sondern auch in Zentral- und Ostasien erloschen die christlichen Gemeinden. Zersetzend wirkte die Union, die im Jahre 1552 von einem Teil der Nestorianer mit der römisch-katholischen Kirche geschlossen wurde. Fortan sind sie in Chaldäer und Assyrer gespalten, wobei man die Unierten »Chaldäische Christen« nennt. Die schwerste Katastrophe kam über die Nestorianer im Ersten Weltkrieg, als sie von den Türken blutig verfolgt wurden. Man schätzt, daß dabei die Hälfte jener Christen umkam. Der mit Rom nicht unierte Zweig der Nestorianer, die assyrische Kirche (»Apostolisch-katholische Kirche des Ostens«) zählt etwa 115 000 Mitglieder, die im Irak, in Syrien, Iran, in Gebieten der ehemaligen Sowjetunion und in den USA leben. Ihr Patriarch, der Katholikos von Seleukia-Ktesiphon, residiert in San Francisco. Diese Gemeinschaft gehört dem Ökumenischen Rat der Kirchen an. Die Gruppe der mit Rom unierten Nestorianer, der »Chaldäischen Christen«, hat einen Patriarchen mit Sitz in Bagdad und zählt rund 200 000 Gläubige[115].

Fragt man nach den *Gründen des Niederganges* dieser geographisch einst am weitesten verbreiteten Kirche, so kann nicht nur auf den anhaltenden Druck der islamischen Herrschaft verwiesen werden, der sich besonders seit der Islamisierung der Mongolen verstärkte; es sind daneben auch innere Gründe zu berücksichtigen. Die Minderheitenstellung der Nestorianer verleitete sie zu einer bedenklichen Anpassung an ihre religiöse Umwelt. Dies wird beispielhaft deutlich an dem nestorianischen Bekenntnis auf der Säule von Singanfu in China aus dem Jahre 781. Es übergeht wichtige Inhalte des christlichen Glaubens. Ein weiterer Nachteil bestand darin, daß es den Nestorianern nie gelang, eine Dynastie dauerhaft für sich zu gewinnen, obwohl sie sich vorübergehend gewisser Sympathien bei den Mongolenherrschern erfreuen durften. Im Mittelalter hatte eine christliche Konfession nur dann Aussicht, zur Volkskirche zu werden, wenn die herrschende Schicht deren Glauben annahm. Musterhaft zeigt dies die Geschichte der Christianisierung der Germanen. Ähnliches blieb den Nestorianern versagt. Schließlich hatten sie im Unterschied zu den Germanenmissionaren mit zwei großen Weltreligionen zu wetteifern: dem Islam und dem Buddhismus. Jenem schlossen sich die Mongolen in Zentralasien, diesem in Ostasien an.

---

115 Statistische Angaben nach: Der Große Brockhaus, Bd 15, [18]1983.

2.4   Die koptische Kirche

Unter der koptischen Kirche ist die monophysitische Christenheit
Ägyptens zu verstehen. Der Name »Kopten« leitet sich aus dem
arabischen kibtī, Plural: kibt, ab, das auf das griechische Wort ai-
gyptios, »Ägypter«, zurückgeht.
Lehnten die Nestorianer die chalcedonensische Formel ab, daß die
menschliche und die göttliche Natur in Christus zu *einer Hypostase* geeint seien, so verwarfen die Monophysiten die Unterscheidung *zweier Naturen* in Christus. Daher werden sie Monophysiten, Anhänger der Ein-Naturen-Lehre, genannt. Die Kopten waren
die stärkste monophysitische Nationalkirche.
Ägypten war eines der ältesten christlichen Länder. Neben dem
Christentum war hier auch eine zahlreiche jüdische Diaspora vertreten. Nach dem Konzil von Chalcedon (451) wandte sich die
christliche Bevölkerung des Nillandes zum größten Teil dem
Monophysitismus zu. In den folgenden zwei Jahrhunderten versuchten die byzantinischen Kaiser immer wieder vergeblich, sei es
durch Zwang oder durch theologische Kompromißformeln, die
Ägypter zur Einheit des Reichsglaubens zurückzuführen. Ein solcher Versuch war gerade in den Jahren kurz vor der Besitzergrei-
fung des Landes durch die Araber von Kaiser Herakleios (610–
641) unternommen worden. Er kam den Monophysiten durch die
Lehre entgegen, daß es in Christus nur *einen Willen* gebe. Man
nennt diese Doktrin Monotheletismus. Im Zusammenhang mit
der staatlich verordneten Formel von dem einen Willen in Christus ließ Herakleios bis nach Oberägypten hinauf orthodoxe Bischöfe an Stelle der widerspenstigen monophysitischen Seelen-
hirten einsetzen. Diese theologischen und kirchenpolitischen Maßnahmen wurden von den Kopten als Verfolgung empfunden.
So ist es nicht verwunderlich, daß sie sich am Widerstand gegen
die eindringenden Araber keineswegs durch besonderen Eifer her-
vortaten, sondern den Invasoren bisweilen sogar den Weg ebneten. Die alte Hauptstadt Ägyptens, Memphis, am linken Nilufer
gelegen, wurde aufgrund eines Vertrages zwischen dem arabischen Feldherrn ᶜAmr und dem alexandrinischen Patriarchen Ky-
ros im Jahre 642 von den Byzantinern geräumt und den Muslimen übergeben. Die Araber waren nun Herren des ganzen Landes. Sie ließen alle auswandern, die nicht unter ihrer Regierung
leben wollten. So verließ die überwiegende Mehrheit des griechisch-orthodoxen Bevölkerungsteiles das Land. Damit war die
koptische Kirche nach fast zweihundertjährigem Kampf mit der
byzantinischen Rechtgläubigkeit die Herrin so gut wie aller Christen Ägyptens.

In den rund zwei Jahrhunderten seit dem Konzil von Chalcedon (451) hatte die koptische Kirche die Fähigkeit entwickelt, sich ohne kaiserliche Rückendeckung, ja sogar gegen die staatliche Gewalt zu organisieren. Dies sollte sich für die künftige Zeit ihres Bestehens unter fremdreligiöser Herrschaft als Vorteil erweisen. Andererseits mußte das Fehlen eines starken konfessionsgleichen Hinterlandes außerhalb des islamischen Weltreiches bei den Kopten wie bei den anderen orientalischen Sonderkirchen das Gefühl der Verlorenheit erwecken. Es war deshalb für die koptische Kirche eine Quelle der Ermutigung, daß sie sich mit ihrer äthiopischen Tochterkirche durch den gleichen Glauben verbunden wußte. In Äthiopien war das Christentum seit dem 4. Jahrhundert Staatsreligion, und dieses Land konnte sich erfolgreich der islamischen Herrschaft erwehren.

In den *ersten Jahrzehnten* der arabischen Oberhoheit sind nur sehr wenige Kopten zum Islam übergetreten. Dazu boten die Verhältnisse kaum Anlaß. Die Kopfsteuer wurde mit einer gewissen Milde gehandhabt. Frauen, Kinder, Greise und Klosterinsassen waren von ihr sogar befreit.

Aber bereits um das Jahr 700 verschärfte sich die Lage. Das Anbringen christlicher Symbole außen an den Kirchengebäuden wurde untersagt. Damit begann die Abdrängung des Christentums in ein Winkeldasein. Dennoch wurde die kirchliche Bautätigkeit bis ins 8. Jahrhundert nicht behindert.

Als folgenreich erwies sich aber der zunehmende Druck der den Christen auferlegten *Steuern*. Hierunter hatte besonders die sozial schwache Schicht der Bauern und Handwerker zu leiden, während das städtische Beamtentum und die Kaufleute weniger geschädigt wurden. Den christlichen Bankiers kam der Umstand zugute, daß sie vom Wucherverbot, das allen Muslimen galt, ausgenommen waren. Wie sehr die muslimische Obrigkeit auf die privilegierten Klassen der Christen angewiesen war, wurde schon erwähnt. In Ägypten lag die Finanzverwaltung des Staates bis ins 19. Jahrhundert hinein vornehmlich in den Händen christlicher Sekretäre. In den ersten Jahrhunderten der muslimischen Herrschaft versuchten die Kopten, sich gegen den finanziellen Druck durch Aufstände zu wehren. Allein aus der Zeit zwischen 725/26 und 773 sind uns sechs gewaltsame Erhebungen der koptischen Bevölkerung bekannt.

Die finanziellen Belastungen der Christen hatten aber auch verhängnisvolle *kirchenpolitische Folgen*. Denn die muslimische Regierung richtete mindestens seit dem 8. Jahrhundert auch an die Kirche als Organisation geldliche Forderungen, für die letztlich die Spitzen der Hierarchie aufkommen mußten: der Patriarch, die Metropoliten, die Bischöfe. Diese ihrerseits versuchten nun, Geld zu bekommen, indem sie geistliche Ämter nur gegen pekuniäre Abgaben verliehen. So wurde die *Simonie*, der Handel mit geistlichen Würden, der uns aus der Geschichte des abendländischen Mittelalters bekannt ist, zu einem hervorstechenden Gebrechen auch der koptischen Kirche. Das zeigte sich am Bedeutungswandel des Wortes cheirotonia. Eigentlich heißt es »Handauflegung«, »Weihe«. Da aber Geldabgaben zur unerläßlichen Bedingung jeder Weihe wurden, bezeichnete man schließlich mit dem Wort cheirotonia direkt die Summe, die für die Erlangung einer Weihe oder Pfründe zu zahlen war.

Hatten die Christen schon unter dem Druck steuerlicher Anforderungen zu leiden, so kam noch ihre vermögensrechtliche Benachteiligung hinzu. Christen durften nicht andersgläubige Verwandte beerben.

»Die Einsicht, daß die muslimische Herrschaft unabänderlich sei, der dauernde finanzielle Druck, die soziale Minderung durch Kleidervorschriften, Einschränkungen im öffentlichen Auftreten, im Zeugen- und Erbrecht u.a.m. bewirkten, daß sich immer wieder Kopten dem Islam anschlossen«[116].

Sie zeigten dieser Religion nicht den geschlossenen Widerstand, den sie in den fast zwei Jahrhunderten vor der arabischen Invasion der byzantinischen Orthodoxie geleistet hatten. Im 9. Jahrhundert scheint der Anteil der christlichen und der muslimischen Bevölkerung Ägyptens etwa gleich groß gewesen zu sein; aber schon um das Jahr 900 bildeten die Muslime die Mehrheit. Der starke muslimische Bevölkerungsanteil erklärt sich nicht aus der Zuwanderung arabischer Stämme, der sich in engen Grenzen hielt, sondern im wesentlichen aus Übertritten von Christen zum Islam.

Vorübergehend besserte sich die Lage der Christen, als die *Fatimiden* (969–1171) über Ägypten herrschten. Während die muslimische Bevölkerung des Nillandes sunnitisch war – und noch heute ist –, bekannte sich die Dynastie der Fatimiden zur Schīʿa. Nicht die Fatimiden, sondern die sunnitischen Abbasiden in Bagdad wurden von der muslimischen Bevölkerung Ägyptens als die rechtmäßigen Kalifen angesehen. Daher ist es nicht verwunderlich, daß die Fatimiden in den Christen Ägyptens einen stabilisierenden Faktor ihrer Herrschaft und ein Gegengewicht gegen ihre sunnitischen Untertanen sahen. Gelegentlich beteiligte sich die fatimidische Herrscherschicht sogar an den Festen ihrer christlichen Untertanen, und zwar nicht nur durch leibliche Anwesenheit, son-

116 B. Spuler, Artikel Kopten I, in: RGG³, Bd. 4, Sp. 6.

dern auch durch geldliche Zuwendungen. Da es vorkam, daß die fatimidischen Kalifen christliche Verwandte hatten, sorgten sie dafür, daß die geistlichen Würden, bis hinauf zum Amt des Patriarchen, möglichst im weiteren Kreis der Familie blieben.

In krassem Gegensatz zu der gewöhnlich christenfreundlichen Politik der Fatimiden stand die schwere Verfolgung, die der wohl geistesgestörte Kalif *al-Ḥākim* (996–1021) über die ägyptische Christenheit brachte. In Übersteigerung der ismailitischen Ideologie hielt er sich für eine Inkarnation des göttlichen Geistes. Von Anfang an erregte sein befremdliches Verhalten Aufsehen. Er unternahm nächtliche Wanderungen, übte strengste Askese und ordnete zur Reinigung der Sitten eine Reihe drakonischer Maßnahmen an. Er verbot alle vergorenen Getränke und gewisse Speisen, untersagte öffentliche Lustbarkeiten, verfolgte die Astrologen und erließ merkwürdige Moralvorschriften. Den Männern verbot er den nächtlichen Ausgang, und schließlich untersagte er die Herstellung von Damenschuhen. Auf Zuwiderhandlung gegen diese eigenartigen Gesetze stand die Todesstrafe. Ganz plötzlich, als schon eine Lockerung dieser rigorosen Vorschriften eintrat, lenkte al-Ḥākim seinen Zorn auf die Juden und Christen. Dabei war er selbst der Schwestersohn des melkitischen Patriarchen von Jerusalem und Alexandrien. Al-Ḥākim verbot Juden und Christen den Genuß von Schweinefleisch und das Weintrinken, er erneuerte die diskriminierenden Kleidervorschriften, nach denen die Juden z.B. eine Glocke um den Hals tragen mußten, verbot den Muslimen jeglichen Verkehr mit den Schriftbesitzern, zog die Besitzungen der Kirchen- und Synagogengemeinden ein und ließ Kirchen und Klöster zerstören. Christliche Beamte wurden entlassen oder sogar verbannt. In Jerusalem legte er Hand an die Kirche des Heiligen Grabes. Die zahlreichen abendländischen Pilger brachten die Kunde von diesen schrecklichen Ereignissen nach Europa. Noch fast 100 Jahre später waren ihre Erzählungen ergiebiges Material für die Kreuzzugspropaganda. Schließlich merkte al-Ḥākim, daß sich in Folge seiner christenfeindlichen Politik die wirtschaftliche und finanzielle Lage des Landes zu verschlechtern begann. Deshalb leitete er in seiner Kirchenpolitik eine Kehrtwendung ein. Kurz darauf, 1021, verschwand er auf geheimnisvolle Weise. Er ging eines Abends fort, trennte sich von seinen Begleitern und wurde nicht mehr gesehen. Seine Anhänger, die Drusen, genannt nach ad-Darazī, dem ersten Verkündiger der Sekte, hielten und halten ihn für die höchste Verkörperung Gottes außerhalb seines unaussprechlichen Wesens.

In Folge der Unterdrückungsmaßnahmen al-Ḥākims hatten sich viele Kopten dem Islam angeschlossen. Sein Nachfolger erlaubte

aber den zwangsweise zum Islam Bekehrten die Rückkehr zum
Christentum. Dennoch dürften viele von ihnen Muslime geblieben sein, besonders Kinder.
Die Herrschaft der Fatimiden wurde durch die sunnitischen *Aiyubiden* abgelöst (1171–1250). Unter den Kriegswirren, die ihre
Regierung einleiteten, hatten auch die Christen zu leiden. Da die
Aiyubiden sich wie die muslimische Bevölkerung Ägyptens zur
Sunna bekannten, brauchten sie auf die Christen keine Rücksicht
zu nehmen. So pflegten die neuen Herrscher nicht mehr an christlichen Festen teilzunehmen. Dennoch verschlechterte sich die Lage
der Kopten durch den Machtwechsel nicht allzu sehr. Dies ist um
so verwunderlicher, als die Aiyubidenherrschaft in das Zeitalter
der Kreuzzüge fällt. Der Aiyubide Salāḥ ad-dīn (Saladin) war es,
der als Vorkämpfer für den Islam die Christen 1187 bei Ḥaṭṭīn
schlug und Jerusalem wiedereroberte. Dennoch wußte Saladin
wohl zu unterscheiden zwischen den christlichen Invasoren aus
dem Westen und seinen eigenen christlich-koptischen Untertanen.
Dies war ihm möglich, weil die Kreuzzüge bei der koptischen Bevölkerung keineswegs Begeisterung auslösten. Im übrigen war
Saladin eine ritterliche Persönlichkeit.
Ungünstiger gestalteten sich für die ägyptische Kirche die Verhältnisse unter den *Mamluken* (1250–1517). Diese waren landfremde,
meist türkische und kaukasische Söldner, denen jedes Verständnis
für die Kopten fehlte. Zwischen 1279 und 1447 wurde achtmal
der Versuch unternommen, die koptischen Verwaltungsbeamten
abzusetzen. Aber immer wieder erwies sich das Vorhaben als un-
durchführbar. Ohne die Mitarbeit der Kopten war der Staat nicht
funktionsfähig. Dennoch löst jede dieser Maßnahmen unter den
ägyptischen Christen eine Welle von Übertritten zum Islam aus.
Im Zusammenhang der gegen die Christen gerichteten Zwangs-
maßnahmen wurden allein im Jahre 1321 über 60 Kirchen zerstört
und viele Klöster in Trümmer gelegt. Damit setzte ein Verfall des
Mönchtums ein. Die christlichen Feste wurden in ihrer Wirkung
auf die Öffentlichkeit empfindlich eingeschränkt. 1389 kam es in
Kairo zu Martyrien. Christen, die unter Zwang zum Islam übergetreten waren und diesen Schritt rückgängig gemacht hatten, wurden als Abtrünnige öffentlich hingerichtet.
Im 13. und 14. Jahrhundert ging auch in *Nubien* das Christentum
unter. Es hatte dort seit Mitte des 6. Jahrhunderts bestanden.
Gegen Ende der Mamlukenherrschaft, um 1500, war der Anteil
der koptischen Bevölkerung Ägyptens auf ein Zehntel bis ein
Zwölftel herabgesunken. Die Zahl der Bistümer ging auf 12 zurück. Von den Männerklöstern bestanden damals vermutlich nur
noch acht, von den Frauenklöstern sechs. Die theologische Bildung

nahm ab, die koptische Sprache wich endgültig der arabischen. Im
innerkirchlichen Leben kam es zu schweren disziplinären Auseinandersetzungen, die mit Fragen des *Eherechts* zusammenhingen.
Die islamische Eheauffassung wirkte anziehend auf die koptische
Bevölkerung. Nach dem Beispiel des islamischen Eherechts begannen viele Kopten, ihre Frauen zu verstoßen und neue Ehen zu
schließen. Diese Ehen billigte zwar die islamische Obrigkeit, aber
die Kirche erklärte sie für ungültig. Die koptische Kirche konnte
ihren Standpunkt schließlich in der Hauptsache durchsetzen, indem sie im Unterschied zum islamischen Recht die Möglichkeit
der Ehescheidung auf seltene Fälle beschränkte. Aber das Problem
der Ehescheidung machte der koptischen Kirche jahrhundertelang
zu schaffen.

1517 wurde Ägypten von den *Osmanen* erobert. 1798 fiel *Na-
poleon* in das Land ein. Aus der Zeit zwischen diesen beiden Ereignissen sind uns kaum Nachrichten über die Kopten bekannt.
Die Zahl der Christen betrug damals etwa 8% der Gesamtbevöl-
kerung.

Gegenwärtig sind von den rund 61,5 Millionen Einwohnern Ägyptens etwa 90% Muslime (fast nur Sunniten), und etwa 6 Millionen
Kopten. Hinzu kommen Minderheiten von Katholiken, Protestanten, Griechisch Orthodoxen und Juden[117]. In den letzten Jahrzehnten haben sich viele koptische Gemeinden außerhalb Ägyptens gebildet: in Ländern des Nahen Ostens und Afrikas, in Kana-
da, in den USA, in Australien, Frankreich, Deutschland und Großbritannien. Die koptische Kirche untersteht einem Patriarchen, seit
1971 Schenute III., und ist in neun Metropolitanbezirke und 41
Diözesen (Bistümer) gegliedert. Es bestehen in Ägypten neun
Männer- und sechs Frauenklöster. 1953 wurde in Kairo eine eigene theologische Fakultät gegründet. Seit 1954 ist die koptische
Kirche Mitglied des Ökumenischen Rates der Kirchen.

Der mit Rom unierten koptischen Kirche gehörten (nach dem Stand
von 1980) 121 000 Mitglieder an. Seit dem 19. Jahrhundert wirkten protestantische Missionare in Ägypten. Sie hatten unter den
Kopten weit mehr Erfolg als unter den Muslimen. So gibt es als
Ergebnis der Arbeit protestantischer Missionen auch eine koptische
evangelische Kirche. Sie ist die stärkste protestantische Kirche in
Ägypten.

Die gegenwärtige Lage der koptischen Kirche ist bestimmt durch
Reformbemühungen, das islamische Umfeld und ein erstarktes

---

117   Der Fischer Weltalmanach 99, 1998, Sp. 51f. Spiegel Almanach
'99, S. 78f gibt die Bevölkerungszahl mit 64,466 Millionen an, davon
94% Muslime und 6% Kopten sowie weitere Minderheiten.

Selbstbewußtsein. In jüngerer Zeit kam es zu Konflikten der koptischen Kirche mit fundamentalistischen Gruppen im Islam. Zu
Spannungen führte auch eine neue staatliche Regelung der Religionsgemeinschaften. Die Christen in Ägypten sind vielfältigen
Diskriminierungen ausgesetzt. Um sich dem Druck, der durch
Rechtsmittel kaum abgewehrt werden kann, zu entziehen, treten
schätzungsweise jährlich 12 000 bis 20 000 von ihnen zum Islam
über. Bekehrungen von Muslimen zum Christentum sind dagegen
mit größten Gefahren verbunden. Die muslimische Gesellschaft
duldet keinen Abfall vom Islam. Eine zum Christentum überge-
tretene Schuldirektorin verschwand für immer unter ungeklärten
Verhältnissen. Der Staat, der nach der Verfassung Religionsfreiheit gewährt, kann gegen Konvertiten vom Islam zum Christentum mit der Begründung vorgehen, sie würden den sozialen Frieden gefährden. Am 12. 2. 1997 kam es in einer koptischen Kirche
zu einem Massaker, bei dem neun Menschen starben. Die Regierung beschuldigte Islamisten der Mordtat.

2.5   Die äthiopische Kirche

Äthiopien ist kein rein islamisches Land, aber von islamischen Gebieten umgeben. Um 350 trat *König Ezana von Aksum* zum Christentum über, das dadurch zur Staatsreligion wurde. Die Anfänge
des Christentums in Äthiopien gehen auf zwei schiffbrüchige
Griechen aus Syrien zurück, Frumentios und Aidesios. Frumentios
wurde vom alexandrinischen Metropoliten Athanasios (gest. 373)
zum Bischof von Äthiopien geweiht. Seitdem ist die äthiopische
Kirche mit der ägyptischen fest verbunden. Mit der ägyptischen
Christenheit wandte sich auch die äthiopische dem Monophysitismus zu. Im 6. Jahrhundert besetzten die Äthiopier Südarabien,
um die dortigen Christen vor den Verfolgungen des jüdischen
Königs Dhū Nuwās zu schützen. Um 615 emigrierten Anhänger
Mohammeds aus Mekka nach Äthiopien, wo sie Gastfreundschaft
fanden.
Vom 10. bis 12. Jahrhundert konnte sich der *Islam* in den tiefer
gelegenen Randgebieten Äthiopiens ausbreiten, weil das Reich von
Aksum geschwächt war. Im 14. Jahrhundert wurde Nubien erobert und islamisiert. So war Äthiopien von der christlichen Welt
weitgehend abgeschnitten und auf das Hochland beschränkt. Ende
des 13. Jahrhunderts (1270–1285) kam der Begründer der sogenannten salomonischen Dynastie auf den Thron. Sie leitet sich
von König Salomo und der Königin von Saba ab. Das Herrscher-
geschlecht regierte bis zur Absetzung Kaiser Haile Selassies (1974).
Der Schwerpunkt des Reiches verlagerte sich nach Süden. Dadurch

wurde der Kampf mit den dort entstandenen islamischen Staaten unvermeidlich. Die letzte kriegerische Bedrohung Äthiopiens durch den Islam fand Ende des 19. Jahrhunderts durch die Anhänger des Mahdī vom Sudan her statt. Seitdem dringt der Islam auf friedliche Weise in Äthiopien vor. Die semitischen Stämme des Hochlandes halten zäh am Christentum fest.

Bis 1950 war das Oberhaupt der *äthiopischen Kirche* stets ein Kopte. Er wurde aus den Mönchen des Antoniusklosters am Roten Meer vom Patriarchen von Alexandrien ausgewählt und geweiht. Seit 1951 ist der Oberhirte der äthiopischen Christen, Abuna genannt, selbst ein Äthiopier, empfängt aber nach wie vor die Weihe vom koptischen Patriarchen. Die Sprache, in der das seit dem 4. Jahrhundert schriftlich bezeugte äthiopische Gesetz (geᶜez) verfaßt ist, ist auch die Sprache der mittelalterlichen äthiopischen Literatur und heute noch die Sprache der Liturgie. Die jetzige Staatssprache ist das Amharische. Beides sind semitische Sprachen.

1974 wurde Äthiopien eine vom Militär beherrschte Sozialistische *Volksrepublik*, unter deren antireligiöser Politik die Kirchen zu leiden hatten. An der Spitze des Staates stand Mengistu Haile Mariam. Nach einer Zeit ständiger politischer Unruhen, Kriege und Hungerkatastrophen brach 1990/91 das Mengistu-Regime zusammen. *Eritrea* wurde nach einer Volksabstimmung selbständig, setzt sich aber seit 1998 mit Äthiopien wieder militärisch auseinander.

Äthiopien zählt etwa 60 Millionen *Einwohner*, die 80 verschiedenen Ethnien angehören. Nach dem Stand von 1994 bekannten sich 45% der Bevölkerung zum sunnitischen Islam, 40% zur äthiopisch-orthodoxen (monophysitischen) Kirche, 1,5 Millionen zur äthiopisch-evangelischen Kirche, 247 000 zur römisch-katholischen Kirche, 10% sind Anhänger von Naturreligionen, und eine kleine Minderheit bilden Hindus und Sikhs[118].

2.6   Die Jakobiten

Monophysitisch waren auch zum größten Teil die westsyrischen Christen. Sie begrüßten deshalb die islamischen Eroberer zunächst als Befreier von der byzantinischen Herrschaft, die das orthodoxe Bekenntnis durchzusetzen suchte.

Im Syrisch-palästinischen Raum war aber auch das orthodoxe Christentum vertreten, und zwar vor allem in den Städten. Zum großen Teil war die orthodoxe Bevölkerung griechischer Herkunft mit den zurückweichenden byzantinischen Truppen vor den

118   Der Fischer Weltalmanach 99, 1998, Sp. 83.

Arabern geflüchtet. Die zurückgebliebenen Jakobiten bildeten
nun die große Mehrheit gegenüber dem orthodoxen Rest, den
Melkiten.
Die monophysitischen Westsyrer heißen *Jakobiten* nach Jakob
Baradaios, der diese Landeskirche seit 542 zu einer festgefügten
Konfession organisierte. Heute nennen sich die Jakobiten im Sinne ihrer eigenen Rechtgläubigkeit »syrisch-orthodox«.
Durch die *arabische Eroberung* wurde die Lage der Jakobiten innerhalb der westsyrischen Christenheit gestärkt. Denn die Melkiten bildeten in diesem Gebiet nicht nur die Minderheit, sondern
erschienen den neuen Herren auch als politisch unzuverlässig.
Schon im 7. Jahrhundert begannen aber die westsyrischen Christen, gleich welcher Konfession, den *Druck der islamischen Herrschaft* zu spüren. Hier und da mußten sie ein bleiernes Siegel am
Hand- oder Fußgelenk tragen. Es sollte auf den ersten Blick zeigen,
daß sie ihre Abgaben entrichtet hatten. Um 760 wurde die Kopfsteuer für die Christen verdoppelt. Dies löste unter den Jakobiten
eine erste Welle von Konversionen zum Islam aus. Zersetzend
wirkte auch, daß sich westsyrische Christen an die muslimischen
Machthaber mit der Bitte wandten, sie gegen ihre innerkirchlichen
Widersacher zu unterstützen. Dies führte zuweilen dazu, daß
muslimisches Militär für den ordnungsgemäßen Ablauf christlicher Gottesdienste sorgen mußte. Der konfessionelle Zwiespalt
zwischen Melkiten und Jakobiten wurde von der muslimischen
Regierung ausgenutzt. Sie beeinflußte die Wahlen zur Besetzung
höherer kirchlicher Ämter. In ihrer Gunst standen begreiflicherweise Kandidaten, die es in christlich-muslimischen Religionsge-
sprächen verstanden, die eigentlichen Probleme taktisch zu umge-
hen, um bei den Muslimen nicht den geringsten Anschein einer
»Beleidigung des Propheten« zu erwecken.
Ihre große Anpassungsfähigkeit bewiesen die Jakobiten auch im
Zeitalter der *Kreuzzüge*. Ihre Beziehungen zur lateinischen Hierarchie der Kreuzfahrerstaaten waren im großen ganzen freundlich.
Zugleich vermieden sie klug, die Muslime gegen sich zu erregen.
Dies hatte den Erfolg, daß sie nach dem Ende der Kreuzfahrerstaaten von Repressalien verschont blieben. Im Zeitalter der Kreuzzüge erlebte die jakobitische Kirche eine literarische und kulturelle
Wiedergeburt. Die bedeutendsten Vertreter dieser Bewegung waren die Patriarchen Michael I., der als Primas des Ostens (Maphri-
an) von 1166–1199 regierte, und der Obermetropolit Barhebräus
(1225/26–1286). Patriarch Michael hat eine umfangreiche Geschichte der syrischen Kirche verfaßt, und Barhebräus wirkte als
Kirchenhistoriker, Dogmatiker, Kirchenrechtler, Philosoph und Er-
zähler.

Der *Mongolensturm* fügte auch der westsyrischen Kirche schwere Verluste zu. Große Verwüstungen hatten die Kriegszüge Timur Lenks zur Folge. Kirchen und Klöster wurden zerstört, zahlreiche Syrer fanden den Tod. 1583 wurde die Zahl der Jakobiten auf etwa 50 000 Familien geschätzt. Es soll (nach dem Stand von 1982) etwa 150 000 Jakobiten[119] geben, die dem Patriarchen von Antiochien mit Sitz in Damaskus unterstehen. In Gemeinschaft mit den Jakobiten steht die syrisch-orthodoxe Kirche von Malabar in Südindien, der etwa 1, 5 Millionen Gläubige angehören. Etwa 73 000 bis 80 000 Jakobiten haben sich unter einem eigenen Patriarchen von Antiochien, der in Damaskus residiert, mit der römischen Kirche vereinigt.

2.7 Die Maroniten

Um die Mitte des 7. Jahrhunderts bildete sich die maronitische Kirche. Sie trägt ihren Namen nach dem Kloster des heiligen Maron, das zwischen Ḥamā und Ḥimṣ gelegen ist. Sie scheint – mindestens eine Zeitlang – den *Monotheletismus* vertreten zu haben, also jene von Kaiser Herakleios verordnete Formel, daß es in Christus nur *einen* Willen gebe[120]. Nach der Invasion der Araber zogen sich die Maroniten in das Bergland des Libanon zurück. Zu den Kreuzfahrern unterhielten sie freundliche Beziehungen. 1182 unterstellten sie sich dem Papst und gehören seitdem zur römisch-katholischen Kirche. In der Zeit der Herrschaft der Mamluken und Türken konnten sie unter eigenen Vorstehern eine gewisse Selbständigkeit behaupten. In einem blutigen Bürgerkrieg mit den Drusen kamen 1860 etwa 100 000 Maroniten um. 1926 wurde die Republik Libanon gegründet. Sie wird von Christen und Muslimen gemeinsam regiert. Nach einem beachtlichen politischen und wirtschaftlichen Aufschwung wurde der Libanon durch das Palästinenserproblem in eine schwere Dauerkrise gestürzt, die auch das Verhältnis von Muslimen und Christen empfindlich gestört hat. Die Zahl der Einwohner des Libanon beträgt 3,144 Millionen. Davon sind 450 000 Binnenflüchtinge und knapp 400 000 Palästinenser. 60% der Bevölkerung sind Muslime, und zwar Schiiten (32%), Sunniten (21%) und Drusen (7%); 40% Christen, davon 25% Maroniten, 7% Griechisch-Orthodoxe, 5% Griechische Katholiken, 4% Armenier und andere. Weitere 380 000 Maroniten leben außerhalb des Landes.

119 Die Zahlenangaben sind unsicher. Die Schätzungen schwanken »zwischen 150 000 bis 300 000 Gläubige«. Siehe Lexikon der Islamischen Welt. Völlig überarbeitete Neuausgabe, S. 71.
120 Siehe oben S. 148.

2.8   Die armenische Kirche

Auch in Armenien setzte sich im Laufe des 6. Jahrhunderts der *Monophysitismus* durch. Zwischen 642 und 653 wurde das Land von
den Arabern erobert. Seit dieser Zeit verschmolzen christlicher
Glaube und Volkszugehörigkeit mehr und mehr zu einer untrenn-
baren Einheit. Keine andere orientalische Kirche erwies sich dem
Islam gegenüber so unzugänglich wie die armenische. Ein muslimischer Armenier ist bis heute eine contradictio in adiecto. Seit
Mitte des 9. Jahrhunderts lockerte sich die muslimische Oberherrschaft. Volk und Kirche erlebten eine Zeit kultureller und religiöser
Blüte. Im 11. Jahrhundert setzten sich vorübergehend die Byzantiner in Armenien fest. Darauf kam das Land unter die Herrschaft der
türkischen Seldschuken. Eine Zeit der Leiden brach an. Viele Armenier flohen in die Nachbarländer. Im Zusammenhang mit diesen
Ereignissen entstand 1080 in Kilikien das Königreich Kleinarmeni-
en. In der Zeit der Kreuzzüge wurde es von Papst und Kaiser um-
worben. 1373 wurde es von den ägyptischen Mamluken erobert.
Dadurch verlagerte sich der Schwerpunkt des Armeniertums wieder in das Kernland südlich des Kaukasus. 1516 fiel der Hauptteil
Armeniens an die Türkei, der Rest an Persien. Im 17. und 18. Jahrhundert erlebte die armenische Kirche eine aus dem Mönchtum
hervorgegangene Erneuerungsbewegung. 1827 eroberten die Rus-
sen Armenien. Bald darauf wurde die armenische Kirche dem Zaren
unterstellt. Durch die Sowjetmacht erhielt sie 1920 formelle Selbständigkeit. 1922 wurde Armenien der UdSSR eingegliedert.
Die Geschichte des armenischen Volkes ist von Leiden und Zerris-
senheit erfüllt. Die schwerste Prüfung brach über diese Nation 1915
herein. Die Türken, verbündet mit Deutschland, deportierten Armenier aus dem Grenzgebiet in die mesopotamische Wüste. Dabei
kamen eine Million Menschen um. Seit 1991 ist Armenien eine unabhängige Republik. Der Staat hat 3,79 Millionen Einwohner. 90 %
gehören der armenisch-apostolischen Kirche an. Daneben gibt es
eine Minderheit von Orthodoxen, Protestanten und anderen.
Im benachbarten Aserbaidschan, einem muslimischen Land, befindet sich die armenisch-christliche Enklave Berg-Karabach. Der Konflikt um sie steigerte sich 1988 zum Krieg mit Aserbaidschan. Nach
militärischen Erfolgen der Armenier wurde 1994 ein Waffenstillstand erreicht.

2.9   Die georgische Kirche

Die georgische Kirche war anfangs eng mit der griechischen und
armenischen Kirche verbunden. Um 600 trennte sie sich von den

inzwischen monophysitisch gewordenen Armeniern und schloß sich
der katholischen Großkirche an. Um 665 drangen die Araber in
Ostgeorgien ein und gründeten das Emirat Tiblissi (Tiflis). West-
georgien konnte zunächst in Anlehnung an das Byzantinische
Reich unabhängig bleiben. Von hier aus konnte Georgien in langen Kämpfen mit Arabern, Byzantinern und Seldschuken wieder
geeint werden. Seine größte Ausdehnung und höchste Blüte erreichte es um 1200. Damals zählte Georgien 30 Bistümer. Durch
die Einfälle der Mongolen wurde die Zeit des Niederganges eingeleitet. Das Reich zerfiel in Teilfürstentümer, die sich gegen die
mächtigen muslimischen Nachbarn zu behaupten versuchten. 1801
wurde Georgien Rußland eingegliedert. Dies bedeutete das Ende
der fortwährenden Kriege, zugleich aber auch den Anfang einer
rücksichtslosen Russifizierung. Erst nach dem Zusammenbruch des
Zarenreiches erhielt Georgien 1917 kirchliche Selbständigkeit.
1943 wurde die Gemeinschaft mit der russischen Kirche aufgenommen. Ein kleiner Teil der Georgier lebt in der nordöstlichen
Türkei. Nach jahrhundertelanger Existenz unter türkischer Herrschaft gaben sie dort schließlich ihren christlichen Glauben und ihr
Volkstum auf und verschmolzen mit dem türkischen Volk.
1921 wurde Georgien von der Roten Armee besetzt und 1922 der
UdSSR eingegliedert. In der Zeit der sowjetischen Herrschaft hatte
die georgische Kirche unter den Folgen der atheistischen Religionspolitik zu leiden. Seit 1991 ist Georgien eine unabhängige Präsidialrepublik mit derzeitig 5 435 000 Einwohnern. Deren größter
Teil gehört der georgisch-orthodoxen Kirche an, während sich 11 %
zum Islam bekennen.

2.10   Die spanische Kirche in der Zeit der islamischen Herrschaft

Nach der *Vernichtung des Westgotenheeres im Jahre 711* kam
fast ganz Spanien unter islamische Herrschaft. Das christliche Gebiet beschränkte sich auf einen schmalen Streifen am Fuße der Pyrenäen und in Asturien. 1492 fiel mit der Eroberung Granadas der
letzte Rest islamischer Macht in Westeuropa.
Spanien ist das einzige Land der romanisch-germanischen Völkerfamilie, das lange Zeit, beinahe *acht Jahrhunderte*, allerdings in
abnehmendem Maße, zur islamischen Welt gehörte. Zusammen
mit Portugal, das sich unter islamischer Obrigkeit als eigener
Staat bildete, zeigt Spanien bis auf den heutigen Tag wesentliche Einflüsse der islamischen Kultur. Obwohl auch Sizilien vom
9. bis zum 11. Jahrhundert islamischer Regierungsgewalt unterstand, sind hier die lebendigen Nachwirkungen des Islams fast
verschwunden.

Spanien war Jahrhunderte hindurch die Zentrale des Austausches zwischen christlich-abendländischer und islamisch-morgenländischer Kultur.

Im Unterschied zu den östlichen Ländern des einstigen römischen Reiches und zu Nordafrika konnte sich der Islam in Spanien unter der Bevölkerung als herrschende Religion nicht durchsetzen. Ebenso blieb auch in Sizilien der größte Teil der Einwohner christlich. Der religiöse Widerstand der Spanier läßt sich mit dem der Griechen und anderer Balkanvölker, wie z.b. der Serben, vergleichen, die im 14/15. Jahrhundert dem osmanischen Reich einverleibt wurden und erst im 19. Jahrhundert die Freiheit von der türkischen Herrschaft erlangten.

Über die Gründe der *Glaubenstreue der Spanier* lassen sich nur Vermutungen anstellen. In der islamischen wie in der christlichen Ära kennzeichnete dieses Volk ein religiös *konservativer Sinn*. Die strengste der islamischen Rechtsschulen, die heute jedoch nicht mehr existiert, war in Spanien entstanden und hatte hier viele Anhänger. Ferner war die kirchliche und theologische Situation in Spanien anders als im Morgenland. Im Osten war die Christenheit konfessionell gespalten. Schon vor dem Aufkommen des Islams hatte sie in der Folge der christologischen Streitigkeiten die kirchliche Einheit verloren. In Spanien war dagegen das Christentum *einheitlich katholisch*, wobei aber zu bemerken ist, daß der Begriff »katholisch« noch bis zum Jahre 1054 die volle Gemeinschaft mit der östlichen Orthodoxie zum Inhalt hatte. Einheit bedeutete aber Stärke. Schließlich grenzte das von Muslimen regierte Spanien unmittelbar an *katholisch-christliche Staaten*, deren Machtbereich sich im Laufe der Jahrhunderte immer weiter nach Süden verschob. Die christlichen Spanier unter islamischer Herrschaft brauchten sich also nicht auf verlorenem Posten zu fühlen, wenigstens nicht in den Zeiten, in denen die christlichen Mächte im Vordringen begriffen waren. Die spanischen Christen wurden übrigens von den muslimischen Regenten als politisch unzuverlässig angesehen und nur selten in die Dienste des Staates genommen. Dies hatte zur Folge, daß im politischen und kulturellen Leben des islamischen Spaniens die *Juden* eine bedeutende Rolle spielten. Zudem lebten die Christen für sich in besonderen Wohnvierteln nach ihren eigenen Gemeinde- und Kirchenordnungen.

Dennoch darf dies alles nicht so verstanden werden, als hätte sich die spanische Christenheit geschlossen dem Islam widersetzt. Dem Glanz der *arabisch-islamischen Kultur* konnten sich die spanischen Christen ebenso wenig entziehen wie die orientalischen. Mit der kulturellen Anpassung eröffnete sich aber auch die Möglichkeit des Religionswechsels. Eine *kritische Phase* erlebte die spanische

Kirche um die Mitte des 9. Jahrhunderts. Das lateinisch-christliche Erbe drohte, ganz in Vergessenheit zu geraten. Erzbischof Eulogius von Toledo mußte ins christliche Navarra reisen, um sich Bücher zu beschaffen, die ihm in der Hauptstadt Cordoba nicht zur Verfügung standen. Es handelte sich dabei nicht um ausgefallene Werke, sondern um so bedeutende wie Augustins Schrift De civitate Dei (»Vom Gottesstaat«) und ferner um poetische Texte von Vergil, Horaz und Juvenal. Ein Freund des Bischofs Eulogius, der Laie Paulus Alvarus, beschreibt die Anziehungskraft, welche die arabische Sprache und Literatur auf die spanischen Christen ausübte, mit folgenden Worten:

»Welcher tüchtige Mann, so frage ich, ist heute noch unter unseren gläubigen Laien zu finden, der zu den Heiligen Schriften die lateinisch verfaßten Bücher welcher Lehrer auch immer berücksichtigt? Wen gibt es, der von Liebe zu den Evangelien, den Propheten und Aposteln entbrannt ist? Ist es nicht so, daß die christlichen Jünglinge, schön von Angesicht, ausdrucksvoll in der Sprache, ausgezeichnet in Verhalten und Benehmen, glänzend durch heidnische Bildung, erhöht durch arabische Rede, die Bücher der Chaldäer (d.h. der Araber) mit größter Begierde bearbeiten, aufs angespannteste lesen, aufs leidenschaftlichste erörtern, indem sie mit ungeheurem Eifer (ganze Bibliotheken?) zusammenhäufen? In ausführlicher und gebundener Rede verbreiten sie mit Lob (die arabische Bildung), wobei sie die kirchliche Schönheit nicht kennen und die Ströme der Kirche, die vom Paradiese her fließen, als wertlosestes (Geschwätz) verachten. Welch ein Jammer! Ihre Sprache kennen die Christen nicht, und auf ihre eigene Sprache achten die Lateiner nicht, so daß in der ganzen Genossenschaft Christi kaum einer unter tausend Menschen zu finden ist, der an seinen Bruder auf vernünftige Weise ein Begrüßungsschreiben richten kann. Dagegen findet man eine unermeßliche Schar (von Leuten), die mit feiner Bildung das chaldäische (d.h. arabische) Wortgepränge entfalten«[121].

In den Jahren 850–860 rief diese Anpassung an die arabische Kultur unter einigen spanischen Christen Protest hervor. Er richtete sich weniger gegen den Islam selbst als vielmehr gegen die eigenen Glaubensbrüder, die sich von der christlich-lateinischen Tradition entfernten. Führende Persönlichkeiten des Widerstandes waren Eulogius und Paulus Alvarus. Es kam zu *Martyrien,* auch Eulogius wurde hingerichtet, und das schiedlich-friedliche Einvernehmen mit den Muslimen war gestört.
Aber die Übernahme der arabischen Sprache und Kultur führte keineswegs zu Massenbekehrungen von Christen zum Islam. Da

---

121 Paulus Albarus, Indiculus luminosus, Sp. 554D–556B.

die Christen im islamischen Spanien das Arabische als Umgangssprache übernahmen, nennt man sie *Mozaraber*. Dies Wort geht über das Spanische auf die arabische Form musta᾽rib zurück, die bedeutet: »einer, der sich den Arabern assimiliert hat«.
Ungünstig auf die Lage der mozarabischen Christen wirkte sich die Herrschaft der *Almoraviden* (1086–1147) aus. Diese berberische Dynastie hatte die Rückkehr zum Urislam zu ihrem Programm erhoben. Nachdem sie schon in Nordafrika die Herrschaft erlangt hatte, wurde sie nach Spanien gerufen, um die christliche Offensive zum Stehen zu bringen. Seit 1106 gewann unter dem Almoraviden ᶜAlī eine Richtung die Oberhand, die sich einem reaktionären Fanatismus verschrieben hatte. Sie verdammte das Werk des großen muslimischen Theologen al-Ghazālī (gest. 1111) und ging mit äußerster Strenge gegen mozarabische Christen vor, die zum Teil nach Marokko deportiert wurden. Angesichts der allgemeinen Intoleranz entschlossen sich damals auch viele Juden zur Auswanderung. Unter ihnen befand sich der große Philosoph und Theologe Maimonides (1135–1204). Er war in Cordoba geboren, wurde später Saladins Leibarzt und starb in Ägypten.
Die *Rückeroberung Spaniens* durch die Christen war zunächst kein fanatischer Religionskrieg. Die christlichen Obrigkeiten erneuerten zwar die kirchliche Organisation, wandelten auch Moscheen in Kirchen um, verhielten sich aber verhältnismäßig tolerant gegenüber den unterworfenen Muslimen. Diesen wurden gewisse Wohnviertel zugewiesen und die Freiheit gelassen, ihre Religion unter bestimmten Einschränkungen auszuüben. Die Bettelorden, Franziskaner und Dominikaner, widmeten sich der Bekehrung der Muslime. Erst im Ausgang des Mittelalters, als sich Spanien zu einer starken nationalen Monarchie entwickelte, wurde der Staat intolerant. Zunächst wurden viele Juden – gegen die Bestimmungen des kanonischen Rechts – zwangsweise christianisiert, dann, 1492, wurden die noch an ihrer Religion festhaltenden Juden ausgewiesen. Bald darauf, nach der Eroberung Granadas (1492), erfolgte die Vertreibung der Muslime. Die Staatsräson forderte die religiöse Einheit Spaniens, und die Inquisition kontrollierte scharf die Rechtgläubigkeit der Zwangsbekehrten.
Gegenwärtig sind von den rund 38, 9 Millionen Einwohnern Spaniens 96% Katholiken, etwa 32 000 Protestanten, 120 000 Muslime (überwiegend Marokkaner) und 7000 Juden.

2.11   Aus der christlichen Mission hervorgegangene Kirchen

Seit dem frühen *19. Jahrhundert* ging eine Welle der Missionierung über die Welt. Sie ergriff auch fast alle islamischen Länder. Das Er-

gebnis der missionarischen Bemühungen unter den Muslimen läßt
sich in Zahlen schwer ausdrücken. Durch ihre Bildungseinrichtun-
gen und charitativen Werke hat die christliche Mission auch da starke und nachhaltige Wirkungen erzielt, wo Übertritte zum Christentum nicht stattfanden oder sich in engsten Grenzen hielten.

In den *Gebieten mit alter islamischer Tradition* können sich entweder überhaupt nicht oder nur sehr schwer christliche Gemeinden aus ehemaligen Muslimen bilden. Denn Abfall vom Islam gilt
nach der Scharīʿa als todeswürdiges Verbrechen. Da im Islam Religion und Gemeinschaft eine Einheit darstellen, wird der Übertritt
zu einem anderen Glauben als Verrat auch an der Gemeinschaft
angesehen. Wo in islamischen Kernländern noch beachtliche christliche Minderheiten bestehen, wie in Ägypten, können Konvertiten, wenn der Staat die Religionsfreiheit schützt, in schon länger
bestehenden christlichen Gemeinden einen gewissen Rückhalt finden. Allerdings ist es in der islamischen Welt für christliche Kirchen mit alter Tradition gefährlich, in den Verdacht religiöser
Werbung unter Muslimen zu kommen.

Christliche Gemeinden können sich am ehesten in den *Randgebieten der islamischen Welt* bilden, so in Afrika südlich der Sahara
und in Indonesien, einem zwar überwiegend islamischen, aber seit
jeher auch von anderen asiatischen Hochreligionen berührten In-
selreich. In Indonesien ist der Islam wahrscheinlich erstmals im 12.
Jahrhundert eingedrungen.

Trotz des starken muslimischen Bevölkerungsanteils wurde *Indonesien* 1945 kein islamischer Staat und ist es auch bis jetzt nicht
geworden. Die offizielle Bezeichnung lautet »Republik Indonesien«. Der Staat ist nach seiner Verfassung auf *fünf Prinzipien* gegründet: Glaube an den einen Gott, Humanität, Einheit Indonesiens, Demokratie durch Zustimmung der Volksvertreter nach all-
gemeiner Beratung und soziale Gerechtigkeit. Es existiert ein Re-
ligionsministerium mit besonderen Abteilungen für den Islam,
den Protestantismus, den Katholizismus, den Hinduismus und den
Buddhismus. Das öffentliche Leben steht im Zeichen der Sä-
kularisierung.

In diesem nicht altislamischen Land, in dem das Nebeneinander der
Religionen eine lange Tradition hat, konnten sich aus der christlichen Mission größere Kirchen entwickeln, so daß das Christentum
die zweitgrößte Religionsgemeinschaft ist. Von den 203,5 Millionen Einwohnern sind 87 % sunnitische Muslime, 6,5 % Protestanten und Angehörige von Pfingst-Kirchen, 3,1 % Katholiken, 1,9 %
Hindus (vor allem auf Bali) und 1 % Buddhisten und Konfuzianer
(meist Chinesen). Eine kleine Minderheit bilden die Anhänger
von Naturreligionen.

Präsident Suharto regierte seit 1965 das Land mit harter Hand. Die asiatische Wirtschaftskrise und schwere innere Unruhen zwangen ihn 1998 zum Rücktritt. Die Volkswut entlud sich auch in *Ausschreitungen* gegen die ihres Wohlstandes wegen verhaßten und beneideten Chinesen und Christen. Wie in anderen islamischen Ländern gewinnen auch in Indonesien muslimische Extremisten zunehmend Einfluß. In den letzten Jahren wurden 200 Kirchen zerstört und mehrere Christen getötet. Die wirtschaftlichen und sozialen Mißstände sind ein fruchtbarer Boden für religiösen Fanatismus.

II

Die Auseinandersetzung der Kirche mit dem Islam

1 Der geschichtliche Rahmen

Wenn wir heute wieder vor der Notwendigkeit stehen, uns mit dem Islam theologisch auseinanderzusetzen, so tun wir gut daran, uns zunächst der Bemühungen früherer Generationen zu erinnern. *Biblische und christliche Überlieferungsstoffe* gehören von Anfang an zum Islam. Auf biblischer Grundlage beruht, wenn auch vermittelt durch mancherlei Zwischenglieder, was der Koran über die Schöpfung, das Gericht, die Auferstehung der Toten, das Paradies, die Hölle, die Einzigkeit Gottes, die göttliche Offenbarung und die Reihe der Propheten von Noah bis Jesus sagt. Der große Umfang biblischer und nachbiblischer Traditionsstoffe im Koran hat deshalb bei christlichen Autoren immer wieder die Meinung erzeugt und bestärkt, daß der Islam im Grunde keine völkerumfassende Religion von Originalität sei, sondern nur eine aus dem Heidentum, Christentum und Judentum hervorgegangene große Sekte oder Mischreligion, und zwar eine besonders erfolgreiche und verführerische. Kennzeichnend für das Unvermögen, den Islam als eine Weltreligion von ursprünglicher Art zu verstehen, ist die Tatsache, daß man ihn jahrhundertelang nicht mit seinem eigenen Namen, »Islam«, was »vollständige Hingabe« bedeutet, benannte, sondern von der Sekte, dem Gottesdienst, dem Gesetz, dem Glauben der Sarazenen, Türken oder Mohammedaner sprach. Eigentlich erst in unserer Zeit haben sich die sachgemäßen Bezeichnungen »Islam« für diese Religion und »Muslim« für deren Bekenner durchgesetzt. Doch begegnet man hier und da noch immer den Worten »Mohammedaner« und »Mohammedanismus«, die von Muslimen als entstellend zurückgewiesen werden.
Wenn man den Islam so lange als unoriginelle Sekte abgewertet hat, so stand dies in Zusammenhang mit der Überzeugung von der Überlegenheit der eigenen religiösen Tradition, obwohl diese Überlegenheit keineswegs immer und für jedermann klar auf der Hand lag. Für gute eintausend Jahre nämlich hatten die Christen allen *Anlaß, den Islam zu fürchten*, mochten sie ihn auch verach-

ten. Mit unaufhaltsamer Gewalt eroberten die Araber schon im
ersten islamischen Jahrhundert weite Gebiete des Römischen Reiches von Syrien-Palästina über Ägypten und Nordafrika bis zu den
Pyrenäen. Der fränkische Hausmeier Karl Martell brachte zwar ihren Vorstoß 732 in der Schlacht zwischen Tours und Poitiers zum
Stehen und zwang sie zum Rückzug; aber es dauerte beinahe 800
Jahre, bis Spanien vom letzten Rest islamischer Herrschaft befreit
war.
Während aus der Pyrenäenhalbinsel die islamische Macht in zä-
hem Kampf Schritt für Schritt nach Nordafrika zurückgedrängt
wurde, stürmten seit dem 14. Jahrhundert die osmanischen *Türken*
unaufhaltsam in Südosteuropa vor. 1553 fiel Konstantinopel, und
1529 belagerten sie zum ersten Male Wien. Man fürchtete, ganz
Deutschland, ja, das ganze Abendland werde in Bälde ihrem Ansturm erliegen. Die Geschichte der Reformationszeit ist nicht nur
vom Ringen um die Glaubensfrage, sondern auch von der ständi-
gen Bedrohung durch die Türken bestimmt. Nach der letzten Belagerung Wiens im Jahre 1683 setzte aber der Verfall des Osmanenreiches ein, bis es nach dem ersten Weltkrieg vollständig aus-
einanderbrach. Der auf das Kerngebiet zusammengeschrumpfte
Nachfolgestaat, die Türkei, konstituierte sich 1923 als Republik,
das Kalifat, nach dem islamischen Gesetz die oberste Führung der
islamischen Weltgemeinschaft, wurde 1924 abgeschafft, eine Gesetzgebung nach europäischem Vorbild wurde eingeführt.
Im *19. Jahrhundert* erreichte die Macht der europäischen Völker
ihren Höhepunkt. Vor Anbruch des Ersten Weltkrieges hatten die
Kolonialmächte 68% der übrigen Weltfläche ihrer Herrschaft unterworfen, weitere 11% befanden sich im Zustand halbkolonialer
Abhängigkeit, während nur 18% der Gebiete Asiens und Afrikas
ihre staatliche Selbständigkeit behielten, die keineswegs mit völliger Unabhängigkeit gleichzusetzen war. Auch die islamische Welt
unterstand um 1914 zum weitaus größten Teil europäischen
Mächten vor allem Frankreich, Rußland, Großbritannien und den
Niederlanden.
Die Kolonialmächte, Großbritannien an der Spitze, waren von
starkem Selbstbewußtsein erfüllt. Wirtschaftliche und machtpoli-
tische Interessen verbanden sich mit der Überzeugung, *Fortschritt
und Zivilisation* in der Welt fördern zu müssen. Kolonisation,
Zivilisation und christliche Mission gingen Hand in Hand. In der
Tat haben jene westlichen Nationen das Leben der Völker Asiens
und Afrikas tiefgreifend und wohl auch unwiderruflich beeinflußt.
Sie haben unter den damaligen Kolonialvölkern Bedürfnisse ge-
weckt, aber auch Ressentiments und Haßgefühle. Durch die Konfrontation mit der überlegenen westlichen Zivilisation erwachten

die Völker Asiens und Afrikas zu neuem Selbstbewußtsein, strebten nach Erneuerung ihrer Traditionen und befreiten sich, besonders seit dem Zweiten Weltkrieg in zähen Kämpfen von der Herrschaft der Kolonialmächte.

2 Das Islambild der Christenheit im Wandel der Zeiten

2.1 Stimmen aus der orientalischen Christenheit

Die geistige Auseinandersetzung mit dem Islam war stets eng verbunden mit dem politischen Geschehen. Lange Zeit war der Islam für das christliche Europa nicht nur eine militärische Gefahr, sondern auch eine große irreligiöse Herausforderung. *Johannes von Damaskus* (gest. um 750), einst wie sein Vater am Hofe des Kalifen Finanzbeamter, dann Mönch und theologischer Schriftsteller im Kloster des heiligen Sabbas zu Jerusalem, schenkte schon in der ersten Hälfte des 8. Jahrhunderts besondere Aufmerksamkeit dem Islam. In seiner Darstellung der Geschichte der Häresien behandelt er im letzten Kapitel[122]

»den bis jetzt mächtigen, das Volk verführenden Kult der Ismaeliten, der da ein Vorläufer des Antichrists ist« (S. 60,1–2).

Er bemüht sich, diese Häresie im einzelnen zu widerlegen. Dabei zeigt er sowohl Kenntnis des Korans als auch islamischer Traditionen.
Für den *Antichrist* selbst hält Johannes den Islam nicht, sondern nur für dessen »Vorläufer«. Aber auch so rechnet er ihn zu den Erscheinungen der Endzeit. Der Islam wird der biblischen *Völkergenealogie* und Vätergeschichte zugeordnet, so daß man weiß, was es mit diesem Irrglauben auf sich hat: Die Anhänger des neuen Kultus heißen »Ismaeliten oder Hagarener«, weil sie »von Ismael« abstammen, »dem (Sohn), der Abraham von Hagar geboren wurde«.

»Sarakenen aber nennt man sie gleichsam (als die, welche) von der Sara leer (sind) (ek tēs Sarras kenūs); denn Hagar sagte dem Engel: ›Sara hat mich leer entlassen‹« (S. 60,3–6).

Über die frühere Religion der Araber, die *Entstehung des Islams* und seine Quellen schreibt der Damaszener:

---

122 Johannes von Damaskos, Liber de haeresibus, cap. 100, S. 60–67.

»Diese (d.h. die Araber) also waren Götzendiener und beteten den Morgenstern oder Aphrodite an, der sie in ihrer Sprache auch den Namen Chabar gaben, was ›(die) Große‹ bedeutet. Bis zu den Zeiten des (Kaisers) Herakleios (610–641) dienten sie also offensichtlich den Götzen. Von dieser Zeit an bis jetzt ist ihnen ein falscher Prophet erstanden, der Mamed (Mohammed) heißt. Da er zufällig sowohl auf das Alte als auch auf das Neue Testament gestoßen war (und) auf gleiche Weise doch wohl mit einem arianischen Mönch verkehrt hatte, brachte er eine eigene Häresie zustande. Nachdem er durch den Vorwand scheinbarer Gottesfurcht den Volksstamm für sich eingenommen hatte, verbreitete er das Gerücht, eine Schrift sei aus dem Himmel auf ihn herabgebracht worden. Da er nun in das von ihm herrührende Buch einige lächerliche Zusammenstellungen eingekratzt hatte, überlieferte er ihnen auf diese Weise den Kult« (S. 60,7–61,2).

Diesen neuen Kult betrachtet Johannes von Damaskus wohl im Hinblick auf dessen Abhängigkeit von biblischen Stoffen und vom Arianismus als »Häresie«, also nicht eigenständige Religion, sondern Abirrung vom Christentum.
Indem der Autor auf den Inhalt der Lehre Mohammeds eingeht, weist er zuerst auf den strengen *Monotheismus* hin:

»(Mohammed) sagt, ein einziger Gott sei der Schöpfer aller Dinge. Er sei ›weder gezeugt noch habe er gezeugt‹« (S. 61,17–18).

Das ist eine Anspielung auf Sure 112, die Sure »der reinen Gottesverehrung«:

»Sag: Er ist Gott, ein Einziger, Gott, der Massive. Er hat weder gezeugt, noch ist er selber gezeugt worden« (V. 1–3).

Ebenso korrekt gibt der Damaszener die Lehre des Korans über *Christus* wieder:

»Er sagt, Christus sei das Wort Gottes und sein Geist, jedoch ein Geschöpf und Diener (Gottes), und er sei von Maria, der Schwester Moses und Aarons, ohne (menschliche) Zeugung geboren worden. Denn das Wort und der Geist Gottes – sagt er – ging in Maria hinein und erzeugte Jesus, der ein Prophet und Diener Gottes ist. Die Juden handelten gesetzwidrig und wollten ihn kreuzigen, und nachdem sie ihn ergriffen hatten, kreuzigten sie seinen Schatten. Aber Christus selbst wurde nicht gekreuzigt – sagt er – und ist nicht gestorben. Denn Gott nahm ihn zu sich in den Himmel, weil er ihn liebte« (S. 61,18–25).

Dann berichtet Johannes von dem in Sure 5,116ff beschriebenen Zeugnis Jesu vor Gott:

»Als Christus in den Himmel aufgestiegen war, fragte ihn Gott und sagte: ›O Jesus, hast *du* etwa gesagt: Sohn Gottes bin ich und Gott?‹ Und Jesus – sagt er – antwortete: ›Das wende Gott von mir ab, Herr! Du weißt, daß ich (dies) nicht gesagt habe und daß ich es nicht verachte, dein Diener zu sein. Vielmehr haben die Menschen, die Frevler sind, geschrieben, ich hätte dieses Wort (,Gottes Sohn') gesagt, und sie haben gegen mich Lügen aufgebracht, und sie sind Irregeführte (oder: Verirrte).‹ Und Gott antwortete und sagte ihm: ›Ich weiß, daß *du* dieses Wort nicht gesagt hast‹« (S. 61,25–31).

Seit jeher sahen die Christen ihren Glauben legitimiert durch das alttestamentliche Zeugnis Moses und der Propheten. Solche *Beglaubigung* gebe es für Mohammed nicht, stellt der Damaszener fest. Wenn die Muslime auf diesen Vorhalt antworteten, Mohammed habe »im Schlaf die Schrift« empfangen, was sich offensichtlich auf die Berufungsgeschichte bezieht, so bedeute dies, daß Mohammed lediglich ein Träumer sei.

Den gegen die *Christen* erhobenen Vorwurf des *Polytheismus* weist Johannes zurück, indem er zugleich den Muslimen mit Hilfe der Dialektik ein »verstümmeltes« Verständnis von Gott zuschreibt:

»Sie nennen uns aber ›Polytheisten‹ (wörtlich: Beigeseller, hetairistas); denn, so sagt er, wir stellen Gott einen Gefährten (hetairon) an die Seite, indem wir sagen, Christus sei Gottes Sohn und Gott. Ihnen sagen wir (darauf), daß dies (nämlich die Verehrung Christi als Gottes Sohn und Gott) die Propheten und die Schrift überliefert haben. Da *ihr* euch aber auf die (früheren) Propheten (deren Botschaft Mohammed bestätigt haben will) stützt, so nehmt sie doch an! Wenn wir nun (eurer Meinung nach) überweise sagen, Christus sei Gottes Sohn, so haben (dies) auch jene (Propheten des Alten Testaments) uns gelehrt und überliefert (und wären so die Urheber einer falschen Lehre)« (S. 63,61–65).

Johannes von Damaskus weiß, daß die Muslime sich auf die *Schriftbeweise der Christen* nicht einlassen:

»Einige von ihnen (d.h. den Muslimen) sagen, wir (selbst) hätten durch allegorische Deutung der Propheten derartige (Gedanken) in sie hineingelegt. Andere sagen, die Hebräer hätten uns aus Haß irregeführt, (indem sie so taten) als hätten sie (den heimlich gefälschten Text) von den Propheten her (getreulich) aufgezeichnet, damit wir (in unserem arglosen Vertrauen auf die Zuverlässigkeit des Textes) zugrunde gingen« (S. 63, 66–68).

Da also der Schriftbeweis für den Glauben an Christus als Gottes Sohn die Muslime nicht beeindruckt, greift unser Autor zur Waffe der *Dialektik*:

»Wenn ihr (selbst) sagt, Christus sei Gottes Wort und Geist, mit welchem
Recht schmäht ihr uns dann, als wären wir Polytheisten (hetairistas)?
Denn das Wort und der Geist sind untrennbar von dem, welchem sie
von Natur aus innewohnen. Wenn also in Gott sein Wort ist, dann ist
es offenkundig, daß es (d.h. das Wort) auch (nach seiner Natur) Gott ist«
(S. 63,69–72).

Und nun kehrt sich die Argumentation gegen die Muslime:

»Wenn aber das Wort Gottes außerhalb Gottes ist, dann ist eurer Meinung nach Gott ohne Wort und ohne Geist. Nicht wahr (es ist doch so),
indem ihr vermeidet, Gott einen Gefährten zu geben, habt ihr ihn ver-
stümmelt. Es wäre nämlich besser, ihr sagtet, er habe einen Gefährten,
als ihn zu verstümmeln und wie einen Stein, ein (Stück) Holz oder ir-
gendeines von den empfindungslosen Dingen vorzuführen. Folglich
nennt ihr uns lügnerisch Polytheisten; wir aber bezeichnen euch (in
Wahrheit) als Verstümmler Gottes« (S. 64,72–77).

Die Argumentation des Damaszeners, die von späteren christlichen
Polemikern ständig wiederholt wird, leidet an einem Schönheits-
fehler: Die arabische Sprache hat zwei Bezeichnungen für »Wort«:
kalām und kalima. Kalām ist der kollektive Ausdruck (nomen col-
lectivum) und bedeutet »Wort« oder »Rede«; kalima ist nomen
unitatis, der Ausdruck für das einzelne Wort. Im Koran wird auf
Jesus niemals die Vokabel kalām angewandt, sondern stets kalima.
Jesus wird also als mit einem bestimmten Wort oder Befehl Gottes gleichgesetzt, durch den er unmittelbar erschaffen wurde.
Wie Johannes von Damaskus mit dem Glauben der Muslime ins
Gericht geht, so auch mit ihrer *Ethik.* Hauptangriffspunkt ist natürlich für ihn, den Asketen, die laxe *Sexualmoral* des Korans:

»(Da ist) z.B. ›die Schrift des Weibes‹ (d.h. Sure 4 mit der Überschrift
›Die Frauen‹). Darin verordnet er unverhohlen, vier Frauen zu nehmen
und außer den vier Frauen Nebenfrauen, wenn es möglich ist, tausend (jedenfalls) so viele, wie jemandes Hand außer den vier Frauen unterwerfen
und besitzen mag. Damit man aber verstoßen kann, welche man will,
oder wenn man geneigt ist, auch eine andere erwerben kann, hat er aus
solcher Ursache ein Gesetz erlassen« (S. 64,96–100).

In diesem Zusammenhang läßt es sich unser Polemiker nicht entgehen, die pikante Geschichte von *Mohammeds Heirat der Frau
seines Stiefsohnes Zaid* zu erzählen, die in Sure 33 berührt wird:

»Einen Mitarbeiter hatte Mamed (Mohammed), Zeid hieß er. Dieser hatte
eine schöne Frau, nach der Mamed heftig verlangte. Als sie (einmal bei-
sammen) saßen, sagte Mamed: ›Du, Gott hat mir geboten, dein Weib zu

nehmen.‹ Der aber antwortete: ›Du bist der Gesandte. Tu, was Gott dir gesagt hat! Nimm meine Frau!‹ Ja, noch mehr, um die Geschichte von Anfang an zu erzählen: (Mamed) sagte zu ihm: ›Gott hat mir geboten (dir zu sagen), du sollest deine Frau entlassen.‹ Der aber entließ sie. Nach einigen Tagen sagte (Mamed): ›Außerdem hat mir Gott noch geboten, daß *ich* sie nun nähme.‹ Dann nahm er sie, und nachdem er mit ihr Ehebruch getrieben hatte, erließ er solches Gesetz: ›Wer will, soll seine Frau verstoßen. Wenn er aber nach der Verstoßung zu ihr zurückkehren möchte, so soll sie ein anderer heiraten. Denn er darf sie nicht nehmen, wenn sie nicht (zuvor) von einem anderen geheiratet worden ist‹« (S. 665,100–110).

Der Damaszener ist aber bei aller Polemik um Sachlichkeit bemüht. Deshalb erwähnt er auch die strengen islamischen Speisegesetze:

»(Mohammed) lehrte, von den im Gesetz (Moses) verbotenen (Speisen) dürfe man einige essen, während man sich anderer enthalten müsse. Aber das Weintrinken hat er vollständig verboten« (S. 67,155–156).

Die hier wiedergegebenen Textauszüge zeigen, daß Johannes von Damaskus den Islam kannte, daß er auch den Koran studiert hat. Das ist bei einem arabischen Christen, der einst am Hofe des Kalifen wirkte, nicht verwunderlich. Im Kapitel über den Islam in der Häresiengeschichte und in anderen von ihm überlieferten Abhandlungen zu diesem Thema klingen alle Probleme an, die später immer wieder bis auf den heutigen Tag die Auseinandersetzung bestimmen: das religionsgeschichtliche Umfeld Mohammeds, seine Berufung zum Propheten, die biblischen und nachbiblischen Traditionen die er aufgenommen hat, seine Gotteslehre, seine Christologie und weitere Fragen zur Dogmatik und Ethik. Die Art, in der sich der Damaszener mit dem Islam auseinandersetzt, zeigt bei aller Sachkenntnis natürlich die polemische Absicht und die Selbstgewißheit eines theologisch und philosophisch gebildeten Christen der Spätantike.

Die *orientalischen christlichen Theologen,* die sich mit dem Islam auseinandersetzten, kannten diese Religion sowohl aufgrund der Quellen als auch aus eigener Anschauung. Darin waren sie dem Abendland für Jahrhunderte weit voraus. Als der Westen begann, sich ernsthaft mit dem Islam zu beschäftigen, waren die aus dem Osten kommenden Informationen die wesentliche Materialgrundlage. Neben Johannes von Damaskus ist ein anderer orientalischer Autor zu nennen, der sich durch große Originalität auszeichnet und zu den Hauptgewährsleuten abendländischer Schriftsteller über den Islam zählte.

Wir kennen nicht seinen *Namen*, sondern nur sein in arabischer
Sprache verfaßtes *Werk*. Es hat die Form eines Briefes und einer
Antwort auf diesen[123]. Der muslimische Verfasser der ersten Epistel, ᶜAbd Allāh (Knecht Gottes), richtet an den Christen ᶜAbd al-
Masīḥ (Knecht des Messias) vom Stamme der Kinda die Aufforderung, den Islam anzunehmen. In seiner bedeutend umfangreiche-
ren Antwort erklärt der Christ, warum er an seinem Glauben festhält. Er setzt sich kritisch unter Berufung auf den Koran und die
Tradition mit dem Islam auseinander und fordert schließlich den
Muslim auf, Christ zu werden. ᶜAbd Allāh bezeichnet seinen Briefpartner als Nestorianer. Wahrscheinlich soll dies aber dem Schutz
des fingierten Briefwechsels dienen; denn die Nestorianer standen
bei den Muslimen in höherem Ansehen als andere Christen. Nach
der kurzen Vorrede, die beiden Schreiben vorangestellt ist, soll die
Korrespondenz unter dem Kalifat al-Ma'mūns (813–833) stattgefunden haben. Der muslimische Schreiber stellt sich als Verwandten des Kalifen und Freund des Christen vor. Inhaltliche Gründe
sprechen aber dafür, daß das Werk erst im Laufe des 10 Jahrhunderts entstanden ist. Durch die fiktive Form des Briefwechsels
zweier hochgestellter Persönlichkeiten am Hofe des Kalifen sollte
es ein Ansehen gewinnen, das es vor Unterdrückung schützte. Der
Kalif al-Ma'mūn begünstigte die Muᶜtaziliten, deren erklärtes Ziel
war, den Islam mit der Vernunfterkenntnis in Einklang zu
bringen. Zu diesem geistigen Umfeld paßt es, daß der christliche
Briefpartner auf die Kraft seiner rationalen Argumente starkes
Vertrauen setzt. Dieses Werk hat die Entstehung des abendländischen Islambildes nachhaltig beeinflußt.
Der auch heute wieder erörterte Gedanke der abrahamitischen Religion wird auch in unserer alten Apologie behandelt. Der Christ
soll nach dem Wunsch des Muslims den *Glauben Abrahams* annehmen, der ein Ḥanīf und Muslim gewesen sei. Aber im Unterschied zum koranischen Sprachgebrauch versteht der Christ unter
einem Ḥanifen nicht einen Monotheisten, sondern – dem syrischen Wort hanef entsprechend – einen Götzendiener. Vor seiner
Bekehrung zum Glauben an den einen Gott sei Abraham ein Götzendiener gewesen. Zu welchem Glauben Abrahams solle der Christ
also zurückkehren? Doch wohl nicht zum Hanifentum.

»Wenn es aber um die Einheit (Gottes) geht, so antworte ich, daß die Offenbarung davon, die an Abraham ergangen war, von Isaak geerbt wurde,
aber nicht von Ismael, und daß sie weitergegeben wurde nicht in der Li-

---

123   Muir, The Apology of the Kindy. Im folgenden wird nach dieser
in englischer Sprache verfaßten Ausgabe zitiert.

nie der Araber, sondern der Israeliten, und deren, nicht deine Sache ist
es (folglich), mich zu derselben (Offenbarung der Einheit Gottes) einzuladen«[124].

Das würde also bedeuten: Was es in Wahrheit mit dem Glauben
Abrahams auf sich hat, ist nicht dem Koran, sondern dem Alten
Testament zu entnehmen. Ein sehr erwägenswerter Gedanke!
Der Schwerpunkt der Auseinandersetzung mit dem Islam liegt auf
dem Gebiet der *Geschichte* und der *Ethik*. Dabei wird immer wieder der Anspruch Mohammeds, ein Prophet zu sein, mit dem biblischen Verständnis des Prophetentums verglichen.
Während Johannes von Damaskus noch ziemlich unbestimmt über
den Umgang Mohammeds mit einem Arianer, von dem er einiges
übernommen habe, berichtet, weiß ᶜAbd al-Masīḥ aufgrund bio-
graphischer Tradition ausführlicher davon zu erzählen. Es ist die
Sergius-Legende, die auch in der späteren christlichen Polemik einen festen Platz gefunden hat:

»Sergius, ein nestorianischer Mönch, wurde eines bestimmten Vergehens
wegen exkommuniziert. Um es zu büßen, begab er sich auf eine Missi-
onsreise nach Arabien. Er erreichte Mekka, das er von Juden und Götzendienern bewohnt fand. Dort begegnete er Mohammed, mit dem er vertrauten Umgang pflegte. Nachdem er ihn im Glauben des Nestorius unterwiesen hatte, überredete er ihn, das Heidentum aufzugeben und sein
Schüler zu werden. Dies war, obwohl es den Haß der Juden erregte, der
Grund für die freundliche Erwähnung der Christen im Koran, daß sie
nämlich (nach Sure 5,82) ›den Gläubigen in Freundschaft am nächsten
stehen und daß dies so ist, weil unter ihnen Priester und Mönche sind
und weil sie nicht hochmütig sind‹. Und so nahm die Sache ihren ge-
deihlichen Fortgang, und Mohammed war nahe daran, den christlichen
Glauben anzunehmen, als Sergius starb. Darauf nahmen zwei jüdische
Lehrer, ᶜAbd Allāh und Kaᶜb, die Gelegenheit wahr und machten sich
bei deinem Meister beliebt. Sie bekannten trügerisch, sie würden seine
Anschauungen teilen und seine Gefährten sein. So verbargen sie ihre
Absicht und warteten ihre Zeit ab. Dann, beim Tode des Propheten, als
ᶜAlī sich zurückhielt und weigerte, Abū Bakr Untertanentreue zu
schwören, suchten ihn die beiden Juden auf und bemühten sich, ihn zu
überreden, daß er das Prophetenamt (eigentlich: das Amt des Kalifen) an-
nähme, für das sie ihn geeignet erklärten, und sie versprachen, ihn ebenso
zu unterweisen, wie Sergius Mohammed unterwiesen hatte. ᶜAlī, der
noch jung und unerfahren war, hörte auf sie und ließ sich heimlich
unterweisen. Ehe sie ihre Absicht vollständig erreicht hatten, hörte Abū
Bakr davon und ließ ᶜAlī rufen. Da dieser Widerstand für zwecklos hielt,
gab er seinen ehrgeizigen Plan auf. Aber den Juden war es bereits gelungen,

124 Ebd., S. 41f.

in den Text des Korans hineinzupfuschen, den Mohammed ᶜAlīs Händen überlassen hatte, in den Text nämlich, der sich auf das Evangelium gründete. Zu eben der Zeit erweiterten sie den Koran durch Geschichten aus dem Alten Testament und Teile des Mosaischen Gesetzes und führten solche Sätze ein wie diesen (Sure 2,113): ›Die Christen sagen, die Juden würden sich auf nichts stützen, und die Juden sagen, die Christen würden sich auf nichts stützen. Dabei lesen sie doch (in gleicher Weise) die Schrift.‹ [...] Daher entstanden auch Widersprüche im Koran [...] Das Ergebnis all dessen ist offenkundig für dich, der du die Heiligen Schriften gelesen hast und siehst, wie in deinem Buch die Geschichten alle durcheinandergewürfelt und vermengt sind. Das ist ein deutliches Zeichen dafür, daß dabei viele verschiedene Hände am Werk waren. Sie verursachten Unstimmigkeiten, indem sie etwas hinzufügten oder abschnitten, ganz wie es ihnen gefiel oder mißfiel. Sind dies nun die Kennzeichen einer Offenbarung, die vom Himmel herabgesandt worden ist?«[125]

Wir begegnen hier zum ersten Mal in der Geschichte der christlichen Polemik einer quellenkritischen Analyse des Korans. Die mit dem Evangelium übereinstimmende Schicht ist die älteste, gewissermaßen der »Urkoran«. Der christliche Charakter dieses Teils wird auf den Nestorianismus zurückgeführt, dem Mohammed sich durch die Vermittlung des Mönches Sergius so weit angenähert habe, daß er fast Christ geworden wäre. Die dem Christentum widersprechenden Passagen des Korans werden jüdischen »Bearbeitern« zugeschrieben, die sich nach Mohammeds Tod das Vertrauen ᶜAlīs erschlichen hätten. In jüngster Zeit hat der Islamwissenschaftler Lüling versucht, eine auf christlicher Tradition beruhende Urfassung des Korans zu rekonstruieren, hat sich aber mit seiner Hypothese nicht durchsetzen können[126].

2.2   Stimmen aus der abendländischen Christenheit

2.2.1   Das Mittelalter

Wie schon in anderem Zusammenhang erwähnt[127], erlebte die *spanische Kirche* unter islamischer Herrschaft im 9. Jahrhundert eine schwere Krise, die in den Jahren 850 bis 859 zu Martyrien führte. Anführer der christlichen Bekenntnisbewegung waren der Abt Speraindeo, Eulogius, Bischof von Cordoba, und Paulus Albarus. Eulogius wurde zum Erzbischof von Toledo gewählt, vom Emir aber nicht bestätigt und ist als Märtyrer gestorben. Ein gegen

125   Ebd., S. 70f.77f.
126   Lüling, Über den Ur-Qur'ān.
127   Siehe oben S. 159–162.

den Islam gerichteter Dialog des Speraindeo ist bis auf ein bruch-
stückhaftes Zitat verlorengegangen. Von den beiden anderen Männern sind uns aber Schriften erhalten geblieben[128]. Diese spanischen Christen suchten in der Heiligen Schrift Aufschluß über den
Islam. Sie fanden im Buch Daniel (Kap. 7,10) die Weissagung von
einem König, der anders sein werde als alle vorherigen:

»Er wird (lästerliche Reden) gegen den Höchsten führen und die Heiligen des Höchsten verstören und meinen, er könne Zeiten und Gesetze
ändern. Sie werden aber in seine Hand gegeben werden eine Zeit und
(zwei) Zeiten und eine halbe Zeit«[129].

Traf dies nicht alles auf Mohammed zu? Hatte er nicht Christus
gelästert? Hatte er nicht die Kirche verwüstet? Hatte er nicht die
christliche Zeitrechnung durch seine eigene, mit der Hidschra be-
ginnende, umzustoßen gemeint? Hatte er sich nicht erdreistet, das
Gesetz Gottes zu ändern? Und daß die Heiligen in seine Hand
gegeben waren, brauchte man keinem Christen in Spanien erst zu
sagen. Aber wie lange wird die Tyrannei jenes Königs wären? »Eine Zeit und (zwei) Zeiten und eine halbe Zeit«. Diese dunklen
Worte deutete man auf dreieinhalb Perioden von je 70 Jahren,
also auf insgesamt 245 Jahre seit Mohammeds Wirken, und damit
schien erwiesen, daß das Ende der Welt kurz bevorstand. Gab
nicht auch die merkwürdige Tatsache zu denken, daß seit 852 in
Cordoba ein Emir herrschte, der sich wie der Begründer dieser
antichristlichen Sekte Mohammed nannte? Schließlich bedachte
man, daß nach der Offenbarung des Johannes (Kap. 13, 18) die
Zahl des Antichrists 666 sei. Nach der spanisch-christlichen Zeitrechnung war aber Mohammed im Jahre 666 gestorben. Alles dies
mußte in den Augen jener spanischen Märtyrer und Gesinnungs-
genossen als Beweis dafür gelten, daß der Islam die Verkörperung
der antichristlichen Macht sei und daß das Jüngste Gericht in Kür-
ze hereinbrechen werde. Obwohl jene christlichen Bekenner den
Islam als gotteslästerliche Gewaltherrschaft verdammten, fehlte
ihnen nicht jegliche Sachkenntnis. Eulogius stuft den Islam zwar
wie schon zuvor Johannes von Damaskus als Häresie ein, erkennt
aber, daß diese Sekte die einzige sei, die sich von der Kirche vollständig getrennt und die Geltung der Bibel aufgehoben habe.
Ziemlich genau weiß Eulogius auch über die koranische Lehre von
Jesus Christus Bescheid: Er werde als großer Prophet und gerech-

---

128 Die Werke des Eulogius hat A.S. Ruiz mit spanischer Übersetzung
1959 herausgegeben. Paulus Albarus, Opera, Sp. 397–566.
129 Siehe hierzu Paulus Albarus, Indiculus luminosus, Sp. 535f.

ter Mensch angesehen, er sei Adam ähnlich und Gott ergeben, seine
Gebete seien Gott angenehm, er sei Gottes Wort und Geist, aber
ganz und gar nicht Gott gleich. Paulus Albarus, ein gebürtiger Jude, zitiert arabische Redewendungen und macht genaue Angaben
über islamische Riten und Gesetze.

Im benachbarten christlichen *Frankenreich* hatte man zwar von
jenen spanischen Märtyrern gehört und sogar einige ihrer Reliquien in das Herrschaftsgebiet Karls des Kahlen gebracht; aber die
Schriften des Eulogius und des Paulus Albarus blieben außerhalb
Spaniens unbekannt, und in Spanien selbst wurden sie auch bald
vergessen.

Nach den Anfangserfolgen der *Kreuzzüge* verspürte das christliche Abendland wenig Neigung, den Islam zu erforschen. Man zog
abenteuerliche Erzählungen vor, die mit der Wirklichkeit dieser
Religion nichts zu tun hatten.

Eine Ausnahme angesichts der allgemeinen Unwissenheit bildete
schon im 11. Jahrhundert Papst *Gregor VII.* (gest. 1085). Er schrieb
im Jahre 1076 dem muslimischen »König« von Mauretanien, der
zu Ehren des Papstes einige christliche Gefangene freigelassen
hatte, Gott, der Schöpfer Himmels und der Erde, der Urheber alles Guten, habe diese Liebe in des Fürsten Herz gelegt. Der Nachfolger des heiligen Petrus schlägt deshalb vor, der muslimische
Herrscher und er sollten künftig öfter solche gegenseitige Liebe
üben, da sie ja beide an einen einzigen Gott glaubten, den sie,
wenn auch auf verschiedene Weise, bekennen, allezeit loben und
ehren würden[130]. Die Worte des Papstes über den gemeinsamen
Glauben der Muslime und Christen an den *einen* Schöpfergott haben Eingang in die Erklärung über den Islam gefunden, die das
Zweite Vatikanische Konzil (1962–1965) formuliert hat[131].

Genauer lernte das Abendland den Islam erst seit dem 12. Jahrhundert kennen. Dies ist vor allem *Petrus Venerabilis* (gest. 1156),
dem Abt des berühmten Kloster Cluny, zu verdanken. Er war eine
hochangesehene Persönlichkeit von versöhnlichem Charakter. Daher wurde er oft als Vermittler herangezogen. Auf einer Inspektionsreise in den wiedereroberten Teil Spaniens kam er zu der
Überzeugung, daß man die »Häresie Mohammeds« mit geistigen
Waffen angreifen müsse. Dies setzte aber eine Kenntnis des Islams
voraus, wovon bis dahin im Abendland nicht die Rede sein
konnte. Deshalb gab Petrus den Auftrag, den Koran und einige
andere Schriften über den Islam aus dem Arabischen ins Lateinische zu übersetzen. Um die Erforschung dieser Sammlung von

130 Gregor VII, Opera, S. 415A.
131 Siehe unten S. 199f.

Schriften, des sogenannten Corpus Cluniacense, hat sich Marie Thérèse d' Alverny grundlegende Verdienste erworben. Erstmals gedruckt erschienen die von Petrus Venerabilis veranlaßten Übersetzungen in Theodor Biblianders Sammelwerk »Machumetis [...] Alcoran« [...], [Zürich] 1543 und 1550. Vergeblich versuchte Petrus Venerabilis, seinen noch berühmteren Zeitgenossen *Bernhard von Clairvaux* für den literarischen Kampf gegen den Islam zu gewinnen. So griff er schließlich selbst zur Feder und schrieb ein fünf Bücher umfassendes Werk Contra sectam sive haeresim Saracenorum (»Gegen die Sekte oder Häresie der Sarazenen«). Davon sind nur zwei Bücher erhalten geblieben. Mit bewegender Rede wendet sich hier der Autor an die Muslime:

»Ich greife euch an, nicht, wie die Unsrigen es oft tun, mit Waffen, sondern mit Worten, nicht mit Gewalt, sondern mit der Vernunft, nicht mit Haß, sondern mit Liebe, dennoch mit solcher Liebe, wie sie unter Christusverehrern und denen, die von Christus abgewandt sind, bestehen muß«[132].

Außer dem großen Werk gegen den Islam hat Petrus Venerabilis auch eine kürzere Darstellung verfaßt. Sie trägt den Titel *Summa totius haeresis Saracenorum* (»Grundlehre der ganzen Häresie der Sarazenen«). Die hier behandelten Themen sind: Gott, Christus, die letzten Dinge, die Person Mohammeds, der Koran und seine Quellen, Mohammeds Lehren, Ausbreitung und antichristliches Wesen des Islams. Der Autor erkennt als erster der christlichen Polemiker, daß der Islam eigentlich nicht unter den Begriff der *Sekte* falle. Deshalb möchte er die Muslime eher als *Heiden* bezeichnen, obwohl er weiß, daß sie nicht der Vielgötterei huldigen. Deutlich spürt man an seiner Verlegenheit in der Begriffswahl, daß er sich dem Phänomen einer nachchristlichen Weltreligion gegenübergestellt sieht, ohne dafür den zutreffenden Namen zu finden:

»Obwohl ich sie (d.h. die Sarazenen) Häretiker nenne, weil sie manches mit uns glauben, in mehr (Artikeln jedoch) von uns abweichen, würde ich sie wahrscheinlich richtiger Heiden (paganos aut ethnicos) nennen, was mehr bedeutet. Denn mögen sie auch über den Herrn manches Wahre sagen, so predigen sie (doch) noch mehr Falsches und haben weder an der Taufe, dem (Meß)opfer, dem Buß(sakrament) noch irgendeinem (anderen) der christlichen Sakramente Anteil, was niemals jemand außer diesen Häretikern getan hat. Die eigentliche Absicht dieser Häresie geht dahin, daß der Herr Christus weder als Gott noch als Sohn Gottes ge-

132   Petrus Venerabilis, Liber contra sectam, S. 231.

glaubt wird, sondern, mag er auch groß und von Gott geliebt sein, dennoch als bloßer Mensch, weiser Mann und größter Prophet«[133].

Nichts aber sei dem Teufel wichtiger, als den Glauben an Gottes Menschwerdung, durch die wir erlöst würden, zu verhindern. Petrus Venerabilis, des Islams durchaus kundig, hält sich dennoch nicht für fähig, den *theologischen Kampf mit dieser neuen und starken Religion* aufzunehmen.

»Ich habe es erwählt, eher (vor Schrecken) zu erbeben als zu disputieren [...] Vielleicht wird der noch kommen, dessen Geist der Herr erwecken wird, damit er die Kirche Gottes von der großen Schmach, die sie von dort erleidet, befreit. Denn während die Kirche alle Sekten, seien es alte oder neue, bis auf unsere Zeiten widerlegt hat, hat sie allein dieser, die mehr als alle anderen dem Menschengeschlecht an Leib und Seele unermeßlichen Schaden zugefügt hat, nicht nur nichts geantwortet, sondern sie hat sich nicht einmal wenigstens schwach bemüht zu erforschen, was diese so große Pest sei oder woher sie gekommen sei«[134].

Eine völlig andere Auffassung als der Abt von Cluny vertrat *Bernhard von Clairvaux* (gest. 1153). An einer theologischen Auseinandersetzung mit dem Islam war er nicht interessiert. Er befürwortete den *Kreuzzug* gegen die Ungläubigen. Seine Propaganda stürzte die Kreuzfahrer in eine Katastrophe. Man hatte bisher noch nie erlebt, daß der Gott der Ungläubigen stärker sei als der Gott der Christen. Das erregte im sieggewohnten Abendland erstmals Glaubenszweifel.

Das genauere Islambild, zu dem Petrus Venerabilis den Anstoß gegeben hatte, war zwar in vielen Einzelheiten zutreffend, aber im ganzen durchaus *polemisch*. Hinter den heftigen und oft ungerechten Worten, mit denen man die neue und größte Sekte verabscheute, lauerte die Angst vor der ungeheuren Verführungsgewalt dieser Religion, die über so viele Menschen und Länder herrschte, die einst ganz »christlich« waren. Man stellte der Ausbreitung des Islams durch das Schwert die gewaltlose Predigt des Evangeliums durch die Apostel gegenüber. Dabei wurde meist nicht beachtet, daß nur der Machtbereich des Islams, aber nicht die Religion selbst durch das Schwert ausgebreitet wurde und daß man den Schriftbesitzern innerhalb bestimmter Gesetze die Ausübung ihres Glaubens erlaubte.

Nicht nur Feindschaft, sondern auch eine gewisse – neidvolle – *Bewunderung* brachte das mittelalterliche Abendland der islami-

---

133   Petrus Venerabilis, Summa totius haeresis Saracenorum, S. 208.
134   Ebd., S. 210.

schen Welt entgegen. Denn die Muslime hatten bis ins 13. Jahrhundert hinein in der wissenschaftlichen und kulturellen Entwicklung einen deutlichen Vorsprung. Sie wurden zu Lehrern des Abendlandes, nicht zuletzt der führenden Theologen! Der gewaltige Aufschwung der abendländischen Wissenschaft in der Hochscholastik des 13. Jahrhunderts war nur möglich, weil die europäischen Gelehrten durch die Vermittlung der Araber den bisher unbekannten und größten Teil der Werke des Aristoteles und dazu die Schriften seiner muslimischen und jüdischen Ausleger kennenlernten. Freilich kamen etwa gleichzeitig auch griechische Texte des großen antiken Philosophen auf dem Weg über Sizilien und Süditalien ins Abendland. Dennoch konnte der englische Gelehrte Roger Bacon (gest. 1294) mit einigem Recht behaupten: »Von den Ungläubigen haben wir die ganze Philosophie«[135].
In der Zeit der *Hochscholastik,* also etwa im 13. und frühen 14. Jahrhundert, gab es bedeutsame Ansätze, der geistigen Herausforderung durch den Islam zu begegnen. Man hatte ja mit den gebildeten Muslimen eine *gemeinsame Basis der Verständigung*: die Philosophie des Aristoteles und seiner Interpreten.
Davon geht *Thomas von Aquin* (1274), der »Fürst der Scholastiker« (princeps scholasticorum) aus. Er erkennt die Notwendigkeit, dem Islam an zwei Fronten entgegenzutreten: in den Gebieten, in denen Muslime leben, und auf dem abendländischen Kampfplatz der Wissenschaft, an der Universität zu Paris, wo durch Siger von Brabant die aristotelische Philosophie nach der Deutung des muslimischen Kommentators Averroës gelehrt wurde. Für Thomas, selber in Paris und an anderen hohen Schulen als Professor der Theologie tätig, stand die philosophisch geprägte Auseinandersetzung im Vordergrund. Als die Kirche ein Handbuch für Missionare benötigte, die sich in Spanien um die Bekehrung der Muslime bemühten, verfaßte er seine Summa contra gentiles, eine gegen »die Heiden« gerichtete Gesamtdarstellung der christlichen Lehre. Unter den Gentiles verstand er sowohl die muslimischen Gläubigen als auch speziell Averroës und dessen Anhänger. Von dem aus vier Büchern bestehenden Werk behandelt der Autor in den ersten drei diejenigen Inhalte des christlichen Glaubens, die der Vernunft einsichtig sind: Gott, die Schöpfung, die Ethik. Das vierte ist der Darstellung jener Artikel vorbehalten, die über die Vernunfterkenntnis hinausgehen: die Trinität, die Gottessohnschaft Christi und sein Erlösungswerk. Der Aufbau der Summa contra gentiles entspricht dem Grundgedanken des Thomas über das Verhältnis von Natur und Gnade, von Vernunft und Glauben.

135   Roger Bacon, Moralis philosophia, pars 4, dist. 2, 1, S. 195.

Die in Christus dem Menschen zu seinem Heil geschenkte Gnade
hebt die Natur nicht auf, sondern krönt sie, überhöht sie, bringt
sie zur Vollendung. Ebenso verhält es sich mit der Glau-
benserkenntnis: Auch sie steht keineswegs im Widerspruch zur
reinen Vernunfterkenntnis, sondern setzt sie voraus, führt über
sie hinaus und vollendet sie. Thomas hat also erkannt, daß mit
Muslimen eine doppelte Argumentation nötig ist. Es gibt aufgrund der Tatsache, daß sie wie alle Menschen Vernunftwesen
sind, eine breite Basis der Übereinstimmung. Wer logisch denkt,
muß zur Erkenntnis Gottes als des Schöpfers und zur Erkenntnis
aller Pflichten des Menschen als Geschöpf Gottes gelangen. Wir
würden heute sagen: Nach Thomas muß es für denkende Muslime
und Christen einen gemeinsamen ethischen Monotheismus geben.
Aber der Mensch ist, was nach Meinung des Thomas von den
Muslimen nicht erkannt wird, nicht nur durch sein naturgemäßes
Sein bestimmt, sondern auch durch seine Berufung zu einem hö-
heren Sein in der göttlichen Gnade. Der Weg zum Leben in der
Gnade muß dem Menschen von oben offenbart werden. Der
Glaube, der diese Offenbarung erfaßt, ist die übernatürliche Er-
kenntnis der Gnadenordnung. Es hat also, nach Thomas keinen
Sinn, den Muslimen angebliche Vernunftbeweise etwa für die
Gottessohnschaft Christi führen zu wollen. Man kann mit der
Vernunft nicht beweisen, was über die Vernunft hinausgeht. Den-
noch ist Thomas nicht der Meinung, der Glaube an Christus als
Gottessohn und Erlöser sei eine rein willkürliche Setzung oder gar
etwas Vernunftwidriges, wie die Muslime gegenüber den Christen
behaupten. Der Christusglaube und alle weiteren übernatürlichen
Glaubensartikel stellen sich der Vernunft gleichsam als deren
Fernziel dar, das sie zwar aus eigener Kraft nicht erreichen kann,
zu dem sie aber, gestärkt und erhoben von der Kraft der Gnade,
gelangen wird. Das Unvollendete strebt nach Vollendung, die natürliche Vernunfterkenntnis nach Erleuchtung durch die übernatürliche Gnadengabe des Glaubens. Nach diesen Grundgedanken
konnten die Ordensgenossen des Thomas, die Dominikaner, unter
den Muslimen in Spanien wirken.
Einen anderen Weg als jener große Scholastiker ist ein sehr origi-
neller Mann gegangen: *Raimundus Lullus* (gest. 1316), ein adli-
ger Laie, der sich den Franziskanern als Tertiarier anschloß. Sein
Lebensziel war die Bekehrung der Muslime. Dazu war er durch
seine Herkunft prädestiniert. Er wurde 1232/33 als Sproß einer
edlen Familie in Palma auf Mallorca geboren. Die Insel war kurz
zuvor den Muslimen entrissen worden. Nach seiner Bekehrung
ließ sich Raimundus durch einen maurischen Sklaven in der arabischen Sprache unterrichten. Er studierte die Schriften der musli-

mischen Philosophen, Theologen und Mystiker. Durch sein Berufungserlebnis gewann er die Gewißheit, er werde das schlechthin beste und unüberwindliche Buch gegen alle Irrlehren verfassen. Das Ergebnis seiner darauf gerichteten Bemühungen war »die Große Kunst« (ars magna), deren erste Fassung etwa 1274 entstand und an deren Vervollkommnung er Zeit seines Lebens weiter arbeitete. Der Autor versucht, aus einem System von Grundbegriffen kombinatorisch alle Wahrheiten, also auch alle Artikel des christlichen Glaubens, abzuleiten. Die Trinität Gottes, die Gottessohnschaft Christi und sein Werk der Erlösung erweisen sich als streng denknotwendig. Lullus will im Unterschied zu Scholastikern wie Thomas von Aquin kein theologus positivus, sondern ein theologus probativus sein, d.h. er will die Glaubenssätze nicht nur behaupten, sondern beweisen. Dabei setzt er allerdings voraus, daß die Vernunft der Ungläubigen durch ein falsches Religionsgesetz behindert wird:

»Die Vernunfteinsicht der Christen übersteigt die Vernunfteinsicht der Sarazenen bei der Betrachtung der Höhe göttlicher Begriffe. Zu dieser Höhe kann der Verstand nicht mit einem falschen Gesetz aufsteigen«[136].

Dieses Eingeständnis zeigt die Achillesferse der »Großen Kunst«: Die Vernunft des Muslims kann den christlichen Glauben nur erfassen, wenn sie sich vom islamischen Gesetz befreit hat. Daß dies keineswegs immer zu erwarten war, mußte Lullus am eigenen Leibe erfahren. Seine mehrfachen Missionsreisen endeten mit einer schweren Mißhandlung, an deren Folgen er starb.

Während man die Positionen des Thomas von Aquin und Raimundus Lullus als philosophische Wege bezeichnen kann, auf denen sie den Muslim zum christlichen Glauben führen wollen, vertraut *Wilhelm von Tripolis* ausschließlich auf die Kraft der schlichten Verkündigung des Evangeliums. Von diesem weniger bekannten Dominikaner ist uns eine »Abhandlung über den Zustand der Sarazenen, über den falschen Propheten Mohammed und deren Gesetz und Glauben«[137] erhalten. Der Autor gehörte dem Konvent der Dominikaner zu Akkon an. Aus seinem Beinamen Tripolita-

---

136   Lullus, Disputatio, S. 453; siehe ferner Raeder, Raimundus Lullus, S. 285.
137   Wilhelm von Tripolis, Tractatus de statu Saracenorum, S. 573–598. Nach Ludwig Hagemann, Christentum contra Islam, S. 57, der sich auf P. Engels stützt, ist diese Schrift wahrscheinlich nicht von Wilhelm selbst verfaßt worden. Hier geht es aber nicht um die – problematische – Autorschaft, sondern um die Tendenz des Werkes.

nus (»aus Tripolis«) ist wahrscheinlich zu schließen, daß er aus dem syrischen Tripolis gebürtig, also von orient-fränkischer Abstammung, war. Dazu paßt auch seine Vertrautheit mit der arabischen Sprache. Den Anlaß zur Schrift bot nach der Einleitung der Lütticher Archidiakon Thealdus, der als Pilger das heilige Land besuchte und über Ursprung, Geschichte und Wesen des Islams unterrichtet zu werden wünschte. Fleißig und liebevoll stellt Wilhelm von Tripolis die Punkte in den Vordergrund, in denen die christliche Botschaft und der Islam mehr oder weniger übereinstimmen. Er sieht in den zahlreichen biblischen Traditionen, die Christen und Muslimen gemeinsam sind, passende Anknüpfungspunkte für eine verheißungsvolle missionarische Tätigkeit. Zur Bekehrung der Sarazenen bedarf es seiner Meinung nach nur des schlichten Wortes Gottes, keiner philosophischen Beweise und schon gar keiner Waffengewalt.

Als Mann, der im Orient lebt, kennt der Autor aus eigener Erfahrung die Frömmigkeit und *Sittenstrenge der Muslime* und findet dafür lobende Worte. Ein ganzes Kapitel (21) hat er den »guten Taten des Sultans« (Baibars, 1260–1277) gewidmet:

»Er verabscheut und haßt Wein und Huren. Er sagt, daß diese Dinge starke Männer wahnwitzig und weibisch machen würden. Deshalb ist schon seit fünf Jahren kraft seines Verbotes keine Weinschenke zu finden und in dem ihm unterworfenen Land auch kein Hurenhaus. Man wagt nur, verstohlen Wein zu trinken. Als ihm gesagt wurde, daß seine Vorgänger als Sultane von dem Schatz (d.h. der Zwangsabgabe), der auf Grund der Herbeischaffung von Wein und Huren gesammelt wurde, fünftausend Söldner unterhielten, antwortete er: ›Ich will lieber wenige nüchterne (Leute) haben als eine größere Zahl, die wertloser als Weiber sind und mehr Militärdienst für Venus leisten als für Mars, den Gott der Kriege und tüchtigen (Männer).‹ Er lobt die Ehe und hat vier Gattinnen. Die vierte ist eine sehr junge Christin aus Antiochien, die er immer mit sich führt. Konkubinen zu halten verwirft und verdammt er als eine Sünde gegen die Natur. Er fordert und befiehlt, daß seine Untertanen gerecht und in Frieden leben. Zu den ihm unterworfenen Christen, besonders den Mönchen, die auf dem Berg Sinai und in den verschiedenen Teilen seines Reiches leben, verhält er sich huldvoll. Sobald er ihre Rechtssachen angehört hat, fällt er eine Entscheidung und schneidet (so jede Ursache für weitere) Streitigkeiten ab. Seine (muslimischen) Mönche, die focora (fuqurā', Plural von faqīr, d.h. ›Arme‹) heißen, hört er gern an und ehrt sie«[138].

Obwohl der Autor den Koran mit einer häßlichen Krähe vergleicht, die sich mit den bunten Federn der Paradiesvögel geschmückt

138 Wilhelm von Tripolis, Tractatus de statu Saracenorum, S. 588.

habe, meint er, »daß die Weisen der Sarazenen *dem Glauben an Christus nahe* sind«: Den Überblick über die in den Koran eingegangen biblischen Elemente schließt er mit den Worten ab:

»Da also die zuvor genannten Dinge aufgewiesen worden sind, von denen die Sarazenen mit dem Herzen glauben, daß sie wahr sind, und von denen sie mit dem Munde bekennen, daß sie als Gottes Worte in ihrem Alcoran geschrieben stehen, (nämlich die Stellen) von den Lobsprüchen und Verherrlichungen Jesu Christi, von seiner Lehre und von seinem heiligen Evangelium, von der seligen Jungfrau Maria, seiner Mutter, und von seinen Jüngern, die an ihn glauben – mag dies auch in viele Lügen eingehüllt und mit Erdichtungen geschmückt sein –, ist es dennoch schon deutlich und klar genug, daß sie (d.h. die Weisen der Sarazenen) dem christlichen Glauben benachbart und dem Weg des Heils nahe sind«[139].

Der Autor bezeugt am Schluß seines Traktates aus eigener Erfahrung den tiefen Eindruck, den *die schlichte Lehre Christi* bei den Muslimen hinterläßt:

»Wenn sie hören, daß in der Lehre Christi enthalten ist der vollkommene und vollständige Glaube, der die Erkenntnis Gottes auf dem (irdischen Lebens)weg darstellt, und daß den Gläubigen nur ein einziges Gebot Gottes gegeben ist, nämlich die Liebe zu Gott und zum Nächsten oder die wahre Freundschaft, die alle Gebote Gottes erfüllt, und daß der Lohn der Gläubigen in der Zukunft mit den Engeln im Himmel ein seliges Leben sein wird, wahrhaftig, dann umfassen sie diese Tugenden (d.h. Glaube, Liebe, Hoffnung), weil sie nämlich auf die ewige Seligkeit ihre Hoffnung gesetzt haben. Und so erbitten sie (belehrt) durch das einfache Wort Gottes, (das) ohne philosophische Beweise oder militärische Waffen (wirkt), wie einfältige Schafe die Taufe Christi und gehen hinüber in den Schafstall Gottes. Dies hat gesagt und beschrieben, der durch Gottes Wirken schon mehr als tausend (Sarazenen) getauft hat. Lob sei Gott von Ewigkeit zu Ewigkeit! Amen«[140].

Ein Wandel in der Einstellung Europas zur islamischen Welt bahnte sich schon im *späten Mittelalter* an. Die rein weltlichen Gesichtspunkte begannen, gegenüber den religiösen in den Vordergrund zu treten. Europa dezentralisierte sich politisch, starke Nationalstaaten, Frankreich, England, Spanien, kamen auf, das Papsttum war bestrebt, sich in Italien gegen die Rivalitätskämpfe der Großmächte auf der Grundlage eines eigenen Staatswesens, des Kirchenstaates, zu behaupten. Dies alles mußte dazu führen, daß auch das *Osmanische Reich* vor allem als politischer Faktor im

---

139 Ebd., S. 595f.
140 Ebd., S. 597f.

komplizierten Spiel der Kräfte eingeschätzt und eingesetzt wurde. Gewiß, das aus früheren Jahrhunderten übernommene Feindbild blieb grundsätzlich bestehen; aber die Begeisterung für Kreuzzüge gegen die Ungläubigen, die diesem Feindbild entsprach, war längst verflogen. Man sah sich gezwungen, mit den islamischen Ländern zu leben und sich irgendwie mit ihnen abzufinden. Konnte man die Muslime weder militärisch überwinden noch, wie bittere Erfahrungen lehrten, durch Predigten bekehren, so war zu fragen, ob es nicht auch den Weg der *Verständigung* gebe. Erstmals im 15. Jahrhundert tauchte der Gedanke an große christlich-islamische *Religionskonferenzen* auf. Urheber dieser Idee war der Spanier *Johannes von Segovia* (gest. nach 1456). Er war einst einflußreicher Teilnehmer am Konzil von Basel und mit dem deutschen Theologen und Philosophen Nikolaus von Kues eng befreundet. Vor allem diesen versuchte er für seinen Plan einer Konferenz zwischen christlichen und muslimischen Gelehrten zu gewinnen. Für eine derartige Veranstaltung brauchte man aber auf christlicher Seite eine zuverlässige *Übersetzung des Korans*. Daran fehlte es jedoch. Die von Robert Ketton auf Anordnung des Petrus Venerabilis im 12. Jahrhundert angefertigte lateinische Version des Korans war sehr frei, auch fehlerhaft und für eine interreligiöse Konferenz nicht zu gebrauchen. Daher fertigte Johannes von Segovia gemeinsam mit einem muslimischen Schriftgelehrten aus Spanien eine streng wörtliche Koranübersetzung an, von der uns leider nur noch die umfängliche Vorrede erhalten geblieben ist. Mit Hilfe seiner streng wörtlichen Wiedergabe des Korans gedachte Johannes von Segovia, alle Streitfragen zwischen Christen und Muslimen auf *einen* Ausgangspunkt zurückzuführen: Ist der Koran Gottes Wort oder nicht? Ließen sich Irrtümer, innere Widersprüche, Unklarheiten feststellen, so war seiner Meinung nach schon allein dadurch hinreichend erwiesen, daß der Koran Menschenwerk sei. Johannes von Segovia setzte also sein Vertrauen auf die philologische Kritik. Was bei Anwendung dieser Methode auf die Bibel herauskäme, fragte er sich nicht. Hinsichtlich seines zukunftsträchtigen Planes interreligiöser Konferenzen machte sich der Spanier keine übertriebenen Hoffnungen. Auch wenn es nicht gelänge, die Muslime zu bekehren, so sei doch aus der öffentlichen Darlegung der christlichen Lehre vielfältiger Nutzen im Zusammenleben der beiden großen Religionsgemeinschaften zu erwarten. Selbst wenn eine Konferenz zehn Jahre dauern sollte, ohne daß sie zur Bekehrung auch nur eines einzigen Muslims geführt hätte, wäre sie immer noch sinnvoller und kostensparender als ein Kreuzzug. Solche realistische Bescheidenheit hatte es im Mittelalter zuvor nicht gegeben. Wie wertvoll es ist, wenigstens religiöse

Mißverständnisse und Vorurteile zu beseitigen, hatte Johannes von Segovia persönlich erfahren. Der Gesandte des Königs von Granada schmähte in einem Gespräch mit ihm die Christen, weil sie ihren Gott aufäßen und Menschen von Sünden freisprächen, die sie gegen Gott begangen hätten.

»Als er mich aber friedfertig über den zweiten Punkt reden hörte, brachte er erstaunt die Worte hervor: ›Bei Gott, es gibt keinen unter den Christen, der dies so zu erklären weiß wie Ihr!‹«[141].

Papst Pius II., ein humanistisch gebildeter Mann, versuchte etwa zur gleichen Zeit, das Islamproblem auf dem Wege der *Diplomatie* zu lösen. Ein Kreuzzug war aussichtslos. Auf die dahin gehenden Bemühungen des Stellvertreters Christi reagierte nur die Republik Venedig, allerdings nicht aus Glaubenseifer, sondern aus wirtschaftlichem Interesse. Lag doch der Orienthandel seit Jahrhunderten in der Hand dieses Staates. Man versprach also, den spärlichen päpstlichen Truppen Beistand zu leisten. Aber es wurde nichts daraus. Als das klägliche Unternehmen 1464 beginnen sollte, war der kranke Papst schon vom Tode gezeichnet. Beim Anblick der in Ancona einlaufenden venezianischen Schiffe nahm er von der Kreuzzugsidee wehmütig Abschied mit den Worten: »Bis auf diesen Tag hat mir die Flotte gefehlt, und jetzt muß ich der Flotte fehlen«. Zwei Monate später war er tot.
Aber ehe der militärische Plan zusammenbrach, unternahm der Papst einen diplomatischen Vorstoß. Im Jahre 1461 wandte er sich in einer Epistel an den Eroberer Konstantinopels, Mohammed II. Unter Aufbietung seiner ganzen rhetorischen Kunst versuchte er, den Sultan davon zu überzeugen, daß dieser durch Annahme des Christentums nichts von seiner Macht und seinem Ruhm verlieren, sondern beides – mit Hilfe des Papstes – unermeßlich vermehren würde. Gleich zu Anfang seines 19 Kapitel umfassenden Schreibens spricht der Papst seine Absicht aus:

»Damit Wir endlich auf das kommen, wohin Unsere Rede eilt, und das sagen, was (Uns) zu schreiben nötigt, und damit Wir dir schließlich deinen Ruhm und dein Heil zeigen, so schenke diesen wenigen Worten deine Aufmerksamkeit! Wenn du unter den Christen deine Herrschaft ausbreiten und deinen Namen so ruhmreich wie möglich machen willst, so bedarf es (dazu) keines Goldes, keiner Waffen, keiner Heere, keiner Flotten. Ein geringes Ding kann dich zum größten, mächtigsten und berühmtesten Mann aller, die heute leben, machen. Du fragst, was es sei?

141   Brief von Johannes an Nikolaus von Kues vom 2. 12. 1454, in: Cabanelas, Juan de Segovia, S. 309.

Es ist nicht schwer zu finden, es ist auch nicht in der Ferne zu suchen, bei allen Völkern ist es vorhanden: Es ist ein klein wenig Wasser, womit du dich taufen läßt, dich zu den Mysterien der Christen begibst und dem Evangelium glaubst. Wenn du dies tust, wird es auf dem ganzen Erdkreis keinen Fürsten geben, der dich an Ruhm überragt oder dir an Macht gleichzukommen vermag«.

Dann stellt der Papst dem Sultan höchste Würden in Aussicht, die er ihm, wenn er sich taufen läßt, huldvoll verleihen wird:

»Wir werden dich den Kaiser der Griechen und des Morgenlandes nennen, und was du jetzt durch Gewalt mit Beschlag belegst und mit Unrecht innehast, das wirst du mit Recht besitzen«[142].

Begreiflicherweise hat der Sultan den Rat des Papstes nicht befolgt.
Die theologische Grundlage für den diplomatischen Vorstoß des Stellvertreters Christi auf Erden lieferte Kardinal *Nikolaus von Kues* (gest. 1464) mit dem Werk Cribratio Alkoran (»Die Sichtung des Korans«). Wie der Papst dem Sultan nichts nehmen, sondern ihn im Gegenteil reich beschenken will, so will auch Nikolaus von Kues den Muslimen nichts von ihrem Glauben nehmen, sondern ihn nur ins rechte und bessere Licht setzen. Die früheren Polemiker, meint der Kusaner, hätten den Koran widerlegen wollen; seine Absicht aber sei, »auch aus dem Alkoran das Evangelium als wahr zu erweisen«[143]. Dazu bedient sich Nikolaus von Kues einer doppelten Methode: der literarkritischen und der philosophischen. Aus jener christlich-orientalischen Apologie des ᶜAbd al-Masīḥ al-Kindī, die hier schon erwähnt worden ist, weiß der Kusaner, daß der Koran aus einer ursprünglich christlichen Schicht und späteren jüdischen Einschüben antichristlichen Charakters bestehe. Also versucht er nachzuweisen, wie der unter christlichen Einflüssen entstandene »Urkoran« dem Evangelium entspricht. Würden die Muslime dies erkennen, werde aus ihrem unbewußten ein bewußter christlicher Glaube. Nun weiß der Kusaner allerdings, daß jener Mönch Sergius, der Mohammed über das Christentum informierte, ein Nestorianer war, also über die Einheit von Gott und Mensch nicht ganz so dachte wie die rechtgläubige Kirche. Hier nun setzt die philosophische Methode ein, deren platonischer Grundzug leicht erkennbar ist: Unser Geist werde vom Guten angezogen; das Gute aber stamme nicht aus der Sinnenwelt. Der Weg,

142   Pio II (Enea Silvio Piccolomini), Lettera a Maometto II, S. 113f.
143   Nikolaus von Kues, Sichtung des Alkorans, Buch I, S. 79.

der aus der Welt zum Guten hinführe, müsse selbst gut sein. Als die drei bekanntesten Beschreibungen dieses Weges nennt Cusanus die Lehren Moses, Christi und Mohammeds. Diese drei Religionen hätten zum gemeinsamen Fundament, »daß jenes erwähnte Gut das größte und deshalb nur ein einziges sei, welches sie alle den einen Gott nennen«[144]. Es sei aber klar, daß kein bloßer Mensch Gott begreifen könne. Selbst wenn er von Gott eine Offenbarung empfangen habe, sei er nicht imstande, sie aus der Fülle des Verstehens zu deuten. Deshalb müsse der wahre Künder Gottes und des Weges zu ihm der absolut größte aller Menschen sein und eben mehr als ein bloßer Mensch, zu dessen Wesen ja nicht absolute Größe gehöre.

»Denn wenn jener Mensch nicht die allwissende, göttliche Weisheit selbst wäre [...], könnte er gewiß nicht das, was ihm unbekannt wäre, offenbaren«[145].

Was sich so als philosophisches Postulat erweist, ist in Jesus Wirklichkeit geworden:

»Jesus Christus [...] ist gekommen und hat den [...] Weg [...] aufs deutlichste kundgetan, wie es auch Mohammed bezeugt«[146].

2.2.2   Die Reformationszeit

Die *Reformation* erhob im 16. Jahrhundert noch einmal die Frage nach dem rechten Verständnis des christlichen Glaubens zum alles beherrschenden Thema. Zugleich beschäftigte aber die Zeitgenossen die Gefahr, die von den muslimischen Türken her Europa drohte und die sich 1529 bei der ersten Belagerung Wiens furchtbar verschärfte.

Zu den Autoren, die in der Reformationszeit über den Islam oder die Türken schrieben, gehörte auch *Martin Luther* (gest. 1546). Er war kein großer Kenner des Islams. Sein Wissen über diese Religion verdankte er mittelalterlichen Schriftstellern. Aber in der theologischen Beurteilung des Islams ging er neue Wege, die im Zentrum seines reformatorischen Denkens begründet sind. Für ihn hatte der Islam einen politischen und einen religiösen Aspekt. Durch mehrere Veröffentlichungen unterstützte er den *Abwehrkampf* gegen die Türken. Besonders zu nennen sind die Schriften:

144   Ebd., S. 81.
145   Ebd., S. 82.
146   Ebd., S. 82.

»Vom Kriege wider die Türken«, 1529, »Eine Heerpredigt wider den Türken«, 1529, und »Vermahnung zum Gebet wider den Türken«, 1541.
Luthers Türkenschriften sind aber nicht eine Fortsetzung der Kreuzzugsagitation. Der *Krieg gegen die Türken* solle nicht im Namen des christlichen Glaubens oder im Namen der Kirche, sondern unter dem Panier des *Kaisers*, des obersten weltlichen Herrschers, geführt werden:

»Des Kaisers Schwert hat nichts zu schaffen mit dem Glauben; es gehört in leibliche, weltliche Sachen«[147].

Da Luther aber im Ansturm der Türken Gottes Strafe erkennt, welche die Christen durch ihre Undankbarkeit für das Evangelium verdient hätten, hält er Buße und Gebet für die unerläßlichen Voraussetzungen eines erfolgreichen Abwehrkampfes.
Vom *Islam als religiöser Erscheinung* war Luther zunächst tief beeindruckt. Er hatte die Schrift Libellus de ritu et moribus Turcorum (»Büchlein von der Religionsausübung und den Sitten der Türken«) gelesen. Sie war der Erlebnisbericht eines Siebenbürgers, der 1436 als junger Mann in türkische Gefangenschaft geraten war und erst nach 22 Jahren ins Abendland zurückkehren konnte. Der Autor beschreibt mit größter Bewunderung die strenge Moral, den radikalen Monotheismus und die eindrucksvollen Frömmigkeitsübungen der Türken. Er sieht darin freilich nur die Bestätigung des Wortes aus 2Kor 11, 14, daß der Satan sich zum Engel des Lichtes verstellt habe. Diese Schrift gab Luther, versehen mit seiner Vorrede, 1530 heraus. Er hatte aus ihr gelernt, daß der Islam als religiöse Erscheinung dem Papsttum und dessen Anhängern turmhoch überlegen sei. Nicht einmal Christus, die Propheten und die Apostel hätten ein so eindrucksvolles Bild von religiöser Strenge geboten. Dennoch fehle den Türken das Entscheidende:

»daß Christus Gottes Sohn ist, gestorben für unsere Sünden, auferweckt, damit wir leben, (ferner) daß wir durch den Glauben an ihn gerecht und durch Vergebung der Sünden erlöst sind«[148].

Sodann war Luther davon überzeugt, daß der Islam trotz seiner strengen Moral und Kultfrömmigkeit die Aufhebung der drei elementaren *Ordnungen Gottes* bedeute:

---

147 Luther, Vom Kriege wider die Türken, S. 131,8–9.
148 Luther, Vorrede zum Libellus de ritu et moribus Turcorum, S. 207,37–39.

»Nimm nun aus der Welt hinweg veram religionem, veram politiam, veram oeconomiam, das ist: rechtes geistliches Wesen, rechte weltliche Obrigkeit, rechte Hauszucht: Was bleibt übrig in der Welt als lauter Fleisch, Welt und Teufel?«[149]

Luthers Urteil über den Islam wurde noch schärfer, als er 1542 den *vollständigen Koran* wahrscheinlich in jener unvollkommenen lateinischen Übersetzung Robert Kettons aus dem 12. Jahrhundert kennenlernte. Hier fand er all das Abstoßende bestätigt, das er in der Schrift des Dominikaners *Ricoldus de Monte Crucis, Improbatio Alcorani* (»Mißbilligung des Korans«), verfaßt um das Jahr 1300, gelesen, aber nicht recht geglaubt hatte. Er argwöhnte, die Papisten, die allen ihren Gegnern Lügen andichteten, hätten auch den Islam maßlos verzerrt dargestellt. Unter dem Eindruck der Koranlektüre gab er die scharfe polemische Schrift des Ricoldus in freier deutscher Übersetzung heraus: »Verlegung (d.h. Widerlegung) des Alcoran Bruder Richardi«, 1542[150]. Er fügte der Schrift seine eigene »Verlegung« hinzu. Darin beschäftigt ihn die Frage, wie es möglich sei, daß so viele Menschen dem Islam anhangen, obwohl sie, wenn sie nicht von aller Vernunft verlassen seien, wissen müßten, daß diese Religion ein schändliches Lügenwerk sei. Die gleiche Frage stellt sich Luther aber auch im Hinblick auf die Anhänger des Papsttums. So zeigt diese Schrift, wie in Luthers Sicht Papsttum und Islam und was es sonst außerhalb des wahren Glaubens an das Evangelium gibt, nur Varianten der einen Religion des Unglaubens sind. Für den *Antichrist* kann Luther Mohammed und dessen Lehre nicht halten. Dafür treibe er es zu grob. Der rechte Antichrist sitze in der Christenheit, und das sei der Papst.

In der Geschichte der Islamstudien kommt im 16. Jahrhundert dem Zürcher Theologen *Theodor Bibliander* (gest. 1564) ein Ehrenplatz zu. Dieser Mann war ein umfassend gebildeter Philologe, Historiker und Bibelausleger. Er ist der Herausgeber eines großen dreiteiligen Werkes, das man eine »Islam-Enzyklopädie« nennen könnte. Es erschien erstmals 1543 und in zweiter Auflage 1550 unter einem sehr langen Titel, dessen Anfangsworte lauten: Machumetis Saracenorum Principis, eiusque successorum vitae, doctrina ac ipse Alcoran [...] (»Des Mohammed, des Obersten der Sarazenen, und seiner Nachfolger Lebensbeschreibungen, Lehre und der Alcoran selbst ...«). Der erste Teil des Werkes ist den Quellen gewidmet. Hier ist das sog. Corpus Cluniacense abgedruckt. Es sind jene Texte, die im 12. Jahrhundert auf Veranlassung des

---

149 Luther, Vom Kriege wider die Türken, S. 127,14–17.
150 Luther, Verlegung des Alcoran, S. 272-396.

Abtes Peter von Cluny aus dem Arabischen ins Lateinische übersetzt worden sind. Dazu gehört vor allem die von Robert Ketton
1143 vollendete Übertragung des Korans, der Bibliander textkri-
tische und sachbezogene Anmerkungen hinzugefügt hat. Der
zweite Teil umfaßt Confutationes (»Widerlegungen«), polemische Werke gegen den Islam, verfaßt von Autoren des 14. und
15. Jahrhunderts. Der dritte Teil bietet Historiae, geschichtliche
Darstellungen, aus dem 15. und 16. Jahrhundert. Nur nach hartem Ringen konnte das Werk im Druck erscheinen. Der Rat der
Stadt Basel verbot zunächst, gestützt auf mehrere Gutachten, die
Veröffentlichung des von dem dortigen Buchdrucker Oporinus
gesetzten Korantextes, weil man Schaden für die Christenheit be-
fürchtete. Dank besonders der Fürsprache Martin Luthers und der
Straßburger Theologen gab der Basler Rat schließlich die Veröffentlichung des den Koran enthaltenden Sammelwerkes frei. Es
erschien jedoch ohne Angabe des Ortes und des Jahres auf dem
Titelblatt. Biblianders Vorrede schließt mit der Datierung: »Zürich, den 20. Januar 1543«. Philipp Melanchthon hat zu dem Opus
eine praemonitio ad lectorem (»Ermahnung an den Leser«), Luther eine In Alcoranum praefatio (»Vorrede auf den Koran«) beigesteuert. Die Schriften des ersten Bandes führt die Koranübersetzung an, der Bibliander eine an die Leiter und Lehrer der Christenheit gerichtete »Verteidigungsrede« vorangestellt hat. Darin
bemüht er sich nachzuweisen, daß den Christen das Lesen des Korans nicht schade, sondern nützlich sei. Der Islam gehöre zur Kir-
chengeschichte, insofern Mohammed einige häretische Irrtümer
übernommen, andere dagegen bekämpft und vor allem den jüdischen Schmähreden über Jesus und Maria heftig widersprochen
habe. Auch die Christen sollten gewisse Ermahnungen des Korans
beherzigen. Das Sammelwerk Biblianders wurde noch im 18.
Jahrhundert fleißig studiert. Für mehr als ein Jahrhundert war seine Koranausgabe »eine wichtige Grundlage für die Kenntnis des
Korans in Europa«[151].

2.2.3   Die Neuzeit

Etwa seit der zweiten Hälfte des 17. Jahrhunderts kamen die neu-
en Kräfte zum Durchbruch, die sich schon im späten Mittelalter zu
regen begonnen hatten. Das alte Weltbild zerbrach, ein neues,
umfassendes Lebens- und Weltverständnis setzte sich durch: die
Aufklärung. Man strebte nach vorurteilsloser Erkenntnis der
Wirklichkeit, auch der Wirklichkeit der Religionen.

151   Bobzin, Der Koran im Zeitalter der Reformation, S. 274.

Der reformierte holländische Theologe *Hadrian Reland* veröffentlichte 1705 sein bahnbrechendes Werk De religione Mahomedica libri duo (»Zwei Bücher über die mohammedanische Religion«). Es war eine nach Objektivität strebende Darstellung des Islams, die ausschließlich auf islamischen Quellen beruhte. Die katholische Kirche setzte das Werk wegen Verdachtes proislamischer Propaganda auf den Index der verbotenen Bücher.

Lessing (gest. 1781) zeigte in seinem Drama »Nathan der Weise« den Anhängern der drei monotheistischen Religionen den Weg zur Einheit – nicht in dogmatischer Gleichförmigkeit, sondern im Tun der Wahrheit: »Es eifre jeder seiner unbestochnen, von Vorurteilen freien Liebe nach!«[152]

Goethe (gest. 1832) hat in seinem umfassenden Lebenswerk auch den Islam verarbeitet und in sein Verständnis der *Humanität* eingeordnet. Die Idee der Schönheit gewann für ihn Gestalt in der Begegnung mit der griechischen Antike, die Idee der *Harmonie* in der Begegnung mit der Welt es Orients, die er sich durch völkerkundliche und literarische Studien erschloß. Die Liebe zu Marianne von Willemer bot ihm eine Erlebnisgrundlage. So entstanden in den Jahren 1814–1819 die Gedichte des »*Westöstlichen Divan*«. Auch die Geliebte hat einige Verse beigesteuert. Die Polarität von Ost und West empfindet Goethe nicht als Gegensatz, sondern als göttliche Harmonie der Weltenfülle:

»Gottes ist der Orient!
Gottes ist der Okzident!
Nord- und südliches Gelände
Ruht im Schatten seiner Hände« (Ta ismane)[153].

Der Mensch des Westens, der in den Jahren der napoleonischen Herrschaft und ihrer Folgen schwere politische Erschütterungen erlebt hat, soll sich dem Orient zuwenden, um *verjüngt* zu werden:

»Nord und West und Süd zersplittern,
Throne bersten, Reiche zittern,
Flüchte du, im reinen Osten
Patriarchenluft zu kosten,
Unter Lieben, Trinken, Singen
Soll dich Cisers Quell verjüngen« (Hegire)[154].

152 Wege der deutschen Literatur. Ein Lesebuch, S. 122.
153 Wege der deutschen Literatur. Eine geschichtliche Darstellung,
S. 150.
154 Ebd., S. 151.

Die Verjüngung gipfelt im Erlebnis der *Persönlichkeit*, die ihre Identität im Wandel bewahrt: »Höchstes Glück der Erdenkinder / Sei nur die Persönlichkeit«. »Alles könne man verlieren, wenn man bliebe, was man ist«.

In dem Gedicht »Selige Sehnsucht« nimmt Goethe im Bild des Schmetterlings, der von der Flamme verzehrt wird, das mystische Motiv der *Gottsuche und des Vergehens in Gott* auf:

> »Keine Ferne macht dich schwierig,
> Kommst geflogen und gebannt,
> Und zuletzt des Lichts begierig,
> Bist du, Schmetterling verbrannt«[155].

Aber in der letzten Strophe des Gedichtes kommt ein anderer Gedanke zur Geltung, der über das mystische Zunichtewerden hinausführt und auf *Bewährung im irdischen Leben* gerichtet ist:

> »Und solang' du das nicht hast,
> Dieses: Stirb und werde!
> Bist du nur ein trüber Gast
> Auf der dunklen Erde«[156].

Im 19. Jahrhundert reifte als Frucht der Aufklärung die historisch-kritische *Islamwissenschaft*, welche die Frage nach der Wahrheit des Islams zurückstellte hinter die Aufgabe, sein Werden und seine geschichtliche Erscheinung zu erforschen. Einer der Meister der klassischen Islamwissenschaft war Ignaz Goldziher (1850–1921), Professor in Budapest, hochgeachtet auch bei muslimischen Gelehrten.

Durch die *Missionsbewegung* des 19. Jahrhunderts trat die theologische Auseinandersetzung mit dem Islam in ein neues Stadium. Das Aufblühen der Mission war eine Wirkung der vor allem die protestantischen Länder erfassenden *Erweckungsbewegung*. In ihr lebte neben verschiedenen anderen Strömungen der Pietismus fort. Aber auch die Aufklärung hat in der Erweckungsbewegung ihre Spuren hinterlassen. Pietismus und Aufklärung haben zwar je ihre Besonderheiten, kommen aber darin zusammen und erweisen sich darin als geistige Erscheinungen der Neuzeit, daß das Subjekt, das Ich, in einer Art zur Geltung kommt, die gegenüber dem Mittelalter und der Reformationszeit etwas Neues darstellt. In der Aufklärung ist es das vom Licht der Vernunft erleuchtete Ich, im Pietismus das wiedergeborene Ich, das seine neue Lebendigkeit, die

---

155 Ebd., S. 151.
156 »Selige Sehnsucht, in: ebd., S. 151.

ihm von Gott geschenkt ist, als eine existenzumwandelnde Kraft fühlt und zu betätigen sucht. In der Betätigung aber, sei es des erleuchteten Ich oder des wiedergeborenen Ich, kommen Aufklärung und Pietismus gleichsam am Ziele zusammen. Wie sich das pietistische Erbe mit dem der Aufklärung im Zeichen der Erweckungsbewegung des 19. Jahrhunderts verbinden konnte, zeigt beispielhaft das berühmte Werk des Basler Islam-Missionars *Gottlieb Pfander*. Es trägt den Titel Mizān al-haqq »Die Waage der Wahrheit«, wurde 1829 verfaßt, immer wieder bearbeitet und in mehrere europäische und asiatische Sprachen übersetzt. Die biblischen Zeugnisse und die islamischen Lehren werden hier sorgfältig gegeneinander abgewogen. Als Ergebnis der unparteiisch scheinenden Prüfung stellt sich heraus, daß im Unterschied zur biblischen Offenbarung der Koran einschließlich der islamischen Tradition vor den Kriterien der natürlichen Vernunft und den Anforderungen des natürlichen Sittlichkeitsempfindens nicht bestehen kann. In der Einführung seines Werkes formuliert Pfander die Kriterien, nach denen er das biblische Christentum und den Islam beurteilen will:

»Es gibt im Geiste des Menschen Bedürfnisse, die nicht durch zeitliche oder irdische Dinge befriedigt werden können, sondern nur durch geistliche und ewige.
Die Kennzeichen der wahren Offenbarung sind:
1.   Sie muß das Verlangen der Seele nach ewiger Glückseligkeit stillen.
2.   Sie muß übereinstimmen mit den Grundsätzen des Gewissens, die von Gott in das Herz des Menschen gepflanzt sind.
3./4.   Sie muß Gott als heilig, gerecht, ewig, absolut und unveränderlich darstellen.
5.   Sie darf keine wirklichen Widersprüche enthalten«[157].

Pfanders Werk wurde von muslimischen Gelehrten in zahlreichen Schriften bekämpft und wird heute noch in islamischen Ländern als gefährlich betrachtet.
Die Verbindung von pietistischem Bibelglauben und supranaturalistischer Vernunftgläubigkeit hatte auf dem Gebiet der Praxis ihre Entsprechung in dem harmonischen Verhältnis von Mission und zivilisierender Kolonisation.

2.2.4   Das 20. Jahrhundert

Noch in die Zeit der unangefochtenen Vorherrschaft der europäischen Völker über die Erde fällt das Wirken des amerikanischen

---

157   Pfander, The Mizan ul Haqq, S. iii.

Missionars *Samuel Zwemer* (1867–1952). Er war ein vorzüglicher Kenner besonders der volkstümlichen Formen des Islams, wurde aber auch von den Orientalisten seines umfassenden Wissens wegen geschätzt. Er hat viele Schriften verfaßt. Obwohl Zwemer bis in sein hohes Alter empfänglich blieb für die Wandlungen in der Kirche, der Theologie und der Mission, war er in seinem Denken und Handeln geprägt vom 19. und frühen 20. Jahrhundert. Sein theologisches Denken und sein gewaltiger missionarischer Eifer verbanden sich mit der Überzeugung von der kulturellen und zivilisatorischen Überlegenheit der europäischen Völkerfamilie. Das vielfältige und offensichtliche Versagen des Islams angesichts der Erfordernisse des 20. Jahrhunderts empfand er als eine Herausforderung, »die ganze mohammedanische Welt in dieser Generation zu evangelisieren«. Um diesen Gedanken nach allen Seiten zu begründen, veröffentlichte er 1907 sein Werk »Islam a Challenge to Faith«. 1909 erschien es in deutscher Übersetzung[158]. Der Verfasser betrachtet den Islam als eine »zusammengesetzte Religion«. Aus heidnischen, jüdischen und christlichen Elementen habe Mohammed »einen Kosmos« gebildet (S. 33). Ausführlich beschäftigt sich Zwemer mit der *Sittenlehre* des Islams. Das entspricht dem Pragmatismus des frühen 20. Jahrhunderts. Ohne sich mit der sublimen Ethik des Sufismus aufzuhalten, schreibt der Autor:

»Die Sittenlehre des Islams trägt den Charakter einer nur äußerlich und roh aufgefaßten Gerechtigkeitslehre; Gewissenhaftigkeit im Bereiche der gesellschaftlichen Beziehungen, Treue in Überzeugung und Wort und die Beziehung alles Tuns auf Gott sind ihre Glanzseiten, aber es fehlt die Tiefe des Gemütes, die Erfassung des Sittlichen in der Liebe« (S. 147).

In *sozialer Hinsicht* habe der Islam vollständig versagt:

»Ein System, dessen Streben nach sozialem Fortschritt jedesmal durch den Schrecken so riesengroßer Übelstände, die durch das Leben ihres Propheten und von seinem Buche gutgeheißen werden, aufgewogen wird, konnte dem sozialen Bankrott nicht entgehen [...] Es ist oftmals behauptet worden, daß der Islam die richtige Religion für Arabien sei [...] Der Islam hat noch in anderen Ländern als in Wüstengegenden Gelegenheit gehabt, gerecht beurteilt zu werden. Er hat fünfhundert Jahre in der Türkei, dem schönsten und reichsten Teile der alten Welt, die Herrschaft gehabt. Und was ist das Resultat? Die mohammedanische Bevölkerung hat abgenommen [!]; die Staatskasse ist bankrott; der Fortschritt ist gehindert« (S. 161f).

---

158   Zwemer, Der Islam. Im folgenden wird nach dieser Ausgabe zitiert.

Dasselbe soziale Versagen zeige sich in allen islamischen Ländern. Aus allem sei nur eine Folgerung zu ziehen: »Die moslemische Sittenlehre [ist] ein Schrei nach Mission« (S. 163). Die protestantische Synthese von Natur und Gnade blieb von dem Zusammenbruch der europäischen Vormachtstellung seit dem ersten Weltkrieg nicht unberührt. Karl Barth entdeckte in seiner Auslegung des Römerbriefes (1. Auflage 1919, zweite, völlig veränderte 1922) den schneidenden Gegensatz von Gott und Welt, Offenbarung und Menschenlehre, Evangelium und Religion. Die von Barth ausgehenden Impulse verarbeitete *Hendrik Kraemer* im Hinblick auf die theologische Auseinandersetzung mit dem Islam und den nichtchristlichen Religionen überhaupt. Er war nicht Theologe von Beruf, beeinflußte aber wie kein anderer das missionarische Denken in der Zeit etwa von 1930–960. Nachdem er mit großem Erfolg Orientalistik studiert hatte, ging er 1922 im Dienst der Niederländischen Bibelgesellschaft nach Indonesien. Hier erwarb er sich im Laufe der nächsten 15 Jahre gründliche Kenntnisse des Islams. Gleichzeitig beschäftigte ihn das Verhältnis der christlichen Botschaft zu den anderen Religionen. Er war außerhalb Indonesiens noch wenig bekannt, als er gebeten wurde, zur Vorbereitung der dritten Weltmissionskonferenz, die 1938 in Tambaram (Indien) stattfand, ein programmatisches Buch zu verfassen. Er schrieb das beste seiner Werke: »The Christian Message in a Non-Christian World«, 1938. Beeinflußt von der Theologie Karl Barths, trennte Kraemer scharf zwischen dem »biblischen Realismus« und allen anderen Glaubensweisen und Heilslehren. Die zweite Missionskonferenz von Jerusalem (1928) hatte im Christentum die Basis für einen gemeinsamen Kampf aller Religionen gegen den Säkularismus gesehen. Diese Betrachtungsweise, die in den Vordergrund stellte, was das Christentum mit den anderen Religionen verbindet, hielt Kraemer für falsch. Während und nach der Konferenz von Tambaram wurde sein Buch von liberalen Kreisen, die dem in Jerusalem gewiesenen Weg folgten, heftig angegriffen. Der Zweite Weltkrieg schnitt die internationale Diskussion ab. Kraemer nahm in späteren Veröffentlichungen die Frage nach dem Verhältnis des Evangeliums zu den Religionen wieder auf, änderte aber nicht viel an seiner Meinung. Zwar hielt er es für möglich, daß Gott auch in anderen Religionen gesprochen habe, machte aber keine Aussagen darüber, wann, wo und wie dies geschehen sein könne.
In seinem oben genannten Werk schreibt Kraemer schreibt über den *synkretistischen Charakter des Islams*[159]:

---

159 Im folgenden wird zitiert nach der deutschen Übersetzung von Kraemer, Die christliche Botschaft in einer nichtchristlichen Welt.

»Der Islam ist eine Religion, die tatsächlich ein Ast von dem prophetischen Stamm des Judentums und Christentums ist. Indessen ist er in
seiner Gesamtheit – wie der Römische Katholizismus im Christentum –
ein großer synkretistischer Körper geworden, in dem der theokratische
und gesetzliche Islam, Mystik und verschiedene Arten von Volksreligion
zu einem System verschmolzen sind« (S. 193).

Die oft bewunderte *Einfachheit des Islams* stellt sich Kraemer als
Oberflächlichkeit dar:

»Die ursprüngliche Struktur des Islams ist in der Hauptsache eine einfache Religion. Die Islamforscher werden niemals müde, seine Einfachheit
zu preisen [...] ›Es ist kein Gott außer Allah, und Mohammed ist sein
Prophet‹ [...] Die wirklich bemerkenswerte und verwirrende Sache im Islam ist, daß er trotz seiner unleugbaren Einfachheit ein vielfaches Rätsel
ist. Warum? [...] Der Islam muß, beurteilt nach seinen wesentlichen
Komponenten und Erfassungen der Wirklichkeit, eine oberflächliche
Religion genannt werden. Die großartige Einfachheit seiner Gottesidee
kann diese Tatsache nicht verwischen und seine offenkundige Oberflächlichkeit betreffs der wesentlichen Fragen des religiösen Lebens nicht gut-
machen. Der Islam kann eine Religion genannt werden, die fast keine
Fragen und Antworten hat. In gewisser Hinsicht liegt darin eine Größe;
denn diese fragen- und antwortlose Lage ist eine folgerichtige Veran-
schaulichung seines tiefsten Geistes, der in seinem Namen ›Islam‹ zum
Ausdruck kommt; denn das bedeutet schlechthinnige Ergebung an Gott,
den allmächtigen Herrn« (S. 194).

Die Oberflächlichkeit des Islams hinsichtlich der wesentlichen Fragen des religiösen Lebens sei gerade deshalb so auffällig, »weil er
im Schatten des biblischen Realismus entstand« (S. 194). Kraemer
nennt einige *Auswirkungen der* »*Oberflächlichkeit*« *des Islams*:
(1.) Von seinen biblischen Wurzeln her sei der Islam eine »Religion der Offenbarung« (S. 195), aber einer veräußerlichten und
versteinerten *Offenbarung*. Die islamische Idee der Offenbarung
habe jedoch in den Muslimen »ein tiefes Gefühl für den Wert und
das Dasein einer absoluten Wahrheit großgezogen« (S. 196). (2.)
Der Islam hege eine »grobe, äußerliche Vorstellung von *Sünde
und Heil*« (S. 196). »Das ist wiederum um so auffallender, als der
Islam prophetischen Ursprungs ist und enge Beziehungen zu dem
Bereich des biblischen Realismus hat« (S. 196). (3.) Von Oberflächlichkeit gekennzeichnet sei der in der islamischen Theologie
ausgefochtene Streit »über das *Verhältnis von Glauben und Werken*«. Zwar habe man die Unterscheidung zwischen einem intellektuellen Glauben des Fürwahrhaltens und einem Herzensglau-
ben gekannt, aber die Beziehung beider Glaubensarten als das
Verhältnis »zwischen innerer und äußerer Konformität zum Is-

lam« (S. 196). bestimmt, ohne auf die tiefere Frage einzugehen:
»Was ist die Bedeutung sowohl von Glauben wie von Werken für
das Problem des Heils?« (S. 196f)
In merkwürdigem Gegensatz zu der religiösen »Oberflächlichkeit« des Islams steht für Kraemer die Tatsache, daß er eine *Macht*
über seine Anhänger habe, die größer sei als die jeder anderen Religion. »›Die Ehre des Islams‹, ›der Islam in Gefahr‹ sind Vorstellungen, die wahre Ausbrüche von Hingabe hervorrufen« (S. 197).
Ebenso rätselhaft sei es, daß diese oberflächliche Religion ein
Überlegenheitsgefühl hervorbringe, das sich hartnäckig weigere,
»sich einer anderen geistigen Welt zu öffnen« (S. 197).
Die Erklärung für die rätselhafte Tatsache, daß der Islam eine
oberflächliche und zugleich außerordentliche starke Religion sei,
findet Kraemer in *Mohammeds Lebenswerk*:

Er »war von zwei großen religiösen Aufgaben besessen: Allah als den einen, allmächtigen Gott, den Schöpfer und König am Tage des Gerichts
zu verkündigen; und eine Gemeinde – arabisch Umma – zu gründen, die
durch das Gesetz Gottes und seines Propheten regiert wird. Diese beiden
Tatsachen bilden den Kern des Islams, seine Stärke und seine Schwäche«
(S. 197f).

Kraemer hat in sein Grundverständnis des Islams nicht die *islamische Mystik* einbezogen, obwohl ihm ihre Bedeutung bekannt ist.
Dennoch urteilt er:

»Der ursprüngliche Islam hatte [...] keine Verbindung mit der Mystik.
Es ist ein Irrtum, im Koran die ersten Saaten der Mystik des Islams zu
entdecken, aus denen dann der ganze Garten aufgewachsen sein soll. Der
Kern des Islams ist ganz antimystisch und unmystisch« (S. 201).

Kraemer bewundert die große Leistung al-Ghazālīs, welcher der
Mystik im Ganzen des Islams ihren Platz zugewiesen habe: Das
religiöse Gesetz sei die tägliche Speise, die Dogmatik liefere die
Waffen zur Bekämpfung des Unglaubens und Zweifels, aber die
Mystik sei Sache des Herzens. Kraemers Urteil über al-Ghazālī ist
zugleich positiv und negativ:

»Er rettete den Islam durch seine große Synthese, die er in seinem berühmten Werke ›iḥyā' ᶜulūm al-dīn‹ niederlegte, vor der Versteinerung;
aber gleichzeitig rechtfertigte er die gesetzlichen und scholastischen Fesseln, in welchen der Islam als System gekettet war und ist« (S. 202).

Daher habe seit al-Ghazālī »im religiösen Leben des Islams keine
wirklich entscheidende Entwicklung« stattgefunden (S. 202).

Seit einigen Jahrzehnten hat die Überzeugung an Boden gewonnen, daß eine rein kerygmatische Konfrontation des Evangeliums
mit den Religionen kein wirkliches Gespräch mit den Nichtchristen, kein gemeinsames Ringen um die Wahrheit aufkommen
läßt. So hat sich besonders seit den frühen sechziger Jahren in der
Kirche die Forderung des *Dialogs* mit den Anhängern anderer Religionen durchgesetzt. Besonders erfahren im Dialog mit dem Islam ist *Kenneth Cragg*, Verfasser des Werkes »The Call of the
Minarett«, 1956. Er versucht, den Muslim bis an die äußerste
Grenze seiner religiösen Verstehensmöglichkeiten zu führen, um
ihm dann einen Bereich zu zeigen, der ihm bislang noch verschlossen war und dem er sich vielleicht öffnet.
Als Beispiel für die Art des islamisch-christlichen Dialogs kann man
ein Gespräch anführen, das, angeregt vom Ökumenischen Rat der
Kirchen, vom 26. bis 30. Juni 1976 in Chambésy bei Genf stattfand[160]. Die 14 Teilnehmer waren Gelehrte und bedeutende Persönlichkeiten des religiösen und öffentlichen Lebens. Das Thema lautete: »Christliche Mission und islamische da'wa« (Einladung zum
Islam). Die Diskussion führte zu zentralen theologischen Problemen. Die muslimischen Vertreter betonten, daß der Islam keine
Erlösungsreligion sei und die Lehre von einer Erbsünde ablehne.
Der Mensch bedürfe allein der »Rechtleitung«, die ihm durch die
koranische Offenbarung, welche die früheren Prophetien bestätige, angeboten werde. Kenneth Cragg, einer der Teilnehmer, fragte,
ob es genüge, daß Gott nur seinen fordernden Willen offenbare.
Was geschehe, wenn der Mensch sich Gottes Geboten verschließe?
Stehe dann nicht Gottes Ehre auf dem Spiel? Müsse Gott nicht
selbst gleichsam dafür bürgen, daß sein Wille geschehe? Müsse er
also über die gesetzliche Forderung hinaus nicht mit der Menschheit solidarisch werden, um selbst ihr Heil zu verwirklichen (S.
406)? Derartige Gedanken wurden von muslimischer Seite entschieden abgelehnt. Al-Farūqī verdeutlichte Gottes innerliche Distanz vom Menschen und dessen Verhalten durch einen drastischen
Vergleich: Gottes Ehre stehe durchaus nicht auf dem Spiel.

»Ich kann als menschliches Wesen einen Computer oder Automaten
schaffen, der bestimmte Dinge zu tun und andere nicht zu tun hat. Aber
die Existenz des Automaten setzt gewiß nicht meine Erfindungskraft oder
meinen überlegenen Geist aufs Spiel« (S. 406).

160   Die Referate und Diskussionsbeiträge der Konferenz sind in der
International Review of Missions, Bd. 65, Nr. 260, Oktober 1976 veröffentlicht. Die im folgenden angeführten Zitate sind der Diskussion entnommen, die sich an al-Farûqîs Grundsatzreferat anschloß (S. 403ff).

Der Muslim Aḥmad hielt Cragg entgegen:

»(Gott) verlangt, daß der Mensch ihm gehorcht und ihn anbetet; andererseits macht aber der Koran auch deutlich, daß Gott in keiner Weise von der Anbetung des Menschen abhängig oder ihrer bedürftig ist. Wenn die Menschen Gott Anbetung und Gehorsam verweigern, so wird Gott davon nicht berührt. Nicht Gott sucht Erfüllung durch unsere Anbetung, sondern eher suchen wir Erfüllung dadurch, daß wir ihn anbeten« (S. 406f).

Cragg erinnerte seine muslimischen Freunde an die doxologische Formel »Allāhu akbar«, »Gott ist der (schlechthin) Größte!« Schließe die absolute Größe Gottes nicht auch »eine echte Verantwortlichkeit für den Zustand der Menschheit« ein (S. 407)? Antwort: »Nein! Allāh ist nicht verantwortlich für unsere schlechten Taten« (S. 407). Darauf konnte Cragg nur erwidern: »Wenn er es nicht ist, dann möchte ich lieber Atheist sein« (S. 407). Man erkennt an diesem Beispiel, wie sehr der islamisch-christliche Dialog die ganze Person fordert, aber auch, welche unüberwindlich erscheinenden Grenzen ihm gesetzt sind. Angesichts dieser Grenzen ist nichts anderes möglich und nötig als Achtung voreinander. Wenn der Dialog nicht zur ausschließlichen Methode erhoben wird, sprechen für ihn nicht nur gewichtige theologische Gründe, sondern auch die Verhältnisse in den islamischen Ländern, die in der Regel eine missionarische Predigt nicht zulassen.

Für die katholische Kirche ist richtungweisend, was das *Zweite Vatikanische Konzil* (1962–1965) über den Islam sagt. In der »Erklärung über das Verhältnis der Kirche zu den nichtchristlichen Religionen« heißt es:

»Mit Hochachtung betrachtet die Kirche die Muslim[e], die den alleinigen Gott anbeten, den lebendigen und in sich seienden, barmherzigen und allmächtigen, den Schöpfer Himmels und der Erde, der zu den Menschen gesprochen hat. Sie mühen sich, auch seinen verborgenen Ratschlüssen sich mit ganzer Seele zu unterwerfen, so wie Abraham sich Gott unterworfen hat, auf den der islamische Glaube sich gerne beruft. Jesus, den sie allerdings nicht als Gott anerkennen, verehren sie doch als Propheten, und sie ehren seine jungfräuliche Mutter Maria, die sie bisweilen auch in Frömmigkeit anrufen. Überdies erwarten sie den Tag des Gerichtes, an dem Gott alle Menschen auferweckt und ihnen vergilt. Deshalb legen sie Wert auf sittliche Lebenshaltung und verehren Gott besonders durch Gebet, Almosen und Fasten.

Da es jedoch im Laufe der Jahrhunderte zu manchen Zwistigkeiten und Feindschaften zwischen Christen und Muslim[en] kam, ermahnt die Heilige Synode alle, das Vergangene beiseite zu lassen, sich aufrichtig um gegenseitiges Verstehen zu bemühen und gemeinsam einzutreten für Schutz und Förderung der sozialen Gerechtigkeit, der sittlichen Güter und nicht zuletzt des Friedens und der Freiheit für alle Menschen«[161].

Um diesen Text zu verstehen, muß man wissen, daß in der Konzilserklärung die Wahrheitselemente aller nichtchristlichen Religionen christologisch gedeutet werden: Sie seien Strahlen jener Wahrheit, »die alle Menschen erleuchtet«. Das ist ein Hinweis auf das Wirken des Logos nach Joh 1,9. Aber die Fülle der Wahrheit und des Lebens sei Jesus Christus, den die Kirche verkündige. Hier ist auf Joh 14,6 zu verweisen. Christus wird von den Konzilsvätern gleichsam als ein zentrales Licht verstanden, dessen Leuchtkraft in unterschiedlichem Maße weit in die Welt der nichtchristlichen Religionen hinausreicht, dessen volle Stärke aber nur im Zentrum, in der katholischen Kirche, erstrahlt. Diese Grundanschauung macht es erklärlich, daß am Islam die Elemente lobend hervorgehoben werden, die dem katholischen Glauben entsprechen oder ähnlich sind. Daß die Muslime Jesus nicht als Gott verehren, wird schonend in einem Nebensatz, also als Sache von untergeordneter Bedeutung, erwähnt. Zudem läßt die Formulierung »... den sie allerdings nicht als Gott anerkennen ...« die Deutung offen, daß die Muslime möglicherweise mit einem gewissen Recht ein falsches Verständnis von Jesu Gottheit zurückweisen. Von der Leugnung der Kreuzigung Jesu ist mit keinem Wort die Rede. Die Absicht des Textes kommt deutlich im zweiten Abschnitt zum Ausdruck. Es geht um das Ziel der Zusammenarbeit mit den Muslimen in den praktischen Lebensfragen. Deshalb werden die religiösen Gemeinsamkeiten in den Vordergrund gestellt.
In der Auseinandersetzung mit dem Islam sind von christlichen Theologen vor allem zwei *Grundsätze* zu beachten:
1.   Der Islam ist mit größtmöglicher religionswissenschaftlicher Exaktheit darzustellen.
2.   Das Evangelium von Christus, das allen Menschen gilt, muß so bezeugt werden, daß auch der Muslim erkennt, was im Unterschied zu seinen eigenen Traditionen Glaube an Christus bedeutet.

161   Kleines Konzilskompendium, S. 357.

III

Theologisch-systematische Überlegungen zum Verhältnis von Christentum und Islam

1 Muslimische Vorurteile über das Christentum und christliche Vorurteile über den Islam

Wenn ein Christ versucht, *Muslimen* seinen Glauben zu erläutern, so muß er mit deren *Vorverständnis vom Christentum* rechnen. Im Unterschied etwa zum Buddhismus ist der Islam eine nachchristliche Religion. Daher braucht der Muslim nach seinem religiösen Selbstverständnis sich von Christen nicht darüber belehren zu lassen, was es mit deren Religion auf sich habe. Denn im Koran findet er nach seiner festen Überzeugung die wahre Kunde über das Christentum sowohl in dessen ursprünglicher Reinheit als auch in dessen Entartungen. Der Koran sagt den Bekennern Allāhs und seines Gesandten, wer Jesus Christus sei, nämlich der Sohn der Jungfrau Maria, ein Diener, Prophet und Gesandter Gottes, dem sein Herr besondere Gnade erwiesen habe, der mit Gottes Erlaubnis große Wunder vollbracht habe, der keineswegs am Kreuz gestorben sei, wie die Juden sich rühmen würden, sondern zu Gott erhöht worden sei und als Zeichen der Gerichtsstunde wiederkommen werde, um Zeugnis gegen die Leugner der Einheit Gottes abzulegen. Der Muslim weiß aus seinem Heiligen Buch, Jesus habe verkündet, was alle Propheten und Gesandten Gottes von Noah bis zu Mohammed verkündet hätten, nämlich: »Gott ist mein Herr und euer Herr. Dienet ihm! Das ist ein gerader Weg!« (Sure 43,64). Belehrt durch den Koran, ist dem Muslim bekannt, daß viele Christen die göttliche Botschaft ihres Gesandten nicht rein bewahrt hätten. Statt allein Gott zu verehren, außer dem es keinen Gott gebe, hätten sie sich Jesus und seine Mutter zu Göttern genommen. Um diesen Abfall wohl wissend, bezeuge Jesus selbst im Koran vor Gott, seinem Herrn und Richter, daß er frei von jeder Schuld an der Verfälschung seiner Verkündigung sei. Warum also sollte ein frommer Muslim sich dem öffnen, was ihm Christen über Jesus Christus und das Christentum sagen wollen? Er weiß es ja viel besser durch das Wunder aller Wunder: durch den hochheiligen Koran. Weit entfernt, sich von Christen über

deren Religion belehren zu lassen, weiß sich der Muslim vielmehr
beauftragt, die Christen im Namen Jesu zum Islam einzuladen.
Denn, wie der Koran bezeugt, hat Jesus selbst gesagt, nach ihm
werde ein Gesandter »mit dem hochlöblichen Namen kommen«
(Sure 61,6). Dieser auf Jesus folgende Gesandte ist, wie alle Muslime glauben, Mohammed (oder Ahmed, der »Hochlöbliche«),
das »Siegel der Propheten« (Sure 33,40). Er habe, wie der Koran
lehrt, alle früheren Offenbarungen bestätigt und vollendet.
Aber nicht nur über Christus und das Christentum hält sich der
Muslim durch den Koran für zuverlässig unterrichtet, auch die sogenannte christliche Welt beurteilt er im Lichte seines Heiligen
Buches. Aus muslimischer Sicht ist zwar manches an den Ländern
christlicher Tradition zu bewundern: die Höhe der technischen
Entwicklung, der Wohlstand der Bevölkerung, die Möglichkeiten
wissenschaftlicher Bildung und vieles andere. Diese Vorzüge werden als Wirkungen einer einst wahren Offenbarung gedeutet.
Denn es gebe kein Wissen, das nicht von Gott käme. Selbst die
Erfindung der Atombombe kann sich ein muslimischer Kommentator des Korans nur als Folge einer einst unverfälschten Gottes-
erkenntnis erklären[162]. Aber auch die Schattenseiten der westlichen Welt sind dem Muslim nicht verborgen geblieben. Vor allem
an dem moralischen Zustand der Menschen in den sogenannten
christlichen Ländern nimmt er Anstoß. Er verabscheut die im Westen weit verbreitete materialistische Gesinnung. Das Verhalten
vieler Frauen erscheint ihm schamlos. Es widerspricht nach seinem
Empfinden ganz und gar den muslimischen Sitten. Er sieht schließlich, daß viele Menschen der westlichen Welt allerlei Arten der
Sucht verfallen sind, zumeist dem Alkohol oder den Drogen.
Wie ist es möglich, fragt ein muslimischer Schriftsteller, daß in
Ländern, die sich nach dem großen Propheten Jesus Christus be-
nennen, Homosexualität, Prostitution, Atheismus Abtreibung und
dergleichen in die Legalität aufgenommen seien und zwischen
»dem Monotheisten und dem Atheisten, dem Kirchenbauer und
dem Konstrukteur der Freudenhäuser« nach dem Gesetz nicht unterschieden werde[163]? Die Ursache derartiger Zustände findet man
im Fehlen eines einheitlichen, göttlichen Gesetzes. Die westliche
Welt habe zwar Gesetze, aber sie ähneln nach den Worten des
Maulānā Maudūdī (gest. 1979), eines bekannten und einflußreichen pakistanischen Religionsgelehrten, einem Flickenteppich[164].

---

162 Baljon, Modern Muslim Koran Interpretation, S. 85.
163 Dr. Farûq ʿAbd al-Salām, in: Tibi, Die Krise des modernen Islams,
S. 161.
164 Maudūdī, Selected Speeches and Writings, S. 15f.

Sie seien von Interessen verschiedener Gruppen bestimmt, zu verschiedenen Zeiten entstanden, würden unterschiedliche Ziele verfolgen und widersprächen sich zuweilen. Es fehle ihnen die durch göttliche Offenbarung gegebene Autorität und Einheit. Mit Stolz erfüllt deshalb jeden Muslim das Wort des Korans:

»Ihr (Muslime) seid die beste Gemeinschaft, die unter den Menschen entstanden ist. Ihr gebietet, was recht ist, verbietet, was verwerflich ist, und glaubt an Gott« (Sure 3,110).

Da im Islam Religion und Gemeinschaft unter dem Gesetz Gottes eine Einheit bilden, könnte der Muslim geneigt sein, das ihm vertraute ganzheitliche Religionsverständnis auch auf das Christentum zu übertragen. Aber das Christentum ist nicht die sogenannte christliche Welt, obwohl sich das mittelalterliche Abendland als Corpus Christianum verstand. Dennoch hat es eine wahrhaft christliche Welt nie gegeben, sondern nur eine christliche Gemeinde in der Welt. Das aber sind »die Schäflein, die ihres Hirten Stimme hören« (Joh 10,3)[165].
Seit seiner Kindheit hat der Muslim, unterrichtet von frommen Lehrern, gehört, was der Koran über Jesus Christus und die Christen sagt: Worte der Zustimmung und Freundschaft, aber auch Worte des Tadels. Nun wird er in aller Höflichkeit gebeten, auch das zu hören, was das Christentum durch den Mund seiner Bekenner über sich selbst sagt.
Doch nicht nur Muslime, sondern auch *Christen* erschweren den Dialog durch *Vorurteile über den Islam*. Bis in unsere Zeit hinein waren viele der Meinung, der Islam sei eine minderwertige Religion, und man glaubte auch, dies beweisen zu können. Mühe bereitete es jedoch seit jeher zu erklären, wie eine angeblich minderwertige Religion so vielen Menschen aller Zeiten, Völker und Länder Trost und Kraft im Leben und Sterben geben konnte. Man nannte verschiedene Ursachen: die Verführbarkeit des Menschen, den Glanz des islamischen Weltreiches, den Druck von Verfolgungen und anderes mehr. Wir müssen aber erkennen, daß der Islam nach der Überzeugung seiner Anhänger eine dem Christentum nicht nur ebenbürtige, sondern weit überlegene Religion ist. Gerade Konversionen von gebildeten Christen und Juden zum Islam geben Anlaß zum Nachdenken. Diese Menschen haben – aus welchen Gründen auch immer – in ihren früheren Religionen nicht gefunden, was sie suchten.
Gab es im Mittelalter eine starke Tendenz, den Islam zu verteufeln, so besteht heute die Neigung, seine Übereinstimmungen mit dem

---

165 Zitiert von Luther in: ders., Die Schmalkaldischen Artikel, S. 459.

Christentum für wesentlich und die Unterschiede zwischen beiden
Religionen für untergeordnet zu halten. Der koranische Gedanke,
daß Abraham ein gottergebener Ḥanīf gewesen sei und vor Mose
und Jesus gelebt habe, ist in leicht veränderter Form auch von
christlichen Theologen übernommen worden. Man spricht von den
drei abrahamitischen Religionen, deren gemeinsames und wesent-
liches Glaubensgut der Monotheismus sei. Gestärkt durch den
Monotheismus, will man gemeinsamen Frieden und Gerechtigkeit
in der Welt fördern. Der abrahamitische Monotheismus ist aber
eine Abstraktion, die mit wirklichem religiösem Leben wenig zu
tun hat. Selbst Papst Gregor VII. ließ es in seinem freundlichen
Brief an den Emir von Mauretanien nicht unerwähnt, daß Muslime und Christen zwar an einen einzigen Gott glaubten, ihn aber
auf verschiedene Weise bekennen, loben und ehren würden.
Auf christlicher Seite verbindet sich mit der Betonung des gemeinsamen abrahamitischen Monotheismus nicht selten die Absicht, den Islam als eine bedeutende Annäherung an das Christentum erscheinen zu lassen, durch welches er zu seiner Vollendung
komme. Das aber haben im Mittelalter, wenn man von den polemischen Beigaben absieht, schon Männer wie Thomas von Aquin,
Wilhelm von Tripolis und Nikolaus von Kues gedacht, und diese
Betrachtungsweise hat das Zweite Vatikanische Konzil erneuert.
Es scheint sehr tolerant, die Gemeinsamkeiten mit dem Islam in
den Vordergrund zu stellen, ist aber im Grunde ein islamischer
Gedanke in christlichem Gewand. Denn wie sich der Islam als Vollendung des Christentums versteht, so wird umgekehrt die Vollendung des Islams durch das Christentum behauptet.
Der Dialog zwischen Christen und Muslimen ist aber von vornherein zum Scheitern verurteilt, wenn beide Seiten unter dem
Schein größter Toleranz voneinander Besitz ergreifen wollen. Man
lasse den Muslim einen ganzen Muslim und den Christen einen
ganzen Christen sein und halte den Muslim nicht für einen unbewußten Christen und den Christen nicht für einen unbewußten
Muslim! Zu einem fruchtbaren Gespräch kann es nur kommen,
wenn der andere in seiner religiösen Selbstbestimmheit erkannt
und geachtet wird.

2 Bibel und Koran

2.1 Die islamische Anschauung

Tiefe Dankbarkeit erfüllt das Herz des Muslims, weil Gott die
Menschen nicht ihren Irrwegen überlassen, sondern ihnen seit An-

beginn immer wieder durch Propheten und Gesandte seinen Willen offenbart habe. Zuletzt sei dies durch *Mohammed*, »das Siegel« der Propheten (Sure 33,40), geschehen. Im Laufe von etwa 22 Jahren sei auf ihn Wort für Wort »herabgesandt« worden, was er verkündigen sollte. Gesammelt wurden diese Botschaften zunächst einzeln, aufbewahrt im Gedächtnis der Rezitatoren und aufgeschrieben auf verschiedenen Materialien wie flachen weißen Steinen, Schulterknochen von Kamelen usw. Dann, in der Zeit des Kalifen ʿUthmān (644–656 n.Chr.), wurden die dem Propheten von Gott eingegebenen Worte im Koranbuch zusammengestellt. Alles, was zwischen den beiden Decken dieses Buches eingeschlossen ist, gilt dem Muslim als Gottes ewiges Wort, das keinerlei Irrtum oder Unrichtigkeit enthält. Auch die Sprache des Korans, das Arabische, gehört wesentlich zur Offenbarungsqualität dieser dem Muslim hochheiligen Schrift. Deshalb ist aus seiner Sicht eine Übersetzung des Korans in andere Sprachen eigentlich nicht möglich, sondern nur eine mehr oder weniger gute Wiedergabe des Textsinnes.

Der Koran ist nach seinem eigenen Zeugnis zwar die letztgültige, aber nicht die einzige Offenbarung. Dies war Mohammed so wichtig, daß er Juden und Christen im Unterschied zu den heidnischen Arabern »*Leute der Schrift*« nannte. Mose habe die *Tora*, David den *Psalter* und Jesus das *Evangelium* empfangen. Nach der Lehre des Korans stimmen alle früheren heiligen Bücher mit diesem wesentlich überein.

»Wir haben vor dir (d.h. Mohammed) keinen Gesandten auftreten lassen, dem wir nicht die Weisung eingegeben hätten: Es gibt keinen Gott außer mir. Dienet mir!«,

heißt es in Sure 21,25. Alle echten Offenbarungsschriften haben nach islamischem Glauben teil an dem Inhalt einer im Himmel befindlichen Urschrift (vgl. Sure 13,39; 43,4).

Wir dürfen davon ausgehen, daß Mohammed die Bibel nie gelesen hat. Sie war zu seiner Zeit noch nicht ins Arabische übersetzt worden. Was er im einzelnen von der *Bibel* wußte, ist auf dem Wege mündlicher Überlieferung durch Juden und Christen zu ihm gelangt. Eine genauere Untersuchung der biblischen Erzählungen im Koran zeigt, daß sie mit außerbiblischen Legenden verwoben sind. Besonderes Interesse zeigt der Koran an biblischen Gestalten wie Adam, Noah, Abraham, Josef, Mose, David, Salomo, Johannes dem Täufer, Maria und Jesus. Sie werden als Propheten und Gesandte bezeichnet, die alle den Auftrag hatten, ihre ungläubigen Zeitgenossen zur alleinigen Verehrung Gottes aufzurufen.

Demgemäß hätte Mohammed bei allen Juden und Christen, die seine Botschaft hörten, volle Zustimmung finden müssen. Dies war aber nicht der Fall. Es wird im Koran damit erklärt, daß die ungläubigen Juden und Christen die in ihren heiligen Texten enthaltene Wahrheit mutwillig *mißdeutet* oder gar *gefälscht* hätten (vgl. Sure 2,75.79; 3,78; 4,46; 5,13.41). Gegen die von ihrer ursprünglich reinen Gottesverehrung abgefallenen Juden und Christen berief sich Mohammed vornehmlich auf Abraham. Dieser habe vor der Herabsendung der Tora und des Evangeliums gelebt und sei weder Jude noch Christ, sondern ein Gott ergebener Ḥanīf, ein Bekenner des urislamischen Glaubens an den einzigen Gott, gewesen (vgl. Sure 3,65.67f).

Da der Koran zur letztgültigen Norm aller älteren heiligen Bücher wurde, haben diese für die Muslime ihre praktische Bedeutung verloren. Es wird überliefert, Mohammed habe einst in ᶜUmars Hand ein Blatt der Tora gesehen. Darauf habe der Prophet, mit Zornesröte im Gesicht, seinen Gefährten gefragt:

»Habe ich sie (d.h. die Thora in der Gestalt der koranischen Offenbarung) euch nicht makellos und rein gebracht? Bei Gott, wenn Mose noch lebte, müßte er mir folgen«[166].

Was sollte also einen Muslim veranlassen, sich ernstlich mit der seiner Überzeugung nach durch Juden und Christen mißdeuteten und verfälschten und durch den Koran antiquierten Bibel zu beschäftigen? Mohammed hat sich sein Verständnis von »Heiligen Schriften« unter dem Einfluß des Judentums und Christentum gebildet.

2.2 Das altüberlieferte christliche Bibelverständnis und die moderne Bibelwissenschaft

Viele Jahrhunderte hindurch hielten die Christen nach jüdischem Vorbild an der Überzeugung fest, daß *die biblischen Texte* heiligen Menschen wie Mose und den Propheten, den Evangelisten und den Aposteln *vom Geist Gottes eingegeben* seien. In einem späten Brief des Neuen Testaments (2Tim 3,16) heißt es: »Jede Schrift, von Gott eingegeben, ist nützlich zur Lehre«. Der Kirchenvater Origenes (gest. 254) sieht in jedem Buchstaben der Heiligen Schrift göttliche Weisheit verborgen:

»Wir nehmen von allen unter dem Hauch des Heiligen Geistes geschriebenen Büchern an, daß die erhabene Vorsehung darin durch die Buch-

166   Le dogme et les rites de l' Islam, S. 18.

staben dem Menschengeschlecht die übermenschliche Weisheit ausspen-
det, indem sie sozusagen in jeden Buchstaben, soweit jeder dessen fähig
war, heilsame Gedanken als Fußspuren der Weisheit eingestreut hat«[167].

Augustin (gest. 430) betont die Irrtumslosigkeit der Bibel:

»Nur den Büchern der Heiligen Schrift, die als kanonische anerkannt
sind, habe ich solche Ehrfurcht zu erweisen gelernt, daß ich felsenfest
glaube, keiner ihrer Verfasser sei bei der Abfassung in einem Irrtum gewesen. Und wenn ich in ihnen auf eine Stelle stoße, die mir mit der
Wahrheit nicht übereinzustimmen scheint, so zweifle ich keinen Augenblick, daß entweder die Abschrift fehlerhaft ist oder daß der Übersetzer
den Gedanken des Originals nicht genau ausgedrückt hat oder daß ich
die Sache nicht verstanden habe«[168].

Die Anschauung von der göttlichen Eingebung der Heiligen Schrift
wurde später zur Lehre von der Verbalinspiration, d.h. der *wörtlichen* Eingebung, bis hin zur Inspiration auch der Vokalzeichen des
hebräischen Konsonantentextes, verschärft.
Die Vorstellung von der Inspiriertheit und Irrtumslosigkeit der
Bibel spielte auch in der Auseinandersetzung mit dem Islam eine
bedeutende Rolle, wie z.B. Gottlieb Pfanders Methode in seinem
Werk »Die Waage der Wahrheit« zeigt. Den Irrtümern und Un-
wahrheiten des Korans wird die Wahrheit und Irrtumslosigkeit der
Bibel gegenübergestellt. Wenn heute noch dieses Verfahren befolgt wird, so bedeutet dies einen Rückschritt hinter die seit dem
Zeitalter der Aufklärung gewonnenen *bibelwissenschaftlichen Erkenntnisse*. Es kommt freilich darauf an, sie theologisch zu würdi-
gen, auch im Hinblick auf den christlich-islamischen Dialog.
Man darf es heute für erwiesen erachten, daß die sog. *fünf Bücher
Mose* nicht von diesem aufgezeichnet worden sind, sondern eine
Sammlung älterer mündlicher Überlieferungen und Texte darstellen, die im Laufe mehrerer Jahrhunderte zusammengewachsen
sind. Es zeigen sich Spuren der Überarbeitung, Wiederholungen
und auch sachliche Widersprüche. Die ältesten Stücke des Pentateuchs (der fünf Bücher Mose) gehen bis in die Zeit Moses (um
1200 v.Chr.) zurück, das Lamechlied (Gen 4,23f) gehört sogar der
vormosaischen Ära an, die jüngsten Texte des Pentateuchs sind
während des babylonischen Exils (im 6. Jahrhundert v.Chr.) entstanden. Die Bücher der *Propheten* gehören der Zeit zwischen 750
(Amos) und 150 (Sach 9–14) v.Chr. an. Das Buch Daniel entstammt

167 Origenes, Psalmen-Kommentar zu Ps 1,3, in: Texte der Kirchenväter, Bd. 4, S. 328.
168 Augustin, Brief an Hieronymus 3, in: ebd., S. 373.

nicht, wie es vorgibt, dem babylonischen Exil, sondern der Makkabäerzeit. Es wurde im Jahre 165 v.Chr. verfaßt. Auch das tradierte Bild von der Chronologie der *Psalmen* trifft nicht zu. Hatte man sie früher nach ihren Überschriften (»Psalm Davids«) ganz oder größtenteils David zugeschrieben, so zeigt der Inhalt dieser heiligen Lieder, daß fast alle in der Zeit nach David entstanden sind. Die jüngsten Psalmen spiegeln die Verhältnisse nach dem babylonischen Exil wider.

Auch das Bild des *Neuen Testaments* hat sich durch die wissenschaftliche Forschung grundlegend geändert. Die ältesten Schriften sind die echten *Briefe des Paulus*, entstanden zwischen 50 und 64 n.Chr. Die vier *Evangelien* sind jünger. Das älteste, benannt nach Markus, ist um 70 n.Chr., das jüngste, das des Johannes, ist wahrscheinlich um die Mitte der 90er Jahre entstanden. Es sind aber besonders in den drei ersten Evangelien Überlieferungen verarbeitet, die älter als die Paulusbriefe sind und auf die Paulus in einigen Fällen selbst zurückgreift, z.B. in seinem Bericht über die Einsetzung des Abendmahls durch Jesus (1Kor 11,23–25). Die letzten Schriften des Neuen Testament sind der Judasbrief und der 2. Petrusbrief, verfaßt wahrscheinlich am Anfang des 2. Jahrhunderts n.Chr.

2.3 Die Ergebnisse der modernen Bibelwissenschaft in der Sicht christlicher Fundamentalisten und muslimischer Polemiker

Die von der modernen Wissenschaft erbrachten Erkenntnisse über die Entstehung des Alten und des Neuen Testaments sind *tradionalistisch eingestellten Christen* äußerst anstößig. Sie meinen beispielsweise, wenn ein in der Bibel David zugeschriebener Psalm nicht von David verfaßt, wenn das Buch Daniel erst Jahrhunderte nach dem babylonischen Exil, nämlich in der Makkabäerzeit um das Jahr 165 v.Chr., entstanden ist oder wenn ein Brief, der Petrus als seinen Verfasser nennt, nicht von diesem, sondern von einem uns unbekannten Christen um das Jahr 100 geschrieben worden ist, stürze die ganze Glaubwürdigkeit der Bibel zusammen. Vertreter der historisch-kritischen Bibelwissenschaft werden von christlichen Fundamentalisten, die sich für bibeltreu halten, als Ungläubige, wenn nicht geradezu abgelehnt, so doch zumindest verdächtigt. Stößt bei fundamentalistisch eingestellten Christen die moderne Bibelwissenschaft auf Ablehnung, so wird sie von *muslimischen Polemikern* freudig begrüßt oder genauer gesagt: ohne wirkliches Verständnis mißbraucht. In diesem Lager glaubt man, nun auch durch die westlichen Forscher bestätigt zu finden, was man dem Koran schon längst entnehmen konnte, *daß nämlich die Bibel in ihrer vorliegenden Gestalt durch Fälschungen entstellt sei.* Wolle man wissen, was in den heiligen Schriften der Juden und Christen ursprünglich gestanden habe, so müsse man vom Koran als Norm der Wahrheit ausgehen. Der vom Katholizismus konvertierte Muslim Murad Wilfried Hofmann, ein juristisch und philosophisch gebildeter hochrangiger deutscher Diplomat, schreibt in seinem vielbeachteten Buch »Der Islam als Alternative« (1992) über die angebliche historische Unzuverlässigkeit der Evangelien in ihren Berichten über Jesus:

»Heute macht man sich zumindest unter evangelischen, aber auch unter katholischen Theologen nichts mehr darüber vor, wie prekär die Quellenlage selbst für seine [d.h. Jesu] Historizität ist, ganz zu schweigen von den zahlreichen Widersprüchen und Anachronismen in den Evangelien und späteren Einsprengseln heidnischer Provenienz in die Praxis. Die Beweislage ist so dürftig, daß heute aufgrund durchaus wissenschaftlicher Forschung sogar bezweifelt werden kann, ob überhaupt ein Prozeß gegen Jesus stattfand. Jedenfalls ist nur wenig Verläßliches über seinen Tod zu sagen, zumal weder Grablegung noch Auferstehung von Augenzeugen belegt sind«[169].

Hofmann irrt zwar, wenn er meint, aufgrund der Evangelien lasse sich nicht einmal die Historizität Jesu, geschweige denn sein Tod am Kreuz beweisen; dennoch muß man ihm darin zustimmen, daß die altkirchlichen Dogmen von der Dreieinigkeit Gottes und der Vereinigung der göttlichen und menschlichen Natur in der einen Hypostase und Person Jesu nicht in der Bibel ausgesprochen werden. Aber sind sie deshalb unwahr? Könnte es sich bei diesen altkirchlichen und von der Reformation bekräftigten Dogmen nicht – unter der Voraussetzung einer besonderen Sprache und Denkweise – um durchaus legitime Interpretationen der neutestamentlichen Zeugnisse von Jesus handeln? Zwingt uns das Schweigen des Neuen Testaments von jenen altkirchlichen Dogmen zu der Schlußfolgerung, daß Jesus nicht als »Gottes Sohn«, sondern nur als ein Prophet und Gesandter Gottes bezeichnet werden dürfe, daß also nicht das Neue Testament, sondern allein der Koran die historische Wahrheit über Jesus wiedergebe, obwohl das Heilige Buch der Muslime sechs Jahrhunderte nach Jesus und viel später als das Neue Testament entstanden ist? Warum scheuen sich die gelehrten Muslime, die strenge historisch-kritische Methode, nach der christliche Theologen die Bibel erforschen, auf den Koran anzuwenden und speziell die Aussagen des Korans über Jesus vorurteilsfrei zu prüfen? Daran hindert sie natürlich das Dogma von der wortwörtlichen Inspiriertheit des Korans.

169   Hofmann, Der Islam als Alternative, S. 44.

2.4   Die Botschaft der Bibel

Die Bibel bietet eine solche Fülle des Inhalts, in der sich die Geschichte von weit mehr als einem Jahrtausend widerspiegelt, daß
man fragen muß, ob es in diesem Buch eine zusammenhängende,
einheitliche Botschaft gibt.

Die Bibel hat gleichsam zwei Zentren, deren erstes auf das zweite
ausgerichtet ist, nämlich den *Alten Bund* und den *Neuen Bund*.
Da man das hebräische Wort berīth und das ihm entsprechende
griechische Wort diathēkē sowohl mit »Bund« als auch »Testament« wiedergeben kann, heißen die beiden Teile des biblischen
Kanons »Altes Testament« und »Neues Testament«. Wie diese
zentralen Begriffe zeigen, geht es in der Bibel wesentlich um *die*
Dimension einer auf Vollendung gerichteten Geschichte. Es geht
um ein Voranschreiten, um eine Bewegung vom Alten zum Neu-
en hin. Das Gesetz des Alten Bundes wurde von Gott durch Mose
dem Volk Israel am Sinai gegeben. Noch heute ist das Gesetz für
den frommen Juden Gegenstand des höchsten Ruhms. Aber hat
Israel den Gesetzesbund gehalten? Die Propheten des Alten Testaments verneinen es immer wieder mit unerbittlicher Strenge.

»Kann etwa ein Mohr seine Haut wandeln oder ein Panther seine Flecken?
So wenig könnt auch ihr Gutes tun, die ihr ans Böse gewöhnt seid«,

lautet um das Jahr 600 v.Chr. ein Gottesspruch des Propheten Jeremia (13, 23). Aber Israels Ungehorsam und Gottes Gerichte
über den Ungehorsam sollen nicht das Letzte bleiben. Deshalb
verkündet derselbe Prophet im Namen Gottes.

»Siehe, es kommt die Zeit, spricht der Herr, da will ich mit dem Hause
Israel und dem Hause Juda einen neuen Bund schließen, nicht wie der
Bund gewesen ist, den ich mit ihren Vätern schloß, [...] den sie nicht
gehalten haben, [...] sondern das soll der Bund sein, den ich mit dem
Hause Israel schließen will nach dieser Zeit [...]: Ich will mein Gesetz in
ihr Herz geben und in ihren Sinn schreiben, und sie sollen mein Volk
sein, und ich will ihr Gott sein. Und es wird keiner den anderen noch
ein Bruder den andern lehren und sagen: ›Erkenne den Herrn‹, sondern
sie sollen mich alle erkennen, beide, klein und groß, spricht der Herr;
denn ich will ihnen ihre Missetat vergeben und ihrer Sünde nimmermehr gedenken« (Jer 31,31–34).

Wann ist die Zeit gekommen, die Jeremia ankündigte? Das Volk
Israel wartet noch darauf. Das Neue Testament verkündet die
Frohe Botschaft, daß mit Jesus diese Zeit angebrochen sei, daß
Gott durch ihn den Neuen Bund gesetzt habe. Denn in der Nacht,
als Jesus verraten wurde, hielt er ein Mahl mit seinen Jüngern.

»Er nahm das Brot, dankte und brach's und sprach: Nehmet, esset, das ist mein Leib, der für euch gegeben wird; solches tut zu meinem Gedächtnis. Ebenso nahm er den Kelch nach dem Mahl und sprach: dieser Kelch ist der Neue Bund in meinem Blut; solches tut, sooft ihr's trinket, zu meinem Gedächtnis« (1Kor 11,23–25).

Ein frommer Jude pflegte jeden Morgen aus dem Fenster zu schauen und die Welt zu betrachten, um immer wieder zu dem Urteil zu gelangen: »Es ist alles beim alten geblieben. Der Messias ist noch nicht erschienen«. Es wäre in der Tat ein Irrtum zu meinen, mit Jesus sei für jedermann sichtbar die Heilszeit gekommen. Der Neue Bund wird nur in denen wirklich, die an Jesus glauben, die es in sich aufnehmen, daß er seinen Leib für sie gegeben, sein Blut für sie vergossen hat. Sie sind zwar erlöst, aber »auf Hoffnung« (vgl. Röm 8,24). Sie sind noch immer auf der Wanderschaft vom Alten Bund des Dekalogs, den sie täglich übertreten, zum Neuen Bund, in dem ihnen Gott ihre Missetat um Christi willen vergeben hat.

2.5   Der wesentliche Unterschied zwischen der Bibel und dem Koran

Es besteht also zwischen der Bibel und dem Koran in formaler und in inhaltlicher Hinsicht ein wesentlicher Unterschied.

Was die *Form der Bibel* betrifft, so erscheint sie, von außen betrachtet, als eine Sammlung religiöser Schriften aus unterschiedlicher Zeit. Sie trägt ganz und gar menschlich-geschichtliche Züge. Bei einem Schrifttum, dessen Entstehung sich über eine so lange Zeit erstreckt, sind inhaltliche Spannungen, Verschiedenheiten, sogar Widersprüche, Irrtümer und Anstößiges durchaus begreiflich.

Wenn man den *Koran* als unfehlbares Buch streng wörtlich inspirierter Verkündigungen betrachtet, so muß die *Bibel* in ihrer vermeintlichen Unvollkommenheit als wenig glaubwürdig erscheinen. Haben wir im Koran eine Sammlung von lauter authentischen Worten Mohammeds, so sind uns die Worte Jesu nicht in ihrer ursprünglichen Form, sondern in griechischer Sprache überliefert, und vergleicht man die Wiedergabe dieser Worte in den vier Evangelien, so bestehen erhebliche Unterschiede. Entsprechendes gilt auch von den Berichten über Jesu Taten und die ihn betreffenden Ereignisse.

Aber diese scheinbare Unvollkommenheit der Evangelien, des Neuen Testaments, ja, der Bibel überhaupt zeigt, daß Gott zu uns nicht in einer Zeitlosigkeit oder stehengebliebenen Zeit, sondern im *Wandel der Zeiten* redet, daß er *auf menschliche Weise* zu uns

redet, so daß uns das Wort Gottes durch menschliches, daher immer begrenztes Verstehen und Bezeugen vermittelt wird.
Wer glaubt, daß in dem wirklichen *Menschen Jesus von Naza-
reth*, einem Menschen in seiner Zeit, einer Persönlichkeit der Antike, Gott selbst uns zu unserem Heil begegnet, der wird nicht
Anstoß daran nehmen, daß dieses Ineinander von Göttlichem und
Menschlichem, von Ewigem und Geschichtlichem auch die Bibel,
das große Zeugnis von Gottes Wort und Walten, prägt. Deshalb
ist das Verhältnis des Christen zur Bibel gekennzeichnet durch
Bindung und Freiheit: durch Bindung, weil die Bibel *Gottes* Tun
und Reden bezeugt, durch Freiheit, weil die Botschaft der Bibel
unter anderen Verhältnissen als denen der Antike neu gehört,
verstanden, geglaubt und gelebt werden muß.
Doch auch *inhaltlich* besteht zwischen der Bibel und dem Koran
ein wesentlicher Unterschied: Im Koran stellt sich die Heilsge-
schichte als eine Wiederholung des wesentlich Gleichen dar. Von
Noah bis zu Mohammed erging stets die gleiche Botschaft: »Es
gibt keinen Gott außer Gott. Dienet ihm«. Die Bibel lehrt uns die
Geschichte erkennen als ein Fortschreiten zu immer neuen Hori-
zonten, als Bewegung auf ein Heil hin, das zukünftig ist. Zwischen Mose und Jesus besteht nicht wie im Koran die wesentliche
Gleichheit der prophetischen Sendung und monotheistischen Botschaft, sondern der wesentliche Unterschied zwischen dem Bringer
des Gesetzes und dem Bringer des Heils. »Das Gesetz ist durch
Mose gegeben; die Gnade und Wahrheit ist durch Jesus Christus
geworden« (Joh 1,17).

3   Die Gebote Gottes

3.1   Der Stufencharakter der islamischen Ethik

Die Muslime schätzen zwar den Wohlstand der *westlichen Länder*,
aber nicht deren *moralische Verhältnisse*. Es ist für muslimisches
Denken schwer begreiflich, wie unter Völkern, die sich auf den
großen Propheten Jesus Christus berufen würden, so gar nichts
oder kaum etwas von der Befolgung seiner Gebote zu spüren sei.
Konnte Samuel Zwemer noch zu Anfang dieses Jahrhunderts die
islamische Sittenlehre als tiefstehend darstellen, so ist heute angesichts der Verfallserscheinungen in der westlichen Welt ein Pochen
auf moralische Überlegenheit gegenüber dem Islam zumindest
problematisch.
Es ist wohl wahr, daß von muslimischen Schriftstellern die Ethik
des Neuen Testaments für rigoristisch und wirklichkeitsfremd ge-

halten wird. Zugleich setzt aber die *islamische Ethik* denen, die
nach Vollkommenheit streben, höchste Ziele. In diesem Sinne
schreibt Saiyid Amīr ᶜAlī (gest. 1928):

»Wenn er [d.h. der Islam] nicht sagte: ›Wenn dein Bruder dich auf die
eine Wange schlägt, halte ihm auch die andere hin‹ [vgl. Mt 5,39], wenn
er die Bestrafung des mutwilligen Übeltäters mit derselben Verletzung erlaubte, die er zugefügt hatte, so lehrte er auch mit warmen Worten und
mit mannigfaltiger Betonung das Üben des Vergebens und des Wohlwollens und die Vergeltung des Üblen mit Guten«[170].

Das *islamische Gesetz* unterscheidet nämlich nicht nur zwischen
den Kategorien »geboten« und »verboten«, sondern füllt diesen
Gegensatz mit abgestuften Übergängen aus, die mit den Worten
»empfohlen«, »sittlich neutral« und »unerwünscht« bezeichnet
werden. Wer nach Vollkommenheit strebt, kann über das Gebotene hinaus auch das Empfohlene tun und andererseits nicht nur das
Verbotene, sondern auch das Unerwünschte meiden. Dem Kundi-
gen wird die Ähnlichkeit dieser Stufenethik mit der katholischen
Unterscheidung zwischen Praecepta (»Geboten«) und Consilia
evangelica (»Ratschlägen des Evangeliums«) in den Sinn kommen.

3.2   Die islamische Ethik nach der Darstellung al-Ghazālīs

3.2.1   Selbsterkenntnis als Basis der Ethik

Da dem gegenwärtigen Islamismus eine gewisse Äußerlichkeit an-
haftet, indem er seine ungestüme Kraft auf die Durchsetzung islamischer Formen und Normen in Politik, Wirtschaft und Gesellschaft richtet, so daß die islamische Herzensfrömmigkeit hinter
den kämpferischen Eifer um die Herstellung einer islamischen
Ordnung zurücktritt, soll hier der Versuch gemacht werden, wenigstens andeutungsweise in *al-Ghazālīs Verständnis der Ethik*
einzuführen. Dieser Mann ist zwar schon im Jahre 1111 verstor-
ben, dürfte aber an geistiger Größe von keinem späteren muslimischen Denker übertroffen worden sein.
Sein epochales Hauptwerk, *»Die Neubelebung der Wissenschaften von der Religion«*, wurde schon im Kapitel »Islamisches Geistesleben« erwähnt. In kürzerer und volkstümlicher Form hat al-
Ghazālī seine Gedanken auf persisch in seinem Buch »*Das Elixier
der Glückseligkeit*«[171] dargelegt. Der Titel des Werkes knüpft

---

170   Der Islam mit Ausschluß des Qorᵃāns, S. 171.
171   Al Ghasālī, Das Elixier der Glückseligkeit. Im folgenden (bis unten
S. 220) wird nach dieser Übersetzung zitiert.

an die alchimistische Vorstellung an, daß es ein »Elixier« gebe,
mit dessen Hilfe man aus Kupfer Gold herstellen könne. Ähnlich
will al-Ghazālī mit seinem Büchlein, gleichsam einem geistigen
»Elixier«, das Herz des Muslims reinigen und veredeln, damit es
zu seiner Bestimmung, der wahren »Glückseligkeit«, gelangen
kann.
Al-Ghazālī beginnt mit Ausführungen über die *Selbsterkenntnis*.
Sie ist die Grundlage der rechten Lebensweise. Die Grundanschauung des Autors ist vom Platonismus beeinflußt. Der Mensch habe
»diese äußere Hülle, die man Leib nennt«, und dann »jenes Innere, das man bald Seele, bald Geist, bald Herz nennt«. Al-Ghazālī
bevorzugt die auch in der biblischen Begrifflichkeit übliche Bezeichnung »*Herz*«: »Dies Innere ist dein wahres Wesen, das andere ist nur sein Gefolge, sein Heer und seine Dienerschaft. Wir
wollen es das Herz nennen«. Der Ursprung des Herzens »ist die
Gottheit, dorther kam es, und dorthin wird es gehen«. Nach seinem inneren und eigentlichen Wesen betrachtet, sei der Mensch in
diese Welt »als Fremdling« gekommen (S. 37).
Zur leiblichen Existenz des Menschen gehören »*Streitkräfte*«, die
das Herz auf seinem Weg zu Gott unterstützen sollen. Dies wird
bildhaft veranschaulicht:

»Der Leib des Menschen gleicht einer Stadt. Hand und Fuß und die üb-
rigen Glieder sind die Handwerker in dieser Stadt, die Begierde ist der
Verwalter der Steuereinkünfte, der Zornmut die Polizei, das Herz ist der
König der Stadt und die Vernunft sein Wesir. Der König bedarf dieser
Diener alle, um sein Reich recht zu regieren« (S. 42).

Begierde, Zornmut und Vernunft sind auch nach Platons Lehre
die elementaren Kräfte der Seele. Das »Herz« kommt bei al-Ghazālī zu dieser Trichotomie hinzu. Es ist die in der Relation zu Gott
stehende Ich-Mitte.
Al-Ghazālī weiß um den *Ungehorsam* der »Streitkräfte«. In diesem Zusammenhang kommt aus der biblischen Tradition eine Gestalt ins Spiel, welche bis dahin in der platonisch geprägten Anthropologie noch nicht genannt worden ist: der *Teufel*, der große
Widersacher Gottes. Von Mohammed werde der Ausspruch überliefert:

»Jeder Mensch hat seinen Teufel, auch ich habe meinen, doch Gott hat
mir zum Siege über ihn verholfen, so daß ich ihn gebändigt habe und er
mir nichts Böses mehr befehlen kann« (S. 45f).

Im Menschen selbst lebt und webt also das gottfeindliche Prinzip:
der Teufel. Er gehört zwar nicht zum Wesen des Menschen, aber

er ist ausnahmslos *in* jedem Menschen. Dem Teufel ist es zuzuschreiben, daß die Vernunft die Kontrolle verliert und Begierde und Zornmut entarten.

»Es ist aber dem Menschen geboten, mit dem Lichte der Vernunft, welches ein Abglanz von dem Lichte der Engel ist, die List und Verstellung des Teufels aufzudecken, damit er gedemütigt dastehe und ihn nicht mehr verführen kann [...] Weiter ist ihm geboten, das Schwein der Begierde und den Hund des Zornmuts zu bändigen und unter die Aufsicht der Vernunft zu stellen« (S. 45f).

3.2.2 Ethik als Abwendung von der Welt und Hinwendung zu Gott

Wenn der Mensch unter der Königsherrschaft des Herzens in guter Ordnung verfaßt ist, kann er sich auf den Weg zu Gott begeben. Nach al-Ghazālī ist der *Inbegriff des frommen Lebens*, »*daß man sich von der Welt ab- und Gott allein zuwende*« (S. 29). Dies wird in kunstvoller Systematik entfaltet (S. 29–31). Die Bestätigung des Islams wird auf *vier »Pfeiler«* verteilt. Die beiden ersten beziehen sich auf die *äußeren Dinge*:

1. die Übung des Gehorsams gegen Gott, d.h. den Gottesdienst,
2. das Bewahren von Zucht und Sitte, d.h. das tätige Leben.

Der dritte und der vierte »*Pfeiler*« betreffen die *inneren Dinge*:

3. die Reinigung des Herzens von allen bösen Charaktereigenschaften, d.h. den ins Verderben stürzenden Dingen,
4. das Schmücken des Herzens mit guten Charaktereigenschaften, d.h. den rettenden Dingen.

Jeder dieser vier »Pfeiler« hat *10 »Hauptstücke«.*

Der *erste Pfeiler*, d.h. der Gottesdienst, handelt:

1. vom Bekenntnis der Leute der Sunna,
2. von der Suche nach der heiligen Wissenschaft,
3. von der (kultischen) Reinheit,
4. vom Gebet,
5. vom Almosen,
6. vom Fasten,
7. von der Wallfahrt,
8. vom Lesen des Korans,
9. vom »Gedenken« Gottes und von den Gebeten,
10. von der Einrichtung der Koranlitaneien.

Die Nummern 1 und 4–7 bezeichnen die Hauptpflichten des Muslims, die sogenannten »fünf Säulen des Islams«.

Der *zweite Pfeiler*, d.h. Zucht und Sitte des tätigen Lebens, handelt:

1. von der Zucht und Sitte des Essens,
2. von der Zucht und Sitte der Ehe,
3. von der Zucht und Sitte des Erwerbs und Handels,
4. vom Streben nach dem Erlaubten,
5. von der Zucht und Sitte des Freundschafthaltens,
6. von der Zucht und Sitte des Einsamlebens,
7. von der Zucht und Sitte des Reisens,
8. von der Zucht und Sitte des Musikhörens,
9. von der Zucht und Sitte der Förderung des Guten und Verhinderung des Schlechten,
10. von der Beschützung der Untertanen und vom Regieren.

Der *dritte Pfeiler*, d.h. die ins Verderben stürzenden Dinge, handelt:

1. von der Erziehung der Seele,
2. von der Heilung der Begierden des Bauches und der Zeugungsglieder,
3. von der Heilung des zügellosen Redens und dem Übel der Zunge,
4. von der Heilung der Krankheit des Zornes, des Hasses und Neides,
5. von der Heilung der Liebe zur Welt,
6. von der Heilung der Liebe zu Geld und Gut,
7. von der Heilung der Ruhm- und Ehrsucht,
8. von der Heilung der Scheinheiligkeit und Heuchelei im Gottesdienst,
9. von der Heilung des Hochmuts und der Eitelkeit,
10. von der Heilung der Verblendung und Sorglosigkeit.

Der *vierte Pfeiler*, die rettenden Dinge, handelt:

1. von der Bekehrung und dem Herauskommen aus dem Unrechttun,
2. vom Dank und von der Geduld,
3. von der Furcht und Hoffnung,
4. von der Armut und Weltentsagung,
5. von der reinen Absicht, der Lauterkeit und Aufrichtigkeit,
6. von der Selbstprüfung und Selbstbeobachtung,
7. von der Meditation,
8. vom Gottvertrauen und dem Bekenntnis zur Einheit Gottes,
9. von der Liebe zu Gott und der Sehnsucht nach ihm,
10. Vom Gedenken an den Tod und das Jenseits.

Der *Aufbau* des Werkes zeigt al-Ghazālīs Grundverständnis der
Ethik: Den Eingang bildet die Selbsterkenntnis. Sie zeigt dem
Menschen, woher er nach seinem innersten Wesen, dem Herzen,
kommt und auf welches Ziel sein Leben gerichtet sein soll. Von
Gott – zu Gott, darum geht es. Das neuplatonische Grundmotiv
ist von al-Ghazālī auf ähnliche Weise islamisiert wie es von Thomas von Aquin christianisiert worden ist: Gott ist dem Menschen
Ursprung und Ziel.
In der Abfolge der einzelnen Stücke des frommen Lebens ist eine
aufsteigende Tendenz zu erkennen: Die Beschreibung setzt ein
mit dem äußeren Gottesdienst, dessen erstes Element das Bekenntnis zum Islam ist. Eine höhere Stufe ist der fromme Lebenswandel. Sodann wird der Schritt vom Äußeren ins Innere vollzogen,
und hier bedeutet der Übergang vom Ablegen schlechter Eigenschaften zum Erwerb guter Eigenschaften oder Tugenden wiederum eine Steigerung. Nach den hohen Stadien des Gottvertrauens
und der Liebe zu Gott ist das Ende der geistigen Wanderung im
»Gedenken an den Tod und das Jenseits« erreicht. So betrachtet,
ist »Das Elixier der Glückseligkeit« eine weit ausholende Vorbereitung auf die Stunde des Sterbens.

3.2.3   Einzelne Bestimmungen zur frommen Lebensführung

3.2.3.1   Das Verhalten gegenüber den Mitmenschen

Schaut man auf die einzelnen *Elemente der Lebensführung,* so
wird auf äußeres Tun ebenso Wert gelegt wie auf die innere Einstellung. Beides ist aber bestimmt durch die zwei Aspekte ein und
derselben Bewegung: Abwendung von der Welt und Hinwendung
zu Gott. Das ist nach al-Ghazālī »die Hauptsache« des frommen
Lebens. Hier kommt eine asketische Tendenz zur Geltung. Sie hat
aber nicht die Form der radikalen Weltflucht.
Die Abwendung von der Welt bedeutet nämlich nicht die Vernach-
lässigung der *Pflichten gegenüber den Mitmenschen.* Der anderen
geschuldete Dienst hat unbedingten Vorrang vor den eigenen Rechten: Bei den Pflichten der Freundschaft ist die »Grundbedingung«,

»daß du immer nur Pflichten für dich gegen die Brüder, aber nie Pflichten der Brüder gegen dich kennst, und daß du dich als ihren Diener be-
trachtest« (S. 142).

Selbstlosigkeit erweist sich im Erdulden von Unrecht, das einem
persönlich widerfährt, und im Einschreiten gegen Unrecht, das anderen geschieht:

»Seinem Unterdrücker zu verzeihen und dem wohlzutun, der einem Böses tut, das ist die Sinnesart der Frommen. Doch nur dem, der dir Unrecht tut, wohlzutun, ist schön, nicht aber dem, der *anderen* Unrecht
tut, und damit gegen Gott sündigt« (S. 98).

Man könnte in diesem Zusammenhang auf das Wort aus der Berg-
predigt hinweisen: »Tut wohl denen, die euch hassen« (Mt 5,44).
Jesus faßt den Sinn des Gesetzes und der Propheten in den Worten zusammen: »Alles nun, was ihr wollt, daß euch die Leute tun
sollen, das tut ihnen auch« (Mt 7,13). Ähnlich lehrt al-Ghazālī:

»Kein Mensch hat den rechten Glauben, solange er nicht seinem Bruder
dasselbe wünscht, was er sich wünscht; und den Bruder so zu behan-
deln, wie man selbst von ihm behandelt sein will, das ist doch die aller-
niedrigste (!) Stufe der Bruderschaft« (S. 114).

Doch darf bei solchen Worten nicht vergessen werden, daß der
selbstlose Dienst für andere, das Vergelten des Bösen mit Guten
usw. in der Ethik des muslimischen Theologen unter dem asketischen Leitgedanken steht: Abwendung von der Welt, Hinwendung zu Gott. Wer auf die eigenen Rechte pocht, wer ihm wider-
fahrenes Unrecht bestraft sehen will, wer seinem Bruder nicht das
erweist, wovon er sich selbst wünscht, daß es ihm erwiesen werde,
steht in der Gefahr, sein Herz an die Welt zu verlieren.
Sodann darf nicht übersehen werden, daß al-Ghazālīs Ethik nicht
den Begriff einer uneingeschränkten, absoluten, sondern nur einer
abgestuften Mitmenschlichkeit voraussetzt: Es gibt den fundamentalen Unterschied zwischen den Muslimen und den »Ungläubigen«,
d.h. den Nichtmuslimen, und andere gesellschaftliche Unterschiede. Deshalb bestehen unterschiedliche »Pflichten gegen den Muslim, den Anverwandten, den Nachbarn und den Sklaven« (S.
143). Bei der Nachbarschaft wird abermals unterschieden:

»Der Gesandte Gottes spricht: ›Es gibt einen Nachbarn, der *ein* Recht
hat, das ist der ungläubige Nachbar; und einen, der *zwei* Rechte hat, das
ist der muslimische Nachbar; und einen, der *drei* Rechte hat, das ist der
muslimische Nachbar, der mit dir verwandt ist‹« (S. 165).

Obwohl in der Rangfolge der Nachbarschaft der *ungläubige*
Nachbar auf der untersten Stufe steht, wird auch ihm gegenüber
freundliches Verhalten gefordert: Dazu zitiert al-Ghazālī den Bericht eines Gelehrten aus alter Zeit:

»Ich war bei Abdallāh ibn Omar, als gerade einer seiner Sklaven sein
Schaf abzog. Da sagte er zu dem Sklaven: ›Wenn du es fertig abgezogen

hast, so biete zuerst unserem Nachbarn, dem Juden, an‹, und das sagte er mehrmals, bis der Sklave sprach: ›Wie oft willst du es noch sagen?‹ Da sagte er: ›Der Gesandte Gottes hat uns die Pflicht gegen den Nachbarn so oft eingeschärft, daß wir am Ende fürchteten, er werde ihm noch ein Erbrecht zugestehen‹« (S. 167).

Eine andere Tradition lautet:

»Hasan el-Basri fand nichts Böses darin, daß man dem jüdischen und christlichen Nachbarn vom Fleisch des großen Opfertages abgebe« (S. 167).

Innerhalb des übergreifenden Themas »Von dem rechten Umgang mit den Menschen« hat al-Ghazālī das erste Kapitel dem »Wesen der Freundschaft und Bruderschaft in Gott« gewidmet. Als deren Motiv werden verschiedene Arten der Liebe untersucht. Die »Liebe in Gott« findet aber ihr Gegenstück im »*Haß in Gott*«:

»Jeder, der in Gott liebt, muß notwendig auch in Gott hassen. Denn wenn du einen Menschen liebst, weil er Gott gehorsam und lieb ist, so mußt du ihn notwendig hassen, wenn er Gott ungehorsam und verhaßt ist; denn wenn die eine Ursache Liebe hervorruft, so muß notwendig die entgegengesetzte Ursache Haß hervorrufen« (S. 94).

In einem weiteren Kapitel »über die Stufen derer, die man in Gott hassen muß«, wird das richtige Verhalten zu Ungläubigen, Ketzern und Sündern beschrieben (S. 101).

Mag es auch befremdlich erscheinen, daß zuweilen »Haß in Gott« geboten ist, so läßt doch al-Ghazālī die Absicht erkennen, zwischen der Person und dem, was sie Gott und den Frommen verhaßt macht, zu unterscheiden. Ebenso bemüht sich der Autor, bei denen, die des Hasses würdig sind, neben den schlechten auch gute Seiten zu entdecken, so daß die hassenswerten Menschen in gewissen Grenzen auch liebenswert erscheinen. Deutlich wird dies an dem sündigen Muslim. Um des Islams willen sei er zu lieben, um der Sünde willen zu hassen:

»Vergleichst du das Gefühl, das du ihm gegenüber hast, mit dem, was du zu einem Ungläubigen empfindest, so wirst du dir eines Unterschiedes bewußt werden. Das, was diesen Unterschied ausmacht, ist die Liebe, die du um des Islams willen zu ihm empfindest« (S. 96).

Der mit dem Islam weniger vertraute Leser des »Elixiers der Glückseligkeit« wird überrascht sein, wenn er hier Ausführungen über Themen findet, die nach den bei uns üblichen Vorstellungen mit

Ethik eigentlich nichts zu tun haben, sondern zu Belehrungen über die »Etikette« oder das *gute Benehmen* gehören. Aber nach islamischem Verständnis ist auch höfliches und kultiviertes Betragen ein Element des frommen Lebens. Dies ist so, weil dem Muslim die Person des Propheten in jeder Hinsicht als Vorbild gilt, dem man so weit wie möglich nacheifern soll. Daher ist es beispielsweise keineswegs gleichgültig, wie sich der Gesandte Gottes beim Niesen und Gähnen verhalten hat und welche Weisungen er hierzu seiner Gemeinde erteilte. Al-Ghazālī zitiert zu diesem Thema folgende Überlieferung:

»Der Gesandte Gottes lehrte uns: Wenn einer niest, so soll er sagen: ›Gelobt sei Gott, der Herr der Welten!‹ Dann soll der andere, der es hört, sagen: ›Gott erbarme dich deiner!‹ und der Niesende soll erwidern: ›Gott verzeih mir und Euch!‹ [...] Wenn der Gesandte Gottes niesen mußte, unterdrückte er das Geräusch und bedeckte sein Gesicht. – Und er sagte: Das Niesen kommt von Gott, das Gähnen vom Satan. Und wenn einer von euch gähnt, so lege er die Hand vor den Mund!« (S. 159)

3.2.3.2   Das Gottvertrauen

3.2.3.2.1   Das Einheitsbekenntnis als Grundlage des Gottvertrauens

Der Gipfel der islamischen Ethik wird in den letzten Kapiteln des Werkes beschrieben. Ihren Höhepunkt erreicht die Frömmigkeit in der *Liebe zu Gott.* Ihr voraus geht das *Gottvertrauen.* Al-Ghazālī gibt dem betreffenden Kapitel die Überschrift: »Über das Gottvertrauen und das Einheitsbekenntnis«[172]. Er macht damit deutlich, daß Gottvertrauen nach islamischem Verständnis im Bekenntnis zur Einheit Gottes, im Monotheismus, seine Grundlage hat.
Am Anfang des Weges der Frömmigkeit steht das äußere Glaubenszeugnis: »Es gibt keinen Gott außer Gott, und Mohammed ist sein Diener und sein Gesandter.« Am Ende der Wanderung zu Gott kehrt der islamische *Monotheismus* im Hinblick auf seine *Verinnerlichung* als Wurzel des Gottvertrauens wieder.
Auf der untersten Stufe des *Einheitsbekenntnisses* stehen die Heuchler. Nur mit den Lippen bekennen sie die Wahrheit:

»Es gibt keinen Gott außer Gott allein, er hat keinen Teilhaber; sein ist die Herrschergewalt; ihm gebührt Lob, er ist jeder Sache mächtig« (S. 6f).

---

172   Al-Ghazzālī's Buch vom Gottvertrauen. Im folgenden (bis unten S. 223) wird nach dieser Übersetzung zitiert.

Die zweite Stufe nehmen die Durchschnittsmuslime ein. Sie glauben mit dem Herzen, was sie bekennen; aber es fehlt ihnen die Einsicht. Die dritte Stufe haben die Erleuchteten erreicht. Sie erkennen,

»daß alles Existierende, Schöpfung und Unterhalt, Geben und Verweigern, Leben und Tod, Reichtum und Armut sowie alles andere [...] einzig und allein von Gott [...] hervorgebracht ist, ohne daß er dabei einen Genossen gehabt hätte« (S. 11).

Wer schließlich auf die vierte Stufe gelangt ist, »erblickt im gesamten Sein nur die Einheit« (S. 7). Mehr darüber will al-Ghazālī nicht sagen; denn »die Geheimnisse der Gottesherrlichkeit mitzuteilen ist Unglaube« (S. 9f).

Man könnte gegen diese Einheitsschau einwenden, daß den Weltdingen doch Tätigkeiten und Wirkungen zuzuschreiben seien. Darauf antwortet al-Ghazālī, was uns als Kette von *Ursachen und Wirkungen* erscheine, sei in Wahrheit ein Gefüge von Bedingungen und Bedingtem, in dem Gott allein der Schaffende und Hervorbringende sei. Alles komme von Gott, dem Gerechten:

»Alles, was Gott [...] unter die Menschen verteilt hat, wie Nahrung und Tod, Freude und Sünde, ist reine Gerechtigkeit und ohne unrechtmäßige Gewalt« (S. 38).

Es sei reine Gerechtigkeit Gottes,

»den Paradiesbewohnern die Gnadenerweise, die sie empfangen, durch Auferlegung schwerer Strafen für die Höllenbewohner in ihrer ganzen Größe hervortreten zu lassen und die Ungläubigen für die Gläubigen zu opfern« (S. 38).

3.2.3.2.2   Wesen, Stufen und Bewährung des Gottvertrauens

Da nun Gott der Eine und alles Bewirkende ist, besteht das *Gottvertrauen* darin, alles von ihm zu erwarten. Im Hinblick auf diesen Zustand gibt es Stufen der Vollkommenheit. Auf der untersten verhält sich der Gottvertrauende wie ein Klient, der es seinem Anwalt überläßt, ihn vor Gericht zu vertreten. Auf der zweiten Stufe gleicht der Gottvertrauende einem kleinen Kinde, das sich an den Rock seiner Mutter klammert und schreit, wenn ihm etwas zustößt. Auf der dritten und höchsten Stufe schließlich ist

»der Mensch vor Gott [...] in seinem Tun und Lassen wie der Tote in den Händen des Leichenwäschers, nur mit dem Unterschied, daß er sich selber als tot wahrnimmt, bewegt von der ewigen Macht« (S. 45).

Aber dieser Zustand wird nur für eine sehr kurz Dauer erreicht. *Das Gottvertrauen ist also ein Sich-Gott-Überlassen und ein von Sich und allem eigenen Tun mehr und mehr Ablassen.* Auf der untersten Stufe des Gottvertrauens nimmt die Eigentätigkeit noch einen verhältnismäßig weiten Bereich ein: Nur das ist verboten, was in klarem Widerspruch zum Gottvertrauen steht. Erlaubt ist also alles, was das göttliche Gesetz dem Gläubigen freistellt. Er darf z. B. ohne weiteres dem Erwerbsleben nachgehen. Der zweiten Stufe, die mit dem Verhalten eines kleinen Kindes zu seiner Mutter verglichen wird, entspricht allein das demütige Flehen zu Gott. Die dritte und höchste Stufe des Gottvertrauens schließt notwendig jede Eigenbetätigung aus, weil in diesem Zustand der Gläubige einem Betäubten oder einem Leichnam in der Hand des Leichenwäschers gleicht. Die absolute Passivität dieser Stufe kann aber keine kontinuierliche Lebensform sein. Ist doch die Erlangung solcher Höhe nur ein Zustand von kürzester Dauer.

Da das Gottvertrauen darin besteht, alles von Gott zu erwarten, stellt sich dem Frommen die entscheidende Frage, *was er in den Bindungen des Lebens tun und was er unterlassen soll.* Wichtig ist, daß nach der Überzeugung al-Ghazālīs der wahrhaft Gottvertrauende, was seine Person betrifft, zwar auf manches verzichten könnte, zu dem er sich aber dennoch verpflichtet sieht, weil ihm Menschen anvertraut sind, für die er zu sorgen hat, also etwa als Familienvater. Im ganzen aber gilt es, in möglichst großem Umfang allein Gott wirken zu lassen. Diese allgemeine Regel konkretisiert al-Ghazālī im Hinblick auf die Gewinnung von Nützlichem und die Bewahrung von Nützlichem sowie die Abwehr von Schädlichem und die Beseitigung von Schädlichem.

Nützlich und durchaus erlaubt ist es beispielsweise, sich bei einer *Reise durch die Wüste* mit Proviant zu versorgen. Andererseits gibt es große Heilige von starkem Gottvertrauen, die darauf verzichten und es Gott überlassen, sie in der Wüste zu versorgen. Sie halten sich an das Wort Jesu:

»Seht die Vögel, sie säen nicht, sie ernten nicht und speichern nicht auf, und Gott gibt ihnen Nahrung Tag für Tag« (S. 53f)[173].

Nützlich ist es, sich für Notfälle einen Vorrat anzulegen. Aber Vorsicht!

»Wer für mehr als ein Jahr aufspart, zeigt damit, daß er kein Gottvertrauen hat. Für eine darunter liegende Zeit aufzusparen, zeugt von mehr oder weniger wahrem Gottvertrauen« (S. 78).

173   Vgl. Mt 6,26.

Auch bei der Abwehr von Schädlichem sollte man die Grenze des Erlaubten nicht überschreiten. Übertriebene Maßnahmen zum *Schutz seines Besitzes* vor Dieben sollte man unterlassen. Ein wahrhaft Gottvertrauender, der bestohlen worden ist, soll sich sagen:

»Wäre es nicht heilbringend für mich, so hätte Gott der Allerhöchste es mir nicht geraubt« (S. 88).

3.2.3.3 Die Liebe zu Gott

»Die höchste aller Stationen, ja, das eigentliche Endziel aller Stationen« ist die *Liebe zu Gott*[174]. Ihre Ursache ist Gott selbst in seiner unendlichen Schönheit und Güte. Indem der Mensch diese mehr und mehr erkennt, steigt er in seiner Liebe zu Gott von Stufe zu Stufe empor, bis er sich in seliger Ekstase selbst vergißt:

»Ich steh auf einer Stufe deiner Liebe,
Auf der sich alle Sinne mir verlieren«[175].

Eine Frucht der Liebe zu Gott ist die *Zufriedenheit mit seinem Ratschluß*. Alles Beschwerliche nimmt der Liebende bereitwillig aus Gottes Hand. Sogar der Schrecken vor der Höllenstrafe zerschmilzt in der Glut der Liebe zu Gott. Al-Ghazālī zitiert die Worte eines »Erkennenden«:

»Wenn Gott mich als Brücke über die Hölle spannen wollte, damit die Menschen auf mir zum Paradiese schritten, und dann die Hölle mit mir ausfüllen wollte an Stelle seiner Geschöpfe, um seinen Eid einzulösen, so würde ich seinen Ratschluß wünschen und damit zufrieden sein«[176].

3.3 Grundgedanken der christlichen Ethik nach Martin Luther

3.3.1 Die Zehn Gebote sind Gottes Gesetz und zugleich »der Juden Sachsenspiegel«[177]

Seit alters gelten in der christlichen Tradition die *Zehn Gebote* als Zusammenfassung des Gesetzes Gottes. Martin Luther hat sie deshalb in seinen Kleinen und Großen Katechismus aufgenommen und erklärt.

---

174 Al Ghasālī, Das Elixier der Glückseligkeit, S. 117.
175 Ebd., S. 207.
176 Ebd., S. 219.
177 Luther, Wider die himmlischen Propheten, S. 81.

Luther war kein Biblizist, d.h. er klebte nicht am Buchstaben der
Bibel. Er verstand die Zehn Gebote geschichtlich. Sie seien in erster Linie das Gesetz des Volkes Israel, »der Juden Sachsenspiegel«. Er verglich sie also mit jenem altdeutschen Gesetz aus dem
13. Jahrhundert. Jedes Volk habe seinen »Sachsenspiegel«, sein
besonderes Gesetz. Dennoch vertrat Luther keine positivistische
Rechtsauffassung, nach welcher allein das als Recht zu gelten hat,
was Menschen als Recht gesetzt haben. Er betrachtete den Dekalog und die anderen völkischen Gesetze zwar einerseits unter dem
Gesichtspunkt ihrer geschichtlichen Begrenzung und der damit
verbundenen Besonderheiten, andererseits aber auch unter dem
Gesichtspunkt ihrer wesentlichen Übereinstimmung. Deren Ursache und Grundlage sei das natürliche Gesetz, welches Gott allen
Menschen ins Herz geschrieben habe (vgl. Röm 2,14). Die Zehn
Gebote sind für Luther daher in einmalig exemplarischer Weise
ein Spiegel des natürlichen Gesetzes. Dies gibt ihm die Freiheit,
das Gebot der Sabbatheiligung anders als streng wörtlich zu deuten und ebenso das Bilderverbot zu übergehen. Beides habe nur
für das Volk Israel gegolten und sei durch das Evangelium aufgehoben. Das Eingangstor zum Christentum sind also nicht die jüdischen Zeremonien.

3.3.2   Der Widerschein der Zehn Gebote im Koran

Nach Paulus und Luther gehört das Wissen um das Gesetz Gottes
zum Menschsein. Was den Islam betrifft, so kommt noch hinzu,
daß er eine nachchristliche Religion ist, die viel biblisches Traditi-
onsgut aufgenommen hat. Daher ist es nicht verwunderlich, daß
der *Koran* Weisungen enthält, die mit den Zehn Geboten vergleichbar sind. Die hier gegebene Zusammenstellung mag es verdeutlichen:

Ex 20,3: »Du sollst keine anderen Götter haben neben mir.«
Sure 6,151: »Ihr sollt ihm nichts (als Teilhaber an seiner Göttlichkeit)
beigesellen.«

Ex 20,4: »Du sollst dir kein Bildnis noch irgendein Gleichnis machen,
weder von dem, was oben im Himmel, noch von dem, was unten auf Erden, noch von dem, was im Wasser unter der Erde ist: Bete sie nicht an
und diene ihnen nicht! Denn ich, der Herr, dein Gott, bin ein eifernder
Gott.«
Sure 2,83: »Und (damals) als wir die Verpflichtung der Kinder Israel (auf
folgende Gebote) entgegennahmen: Dienet nur (dem alleinigen) Gott!
[...]. Vgl. auch Sure 5,90: Opfersteine [...] sind (ein wahrer) Greuel und
Teufelswerk.«

Ex 20,7: »Du sollst den Namen des Herrn, deines Gottes, nicht miß-
brauchen.«
Sure 2,224: »Und macht nicht Gott mit euren Eiden zu einem Hinde-
rungsgrund (indem ihr euch durch leichtfertiges Schwören die Möglichkeit verbaut), Pietät zu üben und gottesfürchtig zu sein [...].«

Ex 20,8: »Gedenke des Sabbattages, daß du ihn heiligest.«
Sure 4,154: »Und wir sagten zu ihnen (d.h. den Israeliten): ›Übertretet
nicht (unser Gebot) hinsichtlich des Sabbats.‹«

Ex 20,12: »Du sollst deinen Vater und deine Mutter ehren [...].«
Sure 2,83: Als wir die Verpflichtung der Kinder Israel (auf folgende Gebote) entgegennahmen: [...] »Und zu den Eltern sollt ihr gut sein.«

Ex 20,13: »Du sollst nicht töten.«
Sure 6,151: »Ihr sollt [...] niemand töten, den (zu töten) Gott verboten
hat, außer wenn ihr dazu berechtigt seid.«

Ex 20,14: »Du sollst nicht ehebrechen.«
Sure 6,151: »Ihr sollt euch auf keine abscheulichen Handlungen einlassen, (gleichviel) was davon äußerlich sichtbar oder verborgen ist.« Sure
24,2: »Wenn eine Frau und ein Mann Unzucht begehen, dann verab-
reicht jedem von ihnen hundert (Peitschen)hiebe.«

Ex 20,15: »Du sollst nicht stehlen.«
Sure 5,38: »Wenn ein Mann oder eine Frau einen Diebstahl begangen
hat, dann haut ihm die Hand ab.«

Ex 20,16: »Du sollst nicht falsch Zeugnis reden wider deinen Nächsten.«
Sure 104,1: »Wehe jedem Stichler und Nörgler!« Vgl. Sure 24,4–7.11:
Die Strafe derer, die ehrbare Frauen verleumden.

Ex 20,17–18: »Du sollst nicht begehren deines Nächsten Haus. Du sollst
nicht begehren deines Nächsten Weib, Knecht, Magd, Rind, Esel noch
alles, was dein Nächster hat.«
Sure 2,84: »Und (damals) als wir eure Verpflichtung (auf folgende Gebote) entgegennahmen: [...] Vertreibt euch nicht (gegenseitig) aus euren
Wohnungen!«

Wie zum Dekalog, so könnten auch zu al-Ghazālīs systematischer
Darstellung der islamischen Ethik zahlreiche biblische Parallelstellen angeführt werden, was in den obigen Ausführungen teilweise
schon geschehen ist.
Aber dadurch, daß sich aus dem Koran und der religiösen Literatur der Muslime Parallelstellen zu den Zehn Geboten anführen
lassen, ist noch nicht die Frage beantwortet, *wie das Gesetz*, dessen äußere »Werke« bekannt sind, *zu erfüllen sei*. Diese Frage behandelt Luther u.a. in seinem Großen Katechismus.

3.3.3   Die Forderung des ersten Gebotes ist Gottvertrauen

Das *erste Gebot*, »Du sollst keine anderen Götter haben neben mir«, steht für Luther nicht nur der Zahl nach, sondern auch der Sache nach an erster Stelle. Es ist das »Haupt« aller nachfolgenden Gebote.
Luther geht bei der Erklärung des ersten Gebotes von der Frage aus: »*Was heißt einen Gott haben oder was ist ein Gott?*« Seine Antwort lautet:

»Ein Gott heißet das, dazu man sich versehen soll und Zuflucht haben in allen Nöten. Also daß einen Gott habén nichts anderes ist, denn ihm von Herzen trauen und glauben, wie ich oft gesagt habe, daß allein das Trauen und Glauben des Herzens machet beide: Gott und Abgott. Ist der Glaube und [das] Vertrauen recht, so ist auch dein Gott recht, und wiederum, wo das Vertrauen falsch und unrecht ist, da ist auch der rechte Gott nicht«[178].

Luther fragt nicht wie ein Philosoph nach Gottes Wesen, sondern nach dem Verhältnis des Menschen zu Gott. Er bezeichnet es mit den Worten »Glaube und Vertrauen«. Der Art des Glaubens entspricht die Art Gottes. Der Gebrauch der 2. Person unterstreicht, daß es nicht um ein Reden *über* Gott geht, das ihn zum Objekt einer Beschreibung macht, sondern um das persönliche Verhältnis zu Gott: »Ist der Glaube und [das] Vertrauen recht, so ist auch *dein* Gott recht.« Es klingt so, als wäre Luther ein Subjektivist, der den Menschen zum Schöpfer Gottes macht. Diese Mißdeutung wird aber gerade durch die kühne Formulierung ausgeschlossen: »Das Trauen und Glauben des Herzens machet beide: Gott und Abgott.« Von einem »Abgott« könnte keine Rede sein, wäre er nicht die Perversion des wahren Gottes. Das erste Gebot fordert und verheißt also zugleich: »Lasse mich alleine deinen Gott sein [...] ICH, ich will dir genug geben und aus aller Not helfen«[179].
Was rechtes Gottvertrauen ist, verdeutlicht Luther sodann durch dessen Gegenteil: das *Vertrauen auf Abgötter*. Er erwähnt das Vertrauen »auf Geld und Gut«[180], auf »große Kunst [d.h. Gelehrsamkeit], Klugheit, Gewalt, Gunst, Freundschaft [d.h. Verwandtschaft] und Ehre«[181] ferner den Heiligenkult im Papsttum und Bündnisse mit dem Teufel. Auch die heidnischen Religionen beruhen auf falschem Vertrauen:

178   Luther, Der große Katechismus, S. 560,9–21.
179   Ebd., S. 560,35–36.40–41.
180   Ebd., S. 561,11.
181   Ebd., S. 561,40–41.

»Die Heiden, so ihr Datum [d.h. ihre Zuversicht] auf Gewalt und Herrschaft stelleten, wurfen ihren Jupiter zum höchsten Gott auf; die andern,
so nach Reichtum, Glück oder nach Lust und guten Tagen stunden,
Herkules, Mercurius, Venus oder andere«[182].

Kurz gesagt: Jeder machte den zum Gott,

»dazu ihn sein Herz trug, also, daß eigentlich, auch nach aller Heiden
Meinung, einen Gott haben, heißet trauen und glauben«[183].

Als höchste Form der Abgötterei nennt Luther das Vertrauen auf
eigene Werke, als könnte man Gott durch Verdienste den Himmel abzwingen[184].
Man könnte nun fragen, welche Bedeutung den *geschaffenen
Dingen* zukommt, wenn der Mensch alles Gute allein von Gott
zuversichtlich erwarten soll. »Die Kreaturen«, antwortet Luther,

»sind nur die Hand, Rohre und Mittel, dadurch Gott alles gibt, wie er
der Mutter Brüste und Milch gibt, dem Kind zu reichen«[185].

Deshalb solle man nichts nehmen oder geben,

»es sei denn von Gott befohlen, daß man's erkenne für seine Gaben und
ihm darum danke«[186].

Man solle die Weltdinge gebrauchen,

»nicht weiter, denn wie ein Schuster seiner Nadel, Ahl und Draht brau-
chet zur Arbeit und darnach hinweg legt [...] und lasse nur keines seinen Herrn und Abgott sein«[187].

3.3.4   Die innere Ordnung der Zehn Gebote

Luther erkennt in der *Reihenfolge der Zehn Gebote* eine sinnvolle
Ordnung. Die Erklärung des zweiten Gebotes leitet er mit den
Worten ein:

»Gleichwie das erste Gebot das Herz unterweiset und den Glauben gelehrt hat, also führet uns dies Gebot heraus und richtet den Mund und

---

182   Ebd., S. 564,1–6.
183   Ebd., S. 564,9–11.
184   Ebd., S. 564,40–565,16.
185   Ebd., S. 566,20–23.
186   Ebd., S. 566,26–30.
187   Ebd., S. 572,1–8.

die Zunge gegen Gott. Denn das erste, so aus dem Herzen bricht und sich erzeigt [d.h. zutage kommt], sind die Worte«[188].

Ehe Luther das vierte Gebot erläutert, beschreibt er dessen und der folgenden Gebote Ort:

»Bisher haben wir die drei ersten Gebote gelernet, die da gegen Gott gerichtet sind: zum ersten, daß man ihm von ganzem Herzen vertraue, fürchte und liebe in alle unserm Leben. Zum andern, daß man seines heiligen Namens nicht mißbrauche zur Lüge noch einigem [d.h. irgendeinem] bösen Stücke, sondern zu Gottes Lob, Nutz und Seligkeit des Nächsten und seiner selbst. Zum dritten, daß man an der Feier und Ruhe Gottes Wort mit Fleiß handle und treibe, auf daß alle unser Tun und Leben darnach gehe [d.h. sich danach richte]. [Es] folgen nun die andern sieben, gegen unserm Nächsten gestellet [d.h. die sich auf unseren Nächsten beziehen], unter welchen das erste und höchste ist: Du sollst deinen Vater und [deine] Mutter ehren«[189].

Nachdem die drei ersten Gebote von der göttlichen und das vierte von der weltlichen Herrschaft gehandelt hätten, gehen wir vom fünften Gebot an

»aus unserm Haus unter die Nachbarn, zu lernen, wie wir unternander leben sollen, ein jeglicher für sich selbst gegen seinem Nächsten«[190].

Die allgemeine Absicht des fünften bis zehnten Gebotes gehe dahin, daß man sich hüte, dem Nächsten allerlei Schaden zuzufügen. Dies werde entfaltet zuerst, im fünften Gebot, im Hinblick auf die eigene Person des Nächsten, dann, im sechsten Gebot, im Hinblick auf das »Gut«, das dem Nächsten nach dessen Leib und Leben am engsten verbunden sei, nämlich dessen Ehegemahl, mit dem er ein Fleisch und Blut sei[191]. Im 7. Gebot erweitere sich der Bereich des Nächsten zu dessen Besitz, den man ihm nicht entziehen oder schmälern dürfe[192]. Das achte Gebot verknüpft Luther mit den drei vorangehenden durch die Worte:

»Über unsern eigenen Leib, ehelich Gemahl und zeitlich Gut haben wir noch einen Schatz, nämlich Ehre und gut Gerücht [d.h. Leumund], welchen wir nicht entbehren können«[193].

188 Ebd., S. 572,26–31.
189 Ebd., S. 586,35–587,5.
190 Ebd., S. 605,37–606,1.
191 Ebd., S. 610,42–611,7.
192 Ebd., S. 616,12–16.
193 Ebd., S. 624,27–31.

Beim neunten und zehnten Gebot spürt Luther, daß sie von der bisher festgestellten sinnvollen Reihenfolge abzuweichen scheinen. Er meint aber, Gott habe sie hinzugesetzt,

»daß man's auch halte für Sünde und verboten, des Nächsten Weib oder Gut zu *begehren* und einerleiweise [d.h. auf irgendeine Weise] darnach zu stehen [d.h. zu trachten]«[194].

Ihm ist also wichtig, daß schon das böse Begehren und nicht erst die böse Tat verboten wird. Diese Deutung findet in Röm 7,7 Rückhalt.

3.3.5 Das erste Gebot als Quelle aller weiteren Gebote

Das im ersten Gebot geforderte Gottvertrauen oder die Gewißheit, daß Gott einem gnädig sei, soll im *Gehorsam gegen alle weiteren Gebote* Gestalt gewinnen. Es geht also im Leben des Christen nicht um das Tun von bloßen Werken des Gesetzes, sondern um die Erfüllung des Gesetzes von Herzensgrund, d.h. durch unbedingtes Vertrauen auf Gottes Liebe. Diesen Gedanken hat Luther besonders in seinem Sermon »Von den guten Werken« (1520) ausgeführt. Hier spricht er bei der Erklärung der einzelnen Gebote immer wieder vom »Üben des Glaubens«, d.h. des gläubigen Vertrauens. Die Gebote Gottes sind uns gegeben, damit wir durch sie in den verschiedensten Lebenslagen unbedingtes Gottvertrauen lernen und üben sollen. Einige Beispiele mögen es verdeutlichen! Das zweite Gebot, »Du sollst den Namen Gottes nicht vergeblich führen«, fordert von uns ein mutiges Eintreten für Gottes Namen, wenn er mißbraucht wird. Dieser Mut und die Bereitschaft, auch Verfolgungen zu ertragen, wird uns nicht fehlen, wenn wir

»Gott und seinen Namen, Ehre und Lob über alle Dinge lieben und in ihn über alle Dinge trauen und Gutes [von ihm] erwarten«[195].

Das fünfte Gebot, »Du sollst nicht töten«, fordert Sanftmut gegen die Feinde.

»Wenn aber der Glaube nicht zweifelt an der Huld Gottes, daß er einen gnädigen Gott hat, wird's ihm gar leicht werden, auch seinem Nächsten gnädig und günstig zu sein, wie hoch derselbe sich auch verschuldet habe; denn wir haben uns sehr viel höher gegen Gott verschuldet«[196].

---

194   Ebd., S. 633,45–634,2.
195   Luther, Von den guten Werken, S. 250,40–251,1.
196   Ebd., S. 290,3–6.

Das Werk des siebenten Gebotes, »Du sollst nicht stehlen«, heißt
Freigebigkeit.

»Denn so das Herz sich göttlicher Huld versieht und sich darauf verläßt,
wie ist's dann möglich, daß derselbe geizig [d.h. habsüchtig] und sorgfältig [d.h. voller Sorgen] sein sollte. Er muß ohne Zweifel gewiß sein,
daß sich Gott seiner annehme«[197].

Auch im Großen Katechismus weist Luther auf den inneren Zusammenhang zwischen dem ersten Gebot und allen anderen Geboten
hin. Ja, die ganze Heilige Schrift, vor allem der Psalter, »dringt
auf diese zwei Stücke: *Gottes Furcht und Vertrauen*«[198].
Weil es bei der Erfüllung der Gebote Gottes nicht um eine begrenzte Zahl von Werken, sondern um die gesamte *Lebensführung* geht, sind auch Verrichtungen, die scheinbar nichts mit dem
göttlichen Gesetz zu tun haben, Gott durch den Glauben wohlge-
fällig. Durch gläubige Zuversicht ist vor Gott auch das Unschein-
barste gut, »wenn es auch so gering wäre wie das Aufheben eines
Strohhalms«[199].
Mit Luthers Verständnis von der Erfüllung der Gebote durch den
Glauben hängt es auch zusammen, daß die negative Form von
Verboten zu einer *positiven Weisung* erweitert wird: Das »Du
sollst nicht« erreicht sein Ziel im »Du sollst«. Es geht nicht nur
um ein Unterlassen, sondern auch und vor allem um ein Tun. Un-
terstrichen wird dieser Gedanke durch die formelhafte Einleitung:
»Wir sollen Gott fürchten und lieben [...].« So lautet etwa die Er-
klärung des fünften Gebotes, »Du sollst nicht töten«:

»Wir sollen Gott fürchten und lieben, daß wir unserem Nächsten an
seinem Leibe keinen Schaden noch Leid tun, sondern ihm helfen und
fördern in allen Leibesnöten«[200].

Die Einleitungsformel »Wir sollen Gott fürchten und lieben«, die
im Kleinen Katechismus den Erklärungen des zweiten bis zehnten
Gebotes vorangestellt ist, knüpft an die Erklärung des ersten Gebotes an: »Wir sollen Gott über alle Dinge fürchten, lieben und
vertrauen«[201]. Damit wird das erste Gebot als »Haupt und Quell-
born«[202] aller nachfolgenden Gebote erwiesen.

197   Ebd., S. 293,35–37.
198   Luther, Der große Katechismus, S. 643,8–12.
199   Luther, Von den guten Werken, S. 231,3–6.
200   Luther, Der kleine Katechismus, S. 508,31–34.
201   Ebd., S. 507,42–43.
202   Luther, Der große Katechismus, S. 644,18.

Im Sermon »Von den guten Werken« nennt Luther *drei Stufen des gläubigen Gottvertrauens.* Sie entsprechen den Graden der Anfechtung, die es zu überwinden gilt: »In den Werken ist der Glaube noch gering und schwach«[203]. Eine höhere Kunst sei es, in Leiden

»zu Gott, der sich zornig stellt nach all unserm Sinn und Verstand, gute Zuversicht zu haben und ihm Besseres zuzutrauen, dann sich's empfindet«[204].

Die höchste Stufe der Bewährung sei erreicht, wo Gott

»nicht mit zeitlichem Leiden, sondern mit dem Tod, Hölle und Sünde das Gewissen straft [...], als wollte er ewiglich verdammen und zürnen«[205].
»Hier zu glauben, daß Gott gnädiges Wohlgefallen über uns habe, ist das höchste Werk, das geschehen kann von und in der Kreatur«[206].

3.3.6   Das Unvermögen des Menschen angesichts der Zehn Gebote

Nach Luthers Überzeugung sind die Zehn Gebote

»so hoch gestellet, daß *aller Menschen Vermögen* viel zu gering und schwach ist, dieselben zu halten«[207].

Denn sie müssen alle im Sinne des ersten Gebotes, das Glauben und Vertrauen des Herzens fordert, erfüllt werden:

»Alle anderen Werke vermag ein Heide, Jude, Türke, Sünder auch zu tun; aber fest zu vertrauen, daß er Gott wohlgefället, ist niemand möglich denn einem Christen, mit Gnaden erleuchtet und befestigt«[208].
»Wir könnten [...] nimmermehr dazu kommen, daß wir des Vaters Hulde und Gnade erkenneten, ohne durch den Herrn Christus, der ein Spiegel ist des väterlichen Herzens, außer welchem wir nichts sehen denn einen zornigen und schrecklichen Richter; von Christus aber könnten wir auch nichts wissen, wo es nicht durch den Heiligen Geist offenbart wäre«[209].

---

203   Luther, Von den guten Werken, S. 233,1–2.
204   Ebd., S. 233,5–7.
205   Ebd., S. 233,31–34.
206   Ebd., S. 233,36–37.
207   Luther, Der große Katechismus, S. 646,13–15.
208   Luther, Von den guten Werken, S. 231,11–14.
209   Luther, Der große Katechismus, S. 660,38–47.

Das Gottvertrauen ist bei Luther also trinitarisch begründet: Das Herz des Vaters, zu dem Vertrauen gefaßt werden soll, ist nur im Sohn zu erkennen, und Vater und Sohn sind nur durch das Wirken des Heiligen Geistes im Herzen des Menschen zu erfassen.

3.4 Islamische Ethik und christliche Ethik im Vergleich

Der Ausgangspunkt der Ethik ist bei al-Ghazālī die *Selbsterkenntnis*. Der Mensch soll wissen, daß er nach seinem innersten Wesen, dem Herzen, von Gott herkommt. Daraus ergibt sich der gesamte Inhalt der islamischen Ethik: Abwendung des Herzens von der Welt und Hinwendung zu Gott. Die Ethik al-Ghazālīs hat also eine asketische Tendenz.

Für Luther ist der Ausgangspunkt der Ethik das *Verhältnis des Menschen zu Gott*, das durch das *erste Gebot* konstituiert wird. Es fordert vom Menschen unbedingtes und uneingeschränktes *Vertrauen in Gottes Güte*:

»ICH, ich will dir genug geben und aus aller Not helfen, laß nur dein Herz an keinem andern hangen noch ruhen.«

Falsches Vertrauen, das sich nicht auf den wahren Gott und seine Verheißung richtet, sondern auf Abgötter, wird früher oder später scheitern. Denn die Abgötter können nicht »aus aller Not helfen«. Sie sind letztlich Projektionen menschlicher Wünsche nach Macht, Ehre, Reichtum, eigener Gerechtigkeit usw. Luthers Gedanken über den wahren Gott und das rechte Vertrauen in ihn lassen sich nicht angemessen mit dem Begriff Monotheismus erfassen. Luther geht es nicht um die Sachfrage, was *Gott an sich* sei, sondern um die persönliche Frage, was *Gott für mich* sei. Der eine Gott ist mein Gott. In dieser Gemeinschaft ist allein Gott der Gebende und der Mensch der Empfangende.

Ein Leben nach Gottes Geboten ist demnach die Umsetzung dessen, was der Glaube an Christus von Gott empfängt, in tätige Liebe zu den Menschen. Diesen Grundgedanken entfaltet Luther in seiner Schrift »Von der Freiheit eines Christenmenschen« (1520) und faßt ihn mit den Worten zusammen:

»Ein Christenmensch lebt nicht in sich selbst, sondern in Christus und seinem Nächsten: in Christus durch den Glauben; im Nächsten durch die Liebe; durch den Glauben kehrt er über sich in Gott, aus Gott kehrt er wieder unter sich durch die Liebe, und bleibt doch immer in Gott und göttlicher Liebe«[210].

---

210 Luther, Von der Freiheit eines Christenmenschen, S. 27,18–22.

Das *Vertrauen auf Gott,* für Luther die Grundlage der christlichen
Ethik, spielt auch in der Sittenlehre al-Ghazālīs eine bedeutsame
Rolle. Für den Muslim gewinnt das monotheistische Bekenntnis
im Gottvertrauen existentielle Bedeutung. Während Luther das
Gottvertrauen in der überquellenden Güte Gottes begründet
sieht, hat es nach al-Ghazālī in Gottes Einzigkeit, Allmacht und
Allwirksamkeit seine Grundlage. Im Leben des Gottvertrauenden
geschieht, was nach al-Ghazālī der Inbegriff des frommen Lebens
ist: Abwendung von der Welt und Hinwendung zu Gott. Weil
Gott allein der alles Wirkende ist, verzichtet der Gottvertrauende
je nach dem Grade der Vollkommenheit, den er erreicht hat, mehr
und mehr auf eigenes Tun, bis hin zu dem Zustand, in dem er wie
ein Toter in der Hand des Leichenwäschers ist. Das Gottvertrauen
führt also zu einer asketisch geprägten Lebensweise, auch wenn die
Pflicht der Fürsorge für andere oft nur einen innerlichen Abstand
von der Welt erlaubt. Besser ist es jedoch, wenn innere und äußere
Abwendung von der Welt möglichst zusammenkommen.
Bei Luther ist die Hinwendung des Glaubenden oder Gott Ver-
trauenden zur Welt und zum Nächsten frei von asketischen Tendenzen. So ungeschmälert der Glaube ist, der von Gott alles empfängt, so ungeteilt ist die Liebe, die sich den Menschen voll und
ganz zuwendet.
Damit hängt ein weiterer Unterschied zwischen der islamischen und
der christlichen Ethik zusammen. Die islamische Ethik hat nicht den
Menschen schlechthin im Auge, sondern *den Menschen mit abgestuften Rechten,* denen *abgestufte Pflichten* entsprechen. Der Muslim ist seinem Glaubensbruder höher verpflichtet als dem Ungläubigen; denn der Ungläubige hat geringere Rechte als der Gläubige.
Wenn Luther vom »*Nächsten*« spricht so meint er natürlich in
seiner Welt des 16. Jahrhunderts den Christen. Es gab aber auch
im christlichen Abendland jüdische Gemeinden. Es wäre also
durchaus denkbar gewesen, daß Luther etwa in seinen Katechismen grundsätzlich zwischen den Pflichten des Christen gegenüber
seinen Glaubensgenossen und gegenüber den Nichtchristen unterschieden hätte. Eine solche nach Menschengruppen abgestufte
Ethik hat er aber nicht entwickelt, weil es dafür keine Begründung im Neuen Testament gibt.
Obwohl das Neue Testament nicht abstrakt von Menschenrechten
spricht, bietet es doch die Grundlage für eine Ethik der Menschenrechte. Da Christus für die Gott feindliche Menschenwelt gestorben ist, gilt in der christlichen Ethik sogar das Gebot der Feindesliebe. Nach al-Ghazālī ist es geboten, die zu hassen, die Gott verhaßt sind. Ob das uneingeschränkte Gebot der Nächstenliebe von
den Christen immer befolgt worden ist, steht auf einem anderen

Blatt. Andererseits darf auch nicht verschwiegen werden, daß der Islam zwar nicht die Feindesliebe lehrt, aber das Verzeihen erlittenen Unrechts und das Vergelten des Bösen mit Gutem empfiehlt. Es ist aber eine Empfehlung, nicht ein verpflichtendes Gebot. Auch wenn die christliche und die islamische Ethik in vielen Einzelheiten übereinstimmen, bleibt die entscheidende Frage: Kann der Mensch über den Buchstaben des Gesetzes hinaus *das Gesetz nach dessen eigentlicher, geistlicher Absicht erfüllen?* Luther verneint es. Was das Gesetz zutiefst fordere, gänzliches Vertrauen des Herzens zu Gott in allen Dingen, die in allen Lebenslagen zu bewährende Gewißheit, daß Gott einem gnädig zugewandt sei, gehe über menschliches Vermögen hinaus. Luther begründet dies damit, daß der Mensch von sich aus nicht Gottes väterliches Herz erkennen, sondern Gott nur als »zornigen und schrecklichen Richter«[211] erfahren könne. Wer kann aber Vertrauen zu einem Gott fassen, der ihm als schrecklicher Richter begegnet? Die muslimische Frömmigkeit setzt voraus, daß Gott der Allmächtige und Allwirksame ist, dessen absoluter Souveränität sich der Mensch unterwerfen müsse; Gott wird aber nicht notwendig als der »schreckliche Richter erfahren«, vor dem kein Mensch bestehen kann.

Man könnte Luther vorwerfen, er habe seine eigene, sehr einseitige Gotteserfahrung zum Rang einer allgemeingültigen religiösen Wahrheit erhoben. Gewiß hat Luthers Verständnis von Gesetz und Sünde wesentlich mit seinem persönlichen Erleben zu tun. Es wäre ja eine schlechte Theologie, die nicht aus hartem Ringen um die Wahrheit hervorgegangen wäre. Auch al-Ghazālīs Lehre zeugt durch und durch von persönlicher Erfahrung. Aber wie man al-Ghazālī deshalb nicht für einen Subjektivisten halten darf, sondern seine Theologie nach den Grundlagen des Islams prüfen muß, so unangebracht wäre es, Luther für einen religiösen Subjektivisten zu halten. Er hat vielmehr die Botschaft des Neuen Testaments verarbeitet, besonders die paulinische Deutung des Evangeliums, und er fand durch sein eigenes Erleben bestätigt, was die Bibel über das Scheitern des Menschen an Gottes Gesetz sagt und was der Apostel mit den Worten zusammenfaßt:

»Kein Fleisch kann durch des Gesetzes Werke vor Gott gerecht sein. Denn durch das Gesetz kommt Erkenntnis der Sünde« (Röm 3,20).

Über die äußerlichen Werke hinaus kann das Gesetz nach seiner eigentlichen Absicht nur erfüllt werden durch vollständiges Vertrauen auf Gottes väterliches Herz. Dieses wird nur in Christus

211 Luther, Der große Katechismus, S. 660,43–44.

wie in einem Spiegel erkannt, und diese Erkenntnis bewirkt der Heilige Geist.

Al-Ghazālī betrachtet den Menschen nicht als solchen, der am Gesetz Gottes notwendig scheitert. Er ist aber der Überzeugung, daß jeder Mensch einen Teufel in sich habe, also von innen her stark gefährdet ist. Doch zumindest Mohammed habe den Teufel in sich überwunden.

Nach al-Ghazālī erreicht der Fromme die höchste Stufe der Vollkommenheit in der Liebe zu Gott. Sie ist eigentlich die totale Verinnerlichung dessen, was das Wort Islam bezeichnet: vollständige Hingabe. Die Liebe zu Gott schließt absolute Ergebenheit in seinen Ratschluß ein, bis hin zu der Bereitschaft, in die Hölle zu gehen, wenn Gott es will. Auch die christliche Mystik des späten Mittelalters kannte »die Bereitschaft zur Hölle« (resignatio ad infernum). Der junge Luther machte sich diesen Gedanken in seiner Vorlesung über den Römerbrief (1515–1516) zu eigen, als er mit dem Problem der Prädestination rang. Wer ausschließlich nach Gottes Ehre trachte, meinte er, lasse den egoistischen Wunsch nach der eigenen Seligkeit hinter sich.

3.5   Die gemeinsame Aufgabe der Weltgestaltung

Die gegenwärtige Diskussion um christliche islamische Ethik ist nicht so sehr an den hohen Gedanken al-Ghazālis und Luthers interessiert, sondern richtet sich vor allem auf die praktischen Fragen der *Weltgestaltung*. Schon der Prophet Jeremia wandte sich an die Judäer mit dem Gotteswort: »Suchet der Stadt Bestes, dahin ich euch habe lassen wegführen« (Jer 29,7). Für den Ausdruck »Bestes« steht im Hebräischen schalōm, was man mit »Unversehrtheit«, »Frieden«, »Gedeihen« wiedergeben kann. Diejenigen, die sich zu Jahwe, dem Gott Israels, dem wahren und einzigen Gott, bekennen, sollen gemeinsam mit den Babyloniern, die anderen Göttern dienen, nach dem Frieden und Wohlergehen Babylons trachten. Augustin (gest. 430) bezeichnet in seinem Werk »Vom Gottesstaat« (De civitate Dei) den Frieden, den der irdische Staat erstreben soll und den zu fördern auch die Christen verpflichtet sind, nach Jer 29,7 als den »Frieden Babylons« (pax Babylonis)[212]. Er ist ein hohes weltliches Gut. Höher aber als er steht der »ewige Friede« (pax aeterna), der Friede mit Gott, der denen geschenkt wird, die an Jesus Christus glauben. Auf der Grundlage der Bibel und in der Nachfolge Augustins hat Luther seine Lehre von den Zwei Reichen und Zwei Herrschaftsweisen

212   Augustinus, De civitate Dei, lib. 19, cap. 26, S. 402,7.

Gottes entwickelt: Im Reich Gottes herrscht Gott unmittelbar durch sein Wort und seinen Geist in den Herzen der wahrhaft Gläubigen. Im Reich der Welt nimmt Gott als Herrscher menschliches Recht und staatliche Ordnung in seinen Dienst, um den äußeren Frieden unter den Menschen zu wirken und zu erhalten. Der Christ lebt deshalb in zwei Gemeinschaften: in der Gemeinschaft des Glaubens, die er mit allen Gläubigen teilt, und in der Gemeinschaft des Lebens, die er mit allen Menschen teilt. In der Gemeinschaft des Lebens gilt das uneingeschränkte Gebot der Nächstenliebe, die nach dem Besten sowohl des einzelnen Mitmenschen als auch der umfassenden Gemeinschaften strebt.

Im Bereich des irdischen Gemeinwesens soll nicht nur, sondern kann auch das Gesetz Gottes durch Werke verwirklicht werden. Denn hier geht es nicht um die Frage, ob der Mensch vor Gott durch sein Tun bestehen kann, sondern was er *für seine Mitmenschen* leisten soll und kann. Das Gesetz ist nach Luther nicht der Weg zum Frieden mit Gott, sondern der Weg zum Frieden unter den Menschen. Diesen Gebrauch des Gesetzes nennt der Reformator den »politischen« im Unterschied zu jenem anderen Gebrauch, durch den der Mensch sich vor Gott im Spiegel des Gesetzes als schuldig erkennt. Denn mag er auch dessen Werke in äußerlicher Weise tun, so ist doch das Herz nicht so rein, wie Gottes Gesetz es fordert: »Ihr sollt vollkommen sein, wie euer Vater im Himmel vollkommen ist« (Mt 5,48).

Wenn es um den Frieden unter den Menschen geht, so bietet die islamische Ethik eine Fülle von Möglichkeiten zu einem fruchtbaren Dialog. Es sei nur daran erinnert, daß der Grundgehalt der Zehn Gebote auch im Koran zu finden ist. Auch der Koran verbietet den Götzendienst, fordert gegen die Eltern pietätvolles Verhalten, schützt das Leben, die Ehe, das Eigentum und die Ehre des Menschen. Man wird dabei freilich berücksichtigen müssen, daß es keinen abstrakten Moralkodex gibt, der in allen Religionen und Kulturen zu finden wäre. Die Verankerung des Rechtes in einer Religion bedeutet immer auch dessen besondere Prägung durch die betreffende Religion.

Eine dringende Aufgabe unserer Zeit, in der die Geschicke der Völker sich vielfältig und eng verbinden, ist die Bemühung um die allgemeine Anerkennung der *Menschenrechte*. Die gegenwärtigen Auseinandersetzungen hierüber zeigen aber auch, daß es keine völlige Übereinstimmung im Verständnis der Menschenrechte gibt. Das ist nicht verwunderlich. Denn Wort und Begriff der Menschenrechte entstammen der abendländischen Geschichte, genauer gesagt, dem 18. Jahrhundert, wenn auch das Wort in Deutschland schon im 17. Jahrhundert nachzuweisen ist. Die formulierten Menschenrechte sind eine Frucht der Aufklärung. In diesem Sinne bedeuten sie

»angeborene, unveräußerliche, durch kein staatliches Gesetz antastbare Rechte und Freiheiten, die unmittelbar mit der Natur des Menschen als einer mit Vernunft und freiem Willen begabten Person gegeben sind«[213].

Die außereuropäischen Kulturen haben den Begriff der Menschenrechte aufgenommen, aber ihren eigenen Traditionen angeglichen. Im heutigen Islam besteht, von wenigen Außenseitern abgesehen, darin Übereinstimmung, das der Inhalt der Menschenrechte nach der Norm der Scharīᶜa zu bestimmen sei. Das hat beispielsweise zur Folge, daß dem Menschen das Recht abgesprochen wird, die Religion des Islams, die als die einzig wahre gilt, zu verlassen. Daß es dabei nicht um eine rein theoretische Frage geht, zeigt ein Blick auf die Rechtspraxis einiger islamischer Staaten, in denen Menschen, die man des Abfalls vom Islam für schuldig erklärt hat, hingerichtet worden sind. Es wird schwerlich gelingen, große und von wachsendem Selbstbewußtsein erfüllte Kulturen zu einer uneingeschränkten Anerkennung der abendländischer Tradition entstammenden Menschenrechte zu bewegen. Die weltweite Lösung des Problems kann nur darin bestehen, daß die großen Kulturkreise einander in ihrem besonderen Verständnis der Menschenrechte tolerieren und eine Einigung auf einen Minimalkonsens anstreben. Innerhalb eines bestimmten Kulturkreises wird man andererseits darauf achten müssen, daß Mitbürger aus anderen Kulturkreisen die Lebensformen ihrer neuen Umwelt respektieren. Es wäre viel erreicht, wenn alle etwa in Deutschland lebenden Muslime Bassam Tibi zustimmen könnten, der bekennt:

»Als ein Verfassungspatriot messe ich dem deutschen Grundgesetz dieselbe Bedeutung für mein Leben bei, wie als Muslim dem Koran als ethische Quelle«[214].

4 Der christliche Glaube angesichts des Islams

4.1 Zur Art und Weise des Vorgehens

Das Verhältnis des christlichen Glaubens zum Islam kann auf verschiedene Weise untersucht werden. Denise Masson hat in ihrem Werk Monothéisme coranique et monothéisme biblique, 1976,

---

213 Dtv-Wörterbuch zur Geschichte, Bd. 2, S. 524f.
214 Tibi, Krieg der Zivilisationen, S. XVIIIf.

den Inhalt der Bibel und des Korans in systematischer Darstellung einem umfassenden Vergleich unterzogen. In erster Auflage erschien 1958 ihre Untersuchung unter dem Titel: Le Coran et la révélation judéo-chrétienne. Die Formulierung des Titels der verbesserten Neuauflage unterstreicht die Absicht der Autorin: Der *Monotheismus* soll als der wesentliche Inhalt sowohl der Bibel als auch des Korans erwiesen werden.

Eine so ausführliche Darstellung, wie Denise Masson sie bietet, kann hier nicht im entferntesten erbracht werden. Wir wollen einen kürzeren Weg wählen, indem wir untersuchen, in welcher Beziehung ein altchristliches Glaubensbekenntnis, das sogenannte Symbolum Apostolicum, zum Islam steht. Der Name dieses Bekenntnisses rührt daher, daß es angeblich von den zwölf Aposteln zusammengestellt worden ist. In Wahrheit faßt dieses altkirchliche Glaubenszeugnis in einfachster Form auf der Grundlage der apostolischen Verkündigung den wesentlichen Inhalt der christlichen Lehre zusammen. Den Kristallisationspunkt, zu dem im Lauf der Zeit einzelne Aussagen hinzutraten, bildete ein dreigliedriges Taufbekenntnis, wie wir es aus Mt 28,19 kennen: »Taufet sie auf den Namen des *Vaters* und des *Sohnes* und des *Heiligen Geistes*!« Um das Jahr 200 ist in der römischen Gemeinde bereits die Grundform des Apostolikums nachweisbar. Seine endgültige Gestalt in lateinischer Sprache besitzt es erst seit dem 7. Jahrhundert. Die Reformation hat dieses Glaubensbekenntnis übernommen und im Lichte des wiederentdeckten Evangeliums erklärt.

Wenn wir nun im folgenden das Apostolicum im Blick auf den Islam betrachten, wird sich Luthers Deutung dieses altkirchlichen Textes in seinen beiden Katechismen (1529) als große Hilfe erweisen.

4.2   Das »Apostolische Glaubensbekenntnis« als Leitfaden des Vergleichs

4.2.1   Übereinstimmungen und Unterschiede zwischen christlichem und islamischem Glauben

4.2.1.1   Der Schöpfer

Der erste Artikel dieses Bekenntnisses lautet:

»Ich glaube an Gott Vater, den Allmächtigen, Schöpfer Himmels und der Erde.«

Dazu lassen sich viele ähnliche Aussagen des Korans anführen, z.B. Sure 57,1.4:

»(Den einen) *Gott* preist (alles), was im Himmel und auf Erden ist. Er ist der *Mächtige* und Weise [...] Er ist es, *der Himmel und Erde* in sechs Tagen *geschaffen hat.*«

Doch ist darauf hinzuweisen, daß Gott im Koran nicht »Vater« genannt wird. Dies würde eine Verbundenheit mit der Schöpfung ausdrücken, die Gott nach islamischem Glauben nicht zukommt.

4.2.1.2 Jesus Christus

Betrachten wir den zweiten Artikel!

»*[Ich glaube] an Jesus Christus, seinen einzigen Sohn, unsern Herrn, der empfangen ist vom Heiligen Geist, geboren von der Jungfrau Maria, gelitten unter Pontius Pilatus, gekreuzigt, gestorben und begraben, niedergefahren zur Hölle, am dritten Tage auferstanden von den Toten, aufgefahren gen Himmel, sitzend zur Rechten Gottes, des allmächtigen Vaters, von dannen er kommen wird, zu richten die Lebendigen und die Toten.*«

Auch der Koran spricht von »*dem Messias (al-masīḥ) Jesus, dem Sohn der Maria*« (Sure 3,45; 4,157.171). Die in Mekka entstandene Sure 19, die den Titel »Maria« trägt, erzählt ausführlich von Jesu Geburt (V. 16–33). Der von den Christen übernommene Titel »*Messias*« oder »*Christus*« bezeichnet aber im Koran Jesus nicht als Erlöser und Bringer des Heils, sondern wird wohl als Ehrenname aufgefaßt sein.

Daß Jesus *Gott* oder *Sohn Gottes* sei, verneint der Koran entschieden:

»Christus Jesus, der Sohn der Maria, ist (nicht Gottes Sohn. Er ist) nur der Gesandte Gottes und sein Wort, das er Maria entboten hat, und ein Geist von ihm [...] Christus wird es nicht verschmähen, ein (bloßer) Diener Gottes zu sein« (Sure 4,17f).

Wenn die Christen behaupten: »Christus ist der Sohn Gottes«,

»tun sie es (mit dieser Aussage) denen gleich, die früher ungläubig waren. Diese gottverfluchten (Leute)!« (Sure 9,30)

Die Bezeichnung Jesu als »*Wort*« Gottes (Sure 4,171) und »*Wort von Gott*« (Sure 3,39.45) klingt an die kirchliche Logos-Christologie an. Ihre biblische Grundlage ist der Prolog des Johannesevangeliums:

»Im Anfang war das Wort (logos), und das Wort war bei Gott, und Gott war das Wort [...] Und das Wort wurde Fleisch« (Joh 1,1.14).

Dennoch deutet der Koran, wenn er Jesus »ein Wort von Gott«
nennt, in keiner Weise an, daß Jesus von göttlicher Wesensart sei;
vielmehr schließt er es mit aller Entschiedenheit aus. Jesus ist
nämlich wie Adam ein bloßes Geschöpf Gottes, ins Dasein gerufen
durch Gottes allmächtiges *Befehlswort*:

> »Jesus ist (was seine Erschaffung angeht) vor Gott gleich wie Adam. Den
> schuf er aus Erde. Hierauf sagte er zu ihm: sei!, da war er« (Sure 3,59).

Auch die Bezeichnung Jesu als »*Geist von Gott*« (Sure 4,171) ist
nicht im Sinne einer Wesenseinheit oder Wesensgleichheit Jesu
mit Gott-Vater zu verstehen, sondern ist wohl durch die Aussage
zu deuten, daß Gott bei der Erschaffung Jesu der keuschen Maria
Geist von sich einblies (Sure 66,12). Ferner ist zu berücksichtigen,
daß an einigen Stellen im Koran (Sure 70,4; 78,38; 97,4) der Geist
als ein persönliches Wesen in Begleitung der Engel erscheint, also
eine Art Engelbote zu sein scheint.
Da Jesus nach islamischem Glauben nicht Gottes Sohn ist, kann er
auch nicht »*zur Rechten Gottes sitzen*« und »*Richter über Lebendige und Tote*« sein. »Herrscher des Gerichtstages« ist nach Sure
1,4 allein Gott.
Schließlich leugnet der Koran den *Kreuzestod* Jesu. Die Juden haben Christus Jesus

> »nicht getötet und (auch) nicht gekreuzigt. Vielmehr erschien ihnen (ein
> anderer) ähnlich (so daß sie ihn mit Jesus verwechselten und töteten)«
> (Sure 4,157).

Dagegen bekräftigt der Koran Jesu *Himmelfahrt* und *Wiederkunft*
am Ende der Weltzeit. »Gott hat ihn zu sich (in den Himmel) erhoben«, heißt es in Sure 4,158. Auf seine Wiederkunft spielen die
dunklen Worte in Sure 43,60 an: »Er ist ein Erkennungszeichen
der Stunde (des Gerichts).« Der spätere Islam hat die Lehre von
der Wiederkunft Jesu weiterentwickelt. Jesus werde den Antichrist und alle von der Reinheit des Glaubens an den einen Gott
abgefallenen Christen töten, die Synagogen und Kirchen in Trümmer legen, so daß am Ende nur noch die Religionsgemeinschaft
des Islams bestehen werde.
Neuerdings wird betont, Mohammeds antichristliche Polemik könne großenteils »eher als Kritik an christlichen Häresien als an der
christlichen Orthodoxie interpretiert werden«[215]. Es trifft zu, daß
Mohammed seine Kenntnisse des Christentums aus Traditionen

215 Watt/Welch, Der Islam I, S. 126.

schöpfte, die man, vom Standpunkte der orthodoxen Reichskirche aus gesehen, als häretisch bezeichnen muß. Indes lag Mohammed nichts ferner, als das »orthodoxe« Christentum vor häretischen Mißdeutungen in Schutz zu nehmen. Der Unterschied zwischen Häresie und Orthodoxie war ihm unbekannt. Seine Polemik gegen das Christentum ist so radikal und absolut monotheistisch, daß sie keinen Raum für die Geltung orthodoxer christlicher Glaubenssätze läßt.

4.2.1.3   Der Heilige Geist

Welcher Befund ergibt sich zum dritten Artikel des Glaubensbekenntnisses?

»Ich glaube an den Heiligen Geist, eine heilige, christliche Kirche (sanctam ecclesiam catholicam), die Gemeinschaft der Heiligen, Vergebung der Sünden, Auferstehung des Fleisches und ein ewiges Leben.«

Auch hierzu gibt es ähnlich lautende Aussagen im Koran. An einigen Stellen ist vom *»heiligen Geist«* die Rede: Gott hat Jesus »mit dem heiligen Geist gestärkt« (Sure 2,87.253; 5,110). »Der heilige Geist hat« den Koran von Gott »mit der Wahrheit herabgesandt« (Sure 16,102). Der heilige Geist ist aber nach dem Koran nicht Gott oder eine göttliche Person, sondern anscheinend ein Engelwesen.
Der Glaube an eine »heilige christliche Kirche«, wie ihn das Apostolicum meint, kann im Koran natürlich nicht bezeugt werden. Mohammed spricht aber von »Gesandten« Gottes, die ihren »Gemeinschaften« eine Offenbarungsschrift hinterlassen haben: Mose den Juden die Tora, Jesus den Christen das Evangelium. Obwohl Mohammed der Meinung war, daß die Christen in der Mehrzahl die Botschaft Jesu mißdeutet und verfälscht haben, konnte er andererseits die Erfahrung machen, daß manche Christen seiner Verkündigung zustimmten: In der letzten Sure der medinischen Periode stehen die bemerkenswerten Worte:

»Du wirst sicher finden, daß diejenigen, die den Gläubigen in Liebe am nächsten stehen, die sind, welche sagen: ›Wir sind Naṣārā‹ (d.h. Christen). Dies deshalb, weil es unter ihnen Priester und Mönche gibt, und weil sie nicht hochmütig sind. Wenn sie (bei der Rezitation im Gottesdienst?) hören, was (als Offenbarung) zu dem Gesandten (d.h. Mohammed) herabgekommen ist, siehst du, wie ihre Augen auf Grund der Kenntnis, die sie (durch ihre eigene Offenbarung) von der Wahrheit (bereits) haben, von Tränen überfließen. Sie sagen: ›Herr! Wir glauben. Verzeichne uns unter der Gruppe derer, die (die Wahrheit) bezeugen! Warum sollten wir nicht an Gott glauben und an das, was von der Wahrheit (der göttlichen Offenbarung) zu uns gekommen ist, und danach verlangen, daß unser Herr uns (dereinst) zusammen mit den Rechtschaffenen (ins Paradies) einführe?‹« (Sure 5,82–84)

Von diesen Christen, die mit den Muslimen der Botschaft Mohammeds ergriffen zustimmten, glaubte der arabische Prophet, daß sie die wahre Gemeinschaft der Jünger Jesu darstellten.
Was die »*Vergebung der Sünden*« betrifft, so wird Gott im Koran oft der »gern Verzeihende« genannt (z.B. Sure 58,2.12; 60,7.12; 64,14 u.ö.).
Was schließlich die »*Auferstehung des Fleisches*« und »*ein ewiges Leben*« angeht, so kann dafür auf Mohammeds eschatologische Predigt verwiesen werden, die – neben der Botschaft vom gütigen Schöpfer – zum wesentlichen Inhalt seiner frühesten Verkündigung gehört.
Ein eindrückliches Beispiel für den Glauben an Auferstehung und Gericht ist Sure 99:

»Wenn (dereinst) die Erde von ihrem (gewaltigen) Beben erschüttert wird und ihre Lasten (an Toten) von sich gibt und der Mensch (der das miterlebt) sagt: ›Was ist (denn) mit ihr?‹, an jenem Tag wird sie aussagen, was sie zu berichten hat, da ihr Herr (es) ihr (dann) eingegeben hat. An jenem Tag werden die Menschen (voneinander) getrennt hervorkommen, um ihre (während des Erdenlebens vollbrachten) Werke zu sehen. Wenn dann einer (auch nur) das Gewicht eines Stäubchens an Gutem getan hat, wird er es zu sehen bekommen. Und wenn einer (auch nur) das Gewicht eines Stäubchens an Bösem getan hat, wird er es (ebenfalls) zu sehen bekommen.«

Der Ausdruck »*ewiges Leben*« kommt im Koran nicht vor. Aber sowohl die Freuden des Paradieses als auch die Strafen der Hölle werden als immerwährend dargestellt.

»Und die von der Rechten – welcher Art sind sie? Sie befinden sich an Zyziphusbäumen, die der Dornen entblößt sind, und dicht (mit Laub) besetzten Akazien, in weit reichendem Schatten, an Wasser, das sich (über das Erdreich) ergießt. mit vielen Früchten, (die sie) ununterbrochen und unbehindert (zu ihrer Verfügung) haben, und dick gepolsterten Betten. (Und Huris stehen ihnen zu Diensten.) Wir haben sie regelrecht geschaffen und sie zu Jungfrauen gemacht, heiß liebend und gleichaltrig, (eigens) für die von der Rechten [...] Und die von der Linken – welcher Art sind sie? Sie befinden sich in sengender Glut und heißem Wasser und (im Schatten) von schwarzem Rauch, der weder kühl ist noch wohltuend. Sie führten (eben) vordem ein Wohlleben und verharrten in der gewaltigen Sünde (des Unglaubens)« (Sure 56,27–45).

4.2.1.4   Problematische Folgerungen aus der Einzelbetrachtung

Wenn man nun jene Bestandteile des Apostolischen Glaubensbekenntnisses, die – rein äußerlich betrachtet – im Koran eine Entsprechung haben, zusammenfaßt, so ergibt sich etwa folgender Text:

»Ich glaube an Gott, den Allmächtigen, Schöpfer Himmels und der Erde, Richter der Lebendigen und der Toten, und [ich glaube] an Jesus Christus, der empfangen ist vom Geist, geboren von der Jungfrau Maria, aufgefahren gen Himmel, von dannen er kommen wird; ich glaube an den heiligen Geist, eine Gemeinschaft [der Gläubigen], Vergebung der Sünden, Auferstehung des Fleisches und ein ewiges Leben.«

Dieser Text zeigt, welches täuschende Bild entsteht, wenn man isolierte Elemente zusammenstellt, die dem Islam und dem christlichen Glauben bei vordergründiger Betrachtung gemeinsam sind. Und doch ist es gegenwärtig eine beliebte Methode, das scheinbar gemeinsame Glaubensgut von Christentum und Islam in den Vordergrund zu stellen und dabei die wesentlichen Unterschiede, die auch den äußerlichen Übereinstimmungen oder Ähnlichkeiten ihren eigentlichen Sinn geben, zurückzustellen und geringer zu bewerten. Beispielhaft für diese Betrachtungsweise ist die Erklärung, die das Zweite Vatikanische Konzil 1965 über das Verhältnis der Kirche zum Islam beschloß. Sie lautet:

»Mit Hochachtung betrachtet die Kirche auch die Moslems, die den alleinigen *Gott* anbeten, den lebendigen und in sich seienden, den barmherzigen und *allmächtigen, den Schöpfer Himmels und der Erde*, der zu den Menschen gesprochen hat. Sie mühen sich, selbst seinen verborgenen Ratschlüssen sich mit ganzer Seele zu unterwerfen, so wie Abraham sich Gott unterworfen hat, auf den der islamische Glaube sich so gern beruft. *Jesus*, den sie allerdings nicht als Gott anerkennen, verehren sie doch als Propheten, und sie ehren seine *jungfräuliche Mutter Maria*, die sie bisweilen auch in Frömmigkeit anrufen. Überdies erwarten sie den *Tag des Gerichtes*, an dem *Gott alle Menschen auferweckt* und ihr Vergelter ist. Daher haben sie eine hohe Achtung vor dem sittlichen Leben und verehren Gott besonders durch Gebet, Almosen und Fasten.«

Es folgt dann eine Ermahnung, die vergangenen Zwistigkeiten beiseite zu lassen, sich aufrichtig »um gegenseitiges Verstehen« zu bemühen und die sittlichen Werte zu schützen[216].

---

216   Erklärung über das Verhältnis der Kirche zu den nichtchristlichen Religionen, Kap. 3: Die Religion des Islams, in: Vatikanum II, S. 636f.

Der Text gliedert sich in einen beschreibenden und einen ermah-
nenden Abschnitt. Die Stichworte des ersten Teils, die zugleich
dessen Aufbau kennzeichnen, sind »Gott«, »Jesus« und »Tag des
Gerichtes«. Eine gewisse Ähnlichkeit mit der Gliederung und einzelnen Aussagen des Apostolikums ist unverkennbar. Einge-
rahmt ist der Text durch die Bekundung der »Hochachtung«,
welche die Kirche den Muslimen erweist, und durch die Aufforderung zu friedlichem, verständnisvollem und förderlichem Zusammenleben. Diesem praktischen Anliegen soll die wohlwollende
Beschreibung des Islams dienen. Die Gemeinsamkeiten des *Glaubens* sollen die Grundlage für ein *tätiges Leben* in Gemeinsamkeit
bieten. Aufgenommen in den beschreibenden Textteil sind Elemente, die den Islam besonders kennzeichnen und zugleich auch
zur christlichen Glaubenstradition gehören: der Hinweis auf Abraham und die Propheten, durch welche Gott zu den Menschen gesprochen hat. Nur an einer Stelle wird schonend auf einen Unterschied hingewiesen: Die Muslime erkennen Jesus nicht als »Gott«
an. Aber diese Bemerkung wird in einen Nebensatz gekleidet und
damit der Hauptaussage untergeordnet: »Jesus, den sie allerdings
nicht als Gott anerkennen, verehren sie doch als Propheten.« Außerdem läßt die einschränkende Formulierung auch die Deutung
zu, daß die Muslime eine nicht korrekte Lehre über Jesus ablehn-
nen. Denn Jesus ist nicht ohne jede genauere Bestimmung Gott
schlechthin, sondern »Sohn Gottes« und nur in diesem Sinne Gott.
Den Muslimen wird zwischen den Zeilen zu verstehen gegeben,
daß ihr Glaube, Jesus sei nicht »Gott«, auf einem Mißverständnis
der christlichen Lehre von Gott beruhen könnte. Sodann fällt besonders auf, daß die Konzilsväter nichts über die Leugnung des
Kreuzestodes Jesu sagen.
Zur Beschreibung der wesentlichen Glaubensinhalte des Islams
kommen anerkennende Worte über die Frömmigkeit der Muslime
hinzu: Sie unterwerfen sich Gottes verborgenen Ratschlüssen, sie
rufen die jungfräuliche Mutter Maria an, und sie achten in Erwartung des Gerichts auf einen sittlichen Lebenswandel.
Um die Absicht des Textes über den Islam genauer zu verstehen,
muß man berücksichtigen, wie das Zweite Vatikanum grundsätzlich das Verhältnis der Kirche zu den nichtchristlichen Religionen
deutet. Es heißt in der Erklärung, diese würden zwar »in vielem«
von der Lehre der Kirche »abweichen, doch nicht selten einen
Strahl jener Wahrheit widerspiegeln, die alle Menschen erleuchtet«[217]. Mit dieser Anspielung auf Joh 1,9 (Das war das wahrhaf-
tige Licht, welches alle Menschen erleuchtet), wird das, »was in

217 Kap. 2, in: ebd., S. 636.

diesen Religionen wahr und heilig ist«[218], als Wirkung der präexi-
stenten, in Christus Mensch gewordenen »Wahrheit« gedeutet:
der verborgene Christus in den Religionen! Bei dieser Betrachtungsweise muß das, was mit dem christlichen Glauben vergleichbar ist, in den Vordergrund treten. Die Frage ist nur, ob sich die
Botschaft der Religionen, in unserem Falle die des Islams, tatsächlich aufteilen läßt in solche Elemente, die »wahr und heilig« sind,
und andere, die vom christlichen Glauben »abweichen«. Wird auf
diese Weise nicht die lebendige Einheit und Ganzheit einer Religion verkannt? Ist es nicht problematisch, bestimmte Elemente anderer Religionen gleichsam für das Christentum zu beanspruchen?
Wäre es dann nicht folgerichtig, wenn auch andere Religionen Bestandteile des Christentums als ihr religiöses Eigengut betrachten?
Soll nun der Muslim beinahe ein Christ oder der Christ beinahe ein
Muslim sein? Wird der Nichtchrist eben darin noch ernst genommen, daß er mit Bedacht nicht Christ sein will? Ist die »Hochachtung« nur dadurch möglich, das der Gegensatz des Islams zum
Evangelium teils nur in einem undeutlichen Nebensatz erwähnt,
teils sogar wortlos übergangen wird? Wird den Muslimen nicht
mehr Respekt bezeugt, wenn man klar ausspricht, wie entscheidend wichtig es ihnen ist, daß Gott keineswegs in Jesus Christus
war und am Kreuz die heillose Welt mit sich versöhnt hat? Es
geht den Muslimen bei ihrem Widerspruch gegen das Evangelium
von Jesus Christus um nichts weniger als das Herzstück ihres
Glaubens: die absolute Einheit Gottes, die kein Eingehen in diese
Welt, keine Annahme der Knechtsgestalt, kein erlösendes Leiden
zuläßt, sondern nur die prophetische Weisung, was der Mensch zu
glauben und wie er zu leben habe, um dadurch dereinst vor Gott
bestehen zu können.

4.2.2 Die ganzheitliche Beurteilung der beiden Glaubensweisen

4.2.2.1 Zum Begriff des Glaubens

Haben wir bisher Einzelaussagen des christlichen Glaubensbekenntnisses ihren Entsprechungen im Islam gegenübergestellt und
als Ergebnis erkannt, daß eine Aufteilung der islamischen Botschaft in mit dem Christentum übereinstimmende und von ihm
abweichende Sätze im Oberflächlichen steckenbleibt, so soll jetzt
wenigstens andeutungsweise gezeigt werden, welches Bild sich ergibt, wenn der Islam in seiner Ganzheit mit dem christlichen
Glauben in seiner Ganzheit verglichen wird.

---

218 Ebd., S. 636.

Zum rechten Verständnis des jeweils Ganzen ist zunächst zu beachten, was »Glaube« einerseits im christlichen und andererseits
im islamischen Sinne bedeutet. Das Apostolikum beginnt mit den
Worten: »Ich glaube«. Wie ist hier das Wort »glauben« zu verstehen? Wir wollen es uns durch Luther erklären lassen. In seinen
beiden Katechismen gehen dem Glaubensbekenntnis die Zehn Gebote voraus. Diese Reihenfolge ist nicht zufällig oder beliebig, sondern nach der Überzeugung des Reformators sachgemäß. Luther
begründet sie nämlich am Anfang seiner Auslegung des Apostolikums folgendermaßen:

»Bisher haben wir gehöret das erste Stück christlicher Lehre und darinne
gesehen alles, was Gott will von uns getan und gelassen haben. Darauf
folgt nu billig der Glaube, der uns fürlegt alles, was wir von Gott gewar-
ten [d.h. erwarten] und empfahen [d.h. empfangen] müssen, und aufs
kürzeste zu reden, ihn ganz und gar erkennen lehret. Welchs eben dazu
dienen soll, das wir dasselbige tun können, so [d.h. das] wir lauts der
Zehen Gebot tuen sollen. Denn sie sind [...] so hoch gestellet, daß aller
Menschen Vermögen viel zu gering und schwach ist, dieselbigen zu halten. Darum ist dies Stück ja so [d.h. ebenso] als jenes zu lernen, daß [d.h.
damit] man wisse, wie man dazu komme, woher und wodurch solche Kraft
zu nehmen sei. Denn so [d.h. wenn] wir könnten aus eigenen Kräften
die Zehn Gebot halten, [auf die Art] wie sie zu halten sind, dürften [d.h.
bedürften] wir nichts weiter, weder Glauben noch Vaterunser«[219].

Nach diesen Worten bedeutet »glauben« also nicht eine intellektuelle Leistung erbringen, sondern etwas von Gott erwarten oder
empfangen. In den Zehn Geboten wird uns gesagt, was wir nach
Gottes Willen tun oder – im Hinblick auf die Verbote – unterlassen sollen. Aber die Frage ist, ob der Mensch Gottes Gebote so, wie
sie eigentlich gemeint und beabsichtigt sind, erfüllen kann. Dies
verneint Luther. Die Gebote Gottes gehen weit über menschliches
Vermögen hinaus. Deshalb ist der Glaube nötig, damit wir von
Herzen tun, was Gott gebietet. Der Glaube verleiht die »Kraft«
zur Erfüllung der Gebote. Diese Kraft ist dem Glauben aber zu eigen, weil er Gott »erkennt«. Wir können nur tun, was Gott will,
wenn wir im Glauben erkennen, wer Gott ist. Bei der Erklärung
der Zehn Gebote hatte Luther gesagt, das erste Gebot fordere
ganzes Vertrauen in Gott. Dies gelte es, im Gehorsam gegen alle
Gebote zu verwirklichen. Ist aber Gott vertrauenswürdig? Kennen
wir ihn als solchen, dem wir in allen Lebenslagen freudig vertrauen können? Diese Frage beantwortet das Glaubensbekenntnis.
Luther nennt es »den Glauben«, weil es den Inhalt dessen be-

schreibt, worauf sich der Glaube gründen soll. Wer Gott sei, wie er zum Menschen stehe, muß nach Luther dem Menschen von außen gesagt werden. Er kann es nicht eigenmächtig aus seiner subjektiven Gläubigkeit ableiten. Denn ohne das Evangelium erfährt der Mensch Gott nur als schrecklichen Richter, dem er weder Vertrauen noch Liebe entgegenbringen kann. An Luthers Verständnis des Glaubens ist also zweierlei zu beachten: 1. Der Glaube erkennt Gott; 2. diese Erkenntnis ist zugleich eine den Menschen umwandelnde Kraft, so daß er von Herzen tut, was Gott gebietet. Wie der Glaube den Menschen zum Tun des Willens Gottes belebt und umwandelt, hat Luther in unübertrefflicher Weise in seiner Vorrede auf den Römerbrief (1522) beschrieben:

»Glaube ist eine lebendige, erwegene [d.h. kühne] Zuversicht auf Gottes Gnade, so gewiß, daß er tausendmal drüber stürbe. Und solche Zuversicht und Erkenntnis göttlicher Gnade macht fröhlich, trotzig [d.h. mutig] und lustig [d.h. freudig bereit] gegen Gott und alle Kreaturen, welches der Heilige Geist tut im Glauben. Daher der Mensch ohne Zwang willig und lustig wird, jedermann Gutes zu tun, jedermann zu dienen, allerlei zu leiden, Gott zu Liebe und zu Lob, der ihm solche Gnade erzeiget hat, also daß es unmöglich ist, Werke vom Glauben zu scheiden, ja so unmöglich, wie Brennen und Leuchten vom Feuer kann geschieden werden«[220].

Im *Islam* verhält es sich mit dem Glauben anders. Dort ist der Glaube nicht reines Empfangen der Heilsgabe Gottes, sondern eine Leistung des Menschen, ein von ihm gefordertes Fürwahrhalten dessen, was Gott durch seinen Gesandten Mohammed offenbart hat. In diesem Sinne wird das Wort āmana, das eigentlich »sicher, verläßlich machen« bedeutet, im Koran gebraucht. Daher könnte der Muslim nie sagen, der Mensch werde *allein* durch den Glauben vor Gott gerechtfertigt. Da der Glaube nicht das persönliche und schlechthin unverdiente Empfangen der Heilsgabe Gottes ist, sondern eine Leistung des Menschen, die ihn des Heils würdig machen soll, müssen zum Glauben noch andere Werke hinzukommen. Der Muslim soll »glauben *und* Gutes tun«, wie eine im Koran mehrmals vorkommende Formel lautet. Der Glaube ist ein Werk, neben das andere Werke treten müssen. Der Glaube ist ein Teil der Frömmigkeit. Alles, was im Koran vorgeschrieben wird: die Glaubensinhalte, die Kultpraktiken, die sittlichen Gebote, die Rechtssatzungen, dies alles ist für den Muslim Gottes Gesetz. Was Glaube ist und wie er der Ergänzung durch andere Werke

bedarf und erst mit ihnen zusammen das Wesen der Frömmigkeit
ausmacht, zeigt beispielhaft Sure 2,177:

»Die Frömmigkeit [...] besteht [...] darin, daß man an Gott, den jüngsten Tag, die Engel, die Schrift und die Propheten glaubt und sein Geld
– mag es einem noch so lieb sein – den Verwandten, den Waisen, den
Armen, dem, der unterwegs ist, den Bettlern und für (den Loskauf von)
Sklaven hergibt, das Gebet verrichtet und die Almosensteuer bezahlt.
Und (Frömmigkeit zeigen) diejenigen, die, wenn sie eine Verpflichtung
eingegangen haben, sie erfüllen, und die in Not und Ungemach und
in Kriegszeiten geduldig sind. Sie (allein) sind wahrhaftig und gottesfürchtig.«

Allerdings soll der Glaube nach der Lehre des Korans kein bloßes
Lippenbekenntnis bleiben, sondern ins Herz eindringen. In der
medinischen Zeit traten viele Beduinen zum Islam über, indem sie
sich Mohammed gegenüber als »Gläubige« bezeichneten. Auf
diese Situation bezieht sich Sure 49,14:

»Die Beduinen sagen: ›Wir sind gläubig‹. Sag: Ihr seid nicht (wirklich)
gläubig. Sagt vielmehr: ›Wir haben den Islam angenommen‹! (Denn) der
Glaube ist euch noch nicht ins Herz eingegangen. Wenn ihr aber Gott
und seinem Gesandten gehorchet, schmälert er euch nichts von euren
Werken. Gott ist barmherzig und bereit zu vergeben.«

Es ist bezeichnend, daß Mohammed diese Beduinen zwar nicht im
vollen Sinne des Wortes als »Gläubige«, wohl aber als »Muslime«
anerkennt. Das Entscheidende ist der Gehorsam gegen Gott und
seinen Gesandten. Mohammed versteht seine entgegenkommende
Haltung zugleich als göttliche Entscheidung. Auch Gott weist die
unsicheren Glaubenskandidaten nicht zurück, sondern wird ihnen
den Lohn nicht vorenthalten; denn er vergibt gern. Aber wenn
Mohammed den Glauben als Sache des Herzens bezeichnet, ist er
keinesfalls der Meinung, daß *allein* der Glaube den Menschen vor
Gott gerecht mache. Der Glaube bedarf der Ergänzung durch
Werke. Daher hat die spätere islamische Theologie dem sündigen
Muslim keineswegs den Glauben abgesprochen. Nach Luther ist
ein Glaube ohne Werke ein »toter Glaube« und somit gar kein
Glaube. Denn die Werke lassen sich vom Glauben ebenso nicht
trennen wie das Leuchten vom Feuer. Nach islamischem Verständnis ist der Glaube ohne Werke dennoch Glaube, wenn auch ein
ergänzungsbedürftiger. Wer als Bekenner von Gottes Einheit und
Einzigkeit stirbt, darf auf das Paradies hoffen, auch wenn er
schwere Verfehlungen auf sich geladen hat, für die er, wenn Gott
es will, für eine begrenzte Zeit in der Hölle leiden muß.

Schließlich ist der Glaube nach islamischem Verständnis in erster Linie öffentlich abgelegtes Zeugnis. Was wir als das islamische »Glaubensbekenntnis« bezeichnen, heißt auf arabisch schahāda, »Zeugenaussage«. Es lautet:

»Ich bezeuge, daß es keinen Gott außer Gott gibt, und ich bezeuge, daß Mohammed sein Knecht und sein Gesandter ist.«

Mit diesen Worten bezeugt man vor anderen seinen Übertritt zum Islam. Die Schahāda ist also die Proklamation des Anspruches Gottes und seines Gesandten auf die Welt.

4.2.2.2 Der eine Gott oder der dreieinige Gott?

Sodann ist der *Aufbau* des Apostolischen Glaubensbekenntnisses zu beachten. Es besteht aus drei Artikeln, und alle drei – nicht nur der erste – haben es mit dem Glauben an Gott zu tun, jedoch unter verschiedenen Gesichtspunkten, weil jeder Artikel etwas Besonderes über Gottes Tun am Menschen aussagt. Martin Luther hat den ganzheitlichen Sinn der drei Artikel in die Worte gefaßt:

»Ich glaube an Gott Vater, der mich geschaffen hat, ich glaube an Gott den Sohn, der mich erlöset hat, ich glaube an den Heiligen Geist, der mich heilig machet. Ein Gott und Glaube, aber drei Person[en], darum auch drei Artikel oder Bekenntnis[se]«[221].

Oft behauptet man, Christen und Muslime würden an denselben einen Gott glauben. Der Christ glaubt zwar an den einen Gott, der aber als solcher der dreieinige Gott ist. Dem spekulativen Denken mag dies als logischer Widerspruch erscheinen. Es ist aber die Frage, ob Gott sich nach den Regeln menschlicher Logik beschreiben läßt. Luther macht nicht den Versuch, die Dreieinigkeit Gottes spekulativ zu begründen. Er übernimmt zwar aus der philosophisch geprägten Begrifflichkeit der altkirchlichen Gotteslehre die Bezeichnung »Person«, benutzt sie aber nur als Hinweis auf einen Sachverhalt, bei dem es nicht um Gottes Wesen an sich geht, sondern um Gottes Verhältnis zum Menschen, genauer gesagt, zum glaubenden Ich: Gott ist mein Schöpfer, mein Erlöser und mein Heiligmacher, und diese drei Wirkungsweisen Gottes machen ihn uns erkennbar als den dreieinigen. Denn was Gott an uns tut, ist kein äußerliches Werk, das ihn selbst nicht berührt, sondern er gibt sich ganz hinein in sein Wirken als Vater, Sohn und heiliger Geist.

Dieses Verständnis von Gott ist dem Islam fremd. Denn der Gott des Islams geht nicht in sein Werk an der Welt und den Menschen hinein, sondern bleibt gleichsam außen. Seine metaphysische All- gegenwart, die der Koran bezeugt, ist dennoch keine Solidarität des Herzens mit der Welt und den Menschen. In der christlichen Theologie ist die Dreieinigkeit Gottes der theologische Hinweis darauf, daß der Gott der Bibel seinem innersten Wesen nach ein Gott der Gemeinschaft ist, der sich im Schaffen, Erlösen und Hei- ligen mit uns verbindet.

4.2.2.3   Gott als Schöpfer

Der erste Artikel des Glaubensbekenntnisses läßt uns unseren Schöpfer erkennen. Mohammeds früheste Verkündigung hatte ein doppeltes Thema zum Inhalt: Gott der Schöpfer und Richter. Diese beiden Motive berühren sich auffällig mit dem Inhalt der christlichen Missionspredigt vor Heiden. Seit den Tagen der Apo- stel verkündigten die christlichen Glaubensboten den Völkern den einen, wahren Schöpfergott, der in Christus die Menschen zur Umkehr und zum Glauben ruft und der am Ende der Weltzeit alle durch Christus richten wird (vgl. Apg 17,22–31; 1Thess 1,9f). In der christlichen Missionspredigt ist Christus die beherrschende Mitte. Die Predigt vom Schöpfer hat die Christusverkündigung zum Ziel. Die Hörer sollen erkennen, daß sie ihrem Schöpfer zu Dank und Dienst verpflichtet sind, den sie ihm aber verweigert ha- ben, und daß sie durch den Glauben an Christus von ihrer Schuld befreit werden, so daß sie vor Gott als »neue Schöpfung« (vgl. 2Kor 5,17) bestehen können und an seiner ewigen Herrschaft teilhaben werden.

Diese Zielrichtung vom Schöpfer zum Erlöser hat auch das Apo- stolische Glaubensbekenntnis bewahrt. Wie ein gütiger Vater schenkt Gott, der Schöpfer, uns nicht nur das Leben, sondern auch alles, was dazu gehört, und bewahrt uns vor allerlei Schaden. Daraus folgert Luther:

»Weil uns das alles, so wir vermögen [d.h. das wir besitzen], dazu, was im Himmel und [auf] Erden ist, täglich von Gott gegeben, erhalten und bewahret wird, so sind wir ja [d.h. wahrlich] schuldig, ihn darum ohn Unterlaß zu lieben, loben, danken und kürzlich ihm ganz und gar damit zu dienen, wie er durch die Zehn Gebote fordert und befohlen hat«[222].

---

222 Ebd., S. 649,8–15.

Aber tut der Mensch, was als Dienst und Dank die Güte des Schöpfers von ihm fordert? Luther verneint es. Der Artikel von Gott Vater, unserem Schöpfer, sollte

»uns [...] alle demütigen und erschrecken, wo wir's glaubten. Denn wir sündigen täglich mit Augen, Ohren, Händen, Leib und Seele, Geld und Gut und mit allem, das wir haben, sonderlich diejenigen, die noch wider Gottes Wort fechten. Doch haben die Christen den Vorteil, das sie sich des schuldig [d.h. dazu verpflichtet] erkennen, ihm dafür zu dienen und gehorsam zu sein«[223].

Die Wohltaten des Schöpfers sind also eine lebendige, zu Herzen gehende Predigt der Zehn Gebote! Der Sinn des christlichen Glaubens an den Schöpfer ist, uns zu demütigen, uns unsere Undankbarkeit aufzudecken und so zu Christus, unserem Erlöser, zu führen, damit wir immer wieder durch ihn und in ihm erneuert werden, unserm Schöpfer zu dienen und zu danken.

Luthers Grundverständnis des ersten Artikels entspricht genau dem Zeugnis des Neuen Testaments. Im Hinblick auf die Heiden schreibt Paulus den Römern:

»Was man von Gott erkennen kann, ist unter ihnen offenbar; Gott hat es ihnen offenbart. Denn Gottes unsichtbares Wesen, das ist seine ewige Kraft und Gottheit, wird ersehen seit der Schöpfung der Welt und wahrgenommen an seinen Werken, so daß sie keine Entschuldigung haben. Sie wußten, daß ein Gott ist, und haben ihn nicht gepriesen als einen Gott noch ihm gedankt, sondern haben ihre Gedanken dem Nichtigen zugewandt, und ihr unverständiges Herz ist verfinstert« (Röm 1,19–21).

Derselbe Wille Gottes, der zu den Heiden aus den Werken der Schöpfung spricht, wurde den Juden zusätzlich durch das Gesetz Moses kundgegeben, und auch sie sind an Gott schuldig geworden (Röm 2),

»auf daß aller Mund gestopft werde und alle Welt vor Gott schuldig sei« (Röm 3,19).

Aber dieser Schulderweis hat ein Ziel:

»Sie sind allemal Sünder und ermangeln des Ruhmes, den sie bei Gott haben sollten, und werden ohne Verdienst gerecht aus seiner Gnade durch die Erlösung, die durch Christus Jesus geschehen ist« (Röm 3,23f).

223 Ebd., S. 649,32–41.

Diese Ausrichtung auf die durch Christus geschehene Erlösung hat
die Verkündigung der Schöpfergüte Gottes im Koran nicht. Die
Frage, ob der Mensch seinem Schöpfer so dienen und danken kann,
wie es sich gebührt, beantwortet der Koran anders als die Bibel.
Zwar weiß auch Mohammed, daß der Mensch seinem Schöpfer zu
Dank und Dienst verpflichtet ist. In Sure 106 werden die Mekkaner dazu aufgefordert:

»Daß die Quraisch zusammenbringen, die (Karawanen)reise des Winters
und des Sommers zusammenbringen, (zum Dank dafür) sollen sie dem
Herrn dieses Hauses (d.h. der Kaʿba) dienen, (dem Herrn) der ihnen zu
essen gegeben hat, so daß sie nicht zu hungern, und der ihnen Sicherheit gewährt hat, so daß sie sich nicht zu fürchten brauchen.«

Auch die Aufsässigkeit und Selbstherrlichkeit des Menschen gegenüber seinem Schöpfer wird im Koran bezeugt:

»Nein! Der Mensch ist wirklich aufsässig, (darum) daß er sich für
selbstherrlich hält« (Sure 96,6).

Aber die Empörung des Menschen gegen Gott wird im Koran nicht
so tief wie in der Bibel erkannt. Der Mensch ist von seiner eigentlichen Bestimmung nicht so heillos abgefallen, daß er der Erlösung
bedürfte. Auf den rechten Weg wird er durch die »Rechtleitung«
gebracht, die der Koran verkündet. Der Mensch braucht nur darüber belehrt zu werden, was er glauben und tun soll, so darf er
auf das Paradies hoffen. Freilich steht über allem die Bedingung:
»Wenn Gott es will ...« Ohne Gottes (vorherbestimmenden) Willen kann niemand auf dem rechten Weg wandeln.

»Wenn wir gewollt hätten, hätten wir einem jeden seine Rechtleitung
gegeben. Aber das Wort von mir ist in Erfüllung gegangen (das besagt):
›Ich werde wahrlich die Hölle mit lauter Dschinn und Menschen anfüllen‹« (Sure 32,13).

Die göttliche Vorherbestimmung ist aber nicht mit dem gleichzusetzen, was der Christ unter »Loskauf« oder »Erlösung« durch
Christi Tod und Auferstehung versteht. Erlösung setzt ein radika-
les Verfallensein an die Macht der Sünde voraus, in theologischer
Begrifflichkeit ausgedrückt: die Ursprungssünde (peccatum origi-
nale), von der niemand frei ist und sich niemand befreien kann.
Ein solches Verlorensein des Menschen wird von den Muslimen
scharf abgelehnt. Daß Mohammed die Schuldverfallenheit des
Menschen nicht in der Tiefe erkannt hat, wie sie das Evangelium
enthüllt, zeigt die Tatsache, daß in den Jahren des Gemeindeauf-

baus in Medina die eschatologische Gerichtspredigt in den Hintergrund getreten ist. Gewiß wird einzelnen oder Gruppen, die etwa im Kampf gegen die ungläubigen Mekkaner den nötigen Eifer vermissen lassen, Gottes Strafe angedroht. Aber die Gemeinde im ganzen ist dem drohenden Gericht, von dem Mohammed in seinen Anfangsjahren so eindringlich zu predigen wußte, entrückt. Denn wie kann das Gericht über jene kommen, denen Gott selbst das Zeugnis ausstellt:

»Ihr (Gläubigen) seid die beste Gemeinschaft, die unter den Menschen entstanden ist. Ihr gebietet, was recht ist, verbietet, was verwerflich ist, und glaubt an Gott« (Sure 3,110)?

In der Wirklichkeit der islamischen Gemeinde, die sich zum offenbarten Willen Gottes bekennt, sah Mohammed die Verwirklichung der Herrschaft Gottes.

Die zentrale Frage, wie der Mensch zum Heil gelangt, wird also im Islam anders beantwortet als im Evangelium. Der Islam sagt: »Durch Rechtleitung«, das Evangelium: »Durch die in Christus geschehene Erlösung«.

Die ganzheitliche Betrachtung hat also ergeben, daß nach christlichem Verständnis die Verkündigung vom Schöpfer den Menschen zur Erkenntnis seiner Schuld führen und so für den Glauben an den Erlöser bereit machen soll. Eine neutrale Schöpfungstheologie, die von der Erlösung der gefallenen Schöpfung durch Christus absieht, ist mit der Ganzheit des christlichen Glaubens nicht zu vereinbaren.

Die christliche Schöpfungsglaube hat aber ebenso wie die christliche Lehre von Gottes Gesetz einen doppelten Sinn. Wie nämlich das Gesetz zum einen zur Erkenntnis der Sünde, zum anderen zur Erhaltung des äußeren Friedens unter den Menschen gegeben ist, so ist auch die Schöpfung zum einen der Ort der Gottesbegegnung, an dem wir unsere Schuld vor dem Schöpfer erkennen, und zum anderen der Ort des gemeinsamen Lebens der Menschen. Als Ort der Gottesbegegnung führt die Schöpfung den Menschen zum Erlöser Christus. Als Ort des Lebens der Menschheit stellt uns die Schöpfung vor die gemeinsame Aufgabe, sie mit all ihren Gütern zu erhalten, weil sie die Lebensgrundlage der Menschheit darstellt. Im praktischen Umgang mit den Gaben der Schöpfung ist Zusammenarbeit mit allen Menschen geboten, mögen sie auch nichts von der Erlösung wissen, mögen sie sogar den Schöpfer nicht kennen. Denn hier geht es nicht um die Gemeinsamkeit des Glaubens, sondern um die Gemeinsamkeit des Gebrauchs der praktischen Vernunft im Interesse der Erhaltung des irdischen Lebens.

4.2.2.4   Gott als Erlöser

Wenn wir nun zum zweiten Artikel kommen, so hat es wenig Sinn
hervorzuheben, daß der Koran Jesus den Messias nennt, zumal er
dieses Wort wie einen bloßen Ehrentitel ohne jedes inhaltliche
Gewicht gebraucht, daß er ferner an der Empfängnis Jesu durch
die Jungfrau Maria festhält und sogar die Wiederkunft Jesu lehrt.
Das Entscheidende fehlt. Dieses besteht nach Luthers Erklärung in
dem Bekenntnis, daß Jesus »unser Herr« ist:

»Das sei nu die Summa dieses Artikels, daß das Wortlin ›HERR‹ aufs
einfältigste soviel heiße als ein Erlöser, das ist, der uns vom Teufel zu
Gotte, vom Tod zum Leben, von Sünd zur Gerechtigkeit [ge]bracht hat
und dabei erhält. Die Stücke aber, so nacheinander in diesem Artikel folgen, tuen nichts anders, denn daß sie solche Erlösung verklären [d.h.
erklären] und ausdrücken«[224].

Durch die Verwendung der großen Buchstaben wollte Luther die
zentrale Bedeutung des Wortes »HERR« im Apostolischen Glaubensbekenntnis hervorheben. Wenn er gerade diese Bezeichnung
und nicht etwa den Ausdruck »einziger Sohn Gottes« in den Mittelpunkt seiner Auslegung stellt, so will er ausdrücken, was Jesus
Christus *für uns* ist. Denn das Wort »Herr« setzt Menschen voraus, über die jemand Herr ist. Es ist deshalb der wahre Sachverhalt nicht klar genug ausgesagt, wenn das Zweite Vatikanische
Konzil[225] – wenigstens in einem Nebensatz – vermerkt, die Muslime würden Jesus »allerdings nicht als Gott anerkennen«. Sie lassen ihn vor allem nicht als ihren Herrn gelten. Der Ausdruck Herr
ist im religiösen Sprachgebrauch des Korans allein Gott vorbehalten. In deutlicher Zurückweisung des christlichen Glaubens an Jesus Christus, den Herrn, läßt Gott im Koran Jesus bekennen: »Ich
bin der Diener Gottes« (Sure 19,30) und: »Gott ist mein und euer
Herr« (Sure 19,36). Der Koran schließt die Würde Jesu als Herr
auch deshalb aus, weil er den das Herrsein begründenden Kreuzestod Jesu leugnet.
Obwohl Luther nach heutigen Maßstäben keine religionswissen-
schaftlich fundierte Kenntnis des Islams besaß, ist sein *theologisches* Urteil über die koranische Lehre von Christus auch in unserer Zeit bedenkenswert:

»Daher halten die Türken viel höher und größer von ihrem Mahomet denn
[d.h. als] von Christus. Denn Christus' Amt habe ein Ende, und Maho-

224   Ebd., S. 652,25–33.
225   Siehe oben S. 199.

mets Amt sei itzt in Schwang [d.h. in Geltung]. Daraus kann nu ein ig-
licher wohl merken, daß der Mahomet ein Verstörer [d.h. Zerstörer] ist
unsers Herrn Christi und seines Reichs. Denn wer die Stücke an Christus
verleugnet, daß er Gottes Sohn ist und für uns gestorben sei und noch
itzt lebe und regiere zur Rechten Gottes: Was hat der mehr an Christus?
Da ist Vater, Sohn, Heiliger Geist, Taufe, Sakrament, Evangelium, Glauben und alle christliche Lehre und Wesen dahin, und ist anstatt Christi
nichts mehr denn Mahomet mit seiner Lehre von eigen Werken«[226].

Luther meint geradezu, der Islam lasse, weil er Christi Gottessohnschaft und Kreuzestod leugne, vom ganzen christlichen Glaubensbekenntnis keinen Artikel bestehen außer dem »einigen [d.h.
einzigen] von der Toten Auferstehung«[227]. Luther urteilt also
über den Islam von einem ganz anderen Standpunkt aus als das
Zweite Vatikanum. Was dem Zweiten Vatikanum als »wahr und
heilig« am Islam erscheint, ist für Luther täuschender Schein, weil
der Islam den Inbegriff des Evangeliums, die Botschaft von dem
Erlöser Christus, leugnet.

4.2.2.5 Gott als der Heiligende

Was bedeutet der dritte Artikel des christlichen Bekenntnisses im
Hinblick auf den Islam? Die Erlösung, von welcher der zweite Ar-
tikel spricht, ist ein für allemal durch Christus für die ganze
Menschheit geschehen. Aber wie verwirklicht sie sich im einzelnen
Menschen? Davon handelt der dritte Artikel. Er beschreibt unsere
Heiligung. Sie ist das Werk Gottes, des Heiligen Geistes. Die Hei-
ligung geschieht so, daß der Heilige Geist uns zu Christus bringt,
damit wir in ihm alles empfangen, was er für uns erworben hat.
Das ist das Werk der Heiligung. Heilig ist Gott. Wenn der Heilige Geist uns heiligt, so gestaltet er uns neu nach der Wesensart
Gottes. Die Heiligkeit Gottes ergreift uns schon hier, indem wir
an das Evangelium glauben und in solchem Glauben leben. In der
Vollendung wird uns Gottes Heiligkeit ganz durchdringen.
Der *Islam* kennt keine Heiligung in dem Sinne, daß der Mensch,
der an Christus glaubt, durch Gottes Geist in die Heiligkeit Gottes hineingenommen und von ihr erfüllt wird. Der Mensch bleibt
nach islamischem Verständnis Mensch, wandelt sich aber von einem in die Irre gehenden zu einem »rechtgeleiteten« Menschen.
Freilich meint auch der christliche Glaube mit dem Wort »Heiligung« keine Wesensverwandlung des Menschen in Gott, so daß

---

226 Luther, Vom Kriege wider die Türken, S. 122,13–21.
227 Ebd., S. 123,9.

der Mensch aufhören würde, Gottes Geschöpf zu sein. Er soll aber
ein Träger, ein Werkzeug, ein Gefäß der Heiligkeit Gottes sein,
indem er in innerster Gemeinschaft mit Christus lebt. Heiligung
setzt voraus, daß Gott nicht in einer unnahbaren Majestät verharrt, sondern in Christus sich dem Menschen als Gott der Liebe
und der Gemeinschaft schenkt.
Kommen wir nun zu den einzelnen Aussagen des dritten Artikels!
Der Heilige Geist macht uns durch den Glauben an das Evangelium
zu Gliedern der *»heiligen christlichen Kirche«*, die eine *»Gemeinschaft der Heiligen«* ist.
Auch die Muslime verstehen sich als eine von Gott gegründete
Gemeinschaft (umma).

»Ihr (Gläubigen) seid die beste Gemeinschaft, die unter den Menschen entstanden ist. Ihr gebietet, was recht ist, verbietet, was verwerflich ist, und
glaubt an Gott« (Sure 3,110).

Die islamische Gemeinschaft versteht sich als solche, in der das offenbarte Gesetz Gottes regiert. Da das Gesetz alle Lebensbereiche
umspannt, ist die islamische Gemeinschaft nicht eine religiöse Kör-
perschaft neben dem Staat, sondern eine politisch-religiöse Einheit.
Man könnte sie eine Theokratie, eine Gottesherrschaft, nennen.
Ihre Verwirklichung in der Geschichte ist freilich ein anderes Problem, das den Denkenden unter den Muslimen durchaus bewußt
ist. Wir sehen aber, wie stark gegenwärtig in vielen islamischen
Ländern der Wille ist, alle Lebensbereiche nach der Scharīᶜa zu gestalten. Es stimmt uns nachdenklich, wenn wir die blutigen Ergebnisse solchen religiösen Eifers betrachten.
Jesus hat keine Theokratie begründet, sondern ist willig den Tod
eines Verbrechers am Kreuz gestorben. Die Gemeinde Jesu kann
deshalb nur eine Gemeinde unter dem Kreuz sein. Kirchlicher Tri-
umphalismus ist mit ihrem Wesen unvereinbar. Ihre Aufgabe ist
es nicht, die Herrschaft Gottes herbeizuführen oder auszuüben,
sondern um das Kommen der Gottesherrschaft zu bitten: »Dein
Reich komme!« Selbst in den Zeiten ihrer schlimmsten Entartung
konnte die Kirche jenes Wort Jesu, das am Anfang ihrer Geschichte steht, nicht auslöschen, jenes Wort, das Jesus zu Pilatus sprach:
»Mein Reich ist nicht von dieser Welt« (Joh 18,36). Allerdings
darf dies nicht so verstanden werden, als müßte die Gemeinde Jesu die Welt sich selbst oder dem Teufel überlassen. Zum Dienst an
der Welt, nicht zur Herrschaft über die Welt ist die Gemeinde
Jesu berufen. Als eine Art politischer Diakonie könnte man die
verschiedenen Denkschriften der Evangelischen Kirche in Deutschland betrachten. Sie sind nicht Proklamationen eines Herrschafts-

anspruchs, sondern argumentierende Hilfe für das Volk und besonders diejenigen, welchen die Sorge für das öffentliche Wohl übertragen ist.

Noch etwas ist zu beachten, wenn man den Unterschied zwischen der christlichen Gemeinde und der islamischen Umma (Gemeinschaft, Nation) erkennen will. Luther hat immer daran erinnert, daß die »heilige christliche Kirche«, von der das Apostolikum spricht, ein Gegenstand des *Glaubens*, nicht des Greifens und Schauens ist. Wir müssen an die Kirche ebenso glauben wie an Gott. Das bedeutet aber nicht, daß sich die Kirche zu einer Idee, zu einem »platonischen Staat«, verflüchtigt. Die Kirche ist vielmehr an ein Zeichen gebunden, an das Evangelium, und dessen Verkündigung geschieht öffentlich. Wo dieses Wort gepredigt wird, da versammeln sich Menschen, da ist die Gemeinde Jesu Christi. Wir können aber nicht die Institution, die der Wortverkündigung dienen soll, wir können auch nicht die Amtsträger dieser Institution, wir können schließlich nicht bestimmte Menschen, die man ihrer Frömmigkeit wegen für Christen hält, mit jener »heiligen christlichen Kirche«, von der das Apostolikum spricht, gleichsetzen. Die »heilige christliche Kirche« ist die »Gemeinschaft der Heiligen«, und seine Heiligen kennt Gott allein. Wir sehen zwar die Kennzeichen der Kirche, vor allem das verkündigte Evangelium, die Taufe und das Mahl des Herrn, wir sehen also, *wo* die Gemeinde Jesu ist, aber wir wissen nicht, *wer* zu ihr gehört. Es ist eine Pflicht der Liebe, den, welcher sich als Glied der Gemeinde Jesu bekennt, auch als solchen anzuerkennen; es ist aber der Glaube, der für sich persönlich den Zuspruch des Evangeliums: »Christus ist dein Herr und Erlöser« gültig macht. Die Gemeinde Jesu ist ebenso wie die durch Jesus vollbrachte Erlösung eine Realität, die aber nur der Glaube ergreifen kann. Dieser Vorbehalt war Luther wichtig. Denn er bewahrt davor, die Gemeinde Jesu ohne weiteres mit einer Institution und diese Institution womöglich mit einer Theokratie gleichzusetzen.

In der Gemeinde Jesu wird die »*Vergebung der Sünden*« zugesprochen. Nach Luthers Erklärung des Glaubensbekenntnisses bedürfen wir ihrer täglich:

»Denn itzt bleiben wir halb und halb reine und heilig, auf daß der Heilig Geist immer an uns arbeite durch das Wort und täglich Vergebung austeile bis in jenes Leben, da nicht mehr Vergebung sein wird, sondern ganz und gar rein und heilige Menschen, voller Frommkeit und Gerechtigkeit, entnommen [d.h. befreit] und ledig von Sünd, Tod und allem Unglück in einem neuen, unsterblichen und verklärten Leib«[228].

228 Luther, Der große Katechismus, S. 659,7–16.

Auch auf den Höhen der *islamischen Frömmigkeit* gibt es ein sehr geschärftes Bewußtsein der Sünde. Ein muslimischer Mystiker sagt:

»Gewöhnliche Menschen tun Buße für ihre Sünden. Die Auserwählten tun Buße für ihre guten Taten«[229].

Die fromme Selbstreflexion der islamischen Mystiker geht sogar so weit, daß man auch die Buße für die guten Taten nicht für ausreichend hält, sondern darüber hinaus fordert, »Buße für seine Buße zu tun«[230]. Man könnte hier von einer Rechtfertigung durch unendliche Buße sprechen. Fallen uns dabei nicht Luthers Worte ein: »Es ist doch unser Tun umsonst, auch in dem besten Leben«? Wenn wir aber genauer hinhören, bemerken wir einen feinen Unterschied. Der fromme Muslim will seine Frömmigkeit aufs äußerste vervollkommnen. Deshalb schaut er auf »die gewöhnlichen Menschen« herab, die nur Buße für ihre Sünden tun. Das ist zu wenig! Buße auch für seine guten Taten tun, ja, noch mehr, Buße sogar für seine Buße tun, das ist der Gipfel der Frömmigkeit! Aber ist das ein Leben aus der Vergebung der Sünden? Denn der Fromme, der sich über »die gewöhnlichen Menschen« erhaben dünkt, hält seine guten Taten und sogar seine Buße für die guten Taten nicht für wirkliche Sünde, für eine Übertretung des kategorischen Gebotes: »Ihr sollt vollkommen sein, wie euer Vater im Himmel vollkommen ist!« (Mt 5,48), sondern überhöht seine Frömmigkeit durch die beste aller guten Taten: durch Buße für seine Buße. Das ist aber nicht dasselbe, was Luther unter der Rechtfertigung allein durch den Glauben versteht. Denn diese setzt voraus, daß alle Werke, auch die besten, also auch die größtmöglichen Bußleistungen, vor Gott nicht rein sind, sondern der Vergebung bedürfen. Was vor Gott gilt, ist nur die fremde Gerechtigkeit Christi, die der Glaube festhält.

»Bei dir gilt nichts denn Gnad und Gunst,
die Sünde zu vergeben;
es ist doch unser Tun umsonst,
auch in dem besten Leben.«

Auch der fromme Muslim weiß, daß Gott »gern vergibt«; aber er kann diese Erkenntnis nicht mit Gewißheit auf sich persönlich beziehen. Denn wer kennt Gottes Ratschluß? Ein Ṣūfī freilich war so

---

229 Andrae, Islamische Mystiker, S. 123.
230 Ebd., S. 123.

kühn, sich zur Gewißheit seines Heils zu erheben. Als er von einem Bruder in Gott gefragt wurde: »Wie geht es dir?«, antwortete er: »Erlöst und mit vergebenen Sünden«. Daraufhin wurde er von seinem Gefährten mit den Worten zurechtgewiesen:

»Erlösung gibt es erst jenseits der Cinvatbrücke und Vergebung erst im Paradies«[231].

Jeder, der ins Paradies gelangt, muß über diese Brücke gehen, die dünn wie ein Haar ist und unter der die Hölle sich auftut. Hoffen soll der Fromme auf Gottes Vergebung; aber ihrer gewiß sein darf er nicht. Das wäre Vermessenheit. So dachten auch die christlichen Mönche, deren Anschauung der Augustiner-Eremit Martin Luther teilte, bis er durch das Studium der Bibel erkannte, daß der Christ aus dem Evangelium von Christi Tod und Auferstehung die persönliche Gewißheit der Vergebung aller seiner Sünden und Zuversicht zu Gottes Liebe schöpfen soll und darf.

Der Christ bekennt seinen Glauben an ein »*ewiges Leben*«. Auch hier liegt ein Vergleich mit dem islamischen Glauben nahe. Im Islam sind Paradies und Hölle die Vergeltung für gute und böse Taten. Auch der Christ glaubt an ein Gericht nach den Werken, wie das Gleichnis Jesu in Mt 25,31–45 zeigt. Aber an den Werken wird die Lebendigkeit des Glaubens offenbar. Der lebendige Glaube will nur das, was Gott will, und das ewige Leben ist nichts anderes als die völlige und ungefährdete Einheit mit Gottes Willen. Im ewigen Leben kommt unsere Heiligung zur Vollendung. Wir glauben an den, der uns, wie Luther sagt, »endlich gar und ewig heilig mache, welches wir itzt durchs Wort im Glauben [er]warten«[232]. Jesus verheißt denen, die ihm nachfolgen, »die Herrschaft Gottes«. Diese Bezeichnung drückt aus, was die ewige und letzte Bestimmung der Jünger Jesu ist, nämlich mit Gott zu herrschen, was nicht anders geschehen kann als so, daß Gott in ihnen herrscht, daß sie ganz durchdrungen sind von Gottes heiligem Willen.

Im Islam ist die Verbindung von Tun und jenseitigem Lohn letztlich eine äußerliche, von der Vergeltungsordnung bestimmte, die freilich durch Gottes unvorhersehbare Barmherzigkeit durchbrochen werden kann, so daß auch der Sünder auf unverdiente Wonnen in der anderen Welt hoffen darf. Aber das jenseitige Leben wird nicht als die Kraft des Geistes verstanden, die schon jetzt in der Heiligung des Menschen wirksam ist. Daher werden im Islam Paradies und Hölle in grellen Farben ausgemalt, und die Seligkeit

---

231 Ebd., S. 127.
232 Luther, Der große Katechismus, S. 660,11–13.

wird als Genuß gedacht, als körperlicher wie als geistiger Genuß, nicht aber als vollkommenes Erfülltsein von Gottes Leben und Willen, nicht als vollkommenes Aufgenommensein in die Heiligkeit Gottes. Es wäre aber unbillig, nur von den sinnlichen Freuden des Paradieses, die den Muslim erwarten, zu sprechen. Mohammed wußte von etwas noch Größerem. In Sure 9,72 heißt es:

»Gott hat den gläubigen Männern und Frauen Gärten versprochen, in deren Niederungen Bäche fließen, daß sie (ewig) darin weilen, und gute Wohnungen in den Gärten von Eden. Aber das Wohlgefallen Gottes bedeutet (noch) mehr (als all dies). Das ist das große Glück.«

An diesen Worten ist zweierlei zu beachten: 1. Mohammed stellt die sinnlichen Paradiesesfreuden keineswegs in Frage. 2. Das Wohlgefallen Gottes bedeutet keine Teilhabe an Gottes Heiligkeit. Gott ist vielmehr wie ein mächtiger Herrscher, der seinen gehorsamen Untertanen sein Wohlgefallen und seine Zufriedenheit bekundet, indem er sie mit Wohltaten belohnt. Der Abstand zwischen dem einen, majestätischen Gott, dessen Wesen niemand kennt, und dem Menschen als Geschöpf bleibt bestehen. So zeigt auch die islamische Eschatologie, daß der Gott Mohammeds kein Gott der Gemeinschaft ist, der sich als Schöpfer Erlöser und Heiligmacher mit seinem Geschöpf verbindet. Im Grunde seines Herzens – hat er ein Herz? – ist es dem Gott Mohammeds vollkommen gleichgültig, wer ins Paradies und wer in die Hölle kommt. Selbst ein so großer Theologe und Mystiker wie Abū Ḥāmid al-Ghazālī zitiert mit Zustimmung eine Tradition, nach der Gott das ewige Schicksal der Menschen mit den Worten bestimmte:

»Diese für den Himmel, und ich mache mir nichts daraus, und diese für die Hölle, und ich mache mir nichts daraus«[233].

4.2.2.6 Das Ergebnis der ganzheitlichen Betrachtung

Schauen wir auf den hier unternommenen Vergleich des christlichen Glaubens mit dem islamischen zurück, so können wir den Unterschied nicht besser formulieren, als Martin Luther es mit den Worten getan hat:

»Darum scheiden und sondern diese Artikel des Glaubens uns Christen von allen andern Leuten auf Erden. Denn was außer der Christenheit ist, es seien Heiden, Türken, Juden oder falsche Christen und Heuchler,

233 *Handwörterbuch des Islam,* S. 247.

ob sie gleich nur einen wahrhaftigen Gott glauben und anbeten, so wissen sie doch nicht, was [d.h. wie] er gegen ihn [gegen sie] gesinnet ist, können sich auch keiner Liebe noch Guts zu ihm versehen [d.h. zuversichtlich von ihm erwarten]«[234].

Denn die Gesinnung Gott Vaters gegen uns ist nur in Christus durch das Wirken des Heiligen Geistes zu erkennen:

»Wir könnten [...] nimmermehr dazu kommen, daß wir des Vaters Hulde und Gnade erkenneten ohn durch den HERRN Christus, der ein Spiegel ist des väterlichen Herzens, außer welchem wir nichts sehen denn [d.h. als] einen zornigen und schrecklichen Richter. Von Christus aber könnten wir auch nichts wissen, wo es nicht durch den Heiligen Geist offenbaret wäre«[235].

Hier wird noch einmal deutlich, daß das christliche Glaubensbekenntnis ein untrennbares Ganzes ist. Es geht nicht um isolierte Einzelaussagen, sondern um die alles bestimmende Frage, wie Gott zu uns steht. Dies wird nur offenbar im zusammenhängenden Wirken Gottes des Vaters, des Sohnes und des Heiligen Geistes.
Mancher Leser wird diesen Versuch, den christlichen Glauben in seinem Verhältnis zum Islam zu deuten, intolerant finden. Aber was heißt denn Toleranz? Bedeutet sie nicht, daß man einander duldet, trägt und achtet, auch wenn man nicht eines Glaubens ist? Eine Toleranz, welche nur denen erwiesen wird, mit denen man sich im selben Glauben ganz oder wenigstens teilweise verbunden weiß, wäre keine Toleranz, sondern Intoleranz. Man muß den Bereich des Glaubens und des Gewissens einerseits von dem des gesellschaftlichen und politischen Zusammenlebens andererseits unterscheiden. Der Glaube hat es mit unserem Verhältnis zu Gott zu tun, die von Gott allen Menschen gebotene Nächstenliebe mit dem Verhältnis zu den Mitmenschen, mögen diese nun Christen, Muslime, Anhänger irgendeiner Religion, Agnostiker oder gar Atheisten sein. Es wäre ein Erweis falscher Liebe, wollten wir den Muslimen verschweigen, daß nach dem Evangelium Gott das Heil allen Menschen ausschließlich im Glauben an Christus schenkt. Ein Verzicht auf die deutliche Bezeugung des Evangeliums würde unter den Muslimen nur falsche Hoffnungen und Verwirrung anrichten. Es würde bei ihnen die Illusion entstehen, die Christen seien im Begriff, ihre schon im Koran getadelten Irrlehren abzulegen und sich dem Koran anzunähern. Theologen, die solchen Deutungen muslimischer Propagandisten Vorschub leisten, tragen

---

234 Luther, Der große Katechismus, S. 661,5–13.
235 Ebd., S. 660,38–47.

auch zur Verwirrung unter solchen Christen bei, deren Urteilsfä-
higkeit in Glaubensfragen schwach entwickelt ist.
Man hält den abrahamitischen Monotheismus für die gemeinsam
Basis des Judentums, Christentums und Islams, um darauf das
Programm eines großangelegten Friedenswerkes zu gründen. Ge-
wiß gilt es nicht nur mit Juden und Muslimen, sondern mit allen
Menschen, seien sie religiös gebunden oder religionslos, zusam-
menzuarbeiten. Doch liegt in eben dieser Zusammenarbeit der
Keim des Scheiterns, wenn sie von einem abstrakten religiösen
Konsensus abhängig gemacht wird.

5   Gebet und Gottesdienst

5.1   Das Gebet im Islam und im Christentum

5.1.1   Das Gebet im Islam[236]

5.1.1.1   Arten des Gebets

Der Muslim kennt zwei Arten des Gebets: das rituelle Gebet und
das freie Gebet (duʿāʼ).
Das *rituelle Gebet* heißt ṣalāt. Das Wort leitet sich aus dem aramäischen schelōthā ab, welches »Beugung« bedeutet und das in
gebeugter Haltung vollzogene Gebet bezeichnet. Die Ṣalāt gehört
zu den »fünf Säulen des Islams«, d.h. zu den religiösen Elemen-
tarpflichten jedes Muslims. An Rang folgt sie dem islamischen
Glaubenszeugnis (schahāda) und steht vor dem Fasten, der Almosensteuer und der Wallfahrt nach Mekka. Die Ṣalāt ist der islamische Gottesdienst schlechthin und hat bei den Muslimen eine so
gewichtige Bedeutung wie das Eucharistieopfer bei den Katholiken. Die Ṣalāt ist das Kennzeichen der Gläubigkeit. Sie besteht
aus einem Komplex festgeprägter liturgischer Formeln, deren Rezitation von bestimmten vorgeschriebenen Körpergesten begleitet
wird. Die Ṣalāt wird fünfmal täglich in der durch den Koran
geheiligten arabischen Sprache verrichtet. Die für die Ṣalāt geltenden Vorschriften müssen genau eingehalten werden, soweit
nicht Notsituationen bestehen, welche die Ausübung des Rituals
ganz oder teilweise unmöglich machen. Bei Verletzung der Vorschriften wird die Ṣalāt ungültig. Falsches muß durch Wiederholung berichtigt und Versäumtes nachgeholt werden.

236 Siehe Watt/Welch, Der Islam I, S. 263–289.

Für das *freie Gebet* ist das arabische Wort duᶜā' gebräuchlich. Es bedeutet »Anrufung«, »Gebet«, »Bitte«, »Segenswunsch«, aber auch »Verwünschung«. Die Duᶜā' ist nicht an vorgeschriebene Formen gebunden. Obwohl es für das freie Gebet Textsammlungen gibt, sind sie nicht gesetzlich verbindlich.

5.1.1.2 Die Ṣalāt

5.1.1.2.1 Entstehung

Schon die Herkunft des Wortes ṣalāt aus dem Aramäischen zeigt, daß Mohammed sie von den Schriftbesitzern, den Juden und Christen, übernommen hat.
Der Koran läßt eine Entwicklung der Ṣalāt erkennen. In der mittleren mekkanischen Zeit übte sie Mohammed zunächst nur allein (vgl. Sure 17,110). Als ihn aber sein Clan boykottierte, schrieb er die Ṣalāt auch seinen Angehörigen vor (vgl. Sure 20,132). Sie sollten sich auf diese Weise zu ihm bekennen und ihn unterstützen. Um die Zeit der Hidschra (622) verrichtete er die Ṣalāt zweimal am Tage und einmal in der Nacht (vgl. Sure 11,114f). Für seine Anhänger war das rituelle Gebet zunächst noch eine freiwillige Übung. Nach der Schlacht von Badr (624) führte Mohammed die Ṣalāt jedoch als Pflicht für die ganze Gemeinde ein. Gleichzeitig wurde die bis dahin nach jüdischem Vorbild übliche Gebetsrichtung nach Jerusalem durch die Hinwendung nach Mekka zur Kaᶜba ersetzt. Es war die Zeit, in der Mohammeds Konflikt mit den Juden ausbrach. Die kriegerischen Unternehmungen des Propheten gegen die Mekkaner machten es notwendig, die pflichtmäßigen rituellen Gebete auf die Tageszeit zu verlegen (vgl. Sure 2, 238f).
Eine feststehende Form hatte die Ṣalāt zu Mohammeds Zeit wohl noch nicht, obwohl sie schon die grundlegenden Elemente enthielt. Mohammed und besonders Fromme in seiner Gemeinde pflegten das rituelle Gebet über die damals übliche Dreizahl hinaus, und zwar auch während der Nacht. In der späten medinischen Zeit ist die Ṣalāt Ausdruck der Unterwerfung unter die Herrschaft Gottes und seines Gesandten. Die Gläubigen »verrichten das Gebet (ṣalāt), geben die Almosensteuer (zakāt) und gehorchen Gott und seinem Gesandten« (Sure 9,71 = 58,13).
Um das Jahr 700 n.Chr. ist die Entwicklung der Form des rituellen Gebetes im wesentlichen abgeschlossen. Die nun übliche Fünfzahl wurde durch die außerkoranische Tradition begründet. Demnach ist die Ṣalāt morgens, mittags, nachmittags, am frühen Abend und am späten Abend zu verrichten.

5.1.1.2.2   Voraussetzungen und Aufbau des rituellen Gebetes

Die Aufforderung zur Ṣalāt ergeht durch den Mu'adhdhin, d.h.
den »Ankündiger«. Die »Ankündigung« (adhān) wird vom Minarett herab ausgerufen. Sie besteht aus folgenden Kurzformeln:

1. »Gott ist am größten.«
2. »Ich bezeuge, daß es keine Gottheit außer Gott gibt.«
3. »Ich bezeuge, daß Mohammed Gottes Gesandter ist.«
4. »Auf zur Ṣalāt!«
5. »Auf zum Heil!«
6. »Gott ist am größten.«
7. »Es gibt keine Gottheit außer Gott.«

Wenn der Gebetsruf erschallt, verläßt der fromme Muslim die All-
tagswelt und tritt in die Sphäre der Heiligkeit ein. Der Platz des
rituellen Gebetes braucht nicht eine Moschee zu sein. Mohammed
wird das Wort zugeschrieben, ihm sei die ganze Welt als Moschee
gegeben. Überall darf der Muslim die Ṣalāt zelebrieren; aber zu
ihren Voraussetzungen gehört die rituelle Reinheit. »Reinheit ist
der halbe Glaube«, soll Mohammed der Tradition zufolge gesagt
haben. Das Reinheitsgebot bezieht sich auf den Körper, die Kleidung und den Ort des Gebetes.
Nach dem Grad der Verunreinigung des Körpers richtet sich die
Art der rituellen Waschung. Kleine Verunreinigungen entstehen
durch Berühren einer Person des anderen Geschlechts, der eigenen
Geschlechtsorgane, durch Schlaf, Verrichtung der Notdurft usw.
Hier genügt die kleine rituelle Waschung (wuḍū'). Ihre Elemente
sind:

1. Man erklärt die Absicht, diese Waschung zu verrichten.
2. Man wäscht das Gesicht.
3. Man wäscht die Hände und Unterarme bis zu den Ellenbogen.
4. Man streicht sich mit nassen Händen über den Kopf.
5. Man wäscht die Füße bis zu den Knöcheln.

Alle Handlungen müssen in dieser Reihenfolge vollzogen werden.
Eine große rituelle Waschung (ghusl) ist erforderlich bei Verunreinigung durch Geschlechtsverkehr, Menstruation, Geburt eines
Kindes usw. Beim Ghusl müssen alle Körperteile, also die ganze
Haut, vom Wasser berührt sein. Dazu pflegt man Badewannen
oder Duschen zu benutzen.
Ist für die rituelle Reinigung kein Wasser vorhanden, so genügt
auch die sogenannte »Staubwaschung« (tayammun).

Zum rituellen Gebet muß ferner der Körper bedeckt sein: bei Männern alles zwischen Nabel und Knie, bei Frauen der ganze Körper außer Gesicht und Händen.

Der Betende muß überzeugt sein, das der vorgeschriebene Zeitpunkt für die Ṣalāt eingetreten ist.

Er wendet sich in stehender Haltung mit dem Gesicht nach Mekka zur Kaᶜba (qibla).

Nun erhebt der Beter die Hände bis zur Höhe der Ohren und formuliert die Absicht (nīya) zu beten, indem er z.B. sagt:

»Ich habe die Absicht, dieses oder jenes Gebet (dessen Name genannt wird) vor Gott zu verrichten – mit seinen Rumpfbeugungen, indem ich mich zur Kaᶜba hinwende, allein / mit anderen als Vorbeter (Imām) / zusammen mit denen, die dem Imām folgen.«

Dann spricht man die Lobpreisungsformel (takbīra): »Gott ist am größten« in solcher Lautstärke, daß man sie selber hören kann. Darauf senkt man die Hände. Nach schiitischem und malikitischem Ritus hängen nun die Hände frei an beiden Seiten. Alle anderen Schulen schreiben vor, die Hände über der Brust zu kreuzen, so daß die Linke den Körper berührt und die Rechte auf der Linken liegt.

Die Lobpreisungsformel versetzt den Betenden in einen Weihezustand (iḥrām). Er darf mit niemand sprechen und muß seinen Blick auf den Punkt richten, den seine Stirn beim Niederfall berühren wird.

Damit sind die Bedingungen des rituellen Gebets erfüllt. Nun erst beginnt die eigentliche Ṣalāt. Sie gliedert sich in eine unterschiedliche Zahl von »Rumpfbeugungen« (rakaᶜāt, Singular: rakᶜa). Eine Rakᶜa ist ein ganzer Zyklus, der aus bestimmten Gesten und Formeln besteht.

Die erste Rakᶜa beginnt üblicherweise mit der doxologischen Formel:

»O Gott, zu deinem Ruhm und deinem Lob! Gesegnet ist dein Name, und es gibt keinen Gott außer dir.«

Daran schließt sich die Rezitation der ersten Sure:

»Im Namen des barmherzigen und gütigen Gottes. Lob sei Gott, dem Herrn der Menschen in aller Welt, dem Barmherzigen und Gütigen, der am Tag des Gerichts regiert! Dir dienen wir, und dich bitten wir um Hilfe. Führe uns den geraden Weg, den Weg derer, denen du Gnade erwiesen hast, und die nicht dem Zorn (Gottes) verfallen sind und nicht irregehen!«

Eine weitere Koranrezitation folgt. Die Textauswahl bleibt dem
einzelnen überlassen.
Darauf vollzieht der Beter die »Vornüberbeugung« (rukūᶜ), bei
der die Handflächen auf den Knien liegen. In dieser Haltung spricht
er dreimal: »Verherrlichung sei Gott, dem Größten!«
Sodann geht man in die aufrechte Haltung über und spricht:
»Gott erhört den, der ihn lobt; unser Herr, Lob sei dir!«
Darauf folgt der erste Niederfall (sudschūd). Man berührt auf ge-
beugten Knien mit Stirn, Nase und Handflächen den Boden und
spricht in dieser Haltung dreimal: »Verherrlichung sei Gott, dem
Höchsten!«
Dann geht man in eine halb kniende, halb sitzende Position über,
den Dschulūs. Man setzt sich auf den linken Fuß und läßt den rechten frei, so daß die Zehen nach hinten gewandt sind und die Ferse
nach oben zeigt.
Nun folgt ein zweiter Niederfall (sudschūd), der von den dreimal
gesprochenen Worten begleitet wird: »Verherrlichung sei Gott,
dem Höchsten!«
Danach richtet sich der Betende zu stehender Haltung auf. Damit
ist der erste Gebetszyklus (rakᶜa) beendet. Für die Ṣalāt am Morgen sind zwei solcher Zyklen vorgeschrieben, für das Gebet am
frühen Abend drei und für die Ṣalāt am Mittag und am späten
Abend vier.
Bei der zweiten, dritten und vierten Rakᶜa wiederholen sich aufrechte Position, Vornüberbeugung, sich Aufrichten, erster Niederfall, Sitzen und zweiter Niederfall mit den entsprechenden
Formeln.
Auf die letzte Rakᶜa folgt der Quᶜūd, d.h. das sich Setzen auf den
linken Fuß. In dieser Haltung wird das Glaubenszeugnis (schahāda)
gesprochen. Es ist von Segensformeln über den Propheten und
seine Angehörigen umrahmt und lautet:

»Ich bekenne, daß es keinen Gott gibt außer Gott. Ich bekenne, daß Mohammed sein Bote und sein Diener ist.«

Dann wird eine Bitte um Sündenvergebung angefügt. Sie lautet:

»O Gott, ich nehme meine Zuflucht zu dir gegen Sünde und Schuld.
O Gott, ich habe viel Unrecht gegen mich selbst getan, und niemand
kann die Sünden verzeihen außer dir. Verzeihe mir deshalb und habe
Mitleid mit mir! Wahrlich, du bist bereit zur Vergebung, du bist barmherzig.«

Darauf wendet der Beter den Kopf zuerst nach rechts und spricht
den Gruß (salām) über die Gläubigen: »Der Friede sei über euch

sowie die Barmherzigkeit Gottes!« Sodann werden mit nach links
gewandtem Kopf dieselben Worte wiederholt.
Mit dem Friedensgruß, der ursprünglich ein Gruß an den rechts
und den links stehenden Engel war, ist das rituelle Gebet beendet.

5.1.1.2.3 Besondere rituelle Gebete

Das rituelle Gebet wird über die gebotene Zahl hinaus auch für
die Stunden nach Mitternacht dringend empfohlen. Ferner wird
die Ṣalāt aus besonderen Anlässen wie bei Sonnen- oder Mond-
finsternis, Dürre usw. zelebriert. Eigens hervorzuheben ist das rituelle Gebet bei einer Beerdigung und an den beiden großen islamischen Festen, nämlich am Ende des Fastenmonats Ramaḍān
und bei der Wallfahrt nach Mekka. Am Freitag versammeln sich
die Muslime in ihren örtlichen Moscheen zu einer gemeinschaftlichen Ṣalāt. Sie tritt an die Stelle des Mittagsgebetes. Teilnahme
ist Pflicht für jeden ortsansässigen erwachsenen Muslim. Der gemeinschaftlichen Ṣalāt am Freitag in der Moschee geht eine meist
formelhafte Predigt voraus, die der Imām von der Kanzel herab
hält.

5.1.1.2.4 Die Bewertung des rituellen Gebets aus muslimischer Sicht

Das rituelle Gebet hat den Charakter eines strengen Zeremoniells.
Es kommt darin zum Ausdruck, wie der Muslim die Beziehung zwischen Gott und Mensch versteht. Ein muslimischer Autor schreibt
hierüber:

»Zu den feinen Sitten, deren Beobachtung unerläßlich ist, wenn der
Mensch eine Begegnung mit einem Gewaltigen oder Führer begehrt, gehört es, daß er sich um die Reinigung seines Äußeren und Inneren bemüht, so daß er seinen Leib und seine Kleider säubert und daß er ferner
den festgesetzten Zeitpunkt für die Begegnung beachtet und, wenn er
ihm begegnet, sein Herz zu einer Rede ausschüttet und sein Antlitz auf
ihn richtet.
Nun steht aber der Mensch bei der Ṣalāt vor Gott – erhaben ist er! –,
welcher der Mächtigste der Mächtigen ist und der Schöpfer jeden Dinges
und in dessen Hand alles Wohl und Wehe liegt. Deshalb ist es nötig,
daß der Mensch bei der Ṣalāt im besten Zustand hinsichtlich des Äußeren und des Inneren von Sauberkeit des Leibes und der Kleidung und
des Ortes ist und daß er sein Gesicht richtet, wohin Gott es ihm befohlen hat, und daß er auf die für die Ṣalāt bestimmte Zeit achtet und daß er
während der Ṣalāt demütig (oder: unterwürfig, chāschiᶜ) ist, indem er bei

dem verharrt, was an der Ṣalāt unerläßlich ist, damit ihr der beabsichtigten Erfolg zuteil wird«[237].

Nach diesen Worten erscheint dem Muslim Gott als absoluter Herrscher, in dessen Hand alles Wohl und Wehe liegt. Deshalb muß bei der Begegnung mit dem Allmächtigen das von ihm festgesetzte Zeremoniell aufs strengste eingehalten werden. Jede Willkür oder Unachtsamkeit seitens des Menschen würde den beabsichtigten Erfolg des rituellen Gebetes vereiteln. Alle Worte und Gesten der Ṣalāt drücken die Unterwerfung des Menschen unter den Allmächtigen aus. Die Ṣalāt ist die reinste Bekundung dessen, was mit dem Wort Islām gemeint ist: »vollständige Hingabe« an Gott.

Der oben zitierte muslimische Autor nennt folgende Wirkungen der Ṣalāt:

»1.   Dankbarkeit gegenüber Gott für seine Wohltat, weil er es ist, der uns geschaffen hat und uns wohlgetan hat mit allen Wohltaten, nämlich Besitz, Gesundheit, Kindern und anderem.
2.   Der Mensch gewöhnt sich durch die Ṣalāt an Sauberkeit des Leibes, der Kleidung und des Ortes; und so entrinnt er den Krankheiten und erwirbt Stärke und Tatkraft.
3.   Der Mensch lernt durch die Ṣalāt die Ausübung der Werke zu ihren Zeiten.
4.   Der Beter denkt an die Kraft und Stärke Gottes, und so ist er in Furcht vor ihm, und diese macht ihn begierig nach frommen Werken und hält ihn fern von schädlichen Werken, und durch die häufige Wiederholung der Ṣalāt werden diese Eigenschaften dem Menschen zur Gewohnheit, und so wird er zugleich geliebt von Gott und den Menschen«[238].

Wichtig an diesen Ausführungen sind vor allem zwei Gesichtspunkte: Wert und Wirkung des rituellen Gebetes beschränken sich nicht auf das Seelische oder Innerliche, sondern bestimmen den Menschen in seinen gesamten Lebensbezügen, von der inneren Einstellung der Gottesfurcht bis hin zur körperlichen Widerstandsfähigkeit gegen Krankheiten. Hier spiegelt sich die den Islam kennzeichnende Totalität wider, die keine Unterscheidung zwischen einem religiös-geistlichen und einem profan-weltlichen Bereich kennt. Das zweite Charakteristikum besteht in dem Grundverständnis des rituellen Gebetes als einer frommen Leistung, deren ständige Wiederholung mannigfaltige Tugenden entstehen läßt, die den Beter Gott und den Menschen angenehm machen.

---

237   Le dogme et les rites de l' Islam, S. 69f.
238   Ebd., S. 71f.

Das Heil im umfassenden Sinne wird durch das fromme Werk der Ṣalāt erworben und festgehalten.

5.1.1.3 Das freie Gebet

Das freie Gebet hat im Islam eine bei weitem geringere Bedeutung als die Ṣalāt.
Die erste Sure des Korans, die ein fester Bestandteil des rituellen Gebetes ist, ist zugleich auch das Muster des freien Gebetes. Sie heißt deshalb auch vorzugsweise sūrat-ad-duᶜā', »Sure des Gebets«. Es gibt eine große Anzahl von Gebetsformularen für verschiedene Gelegenheiten.
Um die Pflege des freien Gebetes haben sich vor allem die islamischen Mystiker verdient gemacht. Ihre Gebete bringen zum Ausdruck: Verzicht auf Eigeninitiative in festem Vertrauen auf Gottes Wirken, Unterwerfung unter Gottes Verordnungen, Ergebung in seinen allmächtigen Willen, Mißtrauen gegen das eigene Wollen und Urteilen, Dankbarkeit, Lob, Vertrauen, Liebe, Glaube an Gottes Propheten und seine Schriften, Treue zu den Grundsätzen des Islams usw.
Der Glaube an die Kraft des Gebetswortes ist groß. Die Segnungen, die z.B. der ersten Sure zugeschrieben werden, sind Gegenstand zahlreicher Abhandlungen.

5.1.2 Das Gebet im Christentum[239]

Man kann das *Vaterunser* als den Typus des christlichen Gebetes betrachten. Obwohl es seit alter Zeit Bestandteil des christlichen Gottesdienstes ist, also einen kultischen Aspekt hat, eignet ihm ursprünglich nichts von der Art eines religiösen Zeremoniells. Die Fragen der Form, die für die Ṣalāt entscheidend wichtig sind, spielen für das Vaterunser keine Rolle. Nichts hat Jesus über die kultischen Voraussetzungen des Gebets wie rituelle Reinheit, Gebetsrichtung, Formulierung der Absicht usw. gelehrt. Nichts hat er über Gebetsgesten festgesetzt, nichts über die Zahl und Einhaltung fester Gebetszeiten. Man kann dieses merkwürdige Fehlen nicht als Nachlässigkeit deuten. Was gegenüber der strikten Form der Ṣalāt als Nachteil erscheint, ist in Wahrheit die *Freiheit der Kinder Gottes*. Diese Freiheit zeigt sich auch daran, daß Jesus nicht einmal den Wortlaut seines Gebetes, des Vaterunsers, den Jüngern zur peinlich genauen Bewahrung befohlen hat. Die christliche Ur-

239 Siehe hierzu Luthers Erklärung des Vaterunsers in: ders., *Der große Katechismus*, S. 662–690.

gemeinde scheute sich nicht, das Gebet Jesu in unterschiedlicher
Form wiederzugeben, wie ein Vergleich der beiden Texte bei Mat-
thäus (6,9–13) und Lukas (11,2–4) zeigt. Man hatte Jesus richtig
verstanden. Er wollte seinen Jüngern nicht ein Gebetszeremoniell
überliefern, sondern ein Muster für die rechte Art des Betens. Das
Gebet im Geiste Jesu soll weder eine heuchlerische Zurschaustel-
lung der eigenen Frömmigkeit noch ein doxologisches Feuerwerk
mit heidnischem Wortschwall sein (vgl. Mt 6,5–7).
Die das Vaterunser kennzeichnende Freiheit vom gesetzlichen Zeremoniell hat ihren Grund im *Verhältnis des Menschen zu Gott.*
Es ist ganz anders als im Islam. Hier unterwirft sich nicht der Knecht
dem absoluten Herrscher, sondern das Gotteskind tritt vertrau-
ensvoll vor seinen himmlischen Vater. Nichts will es ihm geben,
sondern alles von ihm empfangen. Der Charakter der Ṣalāt ist
lobpreisende Unterwerfung, der Charakter des Vaterunsers ver-
trauensvolles Bitten. Was die einzelnen Bitten des Vaterunsers
zusammenschließt und wie ein roter Faden durchzieht, ist die Verwirklichung der Väterlichkeit Gottes.
Welche Bedeutung kommt aber der *Person Jesu* dabei zu, daß wir
zu Gott als unserem himmlischen Vater in aller Freiheit beten
dürfen? Für humanistisches Denken liegt es nahe, Jesus als den
Bringer einer neuen und höheren Gottesidee zu betrachten, deren
Wahrheit letztlich von seiner Person unabhängig sei. In diesem
Sinne sagte einst Adolf v. Harnack:

»Nicht der Sohn, sondern allein der Vater gehört in das Evangelium,
wie es Jesus verkündigt hat, hinein«[240].

Aber nach dem Zeugnis des Neuen Testaments hat Jesus nicht eine
neue Gottesidee verkündet, sondern die, welche an ihn glauben,
zu Kindern Gottes gemacht.

»Wie viele ihn aber aufnahmen, denen gab er Macht, Gottes Kinder zu
werden, die an seinen Namen glauben« (Joh 1,12).

Niemand kann also zu Gott als seinem Vater beten, ohne Gottes
Kind zu sein, und die Gotteskindschaft wird allein im Glauben an
Jesus geschenkt. Andererseits gilt: Wer »den Sohn leugnet, hat
auch den Vater nicht« (1Joh 3,19).
Während die Ṣalat wesentlich doxologischen Charakter hat – der
Diener verherrlicht seinen Herrn – ist das Vaterunser ein *Bittge-*
bet. Es wird aber um etwas gebeten, wo Mangel, wo Not besteht.

240   Von Harnack, Das Wesen des Christentums, S. 91.

Das Motiv für das Gebet des Christen ist also die Not, in der er sich befindet. Es genügt nämlich nicht, Gottes Gebote zu wissen, man hat auch nicht ein für alle Mal den Glauben wie einen sicheren Besitz. Es erheben sich Widerstände gegen den Glauben, und diese Not lehrt beten.

Die *Gebetsanrede* des Vaterunsers entspricht nicht islamischem Denken. Dort ist Gott der Herr, der Mensch der ihm sich unterwerfende Diener. Im christlichen Gebet wird Gott als Vater angerufen. Damit wird zugleich ein kindliches Vertrauen und die Gewißheit der Gebetserhörung ausgedrückt. Denn ein gütiger Vater kann sich der Bitte seiner Kinder, die ihn in der Not anrufen, nicht verschließen.

Die *Not*, in der sich der Christ befindet, ist von doppelter Art, wie die Einteilung der Bitten im Vaterunser zeigt. Die erste Art der Not wird mit dem Wort »Dein« gekennzeichnet, die zweite Art mit dem Wort »unser«. »Dein Name«, »Dein Reich«, »Dein Wille«, das ist Gottes Sache. Aber Gottes Sache soll *in uns* zur Geltung kommen, und daran mangelt es, und darin besteht die Not der Sache Gottes in uns und bei uns. Gott ist zwar in seinem Wesen heilig; er will aber auch in uns heilig werden. Wo dies nicht geschieht, ist Gott gleichsam in Not, und seine Not wird durch den Glauben als unsere Not erkannt, und diese Not, die Gottes und unsere in unteilbarer Einheit ist, zwingt uns zum Beten. »Dein an sich heiliger Name werde auch in unserem Leben geheiligt!« Entsprechendes gilt von den beiden nachfolgenden Bitten. Jener Zusammenschluß von Gott und Mensch, den Gott selbst gesetzt hat, ist, wie Luther in seinen Katechismen zeigt, für die Zehn Gebote, den Glauben und das Gebet gleichermaßen grundlegend. Hier wird ein anderes Verhältnis von Gott und Mensch vorausgesetzt als im Islam. Das Alte Testament bezeichnet dieses Verhältnis mit dem Wort chäsäd, »Solidarität«, wofür man im Koran keine Entsprechung findet.

Gibt der Islam sich als streng theozentrische Religion, so steht auch im christlichen Gebet und im Christentum überhaupt *Gottes Sache* an erster Stelle, wobei es freilich um die Verwirklichung der Sache Gottes in unserem eigenen Leben geht. Aber die mit dem Wort »unser« eingeleiteten Bitten schließen in Gottes Not auch unsere eigene, unmittelbare Not ein: unseren Lebensunterhalt, unsere Schuld, unser Bedrohtsein.

Obwohl die *doxologischen Schlußworte* des Vaterunsers nicht zum ursprünglichen Wortlaut gehören, sondern aus einem frühchristlichen Text der ersten Hälfte des zweiten Jahrhunderts, der sogenannten »Apostellehre« (Didachē), übernommen sind, schließen sie sinnvoll das Gebet ab. Liegt in der Gebetsanrede »Unser

Vater« ein Vertrauen in die Grundgüte Gottes, so in den Schluß-
worten, ein Vertrauen in die göttliche Macht, die Gottes Sache
auch in der Welt durchsetzen wird.

5.2   Gottesdienst im Islam und im Christentum

5.2.1   Gottesdienst im Islam

Die Ṣalāt ist die vorrangige Form des islamischen Gottesdienstes.
Ihr Gesamtcharakter als Lobpreis Gottes und vollständige Hingabe an ihn kennzeichnet auch die weiteren religiösen Hauptpflichten: das Fasten, die Almosensteuer und die Pilgerreise nach Mekka. Sie brauchen deshalb hier nicht im einzelnen beschrieben zu
werden. Nur ihre Bedeutung soll aus der Sicht eines modernen
muslimischen Autors dargestellt werden.
Über den Wert des *Fastens* im Monat Ramaḍān kann man lesen:

»1.   Es kräftigt den Magen, weil er während der Tageshelle innerhalb
eines ganzen Monats von der Aufnahme von Speise und Trank ausruht.
2.   Es macht die Reichen mit dem Maß des Schmerzes von Hunger und
Durst bekannt, so daß sie mit den Armen und Bettlern Mitleid haben
und sich ihrer erbarmen.
3.   Es gewöhnt den Menschen daran, das Unangenehme auf sich zu
nehmen, weil der Fastende in einen Zustand kommt, wo er von Speise
und Trank während der Tageshelle läßt.
4.   Es breitet in den Seelen der Fastenden Zuverlässigkeit und Scham
aus, weil über dem Fastenden kein Beobachter ist, es sei denn Gott, so
daß er sich schämt, Sünden zu begehen, weil er weiß, daß Gott auf ihn
blickt«[241].

Das Fasten wird hier unter dem Gesichtspunkt seiner disziplinie-
renden Wirkung betrachtet. Es nimmt sowohl die Seele als auch
den Leib in Zucht, stärkt die Solidarität der Reichen mit den Armen und fördert den Gehorsam gegen Gott.
Der Wert der *Almosensteuer* wird in den folgenden Punkten erkannt:

»Gott hat die Almosensteuer eingeführt und hat sie den Wohlhabenden
auferlegt um bedeutender Vorteile willen, die sich auf den Gebenden und
den Empfangenden beziehen. Diese sind:
1.   der Schutz der Armen und Bettler vor den Schäden der Armut und
ihrer Schmach und die Verbesserung ihres gesundheitlichen Zustandes;
denn Krankheiten und Seuchen raffen sie nicht dahin;

241   Le dogme et les rites de l' Islam, S. 72f.

2. die Verringerung der Zahl der Arbeitslosen und der zudringlichen
Bettler, die im Lande Verderben anrichten und deren Schaden sich auf
Land und Leute erstreckt;
3. die Erleichterung des Druckes der Armut auf die Armen und
Bedürftigen, so daß ihre Verbrechen und Laster geringer werden, weil es
die Armut ist, die zur Verübung von Verbrechen und Lastern treibt;
4. die Erweckung einiger Ungläubiger für den Islam und die
Abwendung von Schaden für die Muslime, die eine Schar der
Ungläubigen verübt, ferner die Ausgabe für die Sache der Ausbreitung
der Religion und der Erhöhung ihres Ansehens;
5. in den Wohlhabenden die Erweckung von Liebe zu den Armen und
die Entfernung der Gehässigkeit aus ihren Herzen, so daß sie ihnen
nicht mit Schädigung entgegentreten.
   Erweise den Menschen eine Wohltat,
   so unterjochst du gewiß ihre Herzen.
   Wie oft schon hat Wohltun
   den Menschen unterjocht!
6. die Reinigung der Wohlhabenden von dem schändlichen Fehler des
Geizes und der Habsucht dadurch, daß sie angespornt werden, etwas von
ihrem Besitz zu den Zwecken der Pietät und des Wohltuns zu spen-
den«[242].

Der Wert der Almosensteuer bezieht sich sowohl auf den Gebenden als auch den Empfangenden. Sie überbrückt die Kluft zwischen
den Armen und Reichen und läßt Wohlwollen in die Herzen beider einkehren.
Über den Wert der *Pilgerreise* nach Mekka ist in dem Werk »der
edle Koran und die Religion« zu lesen:

»1. Gott hat für die Muslime die Zusammenkunft zu den fünf Zeiten
des rituellen Gebetes und des Freitagsgebetes und der zwei Feste[243] eingeführt, weil darin Zusammenarbeit und Einheit der Gefühle und Gedanken der Leute eines einzelnen Stammes oder eines einzelnen Ortes beschlossen liegt.
2. Da aber die Zusammenkunft nicht in allen Zielen, die der Islam erstrebt, vollkommen ist, weil der von ihr ausgehende Nutzen sich auf die
Leute der (betreffenden) Ortschaft oder Gegend beschränkt, hat Gott für
die Muslime eine allgemeine Zusammenkunft eingeführt, zu der sie aus
allen Gegenden der Welt an einem Ort zusammenkommen, und [zwar]
alle aufgrund *einer* Religion und *eines* Zieles. Es stellen sich bei ihr die
Gelehrten, die Prediger und die Weisen hin, die den Unwissenden lehren und denjenigen auf den rechten Weg leiten, der nach dem rechten
Weg fragt, und die sie mit den Zuständen der fern von ihnen [lebenden]
Völker bekannt machen und ihnen erklären, worin der Zustand dieser

242 Ebd., S. 77f.
243 Gemeint sind das Opferfest und das Fest des Fastenbrechens.

Völker in bezug auf Sitten, angeborene Eigenschaften und Vorrang hinsichtlich der Wissenschaften und Künste besteht, so daß der Wallfahrer
an seinen Ort zurückkehrt im Besitz vieler Nachrichten über diese Völker und ihre Lebensführung und das Ausmaß ihres Fortschrittes, so daß
er selber Lust bekommt, mit ihnen zu wetteifern und in ihre Fußstapfen
zu treten.
3.   Der Besuch der heiligen Wallfahrtsorte erinnert die Muslime an das,
was Abraham, dem Freund [Gottes] – auf ihm sei Friede! –, widerfahren
ist, als er durch [Gottes] Befehl, sein Kind zu schlachten, auf die Probe
gestellt wurde; doch gehorchte er dem Wort seines Herrn, und der Sohn
fügte sich dem Befehl seines Vaters, indem er mit dem Tode einverstanden war; und dann erwies Gott ihnen beiden seine Huld durch die
Loskaufung und gab ihnen an Stelle von Trauer und Kummer Freude
und Glück. Sodann erinnern [die Wallfahrtsorte] die Pilger an die
Sendung des Boten – auf ihm sei Friede! – und die Wiege des Islams und
[daran], was an diesen Orten an Sieg seinem Propheten Mohammed
begegnete, so daß sich die Mächtigen derer, die sich stolz gebärdeten,
ihm beugten. Verächtlich waren ihm die Führer der Hochmütigen, und
es breitete sich der Islam auf der ganzen Erde aus.
4.   Wenn die Muslime ohne Unterschied (wörtlich: auf einem Boden)
versammelt und ihre Herzen auf Gott in aufrichtiger Ergebenheit gerichtet sind und sie ihre Hände zu ihm erheben, dessen Sache beim dringen-
den Bitten erhaben ist, wobei ihr Schlaf mit [flehentlichem] Gebet und
den verschiedenen Anrufungen [Gottes] beschäftigt ist und sie den Äu-
ßerungen des Stolzes und des diesseitigen Schmuckes entzogen sind und
der Bedeutende an der Seite des Geringen und der Reiche an der Seite des
Armen steht, dann, siehe, wird Gott ihre Absicht nicht scheitern lassen,
und dort erkennen sie die Gnade der Zusammenarbeit und des ge-
genseitigen Beistandes, und stark werden zwischen ihnen die Bande der
Einheit und der Eintracht«[244].

Die Wallfahrt nach Mekka vermittelt den Muslimen vornehmlich
das Erlebnis der islamischen Ökumene. Die islamische Welt hat
nicht nur eine räumliche Dimension, sondern auch eine zeitliche.
Die Stadien der Offenbarung Gottes werden in Mekka für den
Pilger lebendig. Er sieht die Stätten, die der Islam mit der Geschichte Abrahams verbindet, mit seinem und seines Sohnes heroischem
Gehorsam, die Kämpfe und Siege Mohammeds steigen in der Erinnerung auf, und schließlich wird der gewaltige Erfolg des Islams
als einer die ganze Erde umgreifenden Religion an den aus aller
Welt hier zusammengeströmten Muslimen sichtbar. Zugleich tritt
eine neue Ordnung der Menschheit in Erscheinung. Die Unterschiede zwischen Gelehrten und Unwissenden, Reichen und Armen,
Berühmten und Geringen bestehen zwar; aber sie sind in der hö-

heren Einheit der islamischen Gemeinschaft aufgehoben. Was die muslimischen Vertreter aller Völker eint, ist die vollständige Hinwendung zu dem einen Gott in kultischen Handlungen, Worten und Gedanken.

5.2.2 Gottesdienst im Christentum

Der islamische Gottesdienst beruht auf der religionsgeschichtlich fundamentalen Unterscheidung zwischen einem Bereich des Heiligen und einem Bereich des Profanen. Vom Menschen, der in die Sphäre des Sakralen eintritt, um die Gottheit zu verehren, wird kultische Reinheit und genaue Beachtung des Zeremoniells verlangt. Diese Denkweise galt auch bei den Juden zur Zeit Jesu, und Mohammed hat sie aus der altarabischen Religion und den beiden älteren Schriftreligionen, vor allem dem Judentum, in den Islam übernommen. Jesus aber hebt die Unterscheidung zwischen Profanem und Sakralem und zwischen kultischer Reinheit und kultischer Unreinheit auf. Er fordert ein reines Herz: »Selig sind, die reines Herzens sind« (Mt 5,8). Die Pharisäer und Schriftgelehrten tadeln Jesus, weil seine Jünger mit unreinen Händen essen. Darauf antwortet Jesus:

»Was zum Munde eingeht, das macht den Menschen nicht unrein; sondern was zum Munde ausgeht, das macht den Menschen unrein« (Mt 15,11).

Jesus will das Gesetz Moses nicht aufheben, sondern seinem Mißbrauch wehren. Seinen Kritikern wirft er vor, daß sie sich unter dem Schein strengster Observanz dem Willen Gottes entziehen. Sie waschen ihre Hände, aber ihr Herz ist unrein.

Die Urgemeinde wollte ebenso wie Jesus keinen neuen Kultus einführen. Sie hielt zwar an jüdischen Bräuchen fest, versammelte sich aber in der Gewißheit, daß sie Jesus, dem gekreuzigten und auferstandenen König der kommenden Gottesherrschaft, angehöre. Dieser Glaube bestimmte ihre Gebete, ihre Verkündigung, den Vollzug der Taufe und die Feier des Herrenmahls. Paulus hat seine Lebensaufgabe darin gesehen, die Freiheit des Evangliums gegenüber der Gefahr einer neuen Gesetzlichkeit, zu der vor allem auch kultische Forderungen wie das Gebot der Beschneidung gehörten, zu verteidigen.

Um die Wende zum zweiten nachchristlichen Jahrhundert begann das Christentum die allgemeinen Strukturen der Religion anzunehmen. Es bildeten sich die Ansätze zu einer Unterscheidung zwischen Klerikern und Laien. Frommen Werken wie Fasten, Beten,

und Almosen wurde ein besonderer, Sünden tilgender Wert bei-
gemessen, und in den Gottesdienst zog das Opfer ein, das für alle
Religionen von grundlegender Bedeutung ist. Man verstand die
Eucharistie als das vom Propheten Maleachi prophezeite »reine
Opfer« (Mal 1,11). Das Christentum entwickelte sich zu einer Re-
ligion und wurde den übrigen Religionen strukturell immer ähn-
licher.
Wie im Islam das rituelle Gebet, so gewann im abendländischen
Christentum das Meßopfer eine vorrangige Bedeutung als kultische Handlung, die dem einzelnen und der Gemeinschaft der
Gläubigen Gottes Wohlgefallen verschaffe. Gebete, Almosen und
Wallfahrten galten als besonders fromme Werke, die Gott gnädig
stimmen sollten. Die Einhaltung vorgeschriebener Riten war eine
heilige Verpflichtung, ihre Übertretung ein Sakrileg. Wie im Islam
die Verletzung des Fastens im Ramaḍān eine schwere Sünde bedeutete, so im Katholizismus die Mißachtung der vorösterlichen
Fastengebote. Wie im Islam die Ṣalāt ungültig ist, wenn die er-
forderliche Absicht, die kultische Reinheit oder der obligatorische
Wortlaut nicht eingehalten wird, so kommt es auch beim Meßopfer und dem Vollzug der Sakramente darauf an, daß ihre Wirkung
nicht durch das Fehlen oder die Fehlerhaftigkeit eines der für ihren
Vollzug wesentlichen Elemente gefährdet oder gar aufgehoben
wird. Ein genauerer Vergleich zwischen der Scharīa und den kanonischen Gesetzen der römischen Kirche zu kultischen Handlungen
ergäbe ein anschauliches Bild der Strukturverwandtschaft.
Die Reformation bedeutete eine grundlegende Umwandlung des
Gottesdienstes. Die fundamentale Unterscheidung zwischen dem
sakralen Bereich kultischer Handlungen und dem profanen Bereich
weltlicher Betätigungen wurde aufgehoben. Dies bedeutete aber
nicht die Beseitigung, sondern die Erneuerung des Gottesdienstes
aus seinen Ursprüngen. Das Grundverständnis des Gottesdienstes
änderte sich radikal: Er ist nicht ein Gott geleistetes Werk mit dem
Ziel, ihn gnädig zu stimmen. Sein Wesen besteht in der Verkündigung der Erlösungstat Christi und in der Antwort der beken-
nenden, dankenden und bittenden Gemeinde. Luther konnte daher die römische Meßordnung als Vorlage für seine Deutsche Messe
benutzen, aber in seiner Neugestaltung das Kernstück dieser Liturgie, die Zelebrierung der Eucharistie als Opfer, beseitigen und
alles auf die Verkündigung des Evangeliums und der persönlichen
Zueignung der Testamentshandlung Jesu im Abendmahl ausrich-
ten. Mit dem neuen Verständnis des Gottesdienstes als Vergegen-
wärtigung des Evangeliums durch die Predigt und die Austeilung
der Sakramente der Taufe und des Abendmals hängt auch ein anderer wesentlicher Zug des evangelischen Gottesdienstes zusam-

men: Er ist durch kein zeremonielles Gesetz, sondern durch das
Gebot der Liebe in Freiheit geregelt. In seinen Schriften zur Neu-
ordnung des Gottesdienstes hat Luther immer wieder darauf hingewiesen, daß er nur ein Beispiel geben, aber kein rituelles Gesetz
einführen wolle. Dennoch war er kein Freund liturgischer Willkür,
sondern empfahl, man solle sich in Liebe auf gemeinsame Formen
des Gottesdienstes einigen.

Ein besonderer Bestandteil des christlichen Gottesdienstes sind die
Sakramente. Äußerlich und formal betrachtet sind sie »heilige
Handlungen«, die es in anderer Weise auch in außerchristlichen
Religionen gibt. Das Besondere der christlichen Sakramente ist
aber nach evangelischem Verständnis die Zueignung Christi und
des durch ihn erwirkten Heils an den einzelnen Gläubigen. Durch
die Taufe schenkt Christus dem Gläubigen die Vergebung aller
Sünden und nimmt ihn in die Gemeinschaft seines Todes und seiner Auferstehung auf. Im Abendmahl gibt Christus sich selbst mit
seinem Sühnetod dem Gläubigen zu eigen. Wie also in der christlichen Verkündigung, dem Herzstück des christlichen Gottesdienstes, alles auf Christi Tod und Auferstehung bezogen ist, so auch
bei den Sakramenten der Kirche. Hier kann schlechterdings kein
Konsens mit dem Islam gefunden werden, weil dieser ja den Kreuzestod Christi und das allein dadurch erwirkte Heil verneint. Da
aber in Christus Gott selbst dem Menschen begegnet, stellt auch
der christliche Gottesdienst den Menschen vor die Frage nach
Gott. Er ist nicht der für sich seiende eine Gott, sondern der sich
mit der Menschheit innigst verbindende Gott der Gemeinschaft,
traditionell gesagt: der dreieinige Gott.

Literatur

Al-Ghasali, Das Elixier der Glückseligkeit. Aus den persischen und arabischen Quellen in Auswahl übertragen von Hellmut Ritter. Mit einem Vorwort von Annemarie Schimmel, Düsseldorf/Köln 1979 (Neuausgabe)

Al-Ghazzālī's Buch vom Gottvertrauen. Das 35. Buch des ihyā' ʿulūm ad-dīn. Übersetzt und mit Einleitung und Anmerkungen versehen von Hans Wehr (Islamische Ethik nach den Originalquellen übersetzt und erläutert, hg. von Hans Bauer, Heft 4), Halle 1940

Amīn, Aḥmad siehe in: Le dogme et les rites de l' Islam, S. X (Verzeichnis der Textauszüge)

Anawati, George C., Philosophie, Theologie und Mystik, in: Das Vermächtnis des Islams, Bd. 2, S. 119–165

Andrae, Tor, Islamische Mystiker, Stuttgart 1960

–, Der Ursprung des Islams und das Christentum, Uppsala 1926

Arabische Chrestomathie aus Prosaschriftstellern, hg. von August Fischer, Leipzig ⁵1948

Augustinus, Aurelius, Aurelius, De civitate Dei libri XXII, ed. Bernhard Dombart / Alfons Kalb, 2 Bde., Darmstadt ⁵1981

Bacon, Roger, Thesaurus mundi V (Buch 7 = Moralis philosophia), ed. E. Massa, Turici 1953

Baljon, J.M.S., Modern Muslim Koran Interpretation (1880–1960), Leiden 1961

Die Bekenntnisschriften der evangelisch-lutherischen Kirche, Göttingen ⁸1979

Binswanger, Karl, Die Stellung des Islams und des islamischen Rechts in ausgewählten Staaten: Türkei, in: Der Islam in der Gegenwart, S. 212–220

Bobzin, Hartmut, Der Koran im Zeitalter der Reformation. Studien zur Frühgeschichte der Arabistik und Islamkunde in Europa, Beirut 1995

Bouman, Johan, Das Wort vom Kreuz und das Bekenntnis zu Allah. Die Grundlehren des Korans als nachbiblische Religion, Frankfurt a.M. 1980

Cabanelas, Rodriguez, O.F.M., Juan de Segovia y el problema Islámico, Madrid 1552 (mit edierten Texten S. 265–349)

Cahen, Claude, Der Islam I: Vom Ursprung bis zu den Anfängen des Osmanenreiches (Fischer Weltgeschichte, Bd. 14), Frankfurt a.M. / Hamburg 1968

Le dogme et les rites de l' Islam par les textes par E. Tapiéro, Paris 1957 (Sammlung moderner arabischer Texte)

Dtv-Wörterbuch zur Geschichte, hg. von Konrad Fuchs / Heribert Raab, 2 Bde., München ²1975/²76

Enchiridion Patristicum [...] collegit M.J. Rouët de Journel, S.I., Barcinone / Friburgi Brisg. / Romae / Neo Eboraci ²³1965

The Encyclopaedia of Islam. New Edition, Leiden 1960ff; Suppl.-Bde. 1980ff

Eulogius von Cordoba (oder von Toledo), Obras completas (lateinischer Text mit spanischer Übersetzung), ed. Augustin S. Ruiz, Córdoba 1959

Der Fischer Weltalmanach 1983–2001, Frankfurt a.M. 1982–2000

Gätje, Helmut, Koran und Koranexegese, Zürich/Stuttgart 1971

Geschichte der islamischen Länder, in: Handbuch der Orientalistik, hg. von Bertold Spuler, Bd. 6,1–3, Leiden 1952/53/59

Gibb, Hamilton A.R. / Landau, Jacob M., Arabische Literaturgeschichte, Zürich/Stuttgart 1968

Glasenapp, Helmuth von, Die nichtchristlichen Religionen (Das Fischer Lexikon, Bd. 1), Frankfurt a.M. 1962

Gregor VII, Opera, in: J.-P. Migne, Patrologiae cursus completus, series Latina, Bd. 148, Paris 1878

Der Große Brockhaus. Kompaktausgabe, aktualisierte 18. Auflage in 26 Bänden, Wiesbaden 1983

Grunebaum, G.E. von, Der Islam im Mittelalter, Zürich/Stuttgart 1963

–, Der Islam II: Die islamischen Reiche nach dem Fall von Konstantinopel (Fischer Weltgeschichte, Bd. 15), Frankfurt a.M. / Hamburg 1971

Hagemann, Ludwig, Christentum contra Islam. Eine Geschichte gescheiterter Beziehungen, Darmstadt 1999

Hamilton A.R. Gibb / Jacob M. Landau, Arabische Literaturgeschichte, Zürich/Stuttgart 1968

Handwörterbuch des Islam, hg. von A.J. Wernsinck / J.H. Kramers, Leiden 1941

Harnack, Adolf von, Das Wesen des Christentums, Leipzig (1900) ¹⁵1950

Der heilige Qur-ān Arabisch und Deutsch, hg. unter der Leitung von Hazrat Mirza Nasir Ahmad, Ahmadiyya-Bewegung des Islams in der Schweiz und in der Bundesrepublik Deutschland, Zürich ⁴1980

Hofmann, Murad Wilfried, Der Islam als Alternative. Mit einem Vorwort von Annemarie Schimmel, München 1992

Ibn-Hischām, Sīrat Muḥammad, hg. von F. Wüstenfeld, Göttingen 1858–1860 (deutsche Übersetzung von Gustav Weil, Stuttgart 1864)

Informationen zur politischen Bildung 194, München 1982

International Review of Missions 65 (1976), S. 365–460: Christian Mission and Islamic Da'wah

Der Islam (3 Bde, 1980/85/90) siehe unter Annemarie Schimmel, Montgomery W. Watt / Michael Marmura und Montgomery W. Watt / Alford T. Welch

Der Islam in der Gegenwart, hg. von Werner Ende / Udo Steinbach, München 1984

Der *Islām* mit Ausschluß des Qor'āns von Joseph Schacht (Religionsge-
schichtliches Lesebuch, hg. von Alfred Bertholet, Heft 16), Tübingen
1931

Islam und Abendland, Frankfurt 1980ff

Islam und Christentum, Altenberge 1982ff

Islam und westliche Welt, Graz 1976ff

Der Islam. Geschichte, Religion, Kultur, Islamisches Zentrum, Genf 1968

Islam. Zeitschrift für Geschichte und Kultur des islamischen Orients,
Berlin u.a. 1910ff (mit Unterbrechungen in 1945 und 1947)

Jedin, Hubert, Kleine Konziliengeschichte, Freiburg/Basel/Wien [8]1969

Johannes von Damaskos, Liber de haeresibus, in: Die Schriften des Jo-
hannes von Damaskos, hg. vom Byzantinischen Institut der Abtei
Scheyern, Bd. 4, besorgt von P. Bonifatius Kotter O.S.B., Berlin /
New York 1981

Johannes von Segovia siehe Cabanelas, Rodriguez

Kawerau, Peter, Geschichte der mittelalterlichen Kirche, Marburg 1967

Kellerhals, Emanuel, Der Islam. Seine Geschichte, seine Lehre, sein
Wesen, gekürzte und neubearbeitete Taschenbuchausgabe der zweiten
Auflage 1956, München/Hamburg 1969

Khálid, Durán, Die Stellung des Islams und des islamischen Rechts in
ausgewählten Staaten: Afghanistan, in: Der Islam in der Gegenwart,
S. 274–307

Kleines Konzilskompendium. Sämtliche Texte des Zweiten Vatikanums.
Allgemeine Einleitung, 16 spezielle Einführungen, ausführliches
Sachregister. Mit einem Nachtrag vom Oktober 1968: Die nachkonzi-
liare Arbeit der römischen Kirchenleitung, hg. von Karl Rahner /
Herbert Vorgrimler, Freiburg/Basel/Wien [13]1979

Der Koran. Kommentar und Kondordanz von Rudi Paret, Stuttgart/Ber-
lin/Köln/Mainz [2]1977 (= 1981)

Der Koran. Übersetzung von Rudi Paret, Stuttgart/Berlin/Köln/Mainz
[3]1983

Kraemer, Hendrik, Die christliche Botschaft in einer nichtchristlichen
Welt, Zollikon-Zürich 1940 (Originalausgabe: The Christian Message
in a Non-Christian World, London 1938)

Kritzek, James, Peter the Venerable and Islam, Princeton 1964

Lexikon der Islamischen Welt, hg. von Klaus Kreiser / Werner Diem /
Hans Georg Majer, 3 Bde., Stuttgart/Berlin/Köln/Mainz 1974

Lexikon der Islamischen Welt. Völlig überarbeitete Neuausgabe, hg. von
Klaus Kreiser / Rotraud Wielandt, Stuttgart/Berlin/Köln/Mainz 1992

Lüling, Günter, Über den Ur-Qur'ān. Ansätze zur Rekonstruktion vorislamischer christlicher Strophenlieder im Qur'ān, Erlangen 1974

Lullus, Raimundus, Disputatio Raymundi Christiani et Hamar Sara-
ceni, in: ders., Opera, ed. J. Salzinger, Mainz 1721–1742, Bd. 4, S.
431–477

–, Das Leben des seligen Raimund Lull. Die ›Vita coetanea‹ und ausge-
wählte Texte zum Leben Lulls aus seinen Werken und Zeitdokumen-
ten, übertragen und eingeleitet von Erhard-W. Platzeck, Düsseldorf
1964

Luther, Martin, Der große Katechismus (1529), in: Die Bekenntnisschriften der evangelisch-lutherischen Kirche, Göttingen [8]1979, S.
543–733

–, Eine Heerpredigt wider den Türken (1529), in: ders., Werke, Bd.
30/II, S. 160–197, Weimar 1909

–, Der kleine Katechismus (1529), in: Die Bekenntnisschriften der evangelisch-lutherischen Kirche, Göttingen [8]1979, S. 501–542

–, Luthers Vorreden zur Bibel, hg. von Heinrich Bornkamm, Hamburg
1967

–, Die Schmalkaldischen Artikel (1538), in: Die Bekenntnisschriften der
evangelisch-lutherischen Kirche, Göttingen [8]1979, S. 407–468

–, Verlegung des Alcoran Bruder Richardi Prediger Ordens. Verdeutscht
und herausgegeben durch D. M. Luther (1542), in: ders., Werke, Bd.
53, S. 272–396, Weimar 1920

–, Vom Kriege wider die Türken (1529), in: ders., Werke, Bd. 30/II,
S. 107–148, Weimar 1909

–, Von den guten Werken (1520), in: Luthers Werke in Auswahl, Bd.
1, S. 227–298, Berlin 1950

–, Von der Freiheit eines Christenmenschen (1520), in: ebd., Bd. 2, S.
10–27, Berlin 1950

–, Vorrede zum Libellus de ritu et moribus Turcorum (1530), in: ders.,
Werke, Bd. 30/II, S. 205–208, Weimar 1909

–, Wider die himmlischen Propheten von Bildern und Sakrament (1525),
in: ders., Werke, Bd. 18, S. 62–125, Weimar 1908

Maudūdī, Maulāna, Selected Speeches and Wiritings of Maulana Mau-
dudi [...], Bd. 2, Karachi o.J.

Muir, William, The Apology of al-Kindy, London [2]1886 (Wiedergabe des
Inhalts, großenteils wörtlich übersetzt, in englischer Sprache)

Muranyi, Miklos, Die Stellung des Islams und des islamischen Rechts
in ausgewählten Staaten: Ägypten, in: Der Islam in der Gegenwart,
S. 344–358

The Muslim World, Hartford, Conn. u.a. 1911ff

Nagel, Tilmann, Geschichte der islamischen Theologie von Mohammed
bis zur Gegenwart, München 1994

–, Der Koran. Einführung, Texte, Erläuterungen, München 1983

Nikolaus von Kues, Sichtung des Alkorans. Cribratio Alkoran, von Paul
Naumann. Erstes Buch mit Anmerkungen von Gustav Hölscher
(Schriften des Nikolaus von Cues. Im Auftrag der Heidelberger Aka-
demie der Wissenschaften in deutscher Sprache hg. von Ernst Hoff-
mann, Heft 6), Hamburg (1943) [2]1948; zweites und drittes Buch mit
Anmerkungen von Gustav Hölscher (Schriften des Nikolaus von
Cues ..., Heft 7), Hamburg 1946 (lateinischer Text: P. Wilpert [Hg.],
Nikolaus von Kues: Werke, Bd. 2, S. 430–519 [Neuausgabe des
Straßburger Drucks von 1488])

Paret, Rudi, Die geistige Situation in der heutigen Welt des Islams, in:
Islam und Abendland. Begegnung zweier Welten, hg. von Muhammad
Assad / Hans Zbinden, Freiburg/Basel/Wien 1960

–, Mohammed und der Koran, Stuttgart/Berlin/Köln/Mainz [5]1980

Paulus Albarus, Opera, in: J.-P. Migne, Patrologiae cursus completus, series Latina, Bd. 121, Sp. 397–566, Paris 1880

Petrus Venerabilis, Liber contra sectam sive haeresim Saracenorum, in: James Kritzek, Peter the Venerable and Islam, S. 220–291

– Summa totius haeresis Saracenorum, in: ebd., S. 204–211

Pfander, Carl Gottlieb, The Mizan ul Haqq, or Balance of Truth, London 1867

Pio II (Enea Silvio Piccolomini), Lettera a Maometto II (Epistola ad Mahumetem), hg. und übersetzt von G. Toffanin, Neapel 1953

Raeder, Siegfried, Biblische Traditionen im Koran, in: Jahrbuch für Biblische Theologie, Bd. 12 (1997), S. 309–331

–, Raimundus Lullus als Scholastiker in der Auseinandersetzung mit dem Islam, in: Judaica 52 (1996), S. 271–288

Reissner, Johannes, Internationale islamische Organisationen, in: Der Islam in der Gegenwart, S. 539–547

–, Die Stellung des Islams und des islamischen Rechts in ausgewählten Staaten: Libyen und Saudi-Arabien, in: ebd., S. 329–344

Die Religion in Geschichte und Gegenwart, 3. Auflage, Tübingen 1956–1962, Reg.-Bd. 1965

Religionsgeschichte des Orients in der Zeit der Weltreligionen, in: Handbuch der Orientalistik, hg. von Bertold Spuler, Abt. I, Bd. 8/2, Leiden 1961, S. 120ff: Orientalische Kirchen (*Bertold Spuler*); S. 405–448: Die Religion des sunnitischen Islams (*Johannes Fück*); S. 449–475: Sufism (*Arthur J. Arberry*); S. 476–495: Schiiten und Charidschiten (*Rudolf Strothmann*)

Rudolph, Wilhelm, Die Abhängigkeit des Qorans vom Judentum und Christentum, Stuttgart 1922

Schimmel, Annemarie, Sufismus und Volksfrömmigkeit, in: dies. u.a., Der Islam, Bd. 3: Islamische Kultur – Zeitgenössische Strömungen – Volksfrömmigkeit, in: Die Religionen der Menschheit, Bd. 25/3, Stuttgart/Berlin/Köln 1990, S. 157–242

Smith, Wilfred Cantwell, Der Islam in der Gegenwart, Frankfurt a.M. 1963

Southern, Richard W., Das Islambild des Mittelalters, Stuttgart 1981

Spiegel Almanach '99. Alle Länder der Welt. Zahlen, Daten, Analysen, Hamburg o.J.

Steinbach, Udo, Die Stellung des Islams und des islamischen Rechts in ausgewählten Staaten: Iran, in: Der Islam in der Gegenwart, S. 220–236

Stieglecker, Hermann, Die Glaubenslehren des Islam, Paderborn/München/Wien 1962

Taeschner, Franz, Geschichte der arabischen Welt. Mit einem Beitrag »Die arabische Welt in der Epoche des Nationalismus« von Fritz Steppat, , Stuttgart 1964

Texte der Kirchenväter, hg. von Alfons Heilmann, 5 Bde., München 1963–1966

Thomas von Aquino, Liber de veritate catholicae fidei contra errores infidelium, qui dicitur Summa contra gentiles, ed. C. Pera, Bde. 2 und 3, Turin/Rom 1961

Tibi, Bassam, Krieg der Zivilisationen. Politik und Religion zwischen Vernunft und Fundamentalismus. Aktualisierte und erweiterte Taschenbuchausgabe, München 1998

–, Die Krise des modernen Islams. Eine vorindustrielle Kultur im wissenschaftlich-technischen Zeitalter, München 1981

Das Vermächtnis des Islams, 2 Bde., Zürich/München 1980 (beruht auf: The legacy of Islam, ed. by Joseph Schacht / C.E. Boswoth, Oxford ²1974)

Watt, W. Montgomery / Marmura, Michael, Der Islam, Bd. 2: Politische Entwicklungen und theologische Konzepte, in: Die Religionen der Menschheit, Bd. 25/2, Stuttgart 1985

– */ Welch, Alford T.*, Der Islam, Bd. 1: Mohammed und die Frühzeit – Islamisches Recht – Religiöses Leben, in: Die Religionen der Menschheit, Bd. 25/1, Stuttgart 1980

Wege der deutschen Literatur. Eine geschichtliche Darstellung von Hermann Glaser / Jakob Lehmann / Arno Lubos, Frankfurt a.M. / Berlin / Wien ¹⁵1973

Wege der deutschen Literatur. Ein Lesebuch. Zusammengestellt von Hermann Glaser/ Jakob Lehmann / Arno Lubos, Frankfurt a.M. / Berlin / Wien ¹¹1973

Die Welt des Islam und die Gegenwart, hg. von Rudi Paret, Stuttgart 1961

Wilhelm von Tripolis, Tractatus de statu Saracenorum et Mahomete pseudopropheta et eorum lege et fide, ediert in: Hans Prutz, Kulturgeschichte der Kreuzzüge, Berlin 1883, S. 573–598

Zwemer, Samuel, Der Islam. Eine Herausforderung an den Glauben. Studien über die mohammedanische Religion und die Nöte der mohammedanischen Welt vom Standpunkt der christlichen Missionen, übersetzt von Gräfin Elisabeth Groeben, Kassel 1909 (amerikanische Originalausgabe: Islam, a Challenge to Faith, New York 1907)